21世纪市场营销专业系列教材

营销心理学

（第三版）

陈　思　编著

MARKETING PSYCHOLOGY

暨南大学出版社
JINAN UNIVERSITY PRESS
中国·广州

图书在版编目（CIP）数据

营销心理学/陈思编著．—3版．—广州：暨南大学出版社，2015.4（2019.10重印）
（21世纪市场营销专业系列教材）
ISBN 978－7－5668－1365－7

Ⅰ．①营…　Ⅱ．①陈…　Ⅲ．①市场心理学　Ⅳ．①F713.55

中国版本图书馆CIP数据核字（2015）第048483号

营销心理学（第三版）
YINGXIAO XINLIXUE（DISANBAN）
编著者：陈　思

出 版 人：徐义雄
责任编辑：潘雅琴
责任校对：周优绚　刘舜怡　黄志波
责任印制：汤慧君　周一丹

出版发行：暨南大学出版社（510630）
电　　话：总编室（8620）85221601
营销部（8620）85225284　85228291　85228292（邮购）
传　　真：（8620）85221583（办公室）　85223774（营销部）
网　　址：http：//www.jnupress.com
排　　版：广州良弓广告有限公司
印　　刷：湛江日报社印刷厂
开　　本：787mm×1092mm　1/16
印　　张：15.25
字　　数：387千
版　　次：2005年7月第1版　2015年4月第3版
印　　次：2019年10月第8次
印　　数：21001—22000册
定　　价：39.80元

21 世纪市场营销专业系列教材

总　序

美国营销学大师菲利普·科特勒教授在其名著《营销管理》新千年版，即第十版中指出，由于技术变革步伐的加快，今天大部分视为当然的普通产品在40年前大都尚未存在。现在呈现在读者面前的这一套“21世纪市场营销专业系列教材”，其中所含的所有书目，显然今天也已被视为我们的社科出版物或高等院校本科市场营销专业必读必用的当然系列读物或教材。但是，这一系列的读物或教材，正如科特勒所指出的那样，在我国内地40年前并不存在，有的分册甚至在10年前并不存在。谈至此处，有必要溯流徂源，作一简短回顾。

刚才所说这套系列教材及其相关书目在我国内地40年前并不存在，当然这只是一种大略的说法，并不十分缜密。众所周知，20世纪新中国成立前的三四十年代，我国一些高等院校也有已开设“市场学”课程及编写了个别“市场学”课程教材的。至于较完整的市场学教材系列则是没有的，当时的“市场学”教材与今天的“营销学”教材，在内容及结构上也有霄壤之殊。不过不管怎样，今天的“营销学”与以前的“市场学”，如先秦《列子》“先之所用，今或弃之；今之所弃，后或用之”所说的性质相似，也就是严格来说，不能认为40年前我国内地没有“营销学”。不过新中国成立后，由于我国当时经济体制的更张及某些偏颇的意识形态作祟，遂将“市场学”与资本主义画等号，从全国高校教学计划的课程设置中剔除出去，一晃就是29年。

1978年秋，党中央、国务院决定暨南大学复办对外招生，并对毕业生的方针从“来去自由”改为全部回境外居住地就业。这样对原适应我国计划经济体系及体制的商业经济专业教学计划，首先是课程设置必须进行较大的调整，以适应主要来自资本主义市场经济地区或国家的外招生毕业后就业的需要。因此在1978年制订的暨南大学商业经济专业教学计划中，首先列出开设“市场学”以取代原来的“商业经济”课程。另外同时增设了“广告学”及“商业心理学”这两门同样一段时期以来被视为散布资本主义“毒素”的课程。当时作出这一决策的根据，除考虑暨南大学对外招生的独特性外，还考虑到不久的将来，这种变革也将成为我国社会经济发展的普遍要求。因为那时正处在中共十一届三中全会前夕，种种迹象表明，我国传统计划经济体制的束缚有所松动，改革开放的纤云已在四卷，预期商品和市场的培育问题必将成为我国经济工作的主线，必须改弦更张，重新引进适应我国商品、市场发展要求的上述课程，以取代显然即将或已经不适应新形势发展的某些课程。从1979年开始，暨南大学商学系在校内外相继开出了这些课程，一开出便受到在校学生及业务部门培训人员的广泛欢迎。

但事物的发展不总是一帆风顺的，正如一位外国诗人所说：“任何一项真正的改革都要经受雄狮与蠢驴的挑战。”[①] 1980年3月在秦皇岛召开的中国第一届商品流通理论讨论会上，

① 阿·吉特曼．一个诗人的格言．转引自：刘家信．新编人生格言大全．长春：吉林人民出版社，1998. 94.

我们的一些好友和同行便对暨大以“市场学”取代“商业经济”的做法表示不理解和疑虑，认为“市场学”并无多大理论，也不符合中国国情，绝不能代替“商业经济”。这些意见不能认为不是善意的，因为经过几十年不断建设、不断完善的“中国商业经济学”，是总结了我国广大工商企业职工几十年来创造性的丰富实践经验，并在此基础上升华成一整套系统而科学的商品流通理论的。而且那时我国的经济活动及体制，仍然笼罩在计划经济的浓雾之下，“市场学”确仍无多大用武之地。不过那时十一届三中全会已开过，已明确提出改革开放的方针，市场的作用已受到重视，预示了我国整个经济生活和方针政策即将大变，如果在培养新时期工商管理人员的教学中，仍固守“商业经济”的固有内容，更遑论外招生毕业后就业的境外环境，势必会如“引旧法以治近世，是执旧方以医变症，药既不对，病必加危”①，培养不出能适应新经济形势环境，具现代科学技术知识的有用人才。当然，当时我们在采取这一课程改革步骤时，并不是对原“商业经济”学科采取历史虚无主义态度，全盘否定，而是遵循“古可因者则从古，古可革者则从今”② 的原则，将“商业经济”中许多有用的内容融合进新引进的“市场学”教材中，使这些“舶来品”较好地结合我国实际，适应我国国情。正因如此，这些新课程很快扎下了根，并初步开花结果，修习这些课程的毕业生，普遍受到社会用人单位欢迎，不少兄弟院校也先后开设了这些课程，其效果也同样令人瞩目。

但“树欲息而风不宁”，直至1985年夏中国高等财经院校、综合大学市场学教学研究会（现中国高等院校市场学研究会的前身）在昆明召开第一届第一次年会时，会上还有同仁反映，在当时一些地方掀起的“反资本主义回潮”风波中，某省已有人拟在当地有影响的刊物上撰文批判“市场学”的引进是典型的“资本主义回潮现象”。面对这种“拉大旗作虎皮”的吓人架势，暨大的同仁与全体市场学界的同道，坚信所走的变革之路是正确的，从而师直为壮，盛食厉兵，勇迎挑战，那场“反资本主义回潮”的阴风也就不战而散。借此也进一步加速了我国市场学教学队伍的成长及市场学在我国的普及和市场学教材建设的完善和提高。

在这一波浪滔天的大潮中，我们虽不敢以独立潮头的弄潮儿自居，但毕竟对这一大潮的形成起过相当的推波助澜作用，这就令我们另具一种与这一大潮同呼吸，共命运，不敢懈怠，殚智竭力，不断呵护、推动这一新学科系列课程建设前进、成长的使命感。

进入20世纪80年代后期，我国改革开放已历经一个10年段，我国市场化的程度已有明显提高，尤其是进入90年代，党的十四次全国代表大会明确提出我国经济体制改革的目标是建设社会主义市场经济体制后，我国的社会经济形势变化迅猛，商品、市场有了长足发展，企业以消费者为中心的市场取向更加明确，从市场学及其系列课程的发展来看，也应行随事迁，从启蒙、普及阶段走向提高阶段。因此在20世纪80年代末到90年代初这一时期，一直从事这些课程创建、开拓的暨大商学系全体教学工作者，纷纷不失时机地对早期编写的启蒙性的教材和专著，结合多年的教学实践，尤其是结合广大工商企业及其人员丰富的市场营销实践经验，进行了修订或重写，并进一步将课程分细，增写了多本相关的系列教材，有的还进行了两次以上的修订。经过这样一段较长时间的日锻月炼，暨大的市场营销学专业系列课程建设也日臻完善，既包含了市场营销专业及工商管理专业本科生必须修习、掌握的各主要相关专业课程教材，在教材的内容上又尽量反映了当时国内外市场营销理论和实践的新成果

---

① （清）康有为语．转引自：郭锐等．历代名句精选．济南：山东人民出版社，1999.46.
② （明）泾野子语．转引自：郭锐等．历代名句精选．济南：山东人民出版社，1999.46.

及当时的最新科技水平。

但古往今来，无时不变，无事不变，进入新千年以后，我国及整个世界的科技、经济及社会文化环境都进入了一个高速发展的新阶段。IT 产业、互联网、电子商务等在“日转千阶”式地发展，这都要求并促使市场营销学的学科建设不能一食求永饱、一劳求永逸，必须永无休息，与时俱进。于是在已进入 21 世纪将近 3 年，在审视此前为适应世纪之交形势要求而编写的市场营销系列教材及专著的基础上，暨大商学系长期从事这些课程教学及建设的同仁，再次集中主要力量和精力，重新编写了这一适应新千年的形势要求、反映了当代先进科技及市场营销要求水平的全新“市场营销专业系列教材”。

说其“全新”主要体现在下列两方面：

（1）双重换代：在知识内容及编写体例上都有重大更新。其知识内容的更新，不仅在于完全扬弃了我国重新引进“市场学”学科启蒙及普及阶段第一代市场营销学教材中残留的计划经济旧内容及反映当时市场刚发育，国人在市场营销实践及经验积累甚少情况下低水平的营销策略思想和技术手段，还在于重新审视、扬弃了在 20 世纪末本系列教材作者们所撰写的世纪之交系列教材及著述中，由于当时的国内外科技水平及经济理论、市场发育阶段性所限而反映出来的与 21 世纪市场经济大发展、科技更迅猛发展不合拍的滞后营销理论、营销理念及营销技术，而置换了反映 21 世纪开元以来新经济形势、新经济理论、新科技发展水平及其走势的全新内容。其编写体例的更新，主要围绕贯彻素质、知识、能力三位一体的教育原则，重塑教材的赋型机制。各门专著、教材都一改过去一泻千里式的平铺直叙、单纯说教的格式，在结构、栏目设置和写作风格上均有所突破，大量运用图表、案例、专栏等形式，强化了学生的素质、知识、操作与创新能力的训练。

（2）有革有化：毋庸讳言，无论是在我国重新引进“市场学”系列课程的初期，抑或直到目前我国市场营销学学科建设日臻成熟、学科体系已较为完善的情况下，我国市场学界在编写相关专著或教材时，都是大量借鉴、参照了国外先行的相关学术著作或教材的。这一套“21 世纪市场营销专业系列教材”同样也是这样。但绝不是简单的照搬或改头换面的剽掇，而是遵循我国先贤早已推崇的“道有因循，有革有化”① 的科学方法，首先参阅大量发达国家最具代表性、最新版的相关教材、专著和科研文献，充分借鉴其中最具代表性和普遍适用性的市场营销学新理论、新技术，同时十分重视总结我国丰富的营销实践和经验，将其提升到理论高度，并与借鉴外来理论、技术相融合，成为博采中外所长，入之愈深，其见愈奇的这套新系列教材。

可以预见，这一系列教材对广大经济工作者及我国高校经济管理类专业本科学生掌握当代最先进的市场营销理论和技术知识将有很大的参考价值和裨益。当然，本系列教材的作者们也深谙“始则终，终则始，若环之无端也”② 的哲理，今后仍将不断对此系列教材的内容加以扩充和更新，使其更趋完善，更能紧跟形势的发展。

何永祺

2003 年 6 月于暨南园

---

① （西汉）扬雄语．转引自：郭锐等．历代名句精选．济南：山东人民出版社，1999. 48.

② 荀子・王制．转引自：中国古代格言大全・续集．重庆：重庆出版社，1989. 568.

第三版　前　言

营销心理学是把心理学应用于市场营销而形成的一门综合性的应用管理科学。本书系统地介绍了消费者的心理现象、行为模式以及社会、文化、群体对消费心理的影响，并在此基础上，进一步论述了在新产品开发与推广、品牌与包装、商品定价、广告以及销售环境的营造等营销活动中，如何针对消费者的心理特点，采取相应的营销心理策略；同时也分析了互联网对消费者心理和行为的影响，以及提高营销者心理素质等问题。

《营销心理学》自出版以来，承蒙读者的厚爱，迄今已经印刷多次，发行量两万多册。为了进一步适应教学改革和众多学校用书的需要，本书第三版在第二版的体系和框架基础上又作了进一步的修改与完善，具体修订如下：

（1）我国近年来电子商务交易额一直保持快速增长势头，特别是网络零售市场更是发展迅速，所以作者对书中第十三章“网络购物心理”重新撰写。

（2）对一些章节的案例进行了更新，力求与每章的理论有较密切的联系，便于学生进一步理解、掌握所学的概念和理论。

（3）增加了一些作者认为非常重要的理论模型介绍，如态度的效果层级模型，并称为营销三大模式的 AIDMA 模式、AISAS 模式和 SICAS 模式等。

本书在编写过程中，力求体现以下特点：一是前沿性，即全面反映本学科最新的研究成果及最新的发展趋势；二是科学性，即注重理论内在的逻辑结构，尝试探索建立本学科研究的理论体系；三是实用性，即贴近实际，深入市场营销活动各环节之中，进行实用性心理分析，提出一些有实际应用价值的心理策略；四是可读性，即运用典型的案例，对理论进行阐述和解释，强调理论与实际操作的融合，以期为企业的营销活动提供启示。

本书可用于大专院校管理类和经济类专业的本科教学，也可供从事市场营销工作的各界人士和经济理论工作者参考阅读。为方便教学，再版时特为全书配备了 PPT 电子课件，使用本教材的任课老师可登录暨南大学出版社网站（www. jnupress. com）查询和下载。

本书在编写过程中参考吸收了一些国内外现行教材和专著的观点，在此向所有提供资料的学者表示衷心的感谢。由于作者视野和水平的局限，书中不尽如人意之处，恳请有关专家、学者以及读者指正。

陈　思

2015 年 2 月于广州暨南大学

目　录

总　序 / 1
第三版　前　言 / 1

第1章　营销心理学概述

1.1　心理学概述 / 2
　　1.1.1　什么是心理 / 2
　　1.1.2　什么是心理学 / 3
　　1.1.3　心理学的发展 / 4
　　1.1.4　心理学的学科性质 / 7
1.2　营销心理学研究的对象 / 7
　　1.2.1　营销心理学的定义 / 7
　　1.2.2　营销心理学的形成和发展 / 7
　　1.2.3　营销心理学的研究对象与研究内容 / 9
　　1.2.4　营销心理学与相关学科的关系 / 10
1.3　营销心理学研究的基本原则与方法 / 11
　　1.3.1　营销心理学研究的基本原则 / 11
　　1.3.2　营销心理学研究的基本方法 / 12

第2章　消费者的心理活动过程分析

2.1　消费者心理活动的认识过程 / 17
　　2.1.1　消费者对商品认识的形成阶段 / 17
　　2.1.2　消费者对商品认识的发展阶段 / 22
2.2　消费者心理活动的情感过程 / 28
　　2.2.1　消费者的情绪和情感的概念 / 28
　　2.2.2　消费者的情绪和情感的分类 / 29
　　2.2.3　情绪和情感对消费行为的影响 / 31
2.3　消费者心理活动的意志过程 / 32
　　2.3.1　消费者意志活动过程的基本特征 / 32
　　2.3.2　消费者意志行动的过程分析 / 33
　　2.3.3　消费者的意志品质 / 33

第3章 消费者的需要和动机

3.1 消费者的需要 / 38
3.1.1 需要的概念和作用 / 38
3.1.2 马斯洛需要层次论 / 39
3.1.3 消费者需要的概念和种类 / 41
3.1.4 消费者需要的特点 / 42
3.1.5 消费者需要的基本内容 / 44
3.2 消费者的购买动机 / 45
3.2.1 动机的概念与作用 / 45
3.2.2 购买动机的特点 / 47
3.2.3 购买动机的分类 / 48
3.2.4 消费者购买动机的诱导 / 51

第4章 消费者的态度

4.1 消费者态度及其特性、功能 / 54
4.1.1 消费者态度的基本构成 / 54
4.1.2 消费者态度的一般特性 / 55
4.1.3 态度在消费者购买行为中的功能 / 56
4.1.4 消费者的态度效果层级 57
4.2 消费者态度的形成与改变 / 58
4.2.1 消费者态度的形成 / 58
4.2.2 消费者态度的改变 / 59
4.3 消费者态度的测量 / 62
4.3.1 量表法 / 63
4.3.2 生理反应法 / 64

第5章 消费者的个性

5.1 个性心理概述 / 67
5.1.1 个性的含义 / 67
5.1.2 个性心理结构 / 67
5.1.3 个性的特点 / 68
5.2 消费者的能力 / 69
5.2.1 能力及其发展 / 69
5.2.2 能力的分类 / 70
5.2.3 消费者的购买能力 / 71

5.3 消费者的气质 / 72
5.3.1 气质的含义和特征 / 72
5.3.2 气质的类型 / 73
5.3.3 消费者气质类型与购买行为 / 74
5.4 消费者的性格 / 75
5.4.1 性格的含义和特点 / 75
5.4.2 性格的类型理论 / 77
5.4.3 性格与消费者行为 / 78
5.5 消费者的兴趣 / 79
5.5.1 兴趣的含义 / 79
5.5.2 兴趣的特点 / 79
5.5.3 兴趣与消费者购买行为 / 80

第6章 消费者的决策与购买行为

6.1 消费者的购买决策 / 83
6.1.1 消费者购买决策的含义和特点 / 83
6.1.2 消费者购买决策的内容和方式 / 83
6.1.3 消费者购买决策过程 / 85
6.1.4 消费者的决策原则 / 86
6.2 消费者的购买行为 / 87
6.2.1 消费者购买行为的含义和特征 / 87
6.2.2 消费者购买行为理论 / 88
6.2.3 消费者购买行为模式 / 90
6.2.4 消费者购买行为的类型 / 93

第7章 群体与消费心理

7.1 参照群体对消费者心理和行为的影响 / 98
7.1.1 参照群体及其类型 / 98
7.1.2 参照群体的特点 / 99
7.1.3 参照群体对消费者的影响 / 100
7.2 家庭对消费者的影响 / 101
7.2.1 家庭的概念及类型 / 101
7.2.2 家庭对消费活动的影响 / 102
7.2.3 家庭生命周期与消费心理 / 102
7.2.4 家庭角色对消费者心理的影响 / 104
7.3 社会阶层对消费心理的影响 / 106
7.3.1 社会阶层的概念及其划分标准 / 106

7.3.2 社会阶层的划分 / 107
7.3.3 社会阶层对消费者心理的影响 / 108
7.4 主要消费者群体的心理和行为特征 / 109
7.4.1 少年儿童消费者的心理特征 / 109
7.4.2 青年消费者的购买行为与心理特征 / 111
7.4.3 中年消费者的购买行为与心理特征 / 112
7.4.4 老年消费者的购买行为与心理特征 / 113
7.4.5 女性消费者的购买行为与心理特征 / 114

第8章 社会文化与消费心理

8.1 社会文化概述 / 119
8.1.1 文化的含义与特征 / 119
8.1.2 亚文化 / 120
8.2 消费价值观与消费审美取向 / 122
8.2.1 消费价值观 / 122
8.2.2 消费审美取向 / 124
8.3 消费时尚、流行与消费心理 / 126
8.3.1 消费时尚、流行的含义 / 126
8.3.2 消费时尚形成的原因及其传播规律 / 126
8.3.3 消费时尚的流行方式 / 128
8.3.4 消费时尚的作用 / 128
8.4 消费习俗心理 / 129
8.4.1 消费习俗的特点 / 129
8.4.2 消费习俗的分类 / 129
8.4.3 消费习俗对消费者购买行为的影响 / 130

第9章 新产品开发推广心理

9.1 新产品开发心理 / 133
9.1.1 新产品的含义 / 133
9.1.2 消费者对新产品的心理需求 / 134
9.1.3 新产品开发的心理策略 / 135
9.2 新产品推广心理 / 137
9.2.1 影响新产品推广的各种因素 / 137
9.2.2 新产品推广策略 / 139
9.2.3 消费者采用新产品的过程 / 140
9.3 产品生命周期心理 / 143
9.3.1 产品的生命周期 / 143

9.3.2　产品生命周期各阶段的消费心理特点及营销策略 / 143

第10章　商品品牌和包装心理

10.1　商品品牌与消费者心理 / 147
10.1.1　品牌的定义与功能 / 147
10.1.2　品牌与消费者心理 / 148
10.1.3　品牌设计与运用的心理策略 / 150
10.2　商品包装与消费者心理 / 152
10.2.1　商品包装的心理功能 / 152
10.2.2　消费者对商品包装的心理要求 / 153
10.2.3　商品包装设计的心理策略 / 154

第11章　消费者价格心理

11.1　商品价格的心理功能 / 158
11.2　消费者的价格心理 / 160
11.2.1　消费者对价格的习惯性 / 160
11.2.2　消费者对价格的敏感性 / 160
11.2.3　消费者对价格的感受性 / 161
11.2.4　消费者对价格的倾向性 / 161
11.3　商品定价和调整的心理策略 / 162
11.3.1　商品定价的心理策略 / 162
11.3.2　价格调整的心理策略 / 164

第12章　商业广告心理

12.1　商业广告概述 / 168
12.1.1　广告及其一般传播过程 / 168
12.1.2　商业广告的分类和特点 / 168
12.1.3　商业广告的心理功能 / 169
12.2　广告媒体的心理特征 / 170
12.2.1　主要广告媒体的心理特征 / 170
12.2.2　广告媒体选择中的心理因素 / 173
12.3　广告制作与实施心理 / 174
12.3.1　广告制作的心理过程 / 174
12.3.2　广告制作和实施心理 / 175
12.4　商业广告心理效果的测定 / 179
12.4.1　商业广告心理效果测定的程序 / 180

12.4.2 商业广告心理效果测定的方法 / 180

第13章 网络购物心理

13.1 概述 / 184
13.1.1 中国电子商务发展现状 / 184
13.1.2 网络购物与传统购物相比的优势与劣势 / 186
13.2 网络消费者的心理特征/ 188
13.3 网络消费者购买行为分析/ 189
13.3.1 网络消费者的基本类型/ 189
13.3.2 网络消费者的购物需求/ 190
13.3.3 网络消费者的购物动机 / 191
13.3.4 影响网络消费者购买行为的因素 / 192
13.3.5 消费者网络消费的购买过程 / 193
13.3.6 网络购物环境下的消费者感知风险 / 194
13.3.7 AISAS 与 SICAS 模式 / 196
13.4 网络营销策略的实施/ 197
13.4.1 网络营销的基本特征/ 197
13.4.2 网络营销竞争优势/ 198
13.4.3 网络营销战略的实施 / 198
13.4.4 强化的客服意识 / 199

第14章 购物环境心理

14.1 商店外部环境设计心理 / 205
14.1.1 商店选址的心理分析 / 205
14.1.2 招牌命名的心理分析 / 206
14.1.3 橱窗设计的心理分析 / 207
14.2 商店内部环境设计心理 / 208
14.2.1 营业场所的规划设计心理 / 209
14.2.2 店堂环境与营销气氛 / 210
14.2.3 商品陈列与展示心理 / 212
14.3 营销服务的心理效应 / 213
14.3.1 营销人员对消费者心理的影响 / 214
14.3.2 消费者购买商品过程中的心理变化 / 215
14.3.3 营销服务的接待步骤 / 216

第15章 营销人员心理

15.1 营销人员与消费者的心理沟通 / 220
15.1.1 营销沟通的主要特征 / 220
15.1.2 营销者与消费者的相互作用 / 220
15.1.3 营销者与消费者的冲突 / 221
15.2 营销人员的心理素质 / 223
15.2.1 心理素质的内涵 / 223
15.2.2 营销人员心理素质分析 / 224
15.2.3 提高营销人员的综合素质 / 225

参考文献 / 228

第1章　营销心理学概述

◉本章学习要点

1. 心理的实质
2. 心理学的含义
3. 心理现象的理解
4. 西方现代心理学三大流派的分析、比较
5. 心理学的学科性质
6. 营销心理学的含义
7. 营销心理学的发展过程
8. 营销心理学的研究对象
9. 营销心理学研究的三大原则
10. 营销心理学研究的五个最基本的方法

◉本章学习内容

1. 心理学概述
2. 营销心理学概述
3. 营销心理学研究的基本原则与方法

◉个案分析

在20世纪40年代，速溶咖啡开始进入西方国家的市场。按例 配制速溶咖啡无须特殊的技术和一定的耐心，用量多少也比较容易掌握，价格又比传统的饮料便宜，更主要的是它可以为消费者节约大量宝贵的时间，然而它并没有受到欢迎。

原因在哪里呢？一家心理学市场研究机构开始对最早出现在市场上的速溶咖啡进行直接调查。方法是，对抽样被试者提出几个问题，如是否购买过速溶咖啡？为什么不喜欢速溶咖啡？结果大部分被试者认为他们不喜欢这种味道。

研究者不相信味道是人们拒绝这种新产品的原因。因为被试者并没有讲出速溶咖啡和新鲜咖啡在味道上的差别所在，而且许多被试者甚至没有品尝过速溶咖啡。据此，他们又采用了另一种方法，编制了两个购物单（见下表）：

购物单 A	购物单 B
1 听发酵粉 2 块面包 1 磅速溶咖啡 1.5 磅碎牛肉 5 磅土豆 一串胡萝卜	1 听发酵粉 2 块面包 1 磅新鲜颗粒咖啡 1.5 磅碎牛肉 5 磅土豆 一串胡萝卜

心理学家把 100 名家庭主妇分为两组，给 A 组 50 名主妇看购物单 A，给 B 组 50 名主妇看购物单 B，并要求她们描述一下按各自购物单购买的主妇的个性，结果是：购物单 A 的主妇是一个懒惰的人，一个生活无计划、没有家庭观念的人；而购物单 B 的主妇是一个有经验的、讲究饮食的、有家庭观念和喜欢烹调的人。

因此，研究结果表明，被试者都用消极的词去说明速溶咖啡的使用。也说明，新产品在消费者心目中印象不太好的真实原因不是商品本身，而是情绪偏见。由于找到了问题的症结所在，广告商们改变了过去只强调一快、二方便的诉求重点，有的放矢地设计了新型广告，消费者对商品的消极印象渐渐被克服了，速溶咖啡很快成为西方咖啡业中最受欢迎的商品。

问：在本案例中，研究者分别采用了哪些研究方法？它们的优缺点各是什么？

1.1 心理学概述

1.1.1 什么是心理

1. 心理是人脑的机能

人类对心理与脑关系问题的认识，经历了一个漫长的历史过程。在远古时代，人们不了解自己的结构和机能，对心理现象不能正确地解释，认为心理现象是可以脱离身体而存在的一种实体——“灵魂”的作用，当人降生之后，它就进驻人体，控制着身体的活动，一旦“灵魂”永远离去，人就死亡。这种对灵魂的宗教态度在整个古代奴隶社会占据了统治地位，极大地影响了古代西方的心理学思想。西方古代许多伟大的哲学家、思想家如德谟克利特、柏拉图、亚里士多德等，都曾对灵魂的本质和功能、灵魂与身体的关系作了种种思考和推测。心理学这个术语的来源也反映了人类对心理现象的这种早期认识。无论是英文“Psychology”、德文“Psychologie”，还是法文“Psychologie”，均意为“灵魂之科学”。

随着生产力水平的提高，人们逐渐认识到心理活动是身体的一种功能，心理须依附于身体，不能脱离身体而独立存在。但是，那个时代人们对心理现象由身体的哪一部分产生，还只能从一些表面现象去推测，认为心脏是心理器官，因为人们发现人会由于流血过多而失去知觉或死亡。《内经·灵杞》上说：“心者，五脏六腑之大主也，精神之所舍也。”把心脏看作是心理器官的误解也反映到汉语中，如人们常说的“心怀叵测”、“心平气和”、“心血来潮”、“心直口快”等。像“思”、“想”、“感”等字，也是以“心”字作为形旁。但随着人类认识经验的积累和医学科学的发展，人们认识到，人的大脑皮层不仅具有与动物共有的第一信号系统，而且具有人类所独有的第二信号系统。这两种信号系统的协调活动，构成了人的心理活动。近代生理解剖学的大量资料证明，人的心理和人脑的活动不可分割，人的大脑如果受到损害，心理活动必然遭到严重破坏。因此，心理是人脑的机能，人脑是心理的器官。

2. 脑活动的基本方式——反射

人脑是怎样产生心理的呢？人脑作为心理活动的器官，它活动的基本方式是反射。一切心理现象不论是简单的还是复杂的，从其产生方式来说都是反射。反射是有机体通过神经系统对内外刺激所作出的有规律的反应，它可分为无条件反射和条件反射两大类。

无条件反射是遗传得来的、不学而能的反射。例如，食物放到嘴里会引起唾液分泌，强光刺激眼睛会自动闭合等。无条件反射主要可分为食物的、预防的、性的三类，其中有些是出生后就有的，有些是个体发育到一定阶段才出现的。它具有刻板性，只能适应固定不变的外界条件。无条件反射对机体生命的维持、种族的延续具有重大意义。

条件反射是在无条件反射的基础上、在一定的条件刺激影响下，通过大脑皮层神经的暂时联系所造成的反应活动。例如，喜爱跳舞的人，每逢听到节奏性较强的乐曲时，他们的脚就会不自觉地动起来；吃过酸梅的人不仅望见梅就能分泌唾液，即使看见、听见“酸梅”这个词也会分泌唾液。条件反射具有极大的可塑性和灵活性，它的建立，扩大了有机体对外界事物的反应范围，提高了适应环境的能力。

3. 心理是客观现实的主观反映

虽然说人脑是心理的器官，但并不意味着人脑本身能自然地产生心理。它只是人的心理产生的物质前提，它只提供了心理产生的可能性。换言之，人脑只有在客观现实的作用下，才能产生心理。客观现实是指独立于人的心理之外、不依赖于人的意识而存在的一切事物，包括自然条件、社会环境和人体自身及其内部的生理状态。无数的客观事物以各种不同的形式直接或间接地作用于我们的各种感觉器官，引起了脑的活动，于是就产生了各种心理现象。如果没有客观现实的作用，心理也就成为无本之木、无源之水了。

人的心理虽然来自客观现实、反映客观现实，但心理的表现形式却是主观的。这是因为，人生活在不同的环境中，于是就形成了比较固定的兴趣、爱好、思想观点等主观方面的差异，这种种差异在每个人的生活实践中积累起来，构成了个人特有的内部主观世界。外界的刺激要转变为个人的心理映像，一定要经过这个内部主观世界的加工作用，客观事物经过大脑加工总是带有鲜明的个人特点，即所谓的“仁者见仁，智者见智”。所以，人的心理可以说是客观现实的主观反映。

1.1.2 什么是心理学

不少人初次听到“心理学”一词，往往好奇地认为“学了心理学就能知道别人心里想的是什么，就可以猜测别人的心理”，把心理学看得玄虚奥妙，深不可测。也有人把心理学与相面、算命等迷信活动联系在一起，这些都是对心理学的误解和歪由。

那么，心理学究竟研究什么，它是一门怎样的学科呢？

心理学是研究人的心理现象及其规律的科学。它研究人的心理现象的产生和发展过程、其表现形式及相互关系等。

心理现象和每一个人息息相关，人在清醒状态下每时每刻也离不开它。人们无论从事什么活动，都伴随有各种心理现象，而且正是在心理活动的调节下，人们的各种活动才能得以正常地进行，并达到预期的目的。通常来说，心理现象可分为心理过程、个性心理和心理状态三个部分。

心理过程是指人的心理形成及其活动的过程。它包括认识过程、情感过程和意志过程。认识过程是人们认识事物现象的心理活动过程，它包括感觉、知觉、记忆、想象和思维。由于客观事物与人存在某种联系，人在认识客观事物的过程中，总会产生一定的态度和主观体验，引起满意、喜爱、厌恶、恐惧等情绪，这就是情感过程。人对客观事物不仅感受、认识，还要处理、改造，人自觉地支配行动以达到预期的目标的心理活动过程称为意志过程。

人的个性心理，是心理学研究的另一个方面的问题，它包括个性倾向性和个性心理特征。个性倾向性是个性结构中最活跃的因素，是一个人进行活动的基本动力，主要由需要、动机、兴趣、信念、理想和价值观等构成。个性倾向性决定着人对现实的态度，决定着人对认识活动的对象的趋向和选择。个性心理特征是指一个人身上经常地、稳定地表现出来的心理特点，主要是能力、气质和性格，它集中反映了个人心理的独特性。人们的心理特征是千差万别的，有些人聪明伶俐、足智多谋，有些人能歌善舞、多才多艺，这是人的个性差异在能力方面的表现；有些人寡言少语、稳健持重，有些人开朗健谈、直爽热情，这是个性差异在气质方面的表现；有些人在待人接物中，表现得谦虚、礼貌、不卑不亢，而有些人则显得轻浮、傲慢，或者虚伪、狡猾，这是个性差异在性格方面的表现。

心理状态是指心理活动在一段时间里出现的相对稳定的持续状态，它既不像心理过程那样变动不羁，也不像心理特征那样稳定持久。但人的心理活动总是在觉醒状态（注意状态）、睡眠状态下展开的，这些不同的心理状态体现着主体的心理激活程度和脑功能的活动水平。

至此，我们可以把人的心理现象的各个方面用一个结构图加以表示，如图 1－1 所示：

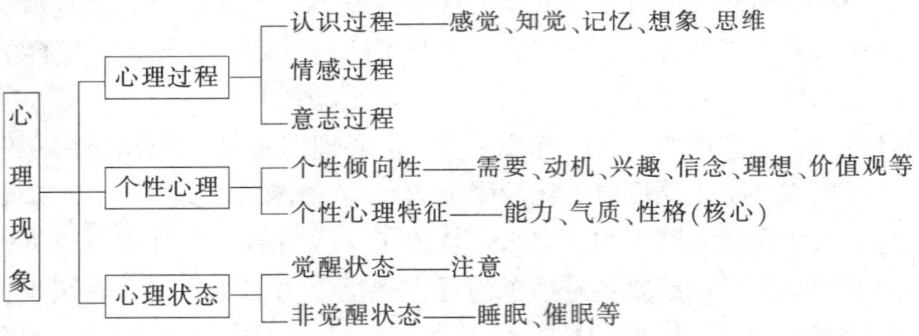

图 1－1　人的心理现象

心理现象的各个方面不是孤立的，而是彼此相互关联共同存在于统一的心理活动之中。其中，心理过程研究了人心理活动的共性规律，个性心理则体现了每个人心理活动的特色，研究的是个性的规律，而心理状态则是心理活动的背景状态，它不能单独存在。认识过程、情感过程和意志过程之间是相互联系，密不可分的，它们共同存在于同一心理过程之中。而心理过程和个性心理也紧密相关，没有心理过程，个性心理就无法形成。同时，已经形成的个性心理特征又制约着心理过程，并在心理过程中表现出来，使每个人的心理过程都具有独特的色彩。由此可知，心理现象中的各个方面都是紧密联系，不可分割的。

1.1.3　心理学的发展

心理学是研究人类自身的科学之一，是一门渊源数千载而历史仅有百余年的科学。人类的祖先在对自然现象的理解还处于蒙昧阶段时，就已经开始对自身的心理现象以精神、灵魂等方式进行思索，并在哲学领域中加以讨论。苏格拉底、柏拉图、亚里士多德等哲学家对人类的本性、本能、心灵、感觉、意识等问题，已经作为哲学上的主要观念去讨论。但是，他们讨论这些问题时，都只凭主观的设想而没有建立客观的研究方法和系统的理念。因此，在那一段漫长的时期内并没有形成科学的心理学，只能称之为哲学的心理学。

19 世纪以来，自然科学得到迅速的发展，特别是生物学、生理学等学科的发展积累了大量关于人体的知识。自然科学的突飞猛进，启发了人们的思维，刺激人们寻找研究心理的新方法，而且有许多勇于探索的学者，开始了他们的实验工作。德国生理学家、哲学家冯特在吸收前人成果的基础上，于 1879 年在莱比锡大学建立了世界上第一个心理学实验室，并在他的主持下开展了对感觉、知觉、情感和联想等系统的研究。至此，心理学真正脱离哲学而成为一门独立的科学。

现代心理学历史不长，流派却很多，其中，最著名的是西方现代心理学的三大流派，即弗洛伊德创立的精神分析心理学、华生创立的行为主义心理学和以马斯洛为代表的人本主义心理学。

1. 精神分析心理学

奥地利心理学家弗洛伊德是从心理治疗“起家”的，他是心理治疗中“心理分析”学派的创始人。他认为，心理上的病态是人的本能冲动被压抑的结果。当一个人觉得自己的冲动严重地违背了“做人的原则”时，他就会压抑这些冲动。压抑的结果是：人虽然再也意识不到这些冲动，并且已经可以心安理得地相信自己“没有”这些冲动，但这些冲动依然存在于意识不到的内心深处。这种“冲动”与“对冲动的压抑”之间的冲突，就是导致心理失常的病因。

弗洛伊德认为，推动人们去做各种各样事情的“原动力”是那些人与动物所共有的本能欲望的冲动。在弗洛伊德看来，人按其本性来说，总是想不择手段地为所欲为，但社会不允许人这样做。他并不主张“放纵”，相反，他认为对人的本能加以控制是安全必要的。如果人类放纵自己，必将自取灭亡。但一味地压抑人的本能冲动不仅会使人生活得不愉快，而且会使人生病，所以也是不行的。他认为可取的办法既不是放纵，也不是压抑，而是“升华”，即把原本用于做坏事的心理能量用来做好事。弗洛伊德认为，人类的命运就取决于人类的文化能在何种程度上使人的本能得到升华。

2. 行为主义心理学

美国心理学家华生是行为主义心理学的创始人，他于 1913 年发表了一篇题为“一个行为主义者眼中的心理学”的论文。他认为科学研究应该从观察开始，而人的心理是无法观察的，因此，人的心理根本就不能成为科学研究的对象。可以观察的只是人的行为，可以研究的也只是人的行为。他所开创的行为主义心理学是一种“只研究行为，不研究心理”的心理学。华生认为人的行为是对来自环境的种种“刺激”的“反应”，研究人的行为就是要在“刺激”和“反应”之间找出有规律性的联系。

在一批“新行为主义”心理学家中，最著名的是创立“强化学说”的美国心理学家斯金纳。斯金纳用他的“斯金纳箱”做了大量的动物实验。他认为通过动物实验也能揭示人的行为规律，因为人的行为和动物的行为基本上服从于同样的规律。斯金纳认为，最重要的问题不在于各种各样的行为是由什么样的刺激引起的，而在于已经出现的行为为什么有的能够巩固下来，有的却没有巩固下来，没有形成习惯。在斯金纳看来，一个人向好的方向发展，还是向坏的方向发展，关键在于他所处的环境是能够使他的好的行为得到强化，还是使他的不好的行为得到强化。如果环境总是强化他的好的行为，他就会向好的方向发展；如果环境总是强化他的不好的行为，那他就会向坏的方向发展。

3. 人本主义心理学

美国心理学家马斯洛等人本主义心理学家认为，对于人来说，最本质也是最可贵的东西，不是人与动物所共有的那些“本能”，而是那些动物所没有的，只有人才有的“潜能”。马斯洛所说的人所特有的潜能，如爱的潜能、创造的潜能，都是“善”的，而不像弗洛伊德所说的本能那样是“恶”的。但是人的这些潜能与人的动物本能相比要软弱得多，它们只有在良好的环境条件下，才能由“潜在的可能性”变为“现实”；在恶劣的环境中是很容易被摧残的。马斯洛认为，理想的社会就是能使人的潜能得到充分发挥，能使人的价值得到充分实现的社会。

在马斯洛看来，一个人的“人性”里面存在着“爱”的可能性和“创造”的可能性，就好像在一粒种子里面存在着“开花”和“结果”的可能性。把一粒种子种在地里，给它必要的肥料、雨露和阳光，它就会成长，就会生根、发芽、开花、结果。这就是它把潜在的可能性变为现实的过程，就是它“自我实现”的过程。在马斯洛的理论体系中，“成长”和“自我实现”是同义的。

大体上可以说，弗洛伊德的理论近似于我国古代人性论中的“性恶论”，马斯洛的理论近似于我国古代人性论中的“性善论”，而行为主义心理学家是不谈论人性之善恶的。在行为主义心理学家看来，人们的善行和恶行都是受环境影响的结果。弗洛伊德和马斯洛也并非不重视环境的作用，但弗洛伊德所重视的，主要是环境能否使人的本能得到升华，而马斯洛所重视的，主要是环境是否有利于人的成长。

专栏

我们一般总以为，所谓心理就是我所思所想，我的喜怒哀乐，总之，是自己意识中的内容。自己不知道自己的心理，这听起来似乎很荒谬，所以人们从不认为，有些心理活动是自己意识不到的——但实际上，人的心理很多是自己不知道的。从弗洛伊德开始，心理学家发现了一件事：人的心理活动有一部分是潜意识的，处在潜意识中的那部分心理和意识中的心理有明显的不同。心理学家帕卡德做过这样的试验，他向顾客询问购买某一牌子咖啡是出于什么原因？有的顾客说是喜欢它的气味芳香，有的顾客说是喜欢它的味道又苦又浓，有的顾客说是喜欢这个牌子的缘故唯独没有提到咖啡的颜色问题。于是，他试销了一种气味芳香、味道又苦又浓、也很新鲜并以该品牌标示，但颜色是白色的咖啡，结果这种颜色的咖啡在市场上根本卖不动。通过这个试验证明了这样一个道理，即尽管人们都没有说明咖啡的颜色是购买咖啡的重要属性，但在潜意识中人们都会注意咖啡的颜色，因为咖啡本身具有特殊的咖啡色，对咖啡颜色的记忆已经处于潜意识之中。一旦购买咖啡，这种潜意识记忆在无形中支配着人们的购买行为。

1.1.4 心理学的学科性质

心理学是属于哪一类性质的科学呢？心理学既不能列入自然科学的行列，也不能放到社会科学的园地里去。心理学不仅和自然科学、社会科学有联系，而且还和哲学有联系。因为人的心理的产生，必须依靠脑及客观事物信息的输入，要明白这类问题，就要求助于自然科学；同时，人的心理产生的根源及其内容都取之于社会中的事物，要明白这类问题，就必须依靠社会科学才能解决；此外，研究心理学的方法论基础是哲学。由此可见，心理学处于哲学、自然科学和社会科学的结合点上。因此，心理学属于边缘科学范畴。

人们愈来愈认识到心理学是一门重要的学问，因为人们意识到，任何领域的任何活动都必须有人进行，而且离不开人的心理活动的参与。因此，为调动人的积极性和提高人的工作效率，人们越来越重视对心理学提供的原理的运用。

心理学家们从各个不同的角度、不同的领域进行了具体的心理研究，从而逐步建立了心理学的学科体系。心理学的学科体系以普通心理学为主干，分出了许多的分支学科，诸如发展心理学、社会心理学、民族心理学、变态心理学、劳动心理学、教育心理学、儿童心理学、犯罪心理学、体育心理学、艺术心理学、军事心理学、管理心理学、工程心理学、医学心理学、营销心理学等。从心理学研究范围的迅速扩展中我们可以看出，人类对于事关自身的心理学知识的需求是多么的迫切。

1.2 营销心理学研究的对象

1.2.1 营销心理学的定义

营销或市场营销（Marketing）是指个人和机构通过预测、刺激、提供方便、协调生产与消费以满足顾客和社会公众对产品、服务及其他供应的需求的整体经济活动。

由此可见，营销是以消费者为中心，从目标顾客的需要与欲望出发，经调整、协调，从而满足顾客需求的活动，并通过不断创造和维持顾客的满足来获取利润。营销过程主要包括两个要素，即营销者和消费者，也就是卖方和买方。可以说，营销者是营销活动的主体，消费者是营销活动的客体，营销者正是以自己所能提供的商品和服务来满足消费者的各种需要的。营销过程包括三个环节，即生产、销售和消费。这三个环节的流转能否实现，既取决于生产者生产的各种商品及构成商品的各种因素能否满足消费者的需要及满足需要的程度，又取决于销售的方式和手段能否为消费者所接受。

营销心理学就是要对以上这些要素和环节中可能出现的心理问题作出分析和研究。因此可以说，营销心理学的心理构成要素主要包括：消费者的心理与行为要素、营销者的心理与行为要素、营销过程中的各个环节及各种营销手段和营销方法的心理效果要素等。

总之，营销心理学是指专门研究市场营销活动中，消费者和营销者的心理现象的产生、发展及其规律的科学。

1.2.2 营销心理学的形成和发展

营销心理学作为系统研究消费者心理现象的一门独立的应用科学，是在资本主义工业革命以后，商品经济充分发展、市场问题日趋尖锐、竞争日益加剧的过程中形成和发展起来的，距今已有100多年的历史。其形成和发展大体上可以分为三个时期。

1. 萌芽时期

从19世纪末到20世纪30年代，有关研究消费者心理与行为的理论开始出现并得到了初步的发展。

这一时期的背景是：19世纪末20世纪初，各主要资本主义国家，特别是美国，经过工业革命后，生产力大为提高，其生产能力的增长速度，开始超过市场需求的增长速度，市场上商品急剧增多，企业之间竞争加剧。在这种情况下，一些商品经营者为了更快地推销商品，开始研究如何向消费者提供商品和劳务信息的问题，并首次开展了大规模的广告宣传活动，而在销售和开展广告活动的同时，一些人开始把心理学引向了销售领域。

与此同时，一些专家、学者根据企业销售实践活动的需要，着手从理论上研究商品的需求与销售问题。1901年12月10日，美国心理学家斯科特在美国西北大学作报告时，提出了广告工作应成一门科学，心理学可以在其中发挥重要作用的见解，这被认为是第一次提出了营销心理学的问题。1903年，斯科特汇编了20余篇论文出版了《广告心理学》一书，标志着营销心理学的雏形——广告心理学的诞生。1908年美国社会学家罗斯发表了《社会心理学》，着重分析了个人和群体在社会生活中的心理与行为。1912年，德国心理学家闵斯特·伯格又出版了《工业心理学》一书，着重阐述了商品销售中广告和橱窗陈列对消费者的影响。同时，还有一些学者在市场学、管理学等著作中也研究了有关消费者心理与行为的问题。

但在这一时期，消费心理与行为的研究才刚刚开始，研究的重点是如何促进企业的产品销售，而不是如何满足消费者的需求。另外，这种研究基本局限于理论阐述，并没有具体应用到市场营销活动中来。因此，尚未引起社会的广泛重视。

2. 应用时期

从20世纪30年代到60年代末，消费者行为研究被广泛地应用于市场营销活动并得到迅速发展。

这一时期的背景是：1929—1933年的经济大危机中，产品严重过剩，销售极为困难，这时的市场主要是供过于求。各个企业要想在竞争中战胜对手，求得生存，必须首先解决产品销路问题。特别是“二战”后，美国的军事工业迅速转向民用消费品的生产，市场商品急剧增多，产品更新换代加快，消费者的需求和欲望也在不断变化，其购买行为更加捉摸不定，企业之间的竞争更加激烈。

国外的专家和学者在提出“创造需求”的同时，开始重视和加强市场调研，预测消费趋势，并寻求各种方式刺激消费需求，因而，对于消费者的需求、动机以及消费习惯等进行了较为系统的研究，从而使消费心理研究的内容也大大拓展了，营销心理学逐渐形成一门比较完整的学科。从20世纪50年代开始，心理学科在各个领域的应用都取得了重大成果，这引起了理论研究工作者和实际工作者的强烈反响和广泛关注，更多的心理学家、经济学家、社会学家都转入这一领域的研究，并相继提出了许多理论，如美国著名心理学家马斯洛提出的“需要层次理论”等。进入60年代以后，营销心理学的研究得到迅猛发展。1960年，美国心理学会正式成立了消费者心理学会分科学会，而美国的一些大学和研究生院心理系、社会学系、经营管理系都讲授消费行为课程，对消费心理的研究人员增多，研究质量大为提高。

3. 变革时期

从20世纪70年代到现在，是营销心理学的变革时期。

这一时期的背景是：西方国家高科技的投入使产品更新率加快，新产品令消费者目不暇接，高消费伴随着高浪费，消费时尚捉摸不定，给产品推销工作带来了挑战性和难度。推销人员为了实现职业角色，不得不对消费心理进行深入的、多角度的研究。

在这一时期，有关消费者心理与行为研究的论文、调查报告、专著不仅在数量上急剧增加，而且在质量上也越来越高，研究方法也越来越科学，许多新兴的现代科学，如计算机科学、经济数学、行为学、社会学等也被广泛运用于消费者行为研究中。特别是信息处理方法的引入，把消费者看作一个积极的消费决策人，认为消费者会根据所获得的信息进行分析选择，从而作出正确的购买决策，并且会根据购买使用经验改变或保持对某一商品的态度。信息处理方法的运用及消费者购买行为模型的建立，使消费者购买行为的分析研究建立在更加科学、完善的理论基础之上。

近二十几年，随着整个社会经济的发展和消费领域的日益复杂化，营销心理学的研究出现了新的趋势：①理论进一步得到发展；②重视宏观方面的系统研究，不少研究者能够从整个社会经济系统的高度去研究消费行为；③转向因果关系的研究，即由过去单纯地确认描述变量关系，转向解释性的研究和对因果关系的探讨；④引入现代研究方法进行研究，即对心理学的基本范畴如动机、人格等用现代方法进行研究。

1.2.3 营销心理学的研究对象与研究内容

任何一门学科都必须要有自己的、区别于其他学科的研究对象，否则就不能成为一门独立的学科。市场营销活动是人类活动的一个方面。从其过程和内容来看，营销活动中的心理现象，既遵循一般心理现象的基本规律，同时又具有一定的特殊性；而营销心理学就是以这些特殊的心理现象作为自己的研究对象的。营销心理学的研究对象与内容主要包括以下几点：

1. 营销活动中消费者所特有的各种心理现象

市场领域内消费者的心理现象受到市场营销活动本身特点的制约，是营销心理学研究的最主要内容。对消费者心理现象的研究，包括以下三方面的内容：

（1）消费者心理活动的一般过程。消费者心理活动的一般过程，是围绕着货币到商品的转化而产生的认识过程、情感过程和意志过程的融合交汇，是三者的统一。这三个过程是任何一个消费者在购买中所共有的对市场客观现实的反映形态。因而，对消费者一般心理过程的研究可以发现并把握消费者心理现象的一致性和规律性。

（2）消费者的消费心理在整个购买过程中的具体表现。从整个购买活动来看，消费者的消费心理具体体现在购买需求心理、购买动机心理、购买决策心理以及购买行为心理中。这一系列的心理体现在购买活动中，彼此有着极为密切的关系，是消费者的心理状态在买卖行为中的表现。通过分析，我们可以进一步理解和把握消费者购买行为的变化过程。

（3）消费者个性心理特征及其对购买行为的影响和制约作用。消费者的心理过程能体现出他们的个性心理特征，而个性心理特征又对心理活动过程有着很大的影响和制约作用，并与各种购买行为有密切关系，是形成各种购买行为的心理基础。研究消费者个性心理特征的形成与发展，可以帮助人们揭示构成不同消费者行为的内部原因，预见消费者的购买行为。

2. 消费心理与市场营销的双向关系

不同的消费品市场以不同的消费者群体为对象，不同的消费者群体对消费品市场也有不同的心理要求。企业的营销策略会影响消费心理的产生和发展；反过来，不同的消费心理特点也对市场营销提出特定的要求。因此，消费心理与市场营销存在着双向关系。对消费心理与市场营销双向关系的研究，包括以下两方面的内容：

（1）影响消费者心理的各种因素。影响消费者心理的因素包括：①群体因素，如参照群体、消费群体；②社会因素，如家庭、社会阶层、社会角色；③文化因素，如文化、亚文化、风俗习惯、价值观等；④商品因素，如商品的设计、名称、商标、包装以及商品的价格、广告等；⑤销售环境因素，如商店选址、招牌、橱窗、内部装饰、商品陈列等。

（2）企业营销活动对消费心理的适应与引导。企业要在激烈的市场竞争中占据主动，取得较好的经济效益和社会效益，争取到更多的消费者，一方面必须适应消费者的心理特点和变化规律，适应消费者不同的心理需求和不同的购买动机与行为，从而采取不同的营销策略；另一方面还应积极地引导消费者的心理，使自己的商品满足消费者的心理需求，使消费者对自己的商品产生特殊的心理倾向。

3. 营销人员心理

这是营销心理学研究中不可缺少的内容，因为营销活动能否顺利进行，除受消费者因素、市场因素、竞争因素、自然因素等外部因素的影响外，还直接受到营销人员的心理因素的影响。所以，营销人员必须具备一定的专业素质和良好的心理品质，准确地认知和把握消费者心理，进而通过有效手段与消费者进行沟通，才能使营销活动顺利进行。具体来讲，营销者心理的研究内容主要包括：①营销人员的职业行为心理；②营销人员的心理品质要求；③营销服务中的人际交往心理和沟通心理。

1.2.4　营销心理学与相关学科的关系

营销心理学涉及各门学科的知识，与许多学科存在着交织渗透的关系，如心理学、哲学、营销学、社会学、管理学及行为学。

1. 营销心理学与心理学

心理学是以全社会所有领域的人的心理现象及其规律作为研究对象，所揭示的是普遍适用的心理规律，它为营销心理学提供了理论基础。营销心理学是心理学的分支应用学科，它不能背离心理学所揭示的普遍心理规律。同时，营销心理学依据这些普遍规律与原理，研究解决市场营销这一特定领域的特定心理现象与规律。

2. 营销心理学与营销学

营销心理学是建立在现代营销学发展基础之上的。19 世纪末 20 世纪初，随着资本主义社会化大生产的迅速发展，产品日益丰富，市场竞争也日益激烈。为了开拓市场，引起消费者的购买欲望，人们开始了对各种营销手段、营销策略的研究，市场营销学随之诞生。而营销心理学是对市场营销学的基本框架内的各种心理现象和心理活动的研究。所以，营销学为营销心理学的研究提供了前提。

3. 营销心理学与社会学

社会学是研究社会现象和社会问题，揭示社会现象和社会问题发展规律的学科。营销心理学的主要研究对象是消费者和营销者，这两者都是社会中的人，其行为的发生和变化都离不开社会因素如社会阶层、家庭、风俗习惯等方面的影响。

4. 营销心理学与经济学

无数个体消费者的消费行为是整个社会经济活动的重要组成部分。对于各种物质资源、社会财富的合理配置与利用是经济学所要研究的重要内容。消费者的心理趋向是影响社会资源最终配置的重要因素，而资源的合理配置与否又直接制约了消费者的消费行为。因此，经济学应该成为营销心理学的基础学科之一。

从以上的简单分析中我们可以看到，在现代条件下，任何一个专门学科的产生、建立和发展，都要引入和借鉴其他学科的有关知识，相互间的渗透与交叉又促成各个学科的发展与深化，使自己的研究对象更加突出、全面和深入。

1.3 营销心理学研究的基本原则与方法

研究方法是人们解决问题、实现预期目标的基本途径和手段。营销心理学的性质决定了它的研究方法是多种多样的，但是，在研究中不管采用什么方法，都必须坚持马克思主义的辩证唯物论，这是营销心理学研究方法中应遵循的基本原则。因此，遵循研究的基本原则，选择适当的研究方法，是进行营销心理学研究的必要前提。

1.3.1 营销心理学研究的基本原则

1. 客观性原则

任何事物的发生、发展和变化都有其自身的客观规律，心理现象也不例外。在商品和劳务经营活动中，消费者的心理现象是客观存在所引起的。消费者的行为无论就其内部因素或外部因素，还是反映方式来说，都是客观存在引起的，并且表现在社会实践活动中。因此，研究营销心理学必须采取客观性原则。

客观性原则，就是实事求是原则，就是对任何心理现象必须按照它的本来面目加以考察，必须在人的生活和活动中进行研究。客观性原则是一切科学研究都必须遵循的根本原则。它要求如实地揭示消费者心理活动的规律，不允许任何主观的臆断，当然，贯彻客观性原则，并不妨碍我们在已掌握的事实基础上，提出大胆的假设和预测，但必须在营销活动的客观实践中进行检验，才能确定其正确性。实践是检验真理的唯一标准，对营销心理学的研究也同样如此。

2. 联系性原则

人生活在极其复杂的自然环境和社会环境中，人的每一个心理现象的产生都要受到诸多因素的影响，而且这些影响在不同时间、不同地点的反映又有所不同，绝不能孤立地研究。所以，联系性原则是营销心理学所要遵循的又一条原则。

联系性原则，就是指把世界看成是一个普遍联系的网，把其中存在的各种事物和现象，作为网上的纽结来进行研究，从而把握事物之间的关系及其相互制约性。因此，营销心理学不仅要研究影响和制约消费心理的内外因素之间的关系，还要研究消费心理在不同环境中的心理活动规律及心理变化的差异性，以便营销人员更有针对性地去实施满足消费者需要的营销手段。

3. 发展性原则

世界上的任何事物都处在永恒的运动和不断变化之中，人的心理也是随着客观刺激物的发展变化而变化的。这就要求我们在研究中，必须坚持发展性原则。

发展性原则，就是指用动态的、连续的观点看问题，在事物的产生、延续、发展、变化的过程中进行研究的原则。我国的消费品市场作为供求关系的总和，处在不断发展变化当中，而不同时期，人们的消费观念、消费动机、消费结构和消费趋向等也在不断地变化着。因此，我们必须在发展变化中去研究营销活动中的心理现象，遵循发展性原则，不仅要求阐明现实的消费者心理变化规律，而且要求阐明那些隐性的、潜在的心理现象，预测其发展变化的总体趋势。

1.3.2 营销心理学研究的基本方法

1. 观察法

观察法是心理学的一种最基本的研究方法。观察法就是研究者在自然情况下，依靠自己的感觉器官，有计划、有目的、系统地直接观察被研究者的外部行为表现，分析内在原因，从而揭示其心理活动规律的一种方法。观察法应在自然条件下进行，研究者不应去控制或改变有关条件，否则，被试者行为表现的客观性将受到影响。在现代研究中，观察者有时也采用先进的技术和设备如摄像机、闭路电视等，作为视听器官的延伸，以协助观察。

观察法分为长期观察和定期观察两种形式。长期观察便于把握消费者心理活动中有规律性的内容；定期观察是在一定时期内对消费者心理现象和行为活动规律性的观察，可重点研究一些特殊消费心理现象及其消费行为表现。

运用观察法，首先应有明确的目的，要制订研究计划，拟定详细的观察提纲。观察过程中要敏锐捕捉各种现象，准确、详细地记录下来，及时予以整理和分析，以利于科学结论的产生。由于观察法很少干扰或不干扰被试者的正常活动，因而得出的结论比较符合实际情况。另外，观察法简便易行，可以涉及相当广泛的内容，无论是研究商品的商标、包装、广告宣传、商店的橱窗，还是研究商品价格、销售方式和手段对购买的影响，以及市场营销状况、消费者对新产品的接纳程度等，均可采用观察法。

但是，由于观察者往往处于被动地位，只能等待需要观察的现象自然出现，因而对观察所得的资料往往不足以区别哪些是偶然的，哪些是规律性的。而且，当现象出现时，并不能直接得到被试者为什么会这样的资料，很难弄清现象后面隐藏的本质特征。所以，在某些问题的研究上还需要借助其他方法。

2. 实验法

实验法是有目的地严格控制或创设一定的条件，人为地引起某种心理现象产生，从而对它进行分析研究的方法。它又分为实验室实验法和自然实验法。

实验室实验法是在专门的实验室内借助各种仪器来进行研究的方法。在设备完善的实验室里研究心理现象，从呈现刺激到记录被试者的反应、数据的计算和统计处理，都采用电子计算机、录音、录像等现代化手段，实行自动控制。因而对心理现象的产生原因、大脑生理变化以及被试者行为表现的记录和分析都是比较精确的。其缺点是无法准确地测定复杂的个性心理现象。

自然实验法是指在市场营销环境中，有目的地创设或变更某些条件，给消费者的心理活动施加一定刺激或诱导，从中了解消费者心理活动的方法。由于这种方法是人们有目的地创设或变更条件，因而具有主动性的特点，往往能够按照一定的研究目的取得比较准确的材料，是应用范围比较广泛的方法。例如企业举办产品展示会和展销会，可以说就是自然实验法的一种运用。

3. 访谈法

访谈法也称面谈调查法，是研究者通过与研究对象直接交谈，在口头信息沟通的过程中了解研究对象的心理状态的方法。是消费者心理研究中最常见和最广泛采用的方法。访谈法依据与受访者接触的不同方式，又可以分为面对面访谈法和电话访谈法。

面对面访谈法又可分为结构式访谈和无结构式访谈两种。结构式访谈是研究者根据预定目标，事先撰写好谈话提纲，访谈时依次向受访者提出问题，让其逐一回答。这种访谈组织比较严密，条理清楚，研究者对整个谈话过程易于掌握，所得的资料也比较系统，但由于受访者处于被动地位，容易拘束，双方感情不易沟通。无结构式访谈是有一定的目标，但谈话没有固定的程序，结构松散，所提问题涉及的范围不受限制，受访者可以较自由地回答。这种访谈受访者比较主动，因而气氛比较活跃，容易沟通情感，并可达到一定的深度。但这种方式因谈话过程不易掌握，所以对研究者的访谈技巧要求也比较高。

电话访谈法是借助电话这一通信工具与受访者进行谈话的方法。它一般是在研究者与受访者之间受空间距离限制，或者受访者不便直接面对研究者时采用的访谈方法。这种访谈法的优点主要有：较容易取得预期的资料，准确性高，渗透性强，对难以接触的受访者可以进行调查且可以涉及一些面谈时不便谈的问题，但此方法对进行访谈的人员的素质要求比较高（仅限于一些较简单回答的问题）。

4. 问卷法

问卷法是根据研究内容的要求，由研究者设计调查问卷，由被调查者填写，然后汇总调查问卷，进行整理、分类、分析研究的方法。问卷法可将调查的目的和内容通过调查表清楚地反映出来，并能在较短的时间内大范围地了解消费者的需求倾向、兴趣、态度、购买动机和价值观等因素。通过问卷调查，不仅可以了解消费者现期的消费心理和行为，而且也可以了解消费者预期的消费心理和行为。在实际的应用中，问卷法可分为开放式问卷和封闭式问卷两种。

开放式问卷是让被调查者对每一个问题可根据自己的情况自由作答。此类问卷一般多用于探索性研究。例如：您对××品牌有何评价？由于对被调查者作答不作任何限制，因此回答者发表的意见和看法不一定都与所问的主题有关，使调查结果难以统计分析，而且开放式问卷的回答费时、费力，也容易引起较高的拒答率。

封闭式问卷是研究者对所要调查的问题事先给出两个或两个以上的答案，被调查者只能按调查表的要求选择一个或几个答案。具体可分为两相选择式，即问题的答案只有肯定或否定两个，要求被调查者回答“是”或“否”；多项选择式，即拟定出多个答案，由被调查者从中选择一个或几个答案。封闭式问卷回答标准，材料有利于统计分析，但封闭式问卷因对答案有所限定，不利于研究者发现新的问题。

问卷法可通过邮寄方式或依据抽取的样本挨家挨户上门访问，也可以派访问者在适当地点，如商场出入口处，拦住适当受访者进行访问。

5. 投射法

在探求消费者心理时，通过观察法、实验法、访谈法、问卷法可以收集到大量的材料，但问题在于要弄清消费者为什么买或为什么不买某种产品是非常困难的，在回答这类问题时，消费者往往给予使自己的行为合理化和合乎社会需要的回答，这些回答很可能并不代表他们的真实动机。这种自觉或不自觉的掩饰，致使材料的可靠性降低，影响了分析的科学性。要了解消费者的真实动机和心态，就必须借助于投射法。

投射法是从临床心理学引来的一种心理研究方法，是研究者以一种无结构性的测验，引出被试者的反应，借以考察其所投射出的人格特征的心理测验方法，也就是说，投射法不是直接对被试者明确提出问题以求回答，而是给被试者一些意义不确定的刺激让其想象、解释，使其内心的动机、愿望、情绪、态度等在不知不觉中投射出来。投射法有很多种，营销心理学研究常用的投射法主要有角色扮演法和造句测验法。

角色扮演法就是让被试者扮演某种角色，然后以这种角色的身份来表明对某一事物的态度或对某种行为作出评价。例如，将一幅绘有一家庭主妇面对各种罐头食品陈列架的图片出示给被试者，要求其说出图中主妇的购买想法。由于被试者不知道图上的人到底在想些什么，往往会根据自己的想象和愿望，说出图上该家庭主妇的想法，而其回答无疑是反映了被试者本人的想法。这种方法的特点是不让被试者直接说出自己的动机和态度，而通过他对别人的描述间接地反映出自己真实的动机和态度。

造句测验法是由研究者提出某些未完成的句子，要求被试者根据个人的看法将未完成的继续予以完成。例如，购买别墅的人________。要完成这个句子或许可加上“想使他们的家庭生活舒适”或“目的在于显示他们过的是高人一等的生活”。类似此法可以续完许多句子，以显示消费者内心的反应，从而了解到他们对不同商品的评价和看法。

营销心理学的研究方法还有很多，比如，个案研究法、测量法等方法都各有特点，也各有局限性。由于人的心理现象十分复杂，因此，在进行研究时不能单纯地使用某一种方法，应根据对象与任务的不同，在使用某一种方法时要辅之以其他方法，使之相互补充，以使其更准确、更客观地反映人的行为和心理活动的规律和特点。

【本章小结】

人的心理的实质是人脑和客观现实两方面的有机统一。人的心理的生理基础是大脑，而高级神经系统基本活动的产生方式是反射。反射又可分为无条件反射和条件反射，人的心理的源泉是客观现实，人的心理就是客观现实在人脑中的能力反映。

心理学是研究人的心理现象及其规律的科学。人的心理现象是一种普遍的、每时每刻都在发生的社会现象，也是人类特有的一种精神现象，它分为心理过程、个性心理和心理状态三个部分。心理学历史不长，流派却很多，其中最著名的是弗洛伊德的精神分析心理学、华生的行为主义心理学和以马斯洛为代表的人本主义心理学。心理学处于哲学、自然科学和社会科学的结合点上，因此，它属于边缘科学范畴。

营销心理学是市场营销学科群中一门应用性学科。营销心理学的心理构成要素主要包括：消费者的心理与行为要素、营销者的心理与行为要素、营销过程中的各个环节及各种营销手段和营销方法的心理效果要素等。营销心理学研究的基本原则有：客观性原则、联系性原则和发展性原则。营销心理学研究的基本方法有：观察法、实验法、访谈法、问卷法、投射法。

【关键术语和概念】

心理　反射　无条件反射　条件反射　心理学　心理现象　心理过程　心理状态　精神分析心理学　行为主义心理学　人本主义心理学　营销心理学　观察法　实验法　访谈法

问卷法　投射法

【练习与讨论】

1. 什么是心理现象？它包含哪些方面？
2. 怎样理解心理是客观现实的主观映像？
3. 分析并讨论现代心理学的三大流派。
4. 营销心理学的研究方法各具有哪些特点？在使用时应注意些什么？

第2章 消费者的心理活动过程分析

⊙本章学习要点

1. 感觉、感受性和感觉阈限的概念
2. 知觉的特性
3. 错觉在市场营销活动中的运用
4. 记忆、表象的概念
5. 记忆的基本过程
6. 艾宾浩斯遗忘曲线
7. 想象在营销活动中的作用
8. 思维的基本过程
9. 在消费活动中，注意品质的表现
10. 消费者的情绪和情感的概念和区别
11. 心境、激情、应激的概念
12. 在购买活动中，影响情绪的主要因素
13. 意志活动过程的基本特征
14. 消费者意志行动的过程分析
15. 理解认识过程、情感过程和意志过程的关系

⊙本章学习内容

1. 消费者心理活动的认识过程
2. 消费者心理活动的情感过程
3. 消费者心理活动的意志过程

⊙个案分析

据统计，1979年全国看电影的人次是293亿，而2002年为6亿人次，中国年人均看电影0.5次，仅是美国的1/10，年票房收入约2亿美元，仅占美国的1/30。从1995年开始，广州的电影票价开始逐步上升。现在，广州的高档电影票价以30元为起点，进口大片如《魔戒Ⅲ》为80元一张，而大多数票价为50元左右。业内人士认为，这几年到影院看电影的人数在不断增长，看电影已渐成一种时尚。

问：你认为，促使观众重回影院观看电影的因素有哪些？

2.1 消费者心理活动的认识过程

心理学认为，人的认识过程是接受、储存、加工和理解各种信息的过程，也是人脑对客观事物的现象和本质的反映过程。消费者的心理活动首先是从对商品的认识过程开始的。消费者的认识活动过程是指消费者自己的感觉、知觉、记忆、想象、思维等活动对商品的品质属性以及各方面的联系的综合反映过程，具体分为两个阶段，即认识形成阶段和认识发展阶段。

2.1.1 消费者对商品认识的形成阶段

消费者对商品认识的形成阶段是指消费者通过自己的各种感觉器官，获得有关商品的各种信息及其属性的资料的过程，主要包括感觉和知觉两种心理活动。

1. 消费者的感觉

感觉是外界客观刺激直接作用于感觉器官所引起的认识反应，是我们日常生活中最常见的心理现象。例如，视觉是光波刺激作用于眼睛后产生的反应。心理学意义上的感觉是多种感官对客观事物个别特性进行反应的总概念，它和我们日常所用的“感觉”意义不同。日常的“感觉”含义广，包括心理学意义上的感觉含义，还包括情绪、评价、判断、态度等。而这里所说的感觉是指作为认识过程中最初级的形式、阶段的感觉。

感觉的种类如下（见表2-1）：

表2-1 感觉分类一览表

	感觉器官	感觉刺激	功能
视觉	眼睛	光波	看东西
听觉	耳朵	声波	听声音
嗅觉	鼻子	气味	识别气味
味觉	舌头	味道	感觉物质味道
触觉	皮肤	物理压力	感觉硬度、形状等
痛觉	皮肤	疼痛	生命安全
温度觉	皮肤	温度	生命安全
饥渴觉	内脏器官与大脑皮层	食物、水及体内失衡	吃、喝
运动觉	所有感觉与大脑皮层	身体运动	日常行动
平衡觉	内耳中的前庭	身体倾斜度	身体平衡

（资料来源：吕勤，郝春东．旅游心理学．广州：广东旅游出版社，2000.）

在商业经营活动中，感觉是消费者在购买商品和使用商品的过程中，商品外部的个别属性作用于消费者不同感觉器官而产生的主观映像。如面对一瓶红酒，消费者用眼睛能看到它的外观、装潢、酒的颜色，用鼻子能闻到它的香味、醇度，用舌头能尝到它的味道等，从而产生了对该商品颜色、状态、香型、醇度等方面的感觉。因此，感觉是一种最简单的、人类低级的认识水平。因为消费者通过感觉获得的只是对商品属性的表面、孤立的认识，所以，仅仅依靠感觉对商品作出全面评价和判断，显然是不可靠的。但是，感觉又是认识过程乃至全部心理活动的基础和起点。通过感觉，消费者才能取得进一步认识商品的必要材料，形成知觉、记忆、思维、想象等较复杂的心理活动，从而获得对商品属性全面正确的认识，才能最终实现购买行为。如果离开消费者对商品的感觉，一切高级的心理活动都无从实现，从一定意义上讲，感觉是消费者一切知识和经验的基础。

专栏 “剥夺感觉”的试验

加拿大马克基尔大学里的心理学家唐纳德·希伯和他的同事挑选了一些大学生进行了一个“剥夺感觉”的试验。他们布置了一间特殊的实验室，有很好的隔音效果，光线不亮，里面放着一张单人床，受试者单独一人进入实验室，他手上戴着手套，臂上套上纸板筒，眼睛戴上一副半透明的墨镜，只能看到极其微弱的光线，无法看清室内物体的形态和模样，他在房间里只能听到空调机那轻微而单调的噪声，除此之外，没有第二种音响。被试者被剥夺了视、听、触的感觉。（如果他们需要的话，随时可以获得食物和饮料。）

他孤独地躺在床上或者百无聊赖地昏睡，或者胡思乱想。由于光线昏暗，闪烁不定，他的眼前产生幻觉，时而仿佛看到几何图形，时而仿佛置身于梦境之中。他没有时间和空间的观念，无法保持清醒的头脑，有些人甚至说不清他们究竟是睡着了还是醒着，几天以后，受试者从实验室里出来，都诉说在试验过程中经受了难以忍受的痛苦。心理学家对他们进行各种测验，发现他们各种能力都受到了损害。这些人必须经过两三天的休整，才能恢复到正常的状态。

（1）感觉的特点。作为认识过程的心理机能之一，感觉有其特殊的表现形态和作用方式，具体包括以下几点：

①适宜刺激。所谓适宜刺激是指特定感觉器官只接受特定性质的刺激。这是因为每种感觉器官都有其特定的功能，只能反映特定性质的刺激。例如，视觉要通过眼睛而不能用耳朵来进行，听觉要通过耳朵而不能用嘴来进行。

②感受性。所谓感受性是指感觉器官对于外界刺激强度及其变化的感觉能力。感受性的大小是用感觉阈限的大小来度量的。感觉阈限是指能够引起感觉并持续一定时间的刺激量。阈限是界限、门槛的意思，例如，人的耳朵可听到声音频率的范围是20～20 000Hz，在此界限内就产生感觉，超过这个界限就没有感觉。每一种感觉，都有两种类型的感受性和感觉阈限，即绝对感受性和绝对感觉阈限，差别感受性和差别感觉阈限。

心理学上把能引起感觉的最小刺激强度叫做绝对感受阈限。对这种能觉察出最小刺激度的能力叫做绝对感受性。绝对感受性与绝对感觉阈限成反比关系，绝对阈限越小，即能引起感觉的刺激强度越弱，绝对感受性就越大，说明人的感觉器官越灵敏。但有时刺激强度发生了变化，人们并不一定能有所感觉，如一台4 900元的空调降价20元时，消费者并不一定能立即有所感觉，这就是差别阈限在起作用。所谓差别阈限是指刚刚能引起差别感觉的两个刺激量的最小量差别。如空调价格从4 900元降到4 700元时，人们就会有明显的感觉，其中200元就是原来4 900元的差别阈限。相应地，把能够区别客观事物变化或差别的能力叫差别感受性，差别感受性与差别感觉阈限也成反比关系。

③适应性。所谓适应性是指由于刺激物对感受器官的持续作用，而使感受性发生变化的现象。适应是一种普遍的感觉现象，它既可以引起感受性的提高，也可以引起感受性的降低。比如，人刚走到鱼摊前，开始感到鱼腥味扑鼻，过了一会，由于腥气继续作用于鼻子，嗅觉感受性就降低，鱼腥气就少了。此即所谓“入芝兰之室，久而不闻其香；入鲍鱼之肆，久而不闻其臭”。再如，从明亮处进入黑暗处，开始什么也看不清，稍过几秒钟就能看清周围的轮廓，这是暗适应。适应性引起的感受性降低对增强刺激效应，不断激发消费者的购买欲望是不利的。要使消费者保持较强的感受性，商业企业可以通过调整刺激物的作用时间或经常变换刺激物的表现形式来达到目的。

④关联性。所谓关联性是指某一器官的感受性因其他器官同时受到的刺激而产生变化的现象。即人对一种刺激的感受性，不仅取决于感觉器官的机能状态，同时也受到其他感觉的影响，使得各种感觉的感受性在一定条件下出现此消彼长的现象。如人的听觉在黑暗中会得到加强，在光亮中会减弱；震响的马达声能使视觉感受性降低；而人们常见到一些盲人的听觉和嗅觉等就非常发达。另外，联觉现象在不同感受的相互作用中也应引起注意，这种现象是指一种感觉引起另一种感觉的心理过程。例如，人的眼睛看到淡蓝色，皮肤就产生凉爽的感觉，见到橘红色就产生温暖的感觉。再如，当有人在黑板上写粉笔发出尖锐的声音时，我们会感到不寒而栗等。联觉原理在市场营销活动中，经常应用于商品设计、商店内部装潢和商品陈列方面。

（2）感觉在营销活动中的应用。

①感觉使消费者获得对商品的第一印象。感觉是消费者认识商品的起点，是一切复杂心理活动的基础。在消费者购买活动过程中，每一步都需要感觉来提供具体的信息来源，而后进行其他的心理活动，从而获得对商品的全面认识。因此，感觉可以使消费者获得对商品的第一印象，而第一印象的好与坏、深刻与否，往往决定着消费者是否购买某种商品。

②消费者的感觉阈限制约着经营刺激信号。俗话说：“耳听为虚，眼见为实。”对于商品的认识和评价，消费者首先相信的是自己对商品的感觉。但不同的客体刺激对人所引起的感觉是不相同的，而相同的客体刺激对不同的人引起的感觉也不相同。所以，在市场营销活动中，向消费者发出的刺激信号强度受到消费者的感觉阈限的制约，如为推销商品而降价就是如此。在这里，降价幅度对消费者而言就是个刺激信号，其必须与消费者的感觉阈限相适应。否则，降价幅度过小，刺激不够，消费者不会积极购买；而降价幅度过大，消费者又可能会怀疑商品的质量，因而必须准确把握。另外，消费者的感觉阈限大小还与商品本身有关。如几千元的商品降价十几元并不会引起消费者的注意，而日常的生活用品，如蔬菜、肉类、蛋类，即使上涨几角钱也会很快被消费者感觉到。

2. 消费者的知觉

知觉是人脑对直接作用于感觉器官的客观事物的整体反映。所谓事物的整体是指该事物所具有的各个部分、各种属性按一定关系构成的复合体。例如，一朵鲜花，就是一个事物的整体，它是由花蕊、花瓣、花枝、花干等部分和形状、颜色、气味等属性，按这种花的品种所特有的生长构型而组成的复合体。对事物整体的反映，就是对事物的各部分、各属性加以整合，并对事物整体加以解释，说明它是什么。因此，知觉过程是从感觉开始的，刺激物各种特性分别刺激各感受器，大脑皮层对获得的各种特征以及它们之间的关系进行整合，并运用记忆系统中已有的经验对当前的刺激物进行辨别、认同、解释，从而得出对刺激物整体的反映。此外，个体的情绪状态、需要、态度、人格等会影响知觉的选择性、理解性。所以，知觉是纯心理性的，对于同一种引起知觉的刺激情境，表现在每个人的知觉判断上，将会有很大的差异。

知觉过程图式如图 2－1 所示：

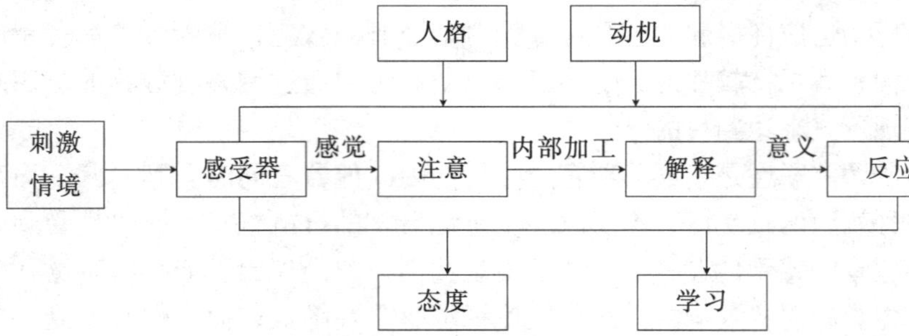

图 2－1　知觉的过程

（资料来源：吕勤，郝春东．旅游心理学．广州：广东旅游出版社，2000.）

（1）知觉的特点。知觉是消费者对消费对象的主动反应过程。这一过程受到消费对象的特征和个人主观因素的影响，从而表现出某些独有的活动特征，具体表现在以下几个方面：

①知觉的选择性。人体对外来信息有选择地进行加工的能力就是知觉的选择性。知觉的能动性主要表现在它的选择性上。如图 2－2 所示，当你转换不同的对象与背景时，会发现同一图案中有不同的两种判断，而这正是由于你所选择的信息不同而形成的。在一定时间内，人并不能感受所有的刺激，而仅仅感受能够引起注意的少数刺激。而感受什么信息，受到已有经验、兴趣等个人因素的影响。

图 2－2　老鼠—老头

在市场上，在同一时刻，有大量的事物作用于消费者的感觉器官，消费者不可能同时反映所有这些事物，只是对其中的某些事物有清晰的反映，这就是知觉的选择性。知觉的选择性还表现在消费者能在众多的商品中把自己所需要的商品区分出来，或者在同一种商品的众多特性中，优先地注意到某种特性。它使消费者在知觉商品中发挥“过滤”作用，使消费者的注意力集中指向感兴趣的或需要的商品及其某些特性。知觉的选择性可以是临时的，也可以是经常的。临时的选择性是由人在知觉中的一时需要、情绪、心理状态决定的；而经常的选择性常常是由于人在某方面长期活动（职业）的结果造成的。

②知觉的整体性。这是知觉与感觉的重要区别。心理学研究表明，尽管知觉对象由许多个别属性组成，但是人们并不把对象感知为若干个相互独立的部分，而是趋向于把它知觉为一个统一的整体。知觉整体性遵循四个原则：一是邻近性。在时间、空间上彼此接近的感觉刺激，容易知觉为一个整体；二是相似性。凡是在形状、颜色、大小或其他属性上相似的刺激容易被当作一个整体；三是封闭性。当刺激物的各个部分共同包围一个空间时，容易引起人们的整体知觉；四是连续性。当刺激物在时间和空间上具有连续性时，容易被视为一个整体。

知觉的整体性反映在消费者的购买行为上，就是消费者总是把商品的质量、价格、款式、商标、包装等综合在一起，形成对商品的整体印象。知觉的整体性对于人们快速识别客观事物具有重要意义。因为万事万物都处于千变万化之中，如果因为客观事物发生了一定的变化，我们就不能识别了，那就会给我们的生活带来许多困难。因此，当我们在认识客观事物时，只要抓住了主要特征就可以作出整体性的反映，从而可以节省时间和精力。

③知觉的理解性。在一般情况下，对任何事物的知觉都是以已有的知识和过去的经验为依据来领会的，这表明知觉理解性与记忆密切相关。人类由于有语言的功能而区别于其他动物，在知觉时常常要通过语言，用词语来概括感知到的信息，因而知觉的理解性同语言、思维也有密切的关系。言语的指导能唤起过去的经验，从而理解其意义。如图2－3所示，这样一个图形，由于每个观看者自身的知识、经验不同，可以有多种不同的解释。如果我说这里是一条公路，你立刻会理解其意义；如果我说这是一个从窗口看到的长颈鹿的脖子，你也会领会其意，这就是语言在理解中的作用。理解性有助于解释不同的消费者对同一商品的知觉不同。人对知觉的客观事物理解愈深，则知觉愈迅速、全面。例如，有丰富购买经验的消费者在挑选商品的时候，要比一般消费者知觉得更快、更细致、更全面。

④知觉的恒常性。当知觉的客观条件在一定范围内有所改变时，知觉映像仍然保持相对不变，这就是知觉的恒常性。知觉的恒常性有助于人们全面、真实、稳定地反映客观世界，使人们能够更好地适应环境。知觉的恒常性反映在消费者的购买行为上，就是消费者能够避免外部因素的干扰，在复杂多变的市场环境中，仍然可以根据以前购买商品后的使用经验来辨别眼前的商品。例如，某个长期受消费者欢迎的名牌商品，在包装材料上作了些许改变，或增加了一些新的附加值，消费者仍然进行正确的知觉。但知觉的恒常性也可能阻碍新产品的推广。

图2－3

（2）知觉在营销活动中的应用。

①知觉的选择性有助于消费者确定购买目标。随着科学技术的不断发展，市场上的商品日趋丰富，消费者所接触的信息量不断增加，这些都加大了消费者进行购买决策的难度。而知觉的选择性可使消费者在众多的信息和商品中能够快速找到符合自己既定购买目标的信息和商品，同时排除那些与既定购买目标不相符合的信息和商品。

②利用知觉的理解性与整体性提高广告宣传效果。根据知觉的理解性这一特点，企业在广告中要针对购买对象的特性，在向消费者提供信息时，其方式、方法、内容、数量必须与信息接收人的文化水准和理解能力相吻合，保证信息被迅速、准确地理解。根据知觉整体性这一特点，在广告设计中，把着眼点放在与商品有关的整体上，使消费者获得充足的信息，形成一个整体的、协调的商品形象。

③利用知觉的恒常性促进商品销售。由于人们不愿放弃自己习惯使用的商品，所以知觉的恒常性可以成为消费者连续购买某种商品的一个重要因素。企业可以通过名牌商品带动其他商品的销售，或通过畅销的老商品带动新商品的销售。

（3）消费者的错觉。知觉的特性为消费者正确全面地感知商品提供了保障。但是，在现实中，消费者并不总是能够准确无误地认识商品。由于某些因素的作用，人们的知觉有时会偏离事物的本来面目，产生错觉。错觉是指在特定条件下产生的对外界事物不正确的感觉或知觉。它具有固定的倾向，是主观努力无法克服的。错觉的现象十分普遍，常见的有图形错觉、方向错觉、形状错觉、运动错觉和时间错觉等，产生错觉的原因极其复杂，既有客观因素，如过去经验的高度稳固性而产生的，也有主观因素，如由于主观愿望或某种迫切需要而产生的。错觉是人的认识活动的个别的特殊事例，不能证明人不能正确认识客观事物。事实上，由于人能发现错觉，并能找出产生错觉的原因、条件及其规律性，恰恰说明了人能正确地反映客观现实。

错觉对市场营销活动既有积极的一面，也有消极的一面，如果巧加利用，将有助于商业企业促销活动的开展。例如，狭长形商场若在单列柜台的对面墙壁装饰镜面，可以通过光线折射使消费者产生商场宽敞、商品陈列丰富的视觉效果；将包装设计为没有规律的形状，常使人感到包装比实际的长；又如，营销人员在向顾客推荐服装类商品时，可运用人们知觉中产生错觉的规律，向身材矮胖的人推荐深色服装，对脸大而圆的顾客劝说其不要穿圆领口、带圆形图案的服装等，这样一定会使顾客满意而归。

2.1.2　消费者对商品认识的发展阶段

在认识的形成阶段，消费者获得了对商品本身直观形象的了解，但这不仅仅局限在商品的表面，消费者要进一步加深对商品的认识，还会利用记忆、想象、思维、注意等心理活动来完成其认识过程。

1. 消费者的记忆

记忆是过去经验在人脑中的反映。人们在生活实践中感知过的事物、思考过的问题、体验过的情感或做过的动作，不同程度地保留在头脑中，以后在类似条件的影响下重新得到恢复。这种在人脑中对过去经验的保留和恢复的过程就是记忆。记忆的重要性是人所皆知的。人对客观事物的认识，虽然是从感知觉开始的，但是如果没有记忆的参与，就不能把其感知的一切保留下来，不能积累知识和经验，不能形成概念进行判断和推理，也就不能适应不断变化着的环境。

在消费活动中，记忆同样是必不可少的。因为消费者的每一次购买活动，不仅需要新的信息、新的知识，同时还要参照以往对商品的情感体验、知识和经验。每个消费者在各自的生活实践中，都会不断获得和巩固新的知识，同时又会把已往的知识经验保存下来。在进行消费活动时，自觉地利用识记材料对商品进行评价判断，有助于消费者全面、准确地认识商品，作出正确的购买决策。

（1）消费者的记忆过程。消费者对过去经验的反映，是要经历一定过程的。心理学研究表明，这一过程包括识记、保持、回忆、再认等几个基本环节。

①识记是指人们为了获得对客观事物的深刻印象而反复进行的感知过程，它是记忆的第一步。识记的材料一般以两种形式储存在头脑中：一种是表象。表象是指人感知过或想象过、体验过或操作过的事物在脑中留下的印象。另一种是语词，因为语词有声有形，能以物质的形式在头脑中保存下来，而词所具有的符号意义，使词的声、形载体具有区别于表象的特殊意义。识记在购买活动中常常表现为消费者反复察看商品，多方了解商品的信息，以加强对商品的印象。

②保持是过去经历过的事物映象在头脑中得到巩固的过程。从信息论的观点看，保持就是对信息编码、储存的过程。经验的保持并不是简单地贮存，而是包含了对识记的材料进一步加工。这种保持像在冰箱中保存食物那样，记忆中的信息随着时间的推移，在质量和数量上也会发生某些变化。一般来说，随着时间的推移，保持量呈减少的趋势，也就是说，人对其经历过的事物总是要忘掉一些的。此外，贮存材料的内容、概要性、完整性等，也会发生不同程度的改变。保持在购买活动中表现为消费者在记忆商品的过程中，逐渐了解并概括出商品的基本特性，从而把有关必要信息作为经验在头脑中贮存起来。

③回忆又称重现，是对不在眼前的、过去经历过的事物表象在头脑中重新出现的过程。回忆可分为无意回忆和有意回忆两种。无意回忆是指没有预定目的，自然而然地发生的回忆，如触景生情；有意回忆是根据预定目的所进行的回忆，如消费者在选购商品时，常常把过去购买使用过类似商品的体会、经验回想起来，通过比较，验证自己对商品的认识正确与否。回忆还可分为直接回忆和间接回忆。直接回忆是指当前事物直接引起过去经验再现的回忆，如故地重游；间接回忆是指通过中介性联想才能使过去的经验再现的回忆，如消费者看到杂志上刊载某商品的商标图案，就记忆起相关的商品。

④认知又称再认，是指过去感知的事物重新出现在眼前时的确认过程。如消费者在选购商品时，有时能准确辨认出同一商品在不同商店的陈列和销售情景。

人们对客观事物的记忆是从识记开始的。识记是通过各种心理过程完成的；保持是识记的进一步巩固，是记忆过程的中心环节，记忆的基本特点在于保持；回忆和认知是衡量记忆巩固程度的重要指标，也是忘记要达到的目的。

（2）消费者的记忆分类。根据记忆的内容，可分为形象记忆、逻辑记忆、情感记忆和动作记忆。例如，消费者对商品的形状、大小、颜色等方面的记忆就是形象记忆；消费者对某种商品的制作原理、广告宣传等方面的记忆就是逻辑记忆；消费者对以往购物时受到营业员的热情接待的喜悦心情的记忆就是情感记忆；消费者使用搅拌机的过程的记忆就是动作记忆。

根据记忆保持的时间长短，可分为瞬时记忆、短时记忆和长时记忆。瞬时记忆又叫感觉记忆，瞬时记忆在感觉后立刻产生，持续时间在 0.25 ~ 2 秒之间，其特点是容量较小，保存时间短，瞬息即逝；瞬时记忆中的材料如果受到主体的注意，就会进入短时记忆阶段，短时记忆持续时间为 5～20 秒，最长不超过 1 分钟；长时记忆是指保持 1 分钟以上直至多年甚至终生的记忆，它是对短时记忆加工复述的结果。有时强烈刺激的信息和富有感情的事，也能一次形成长时记忆。其特点是容量无限，保存时间较长。

这三种记忆之间的关系如图 2－4 所示：

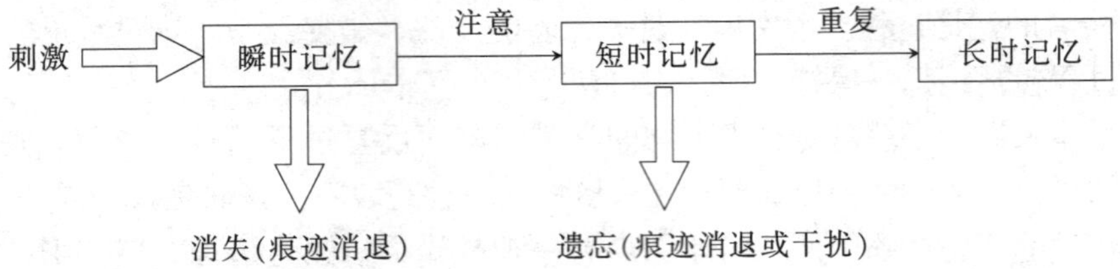

图 2－4　三种记忆系统示意图

2. **遗忘**

如图 2－4 所示，造成短时记忆遗忘现象的原因有两种，一是信息（记忆痕迹）的自然消退，二是其他因素的干扰。而进入长时记忆的信息同样也会发生遗忘，其原因同样有自然消退和其他因素的干扰作用。那么，什么是遗忘呢？遗忘是指对已识记过的内容在一定条件下不能恢复提取或产生错误的回忆和认知。德国著名心理学家艾宾浩斯经过多年的研究发现，长时记忆的遗忘现象存在一个规律性的特征，即它的遗忘产生过程是在识记某些材料后一段短暂的时间内发展得很快，过了这段“易忘期”后，遗忘的进展速度就渐渐缓慢下来，渐趋平稳，并保持在某一水平上，即便过了很长一段时间，记忆的保存量仍然保持在 21% 左右，如图 2－5 所示：

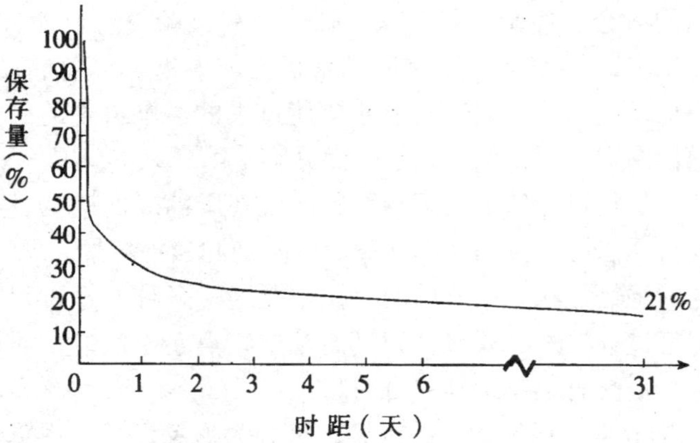

图 2－5　艾宾浩斯遗忘曲线

记忆的研究还发现，对于一个由若干个独立的项目组成的系列性的记忆材料，记忆的效果与各记忆项目在整个系统中所处的位置有关，处于系列首部和尾部的材料记忆效果好些，处于系列中部的材料记忆效果较差。记忆研究中揭示的这些规律为妥善地设计、编排广告提供了理论依据。利用这些规律，可以有效地提高广告宣传的效果，以促进消费者购买行为的变化。

在市场营销活动中，消费者虽然会看到许许多多的商品，会听到形形色色的商品信息，但是消费者却不会记得很多，大多数信息将被遗忘或根本未被注意，只有那些能引起消费者特别注意并吸引他们前去观察的商品，才会留在消费者的记忆之中。为什么有的商品能引起消费者的注意，有的却不能？研究表明，它首先取决于消费者的需要、兴趣、态度和情感等主观因素，其次还取决于商品本身的特征。由此可见，对于消费者记忆规律的研究，无疑对市场营销活动具有重要的意义。

3. 消费者的想象

想象是指人脑中对已有表象进行加工改造而创造事物新形象的过程。想象是人所特有的一种心理活动，是在记忆的基础上，把过去经验中已经形成的联系再进行新的组合，从而创造出并没有直接感知过的事物的新形象。由此可知，想象的产生必须具备三个条件：一是必须要有过去已经感知过的经验，当然不一定是想象者个人的经验，也可以是前人或他人积累的经验；二是想象的过程必须依赖于人脑的创造性，需要对表象进行加工，而不是表象本身；三是想象是个新的形象，是想象者没有直接感知过的事物。

（1）想象的特征。想象是一种特殊形式的思维，因此具有极明显的间接性和概括性。首先，想象是一种从未直接感知过的事物的新形象，它可以根据自己从未遇到过的事物形象，或是依据别人口头或文字的描绘，通过人脑的加工改造而形成新形象，从而具有间接性。其次，因为想象是经过人脑加工改造而成的新形象，在加工改造的过程中，必须进行综合、概括，同时，想象又与其他心理活动密切地联系在一起，所以具有概括性。

想象实质上和其他心理过程一样，是客观现实的反映。不仅想象的原材料即记忆表象是现实事物的反映，而且想象本身往往也是由现实的需要、意图去推动的，而个人的需要、意图则受社会生活条件的制约，是社会生活要求的反映。因此，人的想象的内容和水平也总要受到社会历史条件、生产力水平和科学技术发展水平的制约。同时，人们生活环境和实践活动的不同，个人的兴趣和爱好、习惯和知识经验等不同，也制约着人的想象内容和水平。

（2）想象的分类。按照想象有无目的性，可将想象分为无意想象和有意想象。无意想象是没有预定目的、不自觉的想象，是最简单、最初级的想象。例如，当我们观察天空中的白云时，有时觉得云像一匹奔腾的马，有时觉得像一只猴子。无意想象为人在认识事物的过程中增添了绚丽的色彩，丰富了主观感受，从而使人对所认识之物增加兴趣。人类的梦是无意想象的极端情况。有意想象是有预定目的、自觉进行的想象，人在实践中为完成活动任务所进行的想象都属于有意想象。根据想象的独立性和创造性程序的不同，有意想象又可分为再造想象、创造想象和幻想三种。再造想象是根据语言、文字的描述或条件的描绘（如说明书、图样等），在头脑中形成有关事物的形象。创造想象是在个人头脑中独立创造出来的事物的新形象，它在新产品的开发中有重要作用。幻想是一种与生活愿望相结合并指向未来的想象。

（3）想象在营销活动中的作用。想象对于发展和深化消费者的认识有重要作用，在消费者选择、评价商品时，常常伴有想象的心理活动。例如，消费者在购买名牌汽车时，想象出自己开着这辆车时他人对自己的羡慕、赞誉，会极大地激发他的购买欲望，从而导致购买行为。同时，在某些情况下，想象会导致消费者进行冲动购买，这是由于想象往往带有强烈的感情色彩，积极的想象使人的头脑中呈现美好的前景，对商品倾向于肯定态度。

调查表明，许多消费者购买的某种商品并不都是急于使用，而是在想象心理支配下采取的购买行为。所以，想象对于推动消费者的购买行为具有一定作用。在企业营销活动中，在商品的包装、命名、陈列、橱窗布置和广告设计等方面，用多种方法来丰富消费者的想象力，可以达到提高促销效果的目的。

4. 消费者的思维

在日常生活中，我们常说想办法、找窍门，以及讨论问题、计算数学题等，这些都是思维活动。思维是人的认识过程的最高阶段，是人脑对客观事物本质特征间接的、概括的反映，它反映事物的本质特征和内在联系。

（1）思维的特征。思维有两个重要特征：一是间接性，就是通过其他事物的媒介来反映客观事物的本质和规律。例如，人们看到某家商店挂着“物价信得过单位”的牌匾，便会推理“这家商店的商品价格一定公平合理，没有欺诈行为”。二是概括性，是通过对同一类事物的共同特性、本质特征或事物间规律性的联系来认识事物。例如，人们在购买过程中多次感知到名牌商标与商品质量之间的联系，从而得出“名牌商品质量好”的概括性特征。

（2）思维的分类。根据思维过程凭借物的不同，可分为形象思维和逻辑思维。形象思维是指利用直观形象对事物进行分析判断的思维。逻辑思维是依据概念、判断、推理等基本形式来达到对事物本质特征认识的思维。在消费者购买活动中，形象思维和逻辑思维往往交替使用，但由于每个人在受教育程度、经验和行为偏好等方面的不同，他们在思维的广度、深度、灵活性和独立性等方面存在着一定的差异。

（3）思维的基本过程。思维是在人们遇到问题并试图解决问题时的一种独立的心理活动过程，它是以感觉、知觉、表象提供的材料为基础，通过分析、综合、比较、抽象、概括和具体化等基本过程而完成的。它可分为三个具体的过程：

①分析和综合过程。分析是在思想上把事物整体分解为各个部分或把整体的各个特性区分出来，如把空调的个别属性如外观、性能、质量、价格、商标、型号等分解出来。综合是在思想上把事物的各个部分或不同特性、不同方面结合起来，如把分解的空调的各个方面重新构成一个整体，从整体角度上找出问题所在。

②比较过程。是在思想上把各种事物加以对比，并确定它们之间的异同。有比较才有鉴别，人认识一切客观事物都是通过比较来实现的。对有些商品，很难通过其外观、性能、质量、价格等个别属性作出正确的判断，消费者要借助比较来鉴别商品的优劣。比较可以在同类商品之间进行，也可以凭借消费者本人的经验进行。

③抽象、概括和具体化过程。抽象是人在思想上对客观事物分出本质特性而舍弃非本质特性的过程。概括是在思想上把抽象得来的客观事物的本质属性联合起来的过程。具体化就是把通过以上过程获得的概念运用于实际，从而加深对概念的理解的过程。该过程实际上就是消费者运用判断、推理的思维方式，综合多种信息，排除各种假象和干扰，对商品的内在属性及其本质作出正确的判断，为购买行为的实施做好准备。

5. 消费者的注意

与认识过程的其他心理机能不同的是，注意本身不是一个独立的心理过程。从前面的内容可知，注意是人的一种心理状态，可为心理过程提供一种背景状态。它能够使人对客观事物产生清晰的认识与反映。一般来说，注意在心理活动的一开始就有了，而且伴随着整个心理过程，保持心理活动的指向，使之不断深入。所以，这里有必要分析一下注意这个概念。

（1）注意的概念和特征。所谓注意是指人的心理活动对外界一定事物的指向和集中。指向性和集中性是注意的两个基本特征。注意的指向性是指在每一瞬间，人们的心理活动都是有选择地反映一定事物，同时离开其他事物的。注意的集中性是指心理活动能在特定的选择和方向上保持并深入下去，同时排除一些不相干的因素。

（2）注意的功能。

①选择功能。即选择有意义的、符合需要的和与当前活动相一致的影响，避开其他与之相竞争的各种影响。这种选择性功能既表现为对心理与行为方式的选择，也表现为对刺激对象的选择。由于注意的选择性，人的心理活动才能正确地指向和反映客观事物。如消费者面对众多的商品，其心理活动只是集中在符合自己需要的目标上，并尽量排除其他各种因素的干扰。

②保持功能。表现在它使注意能长时间集中于一定的对象，并一直保持到完成行为动作、认识活动和达到目的为止。

③监督和调节功能。监督和调节密切相关，共同作用于注意的对象或活动上，这种心理机能有利于心理和行为活动准确和精确地进行，也有利于对错误活动进行及时的调节和矫正，这是注意最重要的一种功能。

（3）注意的类型。消费者在认知商品的过程中，往往会表现出不同的注意倾向。根据消费者有无目的以及是否需要意志努力，可以将注意分为以下三种类型：

①无意注意。是指事先没有预定目的，也不需要任何意志努力的注意。产生无意注意的原因有两方面，一是刺激物本身的特点，包括刺激物的强度、刺激物之间的对比关系、刺激物的新异性、刺激物的变化等。例如，散发诱人香味的食物、巨大的广告牌、造型奇特的商品和闪烁变换的霓虹灯等，都会因其本身的独特性而形成较强的刺激信号，引起消费者的无意注意。二是消费者的主观状态，包括需要、兴趣、态度、精神状态和健康等因素。

②有意注意。是指有预定目的的，在必要时还需要意志努力的注意。它是主动的、服从于当前一定任务要求的注意，因此，消费者的有意注意通常发生在需求欲望强烈、购买目标明确的场合。例如，需要购买一辆汽车的消费者，会广泛搜集有关产品的信息，并在众多的同类商品中，把注意力直接集中于期望的品牌上。这期间需要消费者付出意志努力，采取积极主动的态度，克服各种困难和障碍。

③有意后注意。是指有预定目的，但不经意志努力就能维持的注意。有意后注意是注意的一种特殊形式。例如，某消费者本来是有意注意寻找预定要买的某种商品，但在寻找过程中，突然被另一件同类商品的新颖款式所吸引，所以又把注意力转向这一商品上了。商业企业应重视这种有意后注意的心理特性，并在经营活动中加以利用，从而产生更好的经营效果。

以上三种注意形式并存于消费者的心理活动过程中，它们既互相联系，又互相转换，如无意注意可以转化为有意注意，有意注意进一步发展便转化为有意后注意。在交替与转化的过程中，三种注意形式共同促进消费者心理活动有效进行。

（4）注意的品质。在消费活动中，消费者的注意品质通常表现在以下四个方面：

①注意的范围。也叫注意的广度，是指在同一时间内能清楚地把握对象的数量。根据实验证明，成人在1/10秒的时间内，一般能够注意到8～9个黑色圆点或3～4个没有内在联系的汉字。人的注意范围的大小不是固定的，它与两个因素有关：首先与知觉对象的特点有关，被注意的对象越集中，排列得越有规律，注意的范围就越大。其次与人的知识经验有关，一个人已有的经验愈多、知识愈广，就愈善于组织所注意的对象，注意的范围就愈广。

②注意的分配。是指在同一时间内把注意分配到两种或几种不同的对象或活动上。例如，消费者一边倾听营业员对商品的介绍，一边观察着该商品。注意分配的重要条件是，在同时

存在的两种以上的消费对象中，只能有一种是消费者不太熟悉的，需要集中注意感知的，其他则相对熟悉，无须过分注意。

③注意的稳定。是指注意长时间地保持在某一事物或某种活动上，它是注意品质在时间上的特征。如果消费者能够保持稳定的注意力，那么他对商品的了解就会深入和全面。能否保持注意的稳定与消费对象是否单调、枯燥有关，但更主要取决于消费者的主观状态和意志努力。

④注意的转移。是指有意识地把注意从一个对象转移到另一个对象上，注意的转移是注意的动力特征。注意的转移与注意的分散是完全不同的。注意的转移是在实际需要的时候有目的地把注意转向新的对象，使一种活动合理地为另一种活动所代替；而注意的分散是在需要注意稳定的时候，受到外界干扰，使注意离开需要注意的对象。灵活而正确地转移注意力，将有助于消费者更好地适应外部环境的变化，高效率地从事消费活动。

2.2　消费者心理活动的情感过程

消费者对商品的认识过程，是采取购买行动的前提，但并不等于就必须采取购买行动，因为消费者是活的有机体，并处于复杂变化的社会环境之中。在购买商品时，他们必然受着生理性需要与社会性需要的支配，引起不同的内心变化和外部反应，构成各有特色的对商品的感情色彩。消费者这种对待商品和劳务是否符合自己的需要而产生的态度体验，就是购买心理的情感过程。它与认识过程的不同在于：认识过程反映的是客观事物的本质属性，而情感过程反映的是客观事物与人的需要之间的关系，是对客观事物所产生的一定态度和体验。

2.2.1　消费者的情绪和情感的概念

1. 情绪和情感的概念

情绪和情感是人类行为中最复杂的一面，也是人类生活中最重要的一面。一般平常人的生活中，人们随时随地都有喜怒哀乐等情绪的起伏与变化。所谓情绪和情感，是人的需要是否得到满足时所产生的一种对客观事物的态度和内心体验。

对上述定义，可以从以下三个方面来分析：

（1）情绪和情感是人对客观现实的一种反应形式。客观现实中的对象和现象与人们之间的关系是情绪和情感的源泉。因为人同各种事物的关系不完全一样，人对这些事物所持有的态度也不一样，所以人对这些事物的情绪和情感的体验也就不同。

（2）人之所以对客观现实是否符合自己的需要的态度能有所体验，是因为人在与客观事物接触的过程中，客观现实与人的需要之间形成了不同的关系。例如，环境幽雅的购物场所、热情周到的服务、质量优良的商品等，一般都符合消费者的需要，容易使人产生趋向这些事物的态度，从而产生满意、愉快、赞叹等情绪和情感的体验。反之则会产生不满意、烦恼、厌恶等情绪和情感的体验。

（3）在现实生活中，并不是所有事物都可以产生情绪和情感。例如，我们每天要接触到很多事物，固然有很多事物引起我们的爱好或厌恶的情绪和情感，也确实有不少事物对我们来说是既不讨厌也不喜欢的。这里必须指出的是，和我们的需要相关的事物，才能引起我们的情绪和情感。

2. 情绪和情感的区别与联系

西方心理学通常把情绪和情感统称为感情（Affection）。可以说，情绪和情感是从不同角度表示感情的。由于这种心理现象极为复杂，因此严格区分它们很难，但我们可以从不同侧面加以说明。

（1）情绪和情感所赖以产生的需要不同。情绪通常是指有机体的心理体验，它与自然需要是否获得满足相联系。例如，饮食需要的满足与否引起满意与不满意的体验。情绪是较低级的心理现象。情感通常与人在历史发展中所产生的社会需要相联系。情感的基础是同人与人之间的关系（即社会关系）相联系的需要。例如，尊重的需要、社会活动的需要、爱的需要等，由满足这些需要而产生的荣誉感、集体感、责任感等心理体验就是情感。它具有社会历史性。

（2）情绪和情感在稳定性上的差别。情绪一般由当时的特定条件所引起，具有较大的情景性，并随着条件的变化而改变或消失。因此，情绪的表现形式比较短暂和不稳定。而情感就不同，人一旦产生某种情感，就不容易改变，而且能够逐渐加强。所以，情感多用于表达内容，具有较大的稳定性和长期性。例如，人与人之间在共同活动中产生的友好情感，不会因为活动的结束而消失，还会长期存在并可能得到发展。

（3）情绪和情感在强度上的差别。情绪带有更多的冲动性和外显性，比如，欣喜若狂、手舞足蹈、暴跳如雷等。情感则显得更加深沉，而且经常以内隐的形式存在或以微妙的方式流露出来。情绪一旦暴发，往往一时难以冷静或加以控制；情感一般不存在这种情况，它始终是在意识支配的范围内进行。

当然，在实际生活中，情绪和情感往往交织在一起，难以截然分开。情绪是情感的外在表现，情感是情绪的本质内容。在使用过程中两者并没有严格的区别，情绪通常都是作为一般情感的同义语来使用。

2.2.2 消费者的情绪和情感的分类

情绪和情感是作为对事物的一种反应形式存在的，世界上事物的绚丽多彩，构成了人与客观事物之间关系的丰富多样性，使情绪和情感也产生了极为丰富和复杂的内容。我国古代把人的情绪分为喜、怒、哀、乐、爱、恶、惧七种基本形式，现代心理学又从不同角度对情绪和情感进行了划分。

1. 根据情绪发生的强度、速度和持续时间来划分，可分为心境、激情、应激

（1）心境。心境就是人们常说的心情，是一种比较微弱、平静而持续时间较长的情绪状态。心境的主要特点是弥散性和持续性。某种心境在某一段时间内影响着一个人的全部生活，使人的语言、行动及全部情绪，都染上了这种心境的色彩。一个人在愉快、喜悦的心境中，仿佛一切都染上了“快乐的色彩”，看什么都顺眼，对一切都感到满意；而处在忧愁悲伤心境中的人，在一段时间里就表现得无所不悲，仿佛一切都染上了“忧伤的色彩”。古语说“忧者见之而忧，喜者见之而喜”，就是对心境的概括描述。

由于心境会影响人们对周围环境的判断，因此，消费者心境的好坏对其购买行为具有重要的影响。良好的心境能提高消费者的积极性，增加对商品、服务、购物环境的满意度，容易引起对商品的美好联想，从而激发购买欲望。如果消费者心境不佳，则会心灰意懒，兴趣索然，从而抑制购买欲望，阻碍购买行为。

一般来说，心境持续时间较长，从几个小时到几周、几个月或者更长时间，主要取决于心境的各种刺激的特点与个人的个性差异。心境的产生总是有原因的，其原因也是多种多样的。如个人生活中的重大事件、事业的成败、与周围人的关系的好坏、身体状态，以及周围环境的变化等，都能引起某种心境。

（2）激情。激情是一种猛烈的、迅速爆发而短暂的情绪体验，也可以叫激动。例如，狂喜、暴怒、恐惧、绝望等，都属于这种情绪状态。其主要特点是瞬息性和冲动性。激情是由对人具有重大意义的强烈刺激所引起的，此外，过度地抑制和兴奋，或者相互对立的意向和愿望的冲突也容易引起激情的状态。激情发生时伴有内部器官的强烈变化和明显的表情动作。如愤怒时，紧握拳头，全身发抖；过度兴奋时，手舞足蹈，大哭大笑等。在激情状态中，人的一切心理过程和全部行动会随时产生显著变化，理解力和自制力会明显下降。激情也有积极与消极之分。积极的激情与理智和坚强的意志相联系，它能激励人们克服艰险，成为正确行动的巨大动力；而消极的激情则会使人的正常活动遭到破坏，引起人的高度冲动，从而使人的自制力显著降低。可见，激情是人的行为活动的强有力的操纵者。营销活动有时就需要猛烈的宣传攻势和良好的营销环境气氛，使消费者产生积极的激情，迅速作出购买决策。

（3）应激。应激是指出乎意料的情况下所引起的情绪状态。例如，人们遇到突然发生的火灾、水灾、地震等自然灾害时，刹那间人的身心都会处于高度紧张状态之中，此时的情绪体验，就是应激状态。

应激同激情相比，它使人的意识更为狭窄。紧急的情景惊动了整个有机体，很快地改变有机体的激活水平，引起情绪高度应激化和行动的积极化。人在应激状态时，一般会出现两种不同的表现：一种是情急生智，头脑清醒、动作准确地及时排除险情；另一种是惊慌失措，陷入一片混乱之中，作出不适当的反应。有些人甚至会发生临时性的休克等症状。在应激状态下人们会出现何种行为反应是与每个人的个性特征、知识经验以及意志品质等密切相关的。

2. 根据情感的社会内容，可分为道德感、理智感和美感

（1）道德感。是人们根据一定的道德标准，评价自己和别人的言行、思想、意图时产生的情感体验。同情、反感、眷恋、疏远、尊敬、轻视、感激、爱、憎等都属于道德感。

道德感是对客观对象与一个人所掌握的道德标准之间关系的心理体验。当思想、行为符合这些标准时，就产生肯定的情感体验，感到满意、愉快；反之，则痛苦不安。当别人的思想、意图、行为和举止符合这些标准时，就对他肃然起敬；反之，则对他产生鄙视和愤怒的情感。例如，在购买活动中，消费者总是按照自己所掌握的道德标准来决定自己的消费标准，挑选商品的造型、颜色。同时，如果消费者挑选或购买商品时，受到销售人员热情礼貌的接待，就会产生赞赏感、信任感和满足感等属于道德感的肯定的情感，并以愉快、欣喜、兴奋等情绪形态反映出来。反之，如果受到不礼貌的接待，就会产生不满、气愤的情感，从而影响其购买行为。

（2）理智感。是人的求知欲望是否得到满足而产生的高级情感，也与人的认识活动、求知欲、兴趣、解决问题和对真理的探索等社会需要相联系。求知感、怀疑感、幽默感、好奇感等均属于理智感。

理智感是在认识事物的过程中产生和发展起来的，它是认识活动的一种动力。人在认识过程中有新的发现，会产生愉快和喜悦的情感；在不能作出判断而犹豫不决时，会产生疑惑感；在科学研究中发现未知的现象时，会产生怀疑感或惊讶感；在解决了某个问题而认为依据充分时，会产生确信感等。这些情感都属于理智感。消费者的理智感是在其认识商品的过程中所产生的。例如，某些消费者对新型的、科学性较强的商品，往往不能作出正确的评价，下不了购买的决心，就会产生犹豫感，表现出疑虑的情绪色彩。消费者的理智感，因其求知欲望的强弱，探求真理的毅力以及兴趣倾向的不同，而有着不同的形式与程度，也会随着消费者的认识和实践的不断深入而发展。所以，理智感对消费者在购买过程中的情绪活动起着重要的推动作用。

（3）美感。是人们根据美的需要，对一定的客观事物进行评价所产生的心理体验。美感是由一定的对象引起的，包括自然界事物和现象、社会生活、社会现象及各种艺术活动、艺术品等。美感受对象的外在形式和特点的影响很大，同时受对象的内容制约。美感还受人的主观条件的影响。人们的审美需要、审美标准、审美能力不同，对同一个对象的美感体验就不同。对同一个对象有的人感觉是美的，有的人则不认为美，就是由于受审美标准和对美的鉴赏能力的影响。当然，这并不是说人们对客观事物或社会现象的美感，就不存在相似或共同的方面了；在同一群体中，往往会持有基本相同的审美标准。例如，人们穿衣戴帽各有所好，这反映出每个人审美观点的不同；但是，消费者对时尚、新潮商品的追求，说明同一群体成员有着近似的美感。消费者在购买过程中产生的对某种商品或现象的美感，实际上是肯定的态度，是一种高级的社会性情感，它往往以满意、愉快等情绪色彩反映出来。消费者这种美感的程度高低，也是直接影响其情绪强弱变化的因素。

2.2.3 情绪和情感对消费行为的影响

1. 情绪、情感的两极性特征在消费行为中的作用

人的情绪和情感是极其复杂的，它反映了人的内心活动的多样性、复杂性，但不论何种情绪和情感都可以划分为两大类，即肯定性情绪、情感和否定性情绪、情感，这就决定了情绪、情感具有两极性。

正因为人的情绪本身包含了两极性，因而会对消费行动产生很大影响。积极的情绪，如愉快、欢喜、热爱等能增强消费者的购买欲望，促进人的购买行为的进行；消极的情绪，如愤怒、厌恶等，能抑制消费者的购买欲望，阻碍人的购买行为的进行。但在购买活动中经常会出现双重的情绪体验，既满意又不满意，既欣喜又忧虑等复杂的情绪体验使消费者的购买欲望和购买行为处于两难境地。例如，当选购服装时，有的消费者对服装的颜色、款式感到满意，但又担心穿在身上是否符合身份，是否美观大方；有的消费者对某些商品很喜欢，但又忧虑其使用的安全性。不过，由于消费者的情绪受各种主、客观因素的影响与制约，两极情绪是可以彼此转化或互相融合的。

2. 影响消费者情绪、情感的主要因素

在购买活动中，消费者情绪的产生和变化主要受下列因素影响：

（1）购买现场的影响。心理学认为，情绪不是自发的，它是由环境中多种刺激引起的。从消费者购买活动来分析，直接刺激消费者感官引起其情感变化的主要有购物现场的设施、照明、温度、声响以及销售人员的精神风貌等因素。购买现场如果宽敞、明亮，整体环境幽雅、温度适宜，消费者会感觉愉快、舒畅，产生美好的情绪体验，整个商品选购过程都会处于一种良好的情绪之中。同时，销售人员耐心、客观地介绍商品，有时还可以改变消费者原有的态度，或由原有的犹豫不决转而决定购买。因此，购买环境对消费者的情绪也有一定的

影响。

（2）商品的影响。人的情绪、情感总是针对一定的事物产生的。消费者的情绪，首先是由他的消费需要能否被满足而引起和产生的，而消费需要的满足是要借助于商品实现的。所以，影响消费者情绪的重要因素之一，是商品的各方面属性能否满足消费者的需要和要求。具体表现在：商品的质量、功能是否可靠、适用；商品价格是否合理；商品的外观、造型、色彩等是否令消费者满意和喜欢。当上述这些方面都符合消费者的要求时，消费者自然会对该商品产生好感，即产生积极的情绪体验。反之，则会使消费者产生不满等消极的情绪体验。因此，在商品经营活动中，应尽量为消费者提供能充分满足其需要的整体商品。

（3）消费者的心理准备。消费者的心理准备状态对于情绪有直接的激发作用，反过来，经激发而兴奋起来的情绪又影响消费者原来的心理准备，两者合一，共同推动购买行为的进行。一般来讲，消费者的需求水平越高，购买动机越强烈，购买目标越明确，购买兴趣越浓，其情绪的兴奋程度也越高，购买动机转化为购买行为的可能性也越大。反之，情绪的兴奋度越低，则购买动机转化为购买行为的可能性也越小。所以，为了有利于消费者购物前积淀一定的心理准备，企业大多在推广新产品之前做大量的广告，等到新产品上市后，消费者的情绪已被调动起来了，这样就能极大地帮助新产品的销售。

2.3 消费者心理活动的意志过程

在消费者的购买活动中，从消费心理的产生、变化到消费行为的实施，除了有一定的生理机制为基础外，还需要一定的心理机能为保证。这种心理保证能使消费者为自觉地实现其既定的购买目的而采取一系列行动，努力排除来自内在的和外在的各种干扰因素的影响，以实现购买目的。所以说，消费者自觉地确定购买目的，并主动支配、调节其购买行为，努力克服各种困难，从而实现预定购买目的的心理活动，就是消费者的意志活动过程。它同认识过程、情感过程一样，是心理活动不可缺少的组成部分。

2.3.1 消费者意志活动过程的基本特征

1. 目的性

所谓目的，就是预想的行动结果。人的意志是与行动的目的性密切联系着的。消费者不是被动地走进购物场所，而是为满足某种需要，也就是说，购买行为的产生是有它的目的性的。目的是行动的方向，意志的目的性使消费者行动之前，对行动的正确性和重要性有充分的认识，并能明确地意识行为活动结果的意义，从而使得消费者按既定的目的去组织和调整自己的行为，寻找实现购买目的的途径。因此，意志过程是有其明确的目的的。一个消费者购买目的越明确，就越能够自觉地去支配和调节自己的心理状态和外部动作，完成购买活动也就越迅速坚决。

2. 调节性

意志对消费者的心理状态和外部动作具有调节作用，这些调节作用有发动和制止两个方面。一方面，它可以发动为达到购买目的所必需的情绪和行动；另一方面，也可以制止与购买目的相矛盾的情绪和行动。这两方面作用的统一，使人能克服各种各样阻碍实现预定目的的困难。

消费者在为实现购买目的采取的意志行动的过程，通常就是排除干扰和克服困难的过程。在意志行动过程中，消费者要克服的困难或排除的干扰是多种多样的，这些困难或干扰既有内在因素造成的，也有外部条件造成的。例如，有的消费者喜欢购买名牌商品。但是有限的经济收入却不能使他满足要求，有的消费者选择到满意的大件商品，但又遇到商店不能送货上门等，这就是需要消费者通过意志努力来完成购买行动。

2.3.2 消费者意志行动的过程分析

尽管消费者的意志过程具有明确的购买目的和调节购买行为全过程的特征，但这些特征总是在意志行动的具体过程中表现出来的。通常，我们把意志过程分为三个阶段。

1. 作出购买决定阶段

这一阶段是消费者意志行动的初始阶段。它包括购买目标的确定、购买动机的取舍、购买方式的选择以及有关计划的制订等几个环节。

在这个阶段中，由于消费者需要的多样性和复杂性以及满足消费者需要对象的日益丰富，必然导致其购买目标和购买动机的多样性，这就需要人们根据每个目的的意义和价值，根据主客观的条件对其进行选择。同时，在众多购买动机中，有些动机的方向是一致的，而有些动机则可能完全相反，是互相矛盾的，因而就会发生动机冲突。决定动机的取舍，就需要意志的努力。消费者的购买目的和动机确定之后，还要制订购买行动计划，保证购买目标的实现。一般情况下，消费者购买活动的方式、方法可以有很多种，例如，购买时间的确定、购买场所的选择、经济开支有多少、是分期付款还是一次付款等，这些都需要在意志活动的参与下进行。

2. 执行购买决定阶段

这一阶段是把购买决定变为现实的购买行动的过程，是意志行动实现的关键阶段，需要消费者作出更大的意志努力。因为在执行过程中，仍然有可能遇到来自外部或内部的困难和障碍。例如购买过程中服务水平的低下；商品的质量、价格等与自己原先的愿望有差距；在购买活动中发现了能更充分地满足自己需要的同类商品；某一项购买决策遭到一同前往的朋友、家人的反对等。消费者仍有可能因此而放弃原来确定的购买目的和行动计划，或重新确立、修正购买目的和行动计划。所以，执行购买决定是真正表现意志的中心环节，它不仅要求消费者克服自身的困难，还要排除外部的障碍，为实现既定的购买目的，付出一定的意志努力。

3. 体验执行效果阶段

完成购买行为后，消费者的意志过程并未结束，通过对商品的使用及相关群体的评价，消费者还要体验执行购买决定的效果，如商品的性能、质量是否良好，使用是否方便，实际效果与预期是否接近等。在上述体验的基础上，消费者将评价购买这一商品的行为是否明智。这种对购买决策的检验和评判，直接影响消费者今后的购买行为，即决定今后是扩大或重复对该商品的购买，还是缩小或拒绝对该商品的购买。

2.3.3 消费者的意志品质

意志品质是消费者意志的具体体现。在购买活动中，我们常常可以观察到消费者的购买行为带有各种显著的特征。例如，果断或犹豫、沉着或草率、迅速或彷徨、冷静或冲动等。这些都反映了消费者意志品质的差别。消费者的意志品质与其个性心理特征密切相关，归纳起来主要表现为以下四个方面：

1. **自觉性**

自觉性是指消费者对购买活动的目的和动机有清楚而深刻的认识，并受坚定的信念和世界观所控制，使行动达到既定目的。富于自觉性的消费者在购买活动中不盲从、不鲁莽、不易受广告信息和购物环境的影响。因为他们的购买目的和行动计划往往经过了深思熟虑，并且对实现目的的重要性、正确性及手段作出了周密的考虑和安排，因而购买行为会坚定和有条不紊。而缺乏自觉性的消费者在购买活动中，缺乏信心和主见，易受别人的暗示或影响，购买行为无计划性。

2. **果断性**

果断性是指消费者能够迅速地分析购买过程中发生的情况，不失时机地作出购买决策并坚决执行决策。果断性是以自觉性为前提的。富于果断性的消费者在购买活动中，能够根据所获得的信息迅速作出决定，而且决定一旦作出，如果没有特殊情况，则不会轻易改变。而缺乏果断性的消费者在购买活动中，常表现出优柔寡断，缺乏主见，从而坐失良机。

3. **自制性**

自制性是指消费者善于控制自己的感情，支配自己的行动，保持充沛精力去克服困难争取胜利的能力。富于自制性的消费者在购买活动中，能够自觉地、灵活地控制和支配自己的情绪和冲动，约束自己的购买行为，即使在众人鼓动下，也会冷静地权衡是否该买。缺乏自制性的消费者在购买活动中，往往容易感情用事，在缺乏理智思考的情况下，草率地作出购买决定。

4. **坚韧性**

坚韧性是指消费者以坚韧的毅力、顽强的精神克服困难，以完成各种艰巨复杂的购买任务的能力，即通常所说的毅力。富于坚韧性的消费者在购买活动中，一旦制订了购买计划，采取了购买决定，他就会千方百计地完成，不怕困难和麻烦。特别是在完成长期的购买计划的行为上，更能反映出人的坚韧性。而缺乏坚韧性的消费者做事只有三分钟的热情，在购买活动中稍遇挫折就垂头丧气，半途而废。

总之，自觉性、果断性、自制性、坚韧性高是人们意志品质良好的表现。良好的意志品质对于消费者更好地完成购买活动是十分重要的。营销人员只有更好地认识和了解消费者的意志品质，才能在营销活动中采取相应的措施而适应其需要。

经过对消费者的认识过程、情感过程和意志过程的分析我们可以看到，消费者购买商品的心理活动实际上是这三个过程的统一。如图 2 –6 所示：

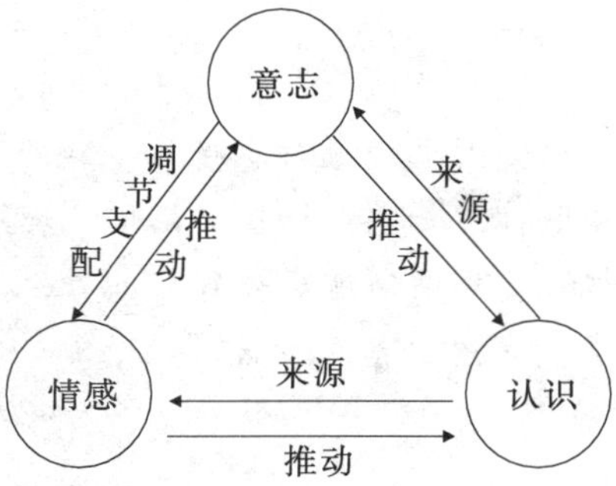

图 2－6 意志与认识和情感的关系

（资料来源：王金清．营销心理学．大连：东北财经大学出版社，2000. 49.）

一方面，认识过程的深度对意志过程中克服困难的努力程度有影响；反过来，意志过程对深化和加强认识过程也有影响。例如，消费者对商品认识肤浅，感受不深，因而不能做到“知之深，爱之切”，在作出购买决定时，就容易犹豫反复；同时，消费者在认识商品的过程中，总会遇到各种困难，对商品的观察、记忆、思考等都需要意志努力，通过意志过程，就可以促进消费者的认识有更广泛、更深入的发展。

另一方面，情感过程的情绪状态对意志过程中克服困难的努力程度有影响。反过来，意志过程对情感过程的情绪变化和发展也会发生影响。例如，如果没有积极的情绪状态，消费者就难以顺利地实现预定的购买目的；而通过意志过程又可控制和调节消费者的消极情绪，解除各种心理障碍，从而引起情绪向好的方向发展。

由此可见，认识、情感和意志三个心理活动的过程，既按照它的一般程度发展，又是这样互有影响、彼此渗透、相互交叉地进行。一般来说，消费者完成了一次购买行为，其心理活动过程也就随之基本结束。之所以说是“基本”结束，是因为消费者在使用商品的过程中所发生的情感体验、新的认识等方面，还将影响着下一次的购买行为。

【本章小结】

消费者的心理活动过程是消费者在购买行为中发生的心理活动的全过程，是消费者的各种心理现象对客观现实的动态反映，它包括认识过程、情感过程、意志过程三个方面。作为相对独立的心理要素，三个过程有着各自独特的作用机制和表现形式，但在消费者心理活动的过程中，它们又互有影响，彼此渗透。

消费者购买商品的心理活动，一般是从对商品的认识过程开始的，它是消费者购买行为的前提，主要包括感觉、知觉、记忆、想象、思维、注意等心理活动。

人们的消费活动是一个充满情感色彩的过程，情感过程反映的是客观事物与人的需要之间的关系，是对客观事物所产生的一定态度和体验。创造良好的营销氛围，诱发消费者的情感，有利于购买行为的实现。

在消费者的购买活动中，从消费心理的产生、变化到消费行为的实施，除了有一定的生理机制为基础外，还需要一定的心理机能作为保证，努力排除各种内外干扰因素的影响，自觉实施购买目的，这一心理过程就是意志过程。

【关键术语和概念】

认识过程　感觉　感受性　感觉阈限　绝对感受性　绝对感觉阈限　差别感受性　差别感觉阈限　感觉适应性　感觉关联性　知觉　错觉　记忆　表象　识记　保持　回忆　认知　瞬时记忆　短时记忆　长时记忆　艾宾浩斯遗忘规律　想象　无意想象　有意想象　再造想象　创造想象　思维　无意注意　有意注意　情绪（情感）　心境　激情　应激　道德感　理智感　美感　意志过程

【练习与讨论】

1. 结合自己的购物实例说明消费者由认知商品到购买商品过程的心理活动特点。
2. 知觉具有哪些特征？对营销活动的意义是什么？
3. 什么是消费者的注意和想象？如何发挥它们在市场营销活动中的作用？
4. 什么是情绪和情感？在购买活动中，消费者的情绪会受到什么因素的影响？
5. 用一个购物实例说明记忆的基本过程。
6. 讨论消费者的主要意志品质对购买行为的影响。

第3章　消费者的需要和动机

◉本章学习要点

1. 理解需要和需求的含义及关系
2. 需要在人的心理活动中的作用
3. 马斯洛需要层次论的内容和评价
4. 消费者需要的含义及特点
5. 消费者需要的基本内容
6. 动机形成的过程
7. 动机的作用
8. 购买动机的含义及特点
9. 购买动机的分类
10. 购买动机的诱导

◉本章学习内容

1. 消费者的需要
2. 消费者的购买动机

◉个案分析

随着中国经济的发展，内需的拉动迎来消费热潮，汽车、房地产、家电、服装、餐饮等成为消费热点。银行信用卡市场也发挥行业消费的潜能作用，银行纷纷与各行各业进行多赢合作，推出各种各样的信用卡业务来拓展市场，为消费者带来更多实惠。

一个新问世的信用卡品牌，如何在市场激烈的竞争中提高自己的辨识度，吸引消费者的关注，实现最大盈利，这是每一家发卡行都必须面对的挑战。目前，中国女性的消费能力无疑成为各家银行关注已久的亮点，一些银行相继推出了女性信用卡产品，并获得了良好的口碑。

2009年4月2日，中国银行与万事达卡国际组织宣布推出国内首张采用独特镜面设计的钛金女性主题信用卡——中银钛金女士信用卡。这是首款面向都市中高端白领女性发行的符合国际标准的信用卡，该卡秉承了中国银行一贯为客户提供全方位、高品质金融服务的宗旨，满足现代女性消费者追求品质、时尚、健康、理财的诉求，充分展现“Love Yourself—爱自己，更美丽”的新生活、“新钛度”。此卡具有香槟黄、亮天蓝和玫瑰红三款时尚绚丽的卡面，配合独特的镜面工艺；具有关爱女性健康高达三万元的女性重大疾病险、最高累计两万元的购物保险、最高200万元的航空保险；在持卡人生日、三八妇女节、母亲节送上温馨祝福和贴心关怀，刷卡消费可享双倍积分回馈；超长免息期、多种分期付款等金融支付功能，更为热爱生活的女士提供了尊荣礼遇；时尚绚丽的女性卡友专享网站，有着更卓越的理财服务，适时提供专业理财报表分析。此卡一经推出，立刻得到女性消费者的青睐。

问：试从需要、动机理论角度对此例加以分析。

3.1　消费者的需要

3.1.1　需要的概念和作用

1. 需要的概念

需要是个体由于缺乏某种生理或心理因素而产生内心紧张，从而形成与周围环境之间的某种不平衡状态。需要是个人的心理活动和行为表现的基本动力，人的需要常常以一种“缺乏感”来体验，即在正常条件下，人的生理和心理处于平衡或均衡状态，一旦生理或心理的某个方面出现“缺乏”时，便会导致原有平衡状态的破坏，从而引起人的内部紧张状态和不舒服感，只有恢复正常的均衡，才能减少或消除这种不舒服的紧张，这时，人们就感到需要的存在了。以饮食调节为例，人的生理调节机制时刻检测着食物和水的数量、时间和界度。当达到某种临界值时，便产生某种生理需要，人受到激发从而产生饮食行为。所以，需要可以看作减少或消除这种因正常生活的某个（些）方面的缺乏而引起的不舒适的紧张状态的反映。需要的激发过程可以用图3－1来表示：

图3－1　需要的激发过程

2. 需要的作用

需要在人的心理活动中具有极其重要的作用。①需要能影响人的认识活动。在满足需要的过程中，人们对所遇到的各种事物要进行分析、研究，并探寻各种解决的方法，所以需要是人们认识客观事物并从事实践活动的原动力。②需要能影响人的情绪。人一旦产生某种需要，就要求满足。而人的需要能否被满足、满足程度及满足的方式与手段如何，直接影响人的情绪变化。③需要有助于人的意志发展。人为了满足需要，有时需要付出巨大的意志努力，克服各种困难，因此，在满足需要的同时也锻炼了人的意志。需要属于一个人的个性倾向性，它影响着人整个的心理过程。例如，当一个人感到十分饥饿时，不仅在他的肠胃功能上有生理上的反应，甚至他的心理过程也有变化。他会比平时更容易发现有关食物的信息，比别的时候更容易记住有关食品的广告；他的情绪也会变得焦躁不安，他思考的问题也会更倾向于如何吃一顿。这一切变化都是需要的影响。

3. 需要与需求的关系

需要与需求是两个既相互联系又相互区别的概念。需要（Need）是人们对某种目标的渴望或欲求，是人的一种心理活动，这种心理活动会强烈地推动消费者去实现自己的行为。当然，消费者是否能实现自己的购买行为，还取决于各种内外因素的作用，尤其是外部因素中是否具备满足消费者需要的条件，例如，是否存在这种商品，是否能购买到这种商品，消费者是否具备相当的购买力等。所以，消费者的需要是一个心理学上的概念。而需求（Demand）仅仅是指用货币等价物保证的那一部分需要，它是一个与市场营销密切相关的概念。

3.1.2 马斯洛需要层次论

1. 需要层次理论的基本内容

人类的需要一直是心理学家们研究的对象，并产生了有关需要的不同理论，其中马斯洛的需要层次理论就被认为是目前对人的需要问题的最全面的揭示，是心理学家试图解释需要规律的主要理论。

马斯洛把人类行为的动机从理论上和原则上进行了系统的整理，提出了人类动机最著名的理论之一——需要层次论。马斯洛把人的多种多样的需要归纳为七大类，并按照它们发生的先后次序分为七个等级。

（1）生理需要。这是人类最原始的基本需要，包括食物、饮水、睡眠和其他生理机能的需要。它是推动人们行动的最强大的原动力。马斯洛认为人的生理需要是最重要的，只要这一需要还没有得到满足，他就会无视其他需要或把其他需要搁置一边。

（2）安全需要。这种需要表现为人们要求稳定、安全，受到保护，有秩序，能免除恐惧和焦虑等。当人的生理需要得到了一定程度的满足后，紧接着就会出现对安全的需求，其目的是降低生活中的不确定性，保障个体生活在一个免遭危险的环境中。例如，人们除了需要安身之外，还需要有稳定的工作等。

（3）归属与爱的需要。这种需要包含两方面的内容，一是爱的需要，即人都希望朋友之间、同事之间的关系融洽或保持友谊和忠诚，希望得到爱情。人人都希望爱别人，也渴望得到别人的爱。二是归属的需要，即人都希望从属于一定的集团或群体，被群体所接纳和认同，否则就感到失落、空虚。

（4）尊重的需要。这种需要包括两方面的内容。一是自尊。人们都希望自己有实力、有成就，能够胜任工作，并要求独立自由。自尊得到满足会使人相信自己的力量和价值，从而有利于发挥自己的潜能，否则会使人自卑和丧失信心。二是希望受到他人尊重。人们需要他人给予名誉、地位、权力，希望得到他人的赏识。对个体而言，他人的评价是非常重要的，有时会影响个体对自己的判断与认识。

（5）求美的需要。这种需要是指对于秩序、对称、完整、和谐、结构及存在于人们活动中的行为的完美的需要。如希望自己的行动更完美，对事物的对称性、秩序性、闭合性等美的形式的欣赏，对于美的结构和规律性的需要等。

（6）求知的需要。这种需要是指人们对于各种事物的好奇、学习并探究事物的哲理、对事物进行实验和尝试的欲望。即求知需要是人们用来获取知识、发展智能、提高思想修养和道德情操等方面的需要。这种需要是社会文明的标志。

（7）自我实现的需要。这种需要是指实现个人的理想、抱负，发挥个人的能力至极限的需要。也就是说，是什么样的角色就应该干什么样的事。音乐家必须演奏音乐，画家必须绘画，这样才会使他们得到最大的满足。这种需要是人生追求的最高境界。每个人都希望完成与自己的能力相匹配的工作，发挥自己的才能，使自己成为有理想、有抱负的人物。

2. 需要各层次之间的关系

上述七种需要可以按照阶梯形状排列起来，如图3－2所示：

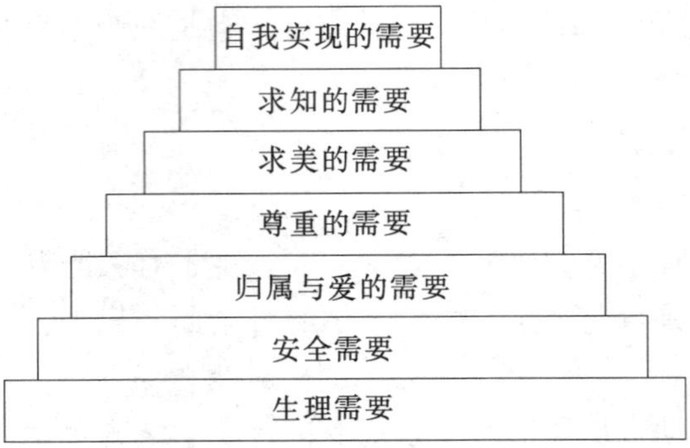

图3－2 马斯洛需要层次论

马斯洛认为，人类的各种需要是按照他们的效能分级排列的。前两种需要是低层次的基本需要，中间三种需要是在基本需要满足基础上的精神需要，后两种需要是高层次的发展需要。人的需要是一个由低级向高级发展的阶梯，只有当低层次需要得到基本满足后，才会产生并开始追求新的高一层次的需要。当然低层次的需要不是在100%的程度上得到满足才产生高一层次的需要，而是只在得到80%或者60%，甚至只要得到50%的满足，就可以产生更高一层次的需要。

有时人们会在同一时间内存在几种需要，行为会受多种需要的支配，然而必定会有占优势地位的需要存在，并且对行为起着主导的作用。从图3－2我们可以看到，七种需要是从低到高发展的，是伴随个体心理的发展而出现的。但是这种次序不是绝对固定的。如果一个人已经发展到了高层次需要，低层次需要却长时间不能得到满足，也会导致该人需要层次的降低。当然，也有极少数人低层次的需要并未得到满足，却对高层次的需要有了强烈的追求。一般而言，需要层次越高，与生活的联系就会越少，越能够反映人类的特征。

3. 对需要层次理论的评述

马斯洛的需要层次理论离开了一定的生产关系抽象地谈论人的需要是不科学的，但这种分类方法对于分析消费者的购买动机和购买行为却是有益的借鉴。

（1）需要层次论有利于搞好市场的预测。需要层次论指出，当人们低层次需要得到一定程度的满足之后，高一层次的需要必然会随之出现，就必然需要满足高层次需要的商品，这为企业预测未来市场提供了一种参照依据。所以企业应研究消费需求层次发展变化的客观规律，预测和分析目前消费者的主导需要层次和未来的发展趋势，不失时机地引导和推动消费者消费需求的变化，以便更好地制定营销策略，满足不同层次的消费需求，取得经营的成功。

（2）需要层次论是开展营销活动的重要依据。需要层次论指出，在不同的时期，人们均有一种占主导地位的优势需要，这点在营销心理学领域消费动机的研究上无疑是有意义的，它可作为市场区分的理论依据。市场区分就是按不同的消费需要、不同的购买力和购买愿望等标准对消费者进行划分，目的是在异质的消费者需要中，找出区别比较细致的部分，再根据企业自身的经营条件，选择最有利的主攻方向，以便把产品打入适当的市场。需要层次论还指出，人的需要没有一种是完全得到满足的。据此，企业可发现尚未满足的消费需要，从而找出这种产品竞争对手还未占领的位置。例如，德国“奔驰”牌汽车制造公司，在设计广告时，就是瞄准了许多高级轿车通常都只利用消费者尊重的需要，而无人利用安全需要这个“空档”，设计出把安全需要和社会需要融为一体的新颖广告——“当您的妻子带着两个孩子在狂风暴雨的黑夜开车回家时，如果她驾驶的是‘奔驰’牌汽车，您尽可放心”。

3.1.3 消费者需要的概念和种类

1. 消费者需要的概念

消费者的需要包含在人类的一般需要之中，它反映了消费者某种生理或心理体验的缺乏状态，并直接表现为消费者对获取以商品或劳务形式存在的消费对象的要求和欲望。消费者的需要是推动消费者进行各种购买活动的内在原因和根本动力，它激发消费者朝一定的方向行动，并指向某种具体商品，以求得自身的满足。消费者所体验的需要越强烈、越迫切，由它引起的活动就越有力。

2. 消费者需要的种类

消费者需要的类别丰富多样，有关学者对其研究的角度不尽一致，因此，分类的结果也各不相同。具体如图 3－3 所示：

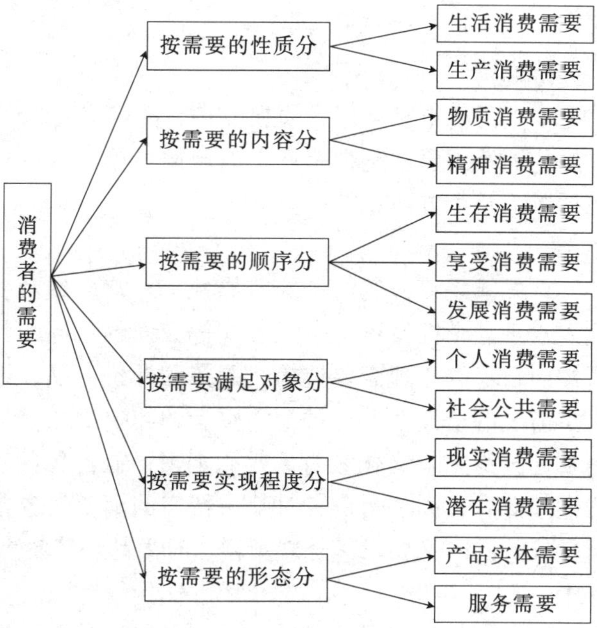

图 3－3 需要的分类

按照消费需要的性质可分为生活消费需要和生产消费需要。生活消费需要是指为满足个人生活的各种物质产品和精神产品的需要，是营销心理学研究的重点；生产消费需要是为满足生产过程中物化劳动和劳动消耗的需要。

按照消费需要的内容可分为物质消费需要和精神消费需要。物质消费需要是指消费者对以物质形态存在的、具体有形的商品的需要；精神消费需要是指消费者为改善和提高自身素质，对观念的对象或精神产品的需要。

按照消费需要的顺序可分为生存消费需要、享受消费需要和发展消费需要。生存消费需要是指消费者为了维持和发展生命而产生的对衣、食、住、行等基本生存条件的需要。享受消费需要包括物质享受和精神享受两种：物质享受需要即人不仅要吃得饱、穿得暖、有房住，而且要吃得有营养，穿得时髦、漂亮，住得舒适、宽敞；精神享受需要是指人对于社会交往、情感交流、艺术欣赏、娱乐等方面的需要。发展消费需要主要体现在智力和体力两方面：智力发展需要是指消费者学习文化知识提高自身素质，从而增强认识事物的能力的需要；体力发展需要是指消费者提高身体素质，强壮体魄，保持身体健康的需要。

按照消费需要的满足对象可分为个人消费需要和社会公共需要。个人消费需要是指居民有货币支付能力的生活消费需要；社会公共需要是指为实现社会的集体消费基金而统筹安排的用来满足公共消费需要的部分。

按照消费需要的实现程度可分为现实消费需要和潜在消费需要。现实消费需要是指具有明确消费意识和足够支付能力的需要；潜在消费需要是指消费者目前尚未有明确意识，或朦胧的欲望和需要。

按照消费需要的形态可分为产品实体需要和服务需要。产品实体需要是指消费者对产品的品质、式样、包装、功能等物质形态的需要；服务需要是指消费者对售中和售后服务保证、产品形象、销售者声誉等非物质形态的需要。

3.1.4 消费者需要的特点

现实生活中，人们的消费需要丰富多彩，纷繁复杂，并随着社会经济的发展而不断丰富和变化。尽管如此，人们的消费需要还是具有一定的规律可循。这些规律体现于消费需要的基本特征之中。具体包括以下几个方面：

1. 消费需要的多样性

消费需要的多样性，首先体现在人们需要的差异性上。众多的消费者由于民族传统、宗教信仰、文化程度、收入水平、个性特点、生活方式等方面的不同，具有不同的价值观念和审美标准，各个消费者按照自身的心理需要选择、购买和评价商品，因此导致多种多样的消费需要。其次体现在人类需要的全面性上。每个消费者的需要都是多方面的，人们不仅需要吃、穿、用、住，还需要社会往来、文化教育、娱乐消遣、旅游休闲、艺术欣赏等，这些都体现出消费需要的多样性。此外，同一消费者对某一特定的消费对象常常同时兼有多方面的需要。如既要求商品质量好，同时又要求其外观新颖、时尚和经济实惠。

2. 消费需要的层次性

尽管消费者的需要是多种多样的，但还是具有一定的层次性。一般来说，人的消费需要总是由低层次向高层次逐渐发展和延伸的。即低层次、最基本的生活需要满足以后，就会产生高层次的精神需要。但在特殊情况下，需要的层次顺序也可能发生变化，有些人低层次的需要并未得到满足，却对高层次的需要有强烈的追求；有些人在高层次需要得到相当程度的满足之后，转而寻求低层次需要的满足。

3. 消费需要的发展性

消费需要的发展主要体现在两方面：一是需要层次的发展变化，一般是较低层次的需要得到满足之后，逐步向较高层次推进，从简单需要向复杂需要发展，从物质需要向精神需要发展，从单纯追求数量上的满足向追求质量和数量的全面充实发展等，形成阶梯式的发展趋势。二是消费需要随时代的进步而发展变化。时代的进步往往产生许多新的商品、新的观念、新的社会风尚，这必然引起消费需要的发展。没有消费需要的发展，就不会有时代的进步，同样，没有时代的进步，消费需要的发展也将受到局限。

4. 消费需要的周期性

人的消费是一个无止境的活动过程，而消费需要的满足是相对的，当某些需要得到满足以后，在一段时间内可能不再产生，但随着时间的推移，已经消退的需要又会重新出现，并周而复始，呈现出周期性。消费需要的周期性主要是由人的生理运行机制所引起的，并受到自然环境变化周期、商品生命周期和社会时尚变化周期的影响。但周期性并非一直在低水平上循环，而是在内容、形式上都有所发展和提高。例如，20 世纪二三十年代流行的旗袍，在沉寂了几十年后，如今又成为女性服装市场中流行的商品，只不过现在的旗袍，无论在面料、款式、颜色等方面都与过去不大一样。

5. 消费需要的伸缩性

需要的伸缩性又称需求弹性。消费需要发源于消费者的生理和心理的满足欲望，但它又受社会环境诸多因素的影响和制约。这些因素都可能对消费者的消费需要产生促进或抑制作用，这就使消费需要表现出伸缩性的特点。一般来讲，当客观条件限制了需要的满足时，需要可以抑制、转化、降级；可以停留在某一水平上，也可以某种可能的方式，同时满足几种不同性质的需要；在特定情况下，人们还可能为满足某一种需要而放弃其他需要。消费者需要的伸缩性既可能是由消费者本人需求欲望的特征、强度及货币支付能力等内因引起的，也可能是由商品的供应状况、价格、广告宣传、销售方式，他人的实践经验、储蓄利率等外部环境因素引起的。

6. 消费需要的可诱导性

客观现实的各种刺激对消费者需要的产生和发展起着极其重要的作用。也就是说，有时消费者并未感到生理或心理体验的缺乏，但仍有可能产生对某种商品的需要。例如，面对美味诱人的佳肴，人们就可能产生食欲，尽管当时并不感到饥饿；而款式时尚的服装经常引起一些女性消费者的购买冲动，即便她们已经拥有了许多衣服。因此，消费者需要具有可诱导性，即可以通过人为地、有意识地给予外部诱因或改变环境状况，诱使和引导消费者需要按照预期的目标发生变化和转移。在实践中，许多企业正是利用消费者需要的这一特点开展广告宣传，倡导消费时尚，实行优惠刺激，从而有效地影响消费者需要。

7. 消费需要的互补性和互替性

消费需要是具体的，有着比较明确的指向性，然而，满足某项具体消费需要的商品、劳务或手段却是多种多样的。由于社会生产的发展，科学技术的进步及在生产上的广泛应用，满足某项具体需要的商品可能有多种，或者需要几种商品同时消费才能满足同一项消费需要，这就产生了商品之间的互补性和互替性。比如，买皮鞋就要配鞋油，买高级服装就要配各种服饰，这是消费需要的互补性。再比如，洗衣粉的广泛使用，就取代了部分肥皂的消费需要；空调的广泛普及，在很大程度上使得风扇的市场销路受到影响，这是消费需要的互替性。

3.1.5 消费者需要的基本内容

1. 对商品使用价值的需要

任何消费者都不是抽象的，而是针对具体物质内容的，无论这种消费侧重于满足人的物质需要，还是心理需要，都离不开特定的物质载体，而且这种物质载体必须具有一定的使用价值。因此，消费者需要首先表现为对商品使用价值的要求。从消费角度看，商品的使用价值主要包括商品的基本功能、质量、安全性能及方便程度等。

在对商品使用价值的要求中，首先包括商品的基本功能，即商品能够满足人们某种需要的物质属性。例如，冰箱要能冷藏、冷冻，吸尘器要能吸除灰尘，这些都是消费者对商品功能的最基本要求。在正常情况下，基本功能是消费者对商品诸多需要中的第一需要。如果不具备特定功能，即使商品外观诱人，价格低廉，消费者也难以产生购买欲望。

其次，在对商品使用价值的要求中，包括了对商品质量的要求。质量性能是指消费者对商品基本功能达到满意或完善程度的要求，通常以一定的技术性能指标来反映。但就消费者需要而言，商品质量不是一个绝对的概念，而是具有相对性的。一方面，消费者要求商品的质量与其价格水平相符，即不同的质量有不同的价格；另一方面，消费者往往根据其实用性来确定对质量性能的要求和评价。在实际生活中，某些低档商品或处理品，由于已经达到某些消费者的质量要求，所以会被消费者所接受。

再次，在对商品使用价值的要求中还包括对商品安全性能的要求，即消费者要求所购商品符合卫生标准，安全可靠，不危害人体健康。其中尤以对食品、药品、卫生用品、化妆品、家用电器等商品的要求更为严格。消费者对商品卫生、安全性能的要求，实际上是人类追求安全需要在消费中的具体表现。

最后，在对商品使用价值的要求中还包括对商品使用便利的要求。主要体现在三个方面：一是要求商品使用方法简单，操作容易。很多商品虽然具有良好的性能、质量，但由于操作复杂，因而不受消费者的欢迎。二是要求商品携带、开启方便，特别是一些食品、日用品及旅游制品等，受这一消费需要的影响，现代商品生产正向小型化、轻便化方向发展，如MD、MP3等。三是维修方便。销售实践证明，如果企业在推销商品的同时，提供多项售后服务，使消费者无后顾之忧，那么该商品就会受消费者的欢迎。

2. 对商品社会象征性的需要

商品的社会象征性，是指消费者要求商品体现和象征一定的社会意义，使购买、拥有该商品的消费者能够显示出自身的某些社会特性，如身份、地位、财富、时尚等，从而获得心理上的满足。

一般来说，想满足社会象征性需要的消费者，对商品的实用性、价格等往往要求不高，而特别看重商品所具有的社会象征意义。例如，有些消费者希望通过某种消费活动表明他的社会地位和身份；有些消费者想通过对某些商品的购买和使用，显示其优越的经济状况；还有些消费者想通过所拥有的商品象征其异于他人的心理需求。这里需要指出的是，社会象征性并不是商品本身所具有的内在属性，而是由社会化了的人赋予商品特定的社会意义。对于营销人员来说，了解消费需要中人们对商品社会象征性的要求，有助于在商品的设计、定价、包装、宣传等方面针对不同消费者的心理需要采取适当的营销策略。

3. 对商品审美的需要

对美好事物的向往和追求是人类的天性，它体现在人类生活的各个方面。在消费活动中，人们对消费对象审美的追求，同样是一种持久性的、普遍存在的心理需要。这一需要主要表现在消费者对商品的工艺设计、造型、色彩、装潢、整体风格等方面。在审美需要的驱动下，消费者不仅要求商品具有实用性，同时还要求具备较高的审美价值，即实现实用性与审美价值的和谐统一。从一定意义上讲，消费者决定购买某件商品，也是对其审美价值的肯定。

当然，由于社会地位、生产背景、文化水准、职业特点、个性心理特征等方面的差异，不同的消费者往往具有完全不同的审美观和审美标准。每个消费者都是按照自己的审美观来认识和评价商品的，所以，对同一商品不同的消费者会得出完全不同的审美结论。

4. **对享受良好服务的需要**

在对商品实体形成多方面需要的同时，消费者还要求在购买和使用商品的全过程中享受到良好、完善的服务。良好的服务可以使消费者获得尊重、情感交流、个人价值认定等多方面的心理满足。对服务的需要程度与社会经济的发达程度和消费者的消费水平密切相关。在商品经济不发达阶段，消费者主要关心的是商品的质量、性能、价格及能否及时买到自己所需要的商品，因而对销售服务方面的要求降到次要地位，甚至被忽略。随着市场经济的迅速发展，现代生产可以充分满足消费者在商品质量、数量等方面的需要和选择，人们可以随时随地购买到自己所需要的各种商品，特别是在当今商品越来越趋向同质化，且企业之间的竞争内容也由过去的产品竞争转向服务竞争。因此，服务在消费需要中的地位迅速上升，商品与服务已经成为不可分割的整体。从一定意义上说，服务质量的优劣已经成为消费者选择、购买商品的主要依据。对于营销人员来说，最重要的是在满足消费者对销售服务的需要时，要系统设计、精心组织完善的服务体系，包括信息提供、购买咨询、售后服务和反馈机制。

3.2 消费者的购买动机

3.2.1 动机的概念与作用

1. **动机的概念**

所谓动机是指引起和维持个体行为并使之朝一定目标和方向前进的内在心理动力。换言之，动机是推动人们去从事某种活动，达到某种目标，并指引活动去满足需要的目标的活动动力。动机是人们从事某种行为活动的内部驱动力。

当人产生某种需要或受到某种刺激时，心理上会产生紧张或不自在的状态，成为一种内在的驱动力，就产生了动机，有了动机进而就要选择或寻找目标，当目标确定后，随之就为满足需要而进行活动。行为使产生的动机在需要不断得到满足中而不断减弱，直至行为结束，人的心理紧张也随之解除了。然后又产生新的需要，引起第二个行为。动机形成过程如图3－4所示：

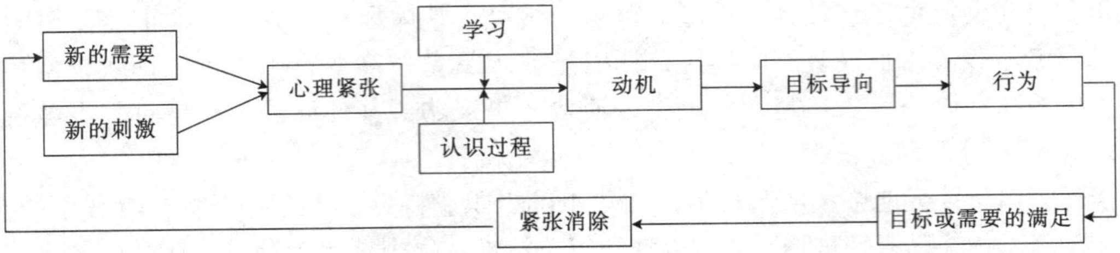

图 3－4　动机形成的过程

需要指出的是，任何动机都是在一定的需要基础上产生的，离开需要的动机是不存在的。但是，不是所有的需要都能引发动机，而是要具备一定的条件。这些条件主要表现在以下两个方面：一是只有需要达到一定强度，才能变为动机并引发行为。当人们的需要还处于萌芽状态时，它只是以不明显的和模糊的形式反映在人们的意识中，使人产生不安的心理感觉，这就是意向。随着人的需要的增强，人们开始明确知道，是什么使自己不安，并思考如何去获得满足，这时意向就转化为愿望。对消费者来说，只有那些强烈的占主导地位的消费需要才能引发购买动机。二是具有满足需要的目标和诱因。当需要强化到一定的程度，在客观上又有满足的目标或诱因条件出现时，需要才能转化为动机，成为个体活动的原因。例如，夏季来临，有的消费者要买条裙子，但这还仅仅是意念上的需求，只有当她在商店里看到理想的商品，准备花钱购买时，对裙子的需求才会变成购买动机。一般来说，消费者主观的需求是动机形成的内因，而活动的对象或外界的各种诱因和刺激是动机形成的外因。

动机是行为活动的动力，但动机在引发行为时可能有多种情况。第一，同一动机可以产生不同的行为，而同样的行为又可由不同的动机所引起。例如，“爬树”这一行为，可能是为了检验我们的体力和技巧的缘故（动机 1）；可能是为了从高处鸟瞰风景的缘故（动机 2）；也可能是由于有一头野兽在后面紧紧追赶的缘故（动机 3）。第二，引起某一行为的动机往往并不是单一的，而是混合的，甚至可能是相互矛盾的。

$$\text{动机}\xrightarrow{\text{产生}}\begin{cases}\text{行为 1}\\\text{行为 2}\\\text{行为 3}\end{cases}\qquad\left.\begin{matrix}\text{动机 1}\\\text{动机 2}\\\text{动机 3}\end{matrix}\right\}\xrightarrow{\text{导致}}\text{行为}$$

现实生活中，每个人都同时具有多种动机，这些复杂、多样的动机以一定的相互关系构成动机体系。在这一体系中，各种动机的地位及作用互不相同。有些动机强烈、持久，是人的主导动机；有些动机则微弱而不稳定，是非主导动机。一般情况下，人的行为都是由其主导动机决定的。

专　栏

契诃夫的短篇小说《儿童》里有这样一段描述：“爸爸、妈妈、娜嘉姑姑都不在家。葛里夏、阿尼雅、阿辽夏、索尼雅和厨娘的儿子安德烈在赌钱，赌注是一个戈比。葛里夏的脸上充满了兴奋——他打牌完全是为了钱。阿尼雅——也想赢，钱不钱倒不放在心上，关键是面子问题。索尼雅——是为玩牌而玩牌（消磨时间）。

阿辽夏——与其说是为了玩‘运气’，还不如说是为了看人家吵架，有人吵架他就高兴。安德烈——是为了那牌上的数字。”

同一活动可由不同的动机引起，善于分析一个人想做什么和正在做什么是很重要，但更重要的是，善于分析他这样做的动机是什么。

2. 动机的作用

心理学认为，动机在激励人的行为活动方面具有以下几方面的作用：

（1）始发作用。动机是人们从事某种行为活动的内部驱动力，所以具有引发个体活动的作用。消费者的购买行为就是受购买动机的驱使而进行的。

（2）指向作用。动机不仅能引起行为，而且还能使行为指向一定的方向。动机的这种作用在消费活动中表现为：一方面它使人们的购买行为具有一定的目标和方向，即满足人们某方面的需要；另一方面它可以促使消费者在购买动机的冲突中进行选择，其结果是最为强烈的动机使消费者的购买行为沿着某种预期的目标进行。

（3）维持作用。动机的实现往往需要一定的时间过程。在人们实现目标的过程中，动机将贯穿于行为过程的始终，不断激励人们为实现目标而排除各种因素的干扰，直至目标的实现。

（4）强化作用。即某种动机引发的行为结果对该行为的再生，具有加强或减弱的作用。动机会因良好的行为结果而使行为重复出现，使行为得到加强，这叫做正强化；动机也会因不好的行为结果使行为受到削弱、减少以至不再出现，这叫做负强化。例如，许多消费者经常惠顾某一商店的行为就是强化作用的反映。

（5）中止作用。当动机指向的目标达成，即消费者在某方面的需求得到满足之后，该动机就会终止，从而行为也会终止。通常情况下，原有动机获得满足之后，新的动机又会相继而起，从而引起新的购买行为。

3.2.2 购买动机的特点

购买动机是购买行为的直接出发点，它是指消费者为了满足自己一定的需要，而引起购买某种商品或劳务的愿望或意念。购买动机是被消费者意识到的需要．需要一旦转化为动机，则对消费者的购买行为起巨大的影响作用。

在购买动机形成的过程中，往往会呈现出以下几个特点：

1. 内隐性

一方面，由于主体意识的作用，动机往往形成内隐层、过渡层、表露层等多层结构，较复杂的活动常常使真正的动机隐藏起来，即动机处于人们的潜意识状态，这常常表现在一些消费者自己也不清楚自己到底是为什么而购买某种产品的。另一方面，动机是一种内在驱动力，所以难以从一个人的外在表现中观察到，再加上出于某种原因，消费者也不愿意让别人知晓自己内心的真实想法，因此，动机具有很大的隐蔽性。

2. 转移性

几种购买动机在孕育和形成过程中，总会有一种购买动机占主导地位，成为主导性动机，而另一些购买动机则处于辅助地位，成为辅助性动机。购买动机的转移性主要表现在：①在一定条件下，如推销人员的促销宣传十分有效，则购买者的主导性动机和辅助性动机会发生地位互移；②主导性购买动机实现后，辅助性购买动机就会上升为主导性购买动机；③有时也会出现主导性动机和辅助性动机均被压抑的情况，如现场售货员的无礼，会使购买者愤然离去。

3. **指向性**

消费者的购买动机不仅能引起购买行为，而且能促使购买行为保持一定的方向，朝着既定的目标进行，这就是动机的指向性。指向性来源于动机的自觉性，特别是主导性购买动机，具有更强烈的自觉性。这是因为主导性购买动机往往是以消费者最迫切、最强烈的需要为基础的。只有当主导性购买动机满足后，指向性也随之转移到新的目标上。

4. **冲突性**

消费者的一种购买行为中往往包含着若干个购买动机，多样购买动机之间有时会相互冲突，使消费者在购买商品时产生难于作出抉择的心理状态。所谓动机冲突是指当消费者同时产生两个或两个以上相互抵触的动机时，所引起的心理上的矛盾。在消费活动中，常见的动机冲突有以下几种：

（1）双趋冲突。是指消费者在有目的的消费活动中同时拥有两个并存的消费目标，且具有同样的吸引力或引起两个程度相同的动机，当消费者因实际条件的限制而无法同时实现两个目标时，就会在心理上造成难以取舍的冲突情境，形成双趋冲突。例如，一个人既想买一台电脑，又想买一部摄像机，但手头的钱只够买其中的一种。通常对作决策的消费者来说，选择较有吸引力的目标，基本上就可以消除双趋冲突。

（2）双避冲突。是指当同时发生两个对消费者都具有危害性的事件时，消费者当然都想回避，但因条件所迫不得不选择其中一件，作为避开另一件的条件，此时，消费者心理就会形成双避冲突。例如，某个消费者家里的电视机坏了，要么花几百元修理一下，要么买一台新的回来，在这种情形下消费者只得采取避开一个不愉快的来解决这种冲突。

（3）趋避冲突。是指消费者为了实现某个有意义的消费目标，必须付出巨大的代价，此时作出抉择，就会导致趋避冲突。它在消费者同时面临既能引起愉快，又能引起不愉快的商品时发生。例如，某种商品质量很好，就是价钱太贵。

在实际生活中，消费者的动机冲突情况比上面分析的更复杂，通常人们会采用“两利相权取其重，两害相权取其轻”的原则来解决矛盾冲突。

3.2.3 购买动机的分类

购买动机的表现十分复杂细微，在某些场合又表现得比较隐蔽，不易捉摸。但作为商品交换的主体，作为购买者群体，购买动机又呈现一定的规律性，不论购买个体在购买动机上表现出多么大的差异性，共性和规律性却始终是存在的。营销人员首先要掌握这种共性和规律性，然后在此基础上进一步分析消费者在购买活动中表现出的具体购买动机。

1. **消费者一般的购买动机**

作为消费者群体所表现出来的购买动机的共性特点，为购买动机的分类研究提出了可能性和划分标准。消费者一般的购买动机可以分为生理性购买动机和心理性购买动机两大类。具体如图 3－5 所示：

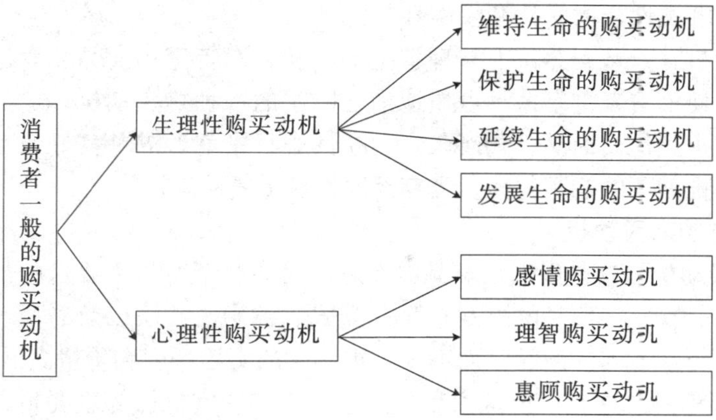

图 3－5 消费者一般的购买动机分类

（1）生理性购买动机。生理因素是引起消费者的生理性购买动机的根源。生理性购买动机是指消费者为保持和延续生命有机体而引起的各种需要所产生的购买动机。随着人类社会的发展，单纯受生理需要驱使的购买行为是很少有的，即使是购买食物充饥，往往会混合着其他非生理性的动机，如享受欲、审美欲等。尽管如此，生理因素仍不失为引起购买动机的重要因素，它是消费者心理性动机的基础。例如，支付能力普遍较低的消费者，他们在购买商品时，都特别注重商品的实用价值。当然，随着消费水平的逐步提高，心理因素的影响会越来越大。

生理性购买动机又可概括为四类：①维持生命的购买动机。消费者饥时思食、渴时思饮、寒时思衣，所产生的食品、饮料、衣服等的购买动机均属于这一类。②保护生命的购买动机。消费者为保护生命安全的需要而购买建筑材料建房子，为治病而购买药品的动机等，就属于这一类。③延续生命的购买动机。消费者为了组织家庭、繁殖后代、哺育儿女的需要而购买有关商品的动机，就属于这一类。④发展生命的购买动机。消费者为使生活过得舒适、愉快，为了提高文化科学知识水平而购买有关文化用品的动机，就属于这一类。

（2）心理性购买动机。消费者的购买行为不仅受生理性购买动机的驱使，而且还受心理性购买动机的支配。由消费者心理活动引起的购买动机称为心理性购买动机。消费者心理活动的复杂性和多样性，导致心理性购买动机的复杂化和多样化。面对众多的购买动机，我们可将其概括为三类。

①感情购买动机。是指消费者在购买活动中由于感情变化而引起的购买动机。根据消费者感情的表现和稳定性程度，可把感情动机分为情绪动机和情感动机。情绪动机是由人的喜、怒、哀、欲、爱、恶、惧等情绪引起的购买动机。例如，儿童为了满足一时的乐趣而购买玩具；为了增添家庭欢乐气氛而购买音响等。情绪动机推动下的购买行为一般具有冲动性、情景性和不稳定性的特点。情感动机是由人的道德感、理智感和美感等高级情感引起的购买动机。例如，人们为了加深友谊而购买礼品，为了美而购买化妆品等均属此类动机，这类动机推动下的购买行为，一般具有稳定性和深刻性的特点。

②理智购买动机。是建立在消费者对商品客观、全面认识的基础上，对所获得的商品信息经过分析、比较和深思熟虑以后产生的购买动机。例如，消费者经过对质量、价格、功能、保修服务的比较分析，在众多品牌的洗衣机中，决定购买青岛产的海尔牌。理智动机推动下

的购买行为，具有客观性、周密性和控制性的特点。

③惠顾购买动机。是基于感情上与理智上的经验，对特定的商品、商标、商店等产生特殊的信任和偏爱，使消费者重复地、习惯地前往购买的一种购买动机。例如，有些消费者由于在某个商店常常买到优质商品，久而久之，在其心目中就形成了良好信誉，逐渐形成了惠顾动机。这类动机推动下的购买行为，具有经验性和重复性。

2. 消费者具体的购买动机

（1）求新购买动机。这是以追求商品的新颖、时尚和奇特为主要目的的购买动机。具有这种动机的消费者非常重视商品的外观造型、款式、色彩、装潢以及时尚性，喜欢那些别出心裁、标新立异、与众不同的商品，而不太重视商品的实用程度和价格高低。

（2）求美购买动机。这是以追求商品的艺术价值和欣赏价值为主要目的的购买动机。具有这种动机的消费者，一方面重视商品本身存在客观的美的价值，如色彩美、造型美、艺术美等；另一方面重视商品能为消费者创造出美和美感来，如美化了自我形象，美化了个人的生活环境等。因此，这些人选购商品一般不看重商品的实用性和价值高低，而更看重商品的品味和风格。

（3）求名购买动机。这是以追求名牌商品和仰慕某种传统商品的名望，借以显示或提高自己的地位、威望为主要目的的购买动机。具有这种动机的消费者特别重视商品的品牌、产地、声誉以及象征意义，但对商品的使用价值则不太注重。崇尚名牌产品已成为现代消费市场的一大趋势。

（4）求廉购买动机。这是以追求商品价格低廉，希望以较少货币支出获得较多利益为主要目的的购买动机。具有这种动机的消费者特别重视商品的价格，也很敏感，喜欢选购优惠价、特价、折价商品，不太计较商品的外观质量和包装，这类消费者一般以经济收入较低的人为多，但也包括一些收入较高而节俭成习的人。

（5）求实购买动机。这是以追求商品或劳务的使用价值为主要目的的购买动机。满足这种消费需求始终是人们购物的最基本动机。具有这种动机的消费者在选购商品时，一方面特别重视所购之物好用、实用、耐用；另一方面特别重视所购之物能为使用者带来更多的实际利益，如方便、适用、省力、省时，减轻家务劳动负担，增加休闲娱乐时间等。他们不大追求商品的外形、色彩、式样和商品的名气等。

（6）好胜购买动机。这是一种以争强斗胜或为了向他人看齐并胜过他人为主要目的的购买动机。具有这种动机的消费者购买某种商品往往并不是为了满足自己的迫切需要，而是出于不甘落后、赶上并超过他人，从而达到心理上的平衡和满足，因此，由这种动机引起的购买行为常具有冲动性、偶然性，并带有浓厚的感情色彩。

（7）从众购买动机。也叫模仿购买动机，是指消费者受他人影响，在购买商品时自觉或不自觉地模仿他人的购买和消费行为而形成的动机。由于从众是一种非常普遍的社会心理，因此，从众动机具有普遍性。具有这种动机的消费者并没有急迫的具体需要，而是由于别人的购买行为带动而形成购买动机。

（8）储备购买动机。这是一种以储备商品的价值或使用价值为主要目的的购买动机。一是表现为购买金银首饰、名贵工艺品、名贵保值的收藏品等进行保值储备。这类商品的价值较稳定，不仅能保值而且还能在收藏期间出现增值情况。二是购买有价证券进行保值储蓄。三是在市场出现不正常的现象，如商品供不应求、社会动乱的时候，尽可能多地购买商品以备将来需要。

以上列举的仅是现实购买活动中常见的一些购买动机。需要指出的是，消费者的购买动机是一个复杂的动机体系，实际当中人们的消费行为往往不是由一种动机引发的，而常常是多种动机共同作用的结果。同时，消费者又不愿或根本说不清真实的购买动机，所以，除了营销人员对消费者进行实际的观察、揣摩、分析之外，还必须充分考虑环境与条件因素。

3.2.4　消费者购买动机的诱导

1. 购买动机的可诱导性

购买动机的诱导性是指营业员针对消费者购买主导动机指向，运用各种手法和方法，向消费者提供商品信息资料，对商品进行说明，使消费者购买动机得到强化，对该商品产生喜欢的倾向，进而采取购买行为的过程。

大量的观察和分析表明，在实际购买过程中，消费者的购买行为大都是在各种各样的购买动机共同驱使下进行的，是种种有意识和无意识动机总和的结果。动机总和有两种基本方式。一是方向一致的动机总和。多个动机方向一致能使消费者产生较为强烈的、推动他购买商品的心理力量，强化购买行为。二是方向相反的动机总和。方向相反动机总和对购买行为的作用表现在两个方面：第一是相抵触的动机总和作用不平衡时，即方向相反的驱使力和动因同时作用于消费者，经过心理斗争，占上风的动机决定购买行为；第二是相抵触的动机总和作用平衡时，即倾向购买力和阻碍购买力相互作用达到均衡点时，外力的加入决定购买行为。

2. 诱导消费者购买动机的方法

正因为外力作用对消费者的购买行为会产生巨大影响，所以对购买动机进行诱导就很重要。营销人员运用购买动机的可诱导性，必须掌握科学的诱导方式和方法，遵循社会主义商业道德，坚持实事求是、积极善诱、灵活多样的原则。诱导购买动机的主要方法有以下几种：

（1）证明性诱导。证明性诱导具体包括实证诱导、证据诱导和论证诱导。实证诱导就是在购物现场向消费者提供实物的证明方法，如现场展览、示范、表演、试用、品尝等均属于实证。证据诱导就是向消费者提供间接使用效果证据的方法，如用户反映、权威机关的报告、专利证书、商检合格证、获奖证书等。论证诱导就是以口语化的理论说明，促进信任的方法。其说明需要有论据、有启发性、通俗易懂、有说服力。

（2）建议性诱导。是指在一次诱导成功后，不失时机地向消费者提出购买建议，达到扩大销售的目的。提出购买建议的时机有：消费者目光转向其他商品时，消费者询问某种商品是否有售时，消费者提出已购商品的使用、维修问题时以及话别时。建议性诱导的内容有：建议购买高档次商品，建议购买替代商品，建议购买关联商品，建议购买大包装的所需商品，建议购买新商品。

（3）转化性诱导。面对证明性诱导和建议性诱导，消费者可能会提出问题，甚至针锋相对，使买卖陷入僵局，此时就需要转化性诱导，以缓和气氛，重新引起消费者的兴趣，使无望的购买成为可能。常见的转化性诱导方法有：先肯定再陈述、询问法、转移法、拖延法等。

【本章小结】

在影响消费者行为的诸多因素中，需要和动机占有重要的地位。这是因为需要和动机是人们消费行为产生的原动力，只有了解消费需要和动机，才能真正把握消费活动的规律。

需要是人的一种心理现象，是指个体由于缺乏某种生理或心理因素而产生内心紧张，从而形成与周围环境之间的某种不平衡状态。消费者需要是指消费者对以商品和劳务形式存在的消费品的需求和愿望。消费者的需要特点有多样性、层次性、发展性、周期性、伸缩性、可诱导性、互补性。消费者需要的基本内容有：对商品使用价值的需要，对商品社会象征性的需要，对商品审美的需要，对享受良好服务的需要。

动机是指引起和维持个体行为并使之朝一定目标和方向前进的内在心理动力。购买动机是消费者为了满足自己一定的需要，而引起购买某种商品或劳务的愿望或意念。购买动机的主要特征有：内隐性、转移性、指向性和冲突性。消费者的购买动机主要有求新、求美、求名、求廉、求实、好胜、从众、储备等。消费者购买动机形成的主要因素，一是需要，二是刺激。正因为外在刺激对消费者的购买行为影响较大，所以对购买动机进行诱导就变得很重要。

【关键术语和概念】

需要　需求　马斯洛需要层次论　消费者的需要　动机　购买动机　双趋冲突　双避冲突　趋避冲突　动机的诱导性

【练习与讨论】

1. 什么是消费者的需要？它在人的心理活动中具有怎样的作用？
2. 谈谈你对马斯洛需要层次理论的看法。
3. 讨论消费者需要的特征和购买动机的特征。
4. 消费者需要的基本内容有哪些？谈谈你对消费者需要的发展趋势的看法。
5. 描述三种动机的冲突，并根据自己的购物经验举出每种冲突的例子。
6. 你认为如何根据消费者购买动机的可诱导性来开展营销活动？

第 4 章　消费者的态度

◎本章学习要点

1. 理解态度的含义及其构成
2. 消费者态度的特性
3. 态度在消费者购买行为中的功能
4. 消费者的态度效果层级
5. 影响态度形成的因素
6. 态度改变的理论
7. 改变消费者态度的途径
8. 消费者态度的测量方法

◎本章学习内容

1. 消费者态度及其特征、功能
2. 消费者态度的形成与改变
3. 消费者态度的测量

◎个案分析

在各种有关过于肥胖和蛀牙危险的宣传攻势下，人们开始躲避甚至拒绝任何甜食，这对糖果生产厂商是一个致命的打击。某糖果生产企业委托一家机构帮助解决困境。专家们为其设计制订了一个战略计划。首先采取的一项措施是，把糖果体积减小一半，突出强调大糖果盒里的小块糖果。接着又采取另一种策略：那就是奖励自己。这种策略的理论是：孩子们因“表现好”就可以得到糖果作为奖励。因此，从很小的年龄开始，糖果作为一种奖励象征铭刻在孩子们幼小的心灵中。最后再运用电视广告的宣传，不断地把比类信息传递给消费者。他们选用一位身材苗条的芭蕾舞演员，广告中她在翩翩起舞时伸手去拿一块小糖果，并且说：“保持体型优美多么不易，这也是我喜欢这‘小小糖块’的原因。神奇的小糖块使我在后台迅速恢复体力，又不致有‘腹满为患’的感觉，一天辛苦之后，在家里吃块糖果真的令人惬意。”她最后说：“我喜欢用精致的小东西来奖励自己！”

（资料来源：杨东龙．顾客操纵学．北京：中国经济出版社，1998. 96.）

问：1. 专家们的策略分析迎合了消费者的哪些心理需要？

2. 你认为如何才能做好消费者购买态度的转化工作？

4.1　消费者态度及其特性、功能

4.1.1　消费者态度的基本构成

心理学意义上的态度是指社会主体能动地对人（自己和他人）、对事、对物的比较稳定地反应的心理准备状态。人们在认识和改造客观事物的过程中，不是被动地去观察、想象和思考，而总是对人、对事物抱有某种积极的或消极的、否定的反应倾向。这种反应倾向是一种内在的心理准备状态，它一旦变得比较持久和稳定时，就成为态度。

就消费而言，态度是消费者在购买和使用商品、劳务的过程中，对商品、劳务及其有关事物等所持有的相对稳定的心理倾向。

态度是一种心理准备状态，是内部的行为反应倾向，通常以语言形式的意见，或非语言形成的动作、行为作为自身的表现形态。因此，通过对意见、行动的了解、观察，推断出人们对某一事物的态度。同样，通过消费者对某类商品、劳务的意见、评价，以及积极、消极乃至拒绝的行为方式，也可以了解其对该类商品、劳务的态度。例如，当观察到消费者购买了某品牌化妆品，并向周围亲朋好友推荐时，就可以推断出消费者对该品牌持肯定、赞赏的态度。

消费者的态度是由认知、情感和行为倾向三种因素构成的内在动态系统。各种因素在态度系统中处于不同的层次地位，担负不同的职能。

1. 认知因素

认知是态度主体对对象的认知、理解与评价，是构成消费者态度的基石。它是通过感觉、知觉、思维等认知活动来实现的。具体表现为消费者对有关商品质量、商标、包装、价格、信誉等的印象、理解和评价。消费者只有在对上述事物有所认知的基础上，才有可能形成对某类商品的具体态度。而认知是否正确，是否存在偏见或误解，将直接决定消费者态度的倾向或方向性。

2. 情感因素

情感是在认知的基础上态度主体对对象的情感体验。它是态度的核心，是使态度协调、稳定的条件，往往伴随着消费者购买活动的整个过程，并和人们的行为紧密相连。具体表现为消费者对有关商品质量、商标、包装、价格、信誉等喜欢或厌恶、欣赏或反感的各种情绪反应。如果说认知是以消费者的理性为前提，那么情感则带有非理性倾向。它往往更多地受消费者生理本能和气质、性格等心理素质的影响。情感对于消费者的态度形成具有特殊作用。在态度的基本倾向或方向已定的条件下，情感决定消费者态度的持久性和强度。

3. 行为倾向因素

行为倾向是态度主体对于态度对象的反应倾向，它是行为的直接准备状态。具体表现为消费者对有关商品、劳务采取的反应倾向，其中包括表达态度的语言和非语言的行动表现。例如，消费者向他人宣传某商品的优越性，进行购买活动等。行为倾向是消费者态度的外在显示，同时也是态度的最终实现。只有通过行为倾向，态度才能成为具有完整功能的系统。此外，行为倾向还是态度系统与外部环境进行交流的媒介。通过语言或非语言行为，消费者可以向外界表明自己的态度，生产厂家、商品经营者和其他社会成员也可以从行为表现中充分了解消费者的真实态度。

一般情况下，消费者态度结构中的三个因素是彼此制约的，且作用方向是相互协调一致的（见图4－1），但是，在特殊的情境中，上述三种因素也有可能发生背离，呈反向作用，以致使消费者的态度呈现矛盾状态。例如，消费者明知某品牌商品使用寿命短，且价格高，但由于对其外观具有强烈的好感或偏爱，因而采取购买行动。

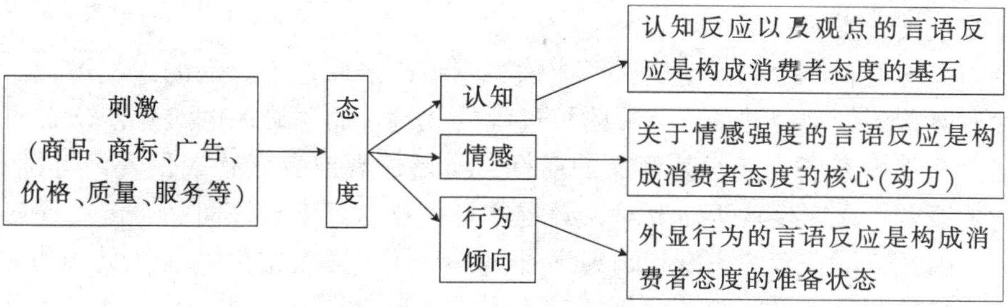

图4－1　消费者态度结构图

4.1.2　消费者态度的一般特性

态度是消费者的一种内在的、复杂的心理活动过程，它贯穿体现于消费者行为的始终，并通常表现出以下特性：

1. 社会性

消费者对某类商品或劳务的态度并非与生俱来，而是在长期的社会实践中不断学习、不断总结，由直接或间接经验逐步积累而成的。离开社会实践特别是消费实践活动，离开与其他社会成员、群体、组织的互动以及社会信息内化的过程，则无从形成人的态度。因此，消费者态度必然带有明显的社会性。

2. 对象性

消费者的态度总是针对某一特定对象的。态度的对象是极其广泛的，可以是具体的人、事、物，也可能是某种状态或某种观点，态度反映了主体与客体的关系。如消费者对新产品的评价，对商家的印象，对营销人员的看法等，没有对象的态度是不存在的。

3. 价值性

价值是指态度对象对消费者所具有的意义。消费者对某种商品的态度主要取决于它对消费者的价值高低或者说是能在何种层次、何种程度上满足消费者的需要。实现价值大的，消费者就持积极的态度倾向；反之，实现价值小或无价值的，则持消极的态度倾向。因此，在一定意义上，价值成为决定消费者态度的本质特性。影响消费者态度的价值包含多方面的内容，一般有生理价值、经济价值、情感价值、权力地位价值、求美求知价值等。而且，商品或劳务对消费者价值的大小不是绝对的，而是取决于消费者的需要、兴趣、信念等个性倾向。

4. 稳定性

由于消费者的态度是在长期的社会实践中逐渐积累形成的，因此，某种态度一经形成就将持续一段时间而不会轻易改变。如对某种品牌的偏爱，对某家老字号商店的信任等。态度的稳定性使消费者的购买行为具有一定的规律性、习惯性，从而有助于某些购买决策模式化、规则化，大大简化和缩短购买过程，节约购买时间。

5. 内隐性

消费者的态度是一种内在的心理体验，它虽然包含反应倾向的成分，但它毕竟不是行为本身。因此，消费者态度具有内隐性，往往不能被人直接观察到，只能从消费者的言论、表情及行为中进行间接的分析推测才能了解。

4.1.3 态度在消费者购买行为中的功能

在日常的购买行为中，消费者何时、何地、以何种方式购买何种商品，取决于多种因素，其中态度具有极其重要的作用。

购买行为是消费者产生购买动机，形成购买意图，采取购买行动的连续过程。其中购买意图是导致实际购买行动，并最终完成购买过程的关键。而明确的购买意图来自对商品或劳务的坚定信念和积极态度。凡对某商品的商标、质量外观抱有好感或偏爱，持肯定、赞赏、推崇态度的消费者，在产生购买需要时，必定首先将意念集中于该商品，进而导向对该商品的实际购买。因此，消费者的态度与购买意图、购买行为呈正相关关系（见图4－2），并且这一关系被大量的调查结果所验证。例如，美国学者班克斯对芝加哥地区465名主妇调查7种商品的偏爱商标、购买意图和实际购买的相互关系。结果表明，偏爱商标与购买意图几乎相同。在被调查者中，96%左右在有购买意图的商标内都包括她们最喜爱的商标（资料引自：［日］马场房子．消费者心理学．李士瀛译．北京：工商出版社，1984.）。正是由于态度与购买意图及行为有如此密切的关系，因此，通过对消费者态度的了解即可推断其行为状况，也可预测出对某商品的销售前景或潜力。

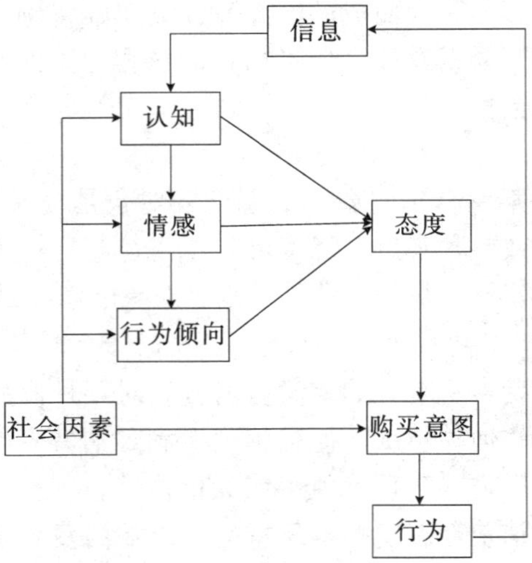

图4－2 态度与意图、行为的关系

（资料来源：孙喜林，荣晓华．旅游心理学．大连：东北财经大学出版社，1999.）

态度对消费者的行为有很重要的影响，这种影响（即态度的功能），主要表现在如下四个方面：

1. 适应功能

适应功能又称导向功能。即在纷杂的商品世界中，促使消费者把注意力和行为转向能够实现其目的的商品或劳务上，使购买行为和消费者需要相互衔接和适应。

2. **识别功能**

识别功能又称认知功能。即一旦消费者对某个商品产生兴趣，就会形成态度，这时他就会主动搜集有关商品的信息，了解和鉴别其性能、质量及功效，并评价其对消费者的价值大小，从而为正确的决策与购买奠定基础。

3. **表现功能**

通过态度表现出消费者的个性和文化修养，以及维护自身价值和自我形象，同时反映出消费者可能选择的决策方案和即将采取的购买行动。例如，有钱的、社会地位较高的人不会购买廉价的地摊商品。

4. **自卫功能**

当消费者的个别行为与所属群体的行为相左或与社会通行的价值标准发生冲突时，消费者可以通过坚持固有态度以保护自身个性的完整；或适当调整和改变态度，求得与外部环境的协调，从而减少心理紧张，保持心理平衡，同时增强对挫折的容忍力与抗争力。

4.1.4 消费者的态度效果层级

消费者的态度效果层级是指根据消费者在购买过程中态度的三种成分之间发生顺序和所起作用而划分的层次，具体包括高度、低度、经验、行为等四个层次。

1. **高度参与学习层次**

高度参与学习层次也称为标准认知学习层次，是指消费者通过积极的信息搜寻过程树立品牌信念，在此基础上评估品牌，形成明确的品牌态度，作出相应的购买决策。消费者对产品的属性和利益信息最为敏感。其假定是“在行动前思考”。

对于这个层次的消费者，营销人员应当通过广告大力宣传产品的属性，从而影响消费者的信念。如某消费者要买家具，他想选择一种北欧风格的，他通过走访一些家具市场，看中了曲美的家具，但不知道曲美家具的口碑如何，于是他又上网查阅相关资料，再结合家具现场感受，最后认为曲美的家具精致、稳定、可靠，符合自己的需要，并对该品牌产生相当的喜爱和信任，于是决定购买。这就是一种高度参与学习层次，一般消费者在进行大件购买时都会用这种方式，此层次的次序是：

认知 ➡ 情感 ➡ 行为

2. **低度参与学习层次**

低度参与学习层次也称消极参与学习层次，是指消费者在购买其些产品时，并不积极地形成品牌信念，不会积极地搜寻和处理信息，也没有强烈的品牌态度，而是根据被动接受或有限的信息作出购买决策，产生购买行为，品牌评估可能在随后才发生并且很微弱，或者根本没有发生，即购买了产品却没有形成品牌态度。如消费者购买牙膏、毛巾等不会事先搜集信息，也不会费力地对货架上的各种牙膏进行比较，而是随意取舍，或者会因想起了一句广告词而购买。对于低度参与学习层次的消费者，品牌态度对其行为没有明显的影响作用，或者说，品牌态度的作用在缩小。其假定是“在思考前行动”。

这给营销人员的启示是：对于低度参与的消费者，煞费苦心地宣传属性和利益可能毫无意义，广告宣传的重点是以简洁的语言使产品品牌广为人知，而不必涉及产品的具体属性。如广告词“李宁，一切皆有可能”，“安踏，不走寻常路”。此层次的次序是：

认知➡行为➡情感

3. **经验学习层次**

经验学习层次是指消费者并未事先了解品牌的属性和利益，而是根据自己的情感或想象来对产品作出整体评估，并据此采取购买行动，随后才形成对该品牌属性和利益的认识。如乔丹为乔丹运动鞋做广告，许多青少年受乔丹的影响，想象自己穿上乔丹运动鞋就会像乔丹那样矫健，事先并没有对鞋的质量、舒适性、透气性等各种属性和利益进行了解，在购买和使用以后才会对产品特点有具体的感知。在经验学习层次中，消费者对产品的形象和符号等象征意义最为敏感，并持续不断地搜寻此类信息。经验学习层次表明，当某品牌被消费者认为是富有象征意义和愉悦精神的产品时，认知过程就不是形成态度的中心了。

营销人员可以直接影响消费者的品牌评估或情感过程而不必影响其品牌信念，即可以运用符号和形象激发消费者对产品的积极情感。此层次的次序是：

情感➡行为➡认知

4. **行为学习层次**

行为学习层次是指消费者受环境或情境因素的影响，在未形成情感和信念之前，就采取了行动。如某消费者用某品牌洗发水，从营销的角度看，可以通过样品赠送、免费使用等方法，使消费者有机会接触到产品。此层次的次序是：

行为➡认知➡情感

4.2　消费者态度的形成与改变

4.2.1　消费者态度的形成

1. 影响态度形成的因素

任何消费者态度的形成过程，都是消费者在后天环境中不断学习的过程，是各种主客观因素不断作用影响的过程。其中主要的影响因素包括以下几个：

（1）消费者的需要。消费者的需要是形成态度的重要因素。消费者对能够满足自己需要的对象，会产生满意和肯定的态度；反之，对不能满足自己需要的对象，则会产生不满意和否定的态度。例如，有抽烟嗜好的消费者看到名牌香烟会产生满意的态度，而从不抽烟的人看到它们则可能持无所谓甚至是否定的态度。

（2）消费者的经验。态度是由经验促成的。知识水平和已有经验的丰富程度，可以促成消费者对消费对象进行不同层次的价值判断，从而得出不同的结论。

（3）消费者的生活环境。消费者所处地区、人口构成、传统习惯、生活方式等都会影响其对某一对象的好恶态度。例如，在饮食方面，北方人喜欢面食且口味较重，而南方人喜欢大米且口味清淡。

（4）事物的各种信息。态度是在接受事物的各种信息后，经过判断而形成的。如果消费者认为信息可以信赖，并和自己的原有倾向或判断一致，那么他就会对该商品产生满意和肯定的态度。如果认为信息不可靠，与自己原有的判断不一致，那么他就会对该商品产生不满和否定的态度。总之，不管消费者从哪里得来的信息，其态度在某种程度上是由接收信息的种类和信息的数量决定的。

此外，个性心理特征的差异会使消费者对同一商品采取完全不同的态度。相关群体包括家庭、亲友、工作单位、所属社会组织等的看法、意见、评价及行为方式等，也会对消费者的态度产生深刻影响。

2. 消费者态度形成的阶段

H. 凯尔曼（H. Kelman，1961）提出了态度形成的三个阶段的理论，他认为态度形成由以下三个阶段组成：

（1）服从（顺从）阶段。是指消费者为了获得奖赏或避免受惩罚，按照社会的需求、群体的规范或别人的意志而采取的表面服从的行为。这是态度形成的一种最常见的形式。其特征表现为：行为、观念受外界的影响而被迫发生。一种是在外力的强制下被迫服从；另一种是受权威的压力而产生的行为。服从都是在压力的推动下，而不是心甘情愿产生的行为和认知。

（2）同化阶段。是指消费者对社会压力不是被迫服从，而是自觉自愿地接受他人的观点、信念与行为影响，以使自己的态度和行为逐渐地与他人或某个团体的态度与行为相接近的过程。例如，有的人看到自己的好朋友购买了私家小汽车，一家大小在假期自驾车旅游，所以自己也选择了购买小汽车。

（3）内化阶段。这一阶段是指消费者真正从内心深处相信并接受他人的观点，彻底地转变自己的态度。这意味着把外部的思想、观点归于自己的思想体系中，成为自己态度体系中的一个有机的组成部分。内化的态度是人的态度和行为最稳定、最持久、最系统的阶段，并且还带有强烈的情感体验的阶段。例如，消费者真正认识到旅游是一种现代生活的内容，就会自觉地把旅游当作消费的重要支出。

4.2.2 消费者态度的改变

态度一旦形成就成为影响一个人作出某种行为的原因，很难改变，但态度并非不可改变。消费者态度的改变是指已经形成的态度在接受某一信息或意见的影响后而引起的变化。改变态度是非常困难的，必须经过耐心细致的工作才能实现。

1. 态度改变的理论

（1）平衡理论。此理论是心理学家海德（F. Heider）在1959年提出的。这一理论的特点是，在揭示态度改变的规律时，比较注重人与人之间在态度上的相互影响，在影响中改变态度。根据这个理论，消费者个人与周围的事物形成一种三角关系。三角关系由自己、他人和某商品三者构成。它们彼此也许是肯定的关系，也许是否定的关系。当消费者处在肯定的三角关系中时，这种关系是平衡的；否则，就是不平衡的。如果把三角形的每一边连接的两个元素的肯定关系用“+”表示，否定关系用“-”表示，那么，三角形是否平衡取决于三边符号相乘是否为“+”，相乘后为“+”，此三角关系就平衡，如果为“-”则不平衡。平衡状态使消费者的态度处于相对稳定状态，而不平衡则将促使消费者或者他人的态度发生某种改变以达到平衡。

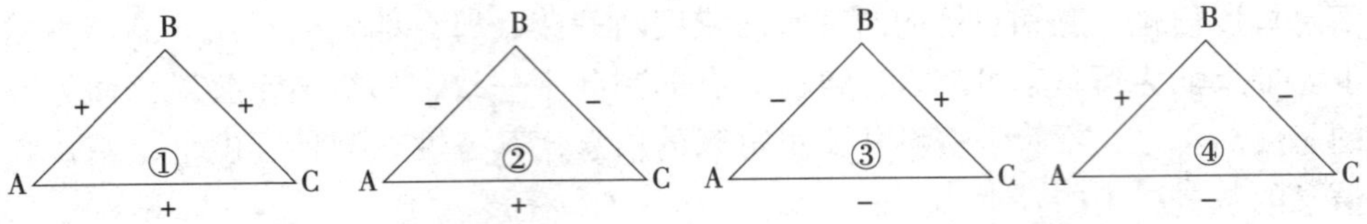

图 4-3 平衡的三角关系

在图 4-3 中，消费者就处于相对平衡的三角关系中。例如，A 与 B 是一对好朋友，烟为 C，A 爱抽烟，B 也是位瘾君子，于是在三角关系中，三者皆为“+”（见①），A 的认知体系便处于平衡状态。如果 A 爱抽烟，B 不喜欢烟，而 A 与 B 没有关系，那么，三角关系也处于平衡状态（见②），同样，三角形③和④也都是平衡的。

反之，另一类三角形是不平衡的（如图 4-4 所示）。例如，A 与 B 是一对好朋友，烟为 C，A 爱抽烟，B 却强烈反对抽烟，则三角关系呈“-”（见⑤），则 A 的认知体系处于不平衡状态。不平衡状态会造成认知体系的各种变化。这种变化将遵循“最小努力原则”，即消费者个人将在尽可能少的情况下，改变三角关系以求得平衡的恢复。因此，平衡理论指明了在一定的情境下，存在许多解决认知不一致的途径，成为态度改变的重要理论之一。

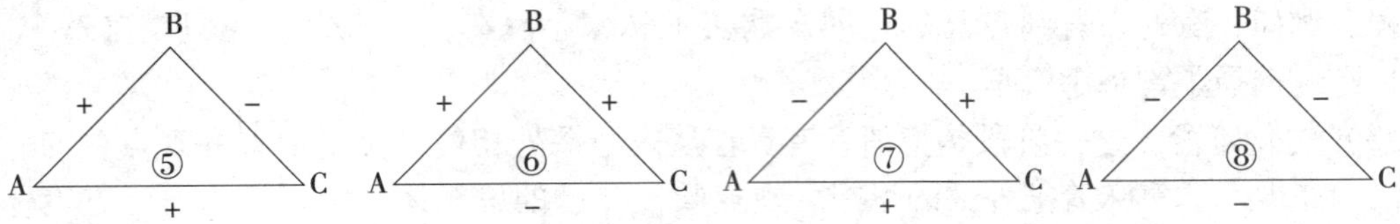

图 4-4 不平衡的三角关系

（2）认知失调理论。此理论是费斯廷格（L. Festinger）在 1957 年提出的。他的理论中有两个基本的假设：第一，由于认知不协调的存在，消费者心理上感到不快，消费者为减少不协调而争取协调，因而引发行为动机；第二，消费者不仅在不协调存在时企图减少不协调，同时也避免和拒绝能使不协调增加或扩展的任何情况或信息。这里所说的协调是指没有矛盾，而不协调是指存在矛盾。认知是指消费者关于环境、自身、他人和自己的行为的认知，以及一切知识、观点、信念及态度总和，这些认知元素组成了个体的认知结构。当认知结构中的认知元素发生不一致时，消费者便会感到失调。这就是说，假如消费者感知到的新的商品信息与原来的态度或信念不一致，他就会感到心理上的失调、紧张，因而它具有动机的作用，驱动行为，寻求认知上协调的恢复，从而引起态度的变化。

例如：认知元素 A——明天一早要去交小孩的入学注册费

认知元素 B——今天下午必须去银行把钱取出来，做好准备

认知元素 C——今天下午必须去参加一个重要会议

认知元素 D——明天晚上星海音乐厅将举行一场音乐会

其中，认知元素 A 和 B 处于协调状态，而 A 和 C 处于不协调状态，而 A 和 D 则处于不相关状态。正是由于 A 和 C 的不协调，所以人会产生心理上的紧张，这种紧张会转化为行动的动机，驱使人们去解决 A、C 间的矛盾，从而最后导致态度的变化。

费斯廷格认为，认知元素间的不协调强度越大，则人们想要减轻或解除不协调的动机就越强烈。减轻或解除认知失调状态的办法主要有：一是改变认知元素不协调双方中的任何一方，使之趋于协调。延迟注册或不出席会议。二是增加新的认知元素，加强协调关系的认知结构系统，缓和不协调双方的矛盾冲突。如可请家人去银行取款，今天下午自己先去开会。三是强调某一认知元素的重要性。如今天下午的会议十分重要，注册推迟几个小时问题不大。

认知失调理论的核心是试图通过某种自我教育、自我说服的办法，让消费者自行解决在消费过程中产生的心理冲动，从而取得心理上的平衡。

（3）参与改变理论。此理论是心理学家勒温（K. Lewin）在20世纪40年代提出的。勒温在进行群体动力学的研究中发现，个体在群体中的活动可以分为主动型和被动型两大类。主动型者主动介入群体活动，自觉遵守群体规范等；被动型者则服从权威，遵守群体规范，介入群体活动比较被动。因此，勒温主张改变态度的办法，不能离开群体的规范和价值。个体在群体中的活动类型既能决定其态度，也能改变其态度。

（4）社会判断理论。这个理论认为，消费者对商品进行某种判断时，总是站在一定的立场，持有一定的准则。距离该立场近的商品信息易被消费者接受，而远离该立场的商品则均不能被接受，都要遭到拒绝。在信息的接纳区与拒绝区之间还有一个中性区。当来自接纳区的信息被消费者接受时，由于信息与消费者的立场一致，故无须改变态度；而来自拒绝区的信息将必然遭到拒绝，故也根本谈不上引起消费者态度的改变。只有某个商品信息落在接纳区与中性区的交接地带时，才比较容易引起消费者态度的改变。至于这个距离的大小，则依原有态度对消费者的重要程度而定。一般情况下，深涉购买时接纳区比较窄，浅涉购买时接纳区比较宽。

2. 消费者态度改变的形式

大凡涉及消费者的态度，人们往往用积极或消极、肯定或否定来形容，即大多只涉及它的两个极端。但是，在现实生活中，消费者的态度除了两个极端，还存在许多中间过渡状态的态度，即从肯定到否定，其间还存在诸如基本肯定、部分肯定、模棱两可、部分否定和基本否定等若干种态度。因此，态度的改变通常有两种表现形式，一是程度的改变，二是性质的改变。

程度的改变表现为态度不发生方向性变化，而是沿着原有倾向呈现增强或减弱的量的变化。例如，通过实际使用，消费者对焖烧锅由一般感兴趣发展为大加赞赏，并极力向他人推荐，即态度的积极程度得到加强。

性质的改变表现为态度发生方向性的变化，即由原来的倾向性转变为相反的倾向性。例如，消费者对某品牌一直抱有好感，但自从购买了该品牌的彩电后，频频发生故障，从此对其失去信任，即由积极肯定的态度改变为消极否定的态度。

3. 改变消费者态度的途径

由于消费者态度是在诸多影响因素的共同作用下形成的，当影响因素发生变化时，消费者的态度也将随之改变。因此，凡是促成影响因素变化的措施可以成为改变态度的途径。但是，由消费者权利和行为的高度自主性决定，对其态度的改变不能采取强制、压服的方式，而只能通过说服诱导，促成消费者自动放弃原有态度，接受新的意见和观念；否则，态度的改变就有可能停留于表面现象，不能内化为消费者稳定的心理倾向，并且稍遇挫折便会发生反复。由此可见，态度的改变过程同时也是说服与被说服的过程。

促使消费者改变态度的途径有很多，最根本的途径是提高或改进商品和服务的质量，使其在消费者心目中形成良好的信誉，在此基础上，应从以下几方面促进消费者态度的改变。

(1) 信息源的信誉。是指信息发出者和信息本身的可信程度。信息源的可信度和态度改变信息的数量之间有直接联系，一般来说，信息发出者的可信度越高，消费者对信息的相信和接受程度越高，改变态度的可能性就越大，说服效果也就越好。可以成为发出者信誉标志的有专家、学者、政府要员、艺术体育明星等以及具有权威性的各种媒体。

(2) 信息的合理安排。态度改变的策略可以诉诸理性，也可以诉诸情绪。任何劝导者传递的信息，必然是既带有理性色彩，又带有情绪色彩。所以，一方面，信息要清晰、准确、易于理解和记忆，要具有较强的说服力；另一方面，信息必须能激起人们的情绪活动，使人们的内心感到有压力或者威胁，只有改变现时态度，才能消除心理负担。安排所要传递信息的内容主要有两种方法，一是单方面论据传递，即仅叙述有利于自己立场的言论或只强调对立立场的毛病与缺点；二是双方面论据传递，即传递包含有正反两种立场的信息内容，甚至承认对立言论也有可取之处，但巧妙而婉转地表示其缺点超过优点，突出传递者所主张的立场是比较有道理的。在安排和组织传递信息时，究竟采用何种方法，要视接受信息对象的特性及传递信息的内容材料而定。

(3) 信息传递方法的正确使用。再好的信息，如果没有一套科学的方法、正确的途径传递给目标对象，也不会产生改变态度的效果。目前常用的方法有：①宣传改变。是指劝导者借助一定手段，面对一批人，传送特定的信息，借以改变消费者的态度，这也是最常见的传递信息、改变他人态度的方法。在现代社会中，大众媒介在各种各样的宣传工具和方式中占据着非常重要的地位，大量的信息每天都经过它传递给消费者，它无时无刻不在直接或间接地影响人们的态度。②规范改变。是指利用群体规范的强制力、约束力迫使消费者去了解企业发出的信息，促使其改变态度的方法。消费者在一定的相关群体中生活或工作，相关群体中的规范和舆论压力常常比外来信息更有力地影响和控制其成员的思想态度。因此，注意做好相关群体的工作，由相关群体态度与行为的改变，去影响消费者态度和行为的改变，是一种行之有效的方法。③参与改变。企业通过引导消费者积极参加购买活动，使消费者和商品或劳务直接多次接触，通过第一手资料达到消费者自己说服自己的目的。实践证明，亲身体验的方式往往具有极强的说服力，对于迅速改变消费者态度有着其他方式无法比拟的效果。

4.3 消费者态度的测量

在现实生活中，消费者对某类商品或劳务的态度在形态上表现为一种心理活动的准备状态，无法直接加以观察，因此，必须采取一定的技术方法进行间接测量。所谓消费者态度的测量是指运用科学的测量方法和技术手段，广泛调查、汇集有关态度的事实资料，并加以定性、定量分析，以求得关于消费者态度的正确结论。

态度测量是消费者态度研究的重要方面。通过态度测量，可有助于企业实现市场细分，制定合理的营销战略；可有助于企业推断消费者行为，预测市场需求的变化趋势；可有助于企业提供优良服务，更好地满足消费需要；可有助于企业发现改变消费者态度的最佳途径，有效地引导消费。精确的态度测量结果是研究消费者态度和进行科学立论的事实依据。为了使测量结果具有高信度和高效度，在测量中必须遵循客观性、代表性、时效性、规范性等基本要求；同时，还要采用科学的测量方法。经常采用的态度测量方法有量表法和生理反应法两种。

4.3.1 量表法

量表法又称自我评价法，是运用根据一定的测量、统计原理而编制的态度量表来测评个体所持态度的一种方法。被人们广泛运用的态度量表有以下三种：

1. **等级量表**

这种量表为瑟斯顿（L. I. Thurstone）在1929年首创。该方法的特点是以等间隔方式拟定有关事物的题目，使问题按照强弱程度成为一个均衡分布的连续统一系统，一般把测量尺度定为1~11个等级，1与11为两种极端的态度，6代表中性态度（无所谓）。然后让被测者任意选择自己所同意的题目。主测者根据被测者所选题目的量值，来确定其态度的好恶、强弱程度。得分越高表明态度的强度越高。表4-1是一个等级量表的图示例证：

表4-1 等级量表

××护肤品的价格是：

昂贵————适中————低廉

你认为××护肤品有多贵？

昂贵的 10 9 8 7 6 5 4 3 2 1 低廉的

2. **总加量表**

这种量表为利克特（R. A. Likert）在1932年提出来的。总加量表是在等级量表的基础上设计的一种更为简便的测量方法。该表同样使用陈述性语句提出有关态度的题目，但不将题目按内容强弱程度均衡分解为若干个连续系列，而是仅采用肯定或否定两种陈述方式，然后要求被测者按照同意或不同意的程度作出明确回答。供选择的态度程度在量表中用定性词给出，并分别标出不同的量值。程度的差异一般可作5~7级划分。例如，仍用上例，采用总加量表法可作如下设计（见表4-2）：

表4-2 总加量表

题目	我愿意购买××护肤品				
等级	非常不愿意	不愿意	无所谓	愿意	非常愿意
分数	-2	-1	0	1	2

被测者可按照自己的意愿从中选择任一等级，打上“√”符号，最后由研究者根据得分情况对被测者的态度倾向进行定量分析。

总加量表的最大优点就是其编制过程较为简单，分数的评定也简单，因此被人们广泛采用，以至于在一般的调查访问中也采用这种形式来编制问卷。

3. **语义分化量表**

这种量表为奥斯古德（Osgood）和苏西（Suci）在1957年提出来的。该方法是设计一对对反义形容词分置两端，中间分为尺度，被试者只需根据自己的看法在尺度上选择出能够代表或表明自己看法的那一点，圈划出标记即可。研究者将对应于被试者圈划的那一点上的分数加在一起，即得到被试者态度测量的得分。例如，仍用上例，采用语义分化量表可作如下设计（见表4－3）：

表4－3　语义分化量表

××化妆品 1　2　3　4　5　6　7	
效果好	无效果
便宜的	昂贵的
有意义的	无意义的
有价值	无价值
服务好	服务差

4.3.2　生理反应法

生理反应法是根据被试者生理反应的变化来确定其态度的一种方法，所以是一种间接的方法。通常采用的生理指标有皮肤电反应、脉搏等。这种方法的道理就在于态度中包含有情感因素，情感在态度中起着重要作用。当态度发生变化时，则总会伴随着由于情感变化而引起的体内生理反应的变化，如心跳加速、呼吸急促、瞳孔放大等，根据这些生理变化的规定，即可推测人们的内在态度。然而，生理反应法只能测定其反应的强度，要想识别生理反应的方向却是十分困难的。所以，在实际使用中，它常常是结合其他的方法一起使用，这样就能够提高对态度测定的准确性了。

另外，消费者态度的测量方法还有行为观察法、投射法和面谈法等，我们已在第一章有所描述。在此不再赘述。

【本章小结】

消费者态度的形成与改变直接影响着消费者的购买行为，因此，态度是消费者购买活动中重要的心理现象。

心理学意义上的态度是指社会主体能动地对人、对事、对物的比较稳定的反应的心理准备状态。消费者的态度是指消费者在购买和使用商品、劳务的过程中，对商品、劳务及其有关事物等所持有的相对稳定的心理倾向。态度有三个组成部分：认知、情感和行为倾向。消费者态度有社会性、对象性、价值性、稳定性和内隐性等特性。消费者态度的功能有识别功能、表现功能、适应功能和自卫功能。

态度形成的关键是态度对消费者所起的作用。影响态度形成的因素有：消费者的需要、经验、生活环境、个性差异、相关群体以及事物的各种信息等。态度改变的理论研究，如平衡理论、认知失调理论、参与改变理论和社会判断理论强调了一致性需要所起的重大作用。态度改变的途径包括：信息源的信誉、信息的合理安排、信息传递方法的正确使用等。对态度的测量综合了态度量表等因素，以提高其准确性。

【关键术语和概念】

态度　消费者态度　行为倾向　服从　同化　内化　平衡理论　认知失调理论　参与改

变理论　社会判断理论　态度的测量　量表法

【练习与讨论】

1. 试分析消费者态度的含义及构成要素。

2. 列举消费态度的两种功能，并举出在营销环境中使用每一种功能的例证。

3. 在营销活动中可通过哪些途径促使消费者态度的改变?

4. 讨论影响态度形成的因素有哪些? 你怎样理解“态度形成的关键是态度对消费者所起的作用”这句话?

5. 运用总加量表法设计问卷，测量消费者对网上购物的态度，并提出相应的营销措施。

第5章　消费者的个性

⊙本章学习要点

1. 理解个性的含义及其结构
2. 个性的特点
3. 能力的含义及与知识、技能的关系
4. 能力形成的条件
5. 消费者在购买活动中经常运用的能力
6. 气质的含义
7. 气质的类型分析
8. 性格的含义及特点
9. 性格与气质的关系
10. 性格的结构
11. 兴趣的含义及特点
12. 影响兴趣形成的因素
13. 兴趣对促进消费者购买行为的影响

⊙本章学习内容

1. 个性心理概述
2. 消费者的能力
3. 消费者的气质
4. 消费者的性格
5. 消费者的兴趣

⊙个案分析

DIY精神是潮人们一贯的追捧和朝拜。从DIY手工、DIY潮衫到LOMO摄影，DIY精神无孔不入，以“给点阳光就灿烂”的姿态绽放。不过这些早已是明日黄花，最新流行的DIY精神改造对象锁定为我们的居家空间，以“宅配”之名大行其道。通过宅配就能实现家居的个性化定制。

宅配的设计流程其实很简单，先是到提供宅配服务的店里跟设计师表明自己的要求，设计师再上门量尺寸、提供建议，一个星期左右就能拿到宅配的效果，在确认符合自己想要的效果后，等家具送上门就行了。“潮妈”黄阿姨高兴地说：“在宅配店里，只要选择需要设计的家具，将喜欢的材质、颜色的条形码扫描进去，鼠标一点，效果图就出来了。而且还可以进行多种方案对比。”陈小姐本来想通过宅配店完成衣柜、书柜等大件家具的整体设计，去了宅配店才知道原来沙发、窗帘、地毯等各件的搭配设计也可以一次完成。陈小姐表示：“不但节省了找软件公司要支付的设计费用，还节省了不少时间。”

（资料来源：《新快报》. 2010. 03. 15.）

问：随着社会的发展，追求个性和品位成为一种潮流，谈谈你的看法。

5.1 个性心理概述

5.1.1 个性的含义

个性也称作人格，个性一词来源于拉丁语 Persona，原意是指戏剧演员在舞台上戴的假面具，以后被心理学引用。个性一词最初出现时，含有四种不同的意义：①一个人在生活舞台上呈现给其他人的公开形象；②别人由此知道这个人在社会生活中所扮演的角色；③适合于这个生活角色的各种个人品质的总和；④角色身份的特定性和异他性。可见，人的个性既包括表现于外的、呈现在他人面前的外部自我，也包括由于种种原因不能显示出来的内部自我。

现代心理学对个性的定义是：个性是指个人在先天素质的基础上，通过社会影响而形成的稳固的心理特征的总和，是人在心理活动中表现出的经常的、稳定的、本质的心理特征。

心理学研究认为，人的个性是在生理素质基础上，在一定社会历史条件下通过社会实践活动逐步形成和发展起来的。因此，个性是先天因素与后天因素共同作用的结果。生理因素是人通过遗传获得的与生俱来的解剖生理特点，主要包括感觉器官、运动器官、神经系统等方面的特点。生理素质是一切心理活动、个性特征产生的物质基础，是形成个性差异的重要原因之一。后天因素是人的个性心理的社会属性，人的后天环境、生活经历、社会影响等方面对人的个性心理的形成、发展和转变具有决定性作用。

5.1.2 个性心理结构

个性心理主要由个性倾向性和个性心理特征两个方面构成。其中，个性倾向性是人对社会环境的态度和行为的积极特征，表明一个人经常憧憬什么、企图什么、探求什么、坚信什么、喜欢什么、嫌弃什么和什么驱使他去活动等，主要表现在心理活动的选择性，它包括需要、动机、兴趣、信念、理想等。个性心理特征是人的心理特点的独特结合，即每个人不同的能力、气质和性格的独特结合，就构成了一个人不同于他人的心理风貌和品格，能力即完成某些活动的潜在可能性的特征，气质即心理活动的动力特征，性格即完成活动任务的态度和行为方式方面的特征。它们反映和保证了典型的个人生理活动及行为差异的基本质量水平。

5.1.3 个性的特点

1. 整体性

个性是一个统一的整体结构，是人的整个心理面貌。每个人的个性倾向性和个性心理特征并不是各自孤立的，它们相互联系、相互制约，构成了一个统一的整体结构。

2. 稳定性

个性是指一个人比较稳定的心理倾向和心理特征的总和，它表现为对人对事所采取的一定的态度和行为方式。一种个性特征在其身上一经形成就比较稳定，不论在何时、何地、何种情况下，人总是以他惯用的态度和行为方式对待。“江山易改，本性难移”形象地说明了个性的稳定性。

3. 独特性

每个人的个性都是由独特的个性倾向性和个性心理特征组成的，即使是同卵双生子，他们在遗传方面可能是完全相同的，但个性品质也会有所差异，因为每个人在后天的实践环境中，条件不可能绝对相同。而且即使是生活在同一家庭中的兄弟姐妹，宏观环境相同，但个人的微观环境也是有差异的。因此，每个人的个性都反映了自身独特的、与他人有所区别的心理状态。

4. 社会性

人不仅具有自然属性，同时也具有社会属性。一个人如果离开了人类、离开了社会，将无法形成正常的心理，更谈不上个性的发展。生物因素只给人的个性发展提供了可能性，而社会因素则使这种可能性转化为现实。个性作为一个整体，是由社会生活条件所决定的。

专栏 5-1 弗洛伊德的人格理论——人格结构

在弗洛伊德看来，人格是一个整体，在这个整体之中包括彼此关联且相互作用的三个部分，分别称为本我、自我和超我。由于这三个部分的交互作用而产生的内驱力，支配了个人所有的行为。

（1）本我。本我是人格结构中最原始的部分，是遗传下来的本能。本我之中包含着一些生物性的或本能性的冲动，其中又以性的冲动和破坏性冲动为主，这些动机就是推动个人行为的原始动力。外在的或内在的刺激都有可能促使原始冲动增加，而原始冲动增加时就会造成人的紧张与不安，为了降低紧张，本我要求立即满足需求以发泄原始的冲动。所以本我是受“快乐原则”支配的，由本我支配的行为不受社会道德规范标准的约束。弗洛伊德认为生物需要在人的一生中持续存在，是人格的一个永存的部分。

（2）自我。自我是个体在与环境的接触中由本我发展而来的。在本我阶段，因为个体的原始性冲动需要获得满足，就必须与周围的现实世界相接触，从而形成自我适应现实环境的结果。例如，因为饥饿而使本我有原始性的求食冲动，但是哪里有食物以及如何取得食物等现实问题，必须靠自我与现实接触才能解决。因此，人格的自我部分受“现实原则”的支配。它的主要功能有以下几方面：一是获得基本需要的满足以维持个体的生存；二是调节本我的原始需要以符合现实环境的条件；

三是管制不为超我所接受的冲动；四是调节并解决本我与超我之间的冲突。由此可见，自我是人格结构中的主要部分。

（3）超我。超我是在人格结构中居于管制地位的最高部分，是由于个人在社会化的过程中将社会规范、道德标准、价值判断等内化之后形成的结果。平常所说的良心、良知、理性等，都是超我的功能。本我寻求快乐，自我考虑到现实环境的限制，超我则明察是非善恶。所以，超我是本我与自我的监督者，它的主要功能有：管制社会所不接受的原始冲动；诱导自我使其能以合乎社会规范的目标代替较低的现实目标；使个人向理想努力，以形成完美的人格。

一个正常的人，其人格中的三个部分经常是彼此平衡而和谐的。本我的冲动应该有机会在合乎现实的条件下，并在社会规范许可的范围内，获得适当的满足。

（资料来源：孙喜林，荣晓华．旅游心理学．大连：东北财经大学出版社，1999. 115.）

5.2 消费者的能力

5.2.1 能力及其发展

1. 能力的含义

心理学认为，人无论从事何种活动都要具备一定的、不止一种的相关能力。要成功地完成任何一项活动，必须同时具备多种能力。

所谓能力，是指人们顺利地完成某种活动所必须具备的、并具直接影响活动效率的个性心理特征。

对能力的理解应注意两点：首先，能力是顺利完成某种活动的主观条件。从事任何一项活动都需要一定的条件，这些条件既有客观方面的，也有主观方面的。能力就是人们成功地完成一项活动的主观条件。例如，消费者只有具备观察能力、记忆能力和思维能力等，才能保证购买活动的顺利进行。其次，能力总是与人的活动相联系的，并直接影响人的活动效率。因为人的能力总是存在于人的活动之中，并通过活动表现出来。只有从一个人所从事的某种活动中，才能看出他具有某种能力，并从活动的效率和效果看出其能力的大小、强弱。

2. 能力与知识、技能的关系

我们都知道，人的能力有大有小，人的知识有多有少，人的技能有高有低。那么能力、知识和技能的关系怎样呢？能力与知识、技能既有区别，又有密切的联系。

（1）区别。知识是指人们所掌握的人类改造自然和改造社会的历史经验。技能是指人们通过练习而获得的动作方式和动作系统。能力是指顺利实现活动的心理条件，预示着人在活动中可能达到的成就水平，因而它与知识、技能是不同的。例如，一个人比另一个人先学了三年的绘画，从知识技能讲，前者比后者具有较多的绘画知识和技能，但是这并不意味着他的绘画能力一定高于后者，很可能后者学了绘画后，他的知识技能会很快超越前者，并证明他有较好的能力。

（2）联系。首先，一定的能力是掌握知识、技能的必要条件，而掌握知识、技能的过程又是能力得以形成和发展的过程。例如，一个人善于举一反三，就能把有关的知识融会贯通，轻而易举地解决问题。其次，知识与技能的掌握较之能力的发展要更迅速一些，而得到良好发展的能力比掌握一定范围内的知识、技能具有更广泛的迁移作用。一定的知识、技能只能解决具体的有关问题，而能力这种心理倾向性则可把对知识与技能的运用迁移到其他相关的问题上，从而解决从未遇到过的新问题。

3. 能力形成的条件

人的能力是在素质的基础上，通过环境与教育的作用，在实践活动中通过人的努力逐步形成的。许多研究证明，影响能力的重要条件和因素有以下几点：

（1）素质。心理学上指人的神经系统和感觉器官上的先天特点。素质是能力发展的自然前提和物质基础。离开了这个自然前提和物质基础，就谈不上能力的发展，如先天失明的人不可能发展绘画能力，生来聋哑的人不可能发展音乐能力。研究表明，智力落后的人群中，有50%以上是由素质原因造成的，即50%以上的智力落后都是先天性的。先天性的因素中既有遗传因素，也有非遗传因素（母亲怀孕期间用药不当或分娩过程造成的新生儿脑伤等）。

（2）教育与环境。素质对智力的发展作用是毫无疑问的，但它更多的是提供了一个智力发展的可能性，而非现实性。所以，将可能性转化为现实性需要教育和环境因素的配合。心理学的研究表明，人脑的先天差异除了极少数智力超常者和智力低常者外，绝大多数差异是不大的，只要有适时的、良好的教育条件，就能使儿童的智力得到发展，许多学者都强调早期教育的重要性。此外，人们的生活环境不同，也有助于形成各种不同的能力。如生于艺术之家的儿童，父母艺术活动的耳濡目染，极有可能促进他们相应能力的发展。

（3）社会实践。人的能力是人在改造客观世界的实践活动中形成和发展起来的。不同职业的劳动，制约着能力的发展方向与水平。例如，长期工作在高炉前的炼钢工人，可发展根据火焰颜色判断炉壁温度的能力。音响发烧友能够分辨各种音响效果的细微差别。这些都说明，长年累月、坚持不懈地参与某种社会实践，相应的能力就能得到高度的发展。

（4）心理。人的主观能动性与人的能力发展也有密切联系。具有近似的先天条件与环境条件，又从事同样的实践活动的人，能力的提高也可能不同，这主要取决于个人的心理因素，即个人本身的努力。许多研究表明，浓厚的兴趣、百折不挠的意志力以及刚毅的性格等，可以促进能力的高度发展。

5.2.2 能力的分类

1. 按照能力的倾向性，可分为一般能力和特殊能力

一般能力是指人们从事各种活动所必须具备的、在各种活动中表现出来的基本能力，也称智力。它包括观察力（感知力）、记忆力、想象力、思维力和注意力。特殊能力是指顺利完成某些特殊活动所必须具备的能力，如绘画能力、鉴赏能力、组织能力等。

一般能力与特殊能力是密切联系、相辅相成的。在完成活动中，他们共同起作用。任何特殊能力的发展都离不开一般能力，而且特殊能力的发展也对一般能力有所提高和促进。

专栏5－2

智商的差异及其分布状况

智　商	占人口的百分比	类　别
130 以上	2.2	非常优秀
120～130	6.7	优秀
110～120	16.1	中上（聪颖）
90～110	50	中等

（续上表）

智　商	占人口的百分比	类　别
80～90	16.1	中下（迟钝）
70～80	6.7	近愚
60 以下	2.2	低能

（资料来源：莫雷．心理学．广州：广东高等教育出版社，2000.278.）

2. 按照能力的功能，可分为认知能力、实践能力和社交能力

认知能力是指个体学习、研究、理解、概括和分析的能力，如观察力、思维力等，它是人们成功地完成活动最基本、最主要的条件。实践能力是指操作、制作和运动的能力，如生产劳动、技术操作等能力，是有意识地调节自己的外部动作，以作用于外界环境的能力。社交能力是指参加社会群体活动，与周围人们相互交往，保持协调的能力，如言语能力、适应能力等。

3. 按照能力的创造性程度，可分为再造能力和创造能力

再造能力是指能顺利地掌握前人积累的知识和技能，并按提供的式样进行某种活动的能力。创造能力是指产生新思想、发现和创造新事物的能力。创造能力是成功地完成某种创造性活动所必需的条件。

5.2.3　消费者的购买能力

购买活动是一项范围广泛、内容复杂的社会实践活动。为了使消费者在购买过程中达到最大满意和快乐，消费者需要具有多方面的能力。而人的能力反映在购买行为上，主要是对商品的识别能力、评价能力以及对商品信息的理解能力和选购商品时的决策能力。一般把这些能力的协同表现称为消费者的购买能力。消费者在购买活动中经常运用的能力主要有以下几种：

1. 对商品的感知辨别能力

感知辨别能力是指消费者识别、了解和认识商品的能力。它是消费者深入认识商品的前提，也是形成对商品第一印象的条件，因此，可以说感知辨别能力是消费者购买行为的先导。

由于消费者的生理机能、心理机能和生活环境方面的不同以及其在商品知识和购买经验方面的差异，使他们对商品的感知辨别能力存在较大差异。同一件商品，有的消费者就其外形和内部结构迅速、准确地感知，并形成相应的看法，反映出较强的洞察力。而有的消费者则往往需要较长的时间才能形成对商品的认识，或只能从外表上了解大概，不能迅速抓住事物的主要特征。

2. 对商品的分析评价能力

分析评价能力是指消费者依据一定的标准，分析判断商品性能、质量，从而确定商品价值大小的能力。消费者的分析评价能力的高低主要取决于其思维能力和思维方式，并受个人知识、经验、审美观的影响。

消费者分析评价能力的高低直接影响其购买行为。分析评价能力高的消费者购买商品时，能积极主动地搜集有关信息，能清楚了解商品的优缺点，因此，往往能够作出正确的购买决定。特别是对一些新产品，由于人们对产品性能、使用保养方法不太了解，往往担心购买后会出现这样或那样的问题。分析评价能力高的消费者，能依据一定的标准对搜集到的各种信息进行整理、加工、分析、综合，并能及时、全面、准确地作出评价与判断。而分析评价能力低的人往往要等大多数人都使用了之后才购买。

3. **购买决策能力**

购买决策能力是指消费者运用注意、识别、挑选、评价等能力对商品进行综合分析后，及时、果断、正确地作出购买决定，使自己购买到满意的商品的能力。决策能力是消费者购买行为中最主要的能力，它直接决定了消费者的购买行为最后能否实现。

购买决策能力的高低直接受消费者自信心、抱负水平等因素的影响，所以在不同消费者身上具有很大差异。有的消费者能根据自己对商品的判断及时采取购买行动，而有的消费者在购买活动中常常表现出犹豫不决、优柔寡断，不能根据实际情况果断采取行动。

消费者在购买过程中除了需具备一般能力之外，有时还需要具有一些特殊能力，如艺术鉴赏能力、视听能力、检验能力等，这些是人们在选购某些特殊商品时需要具备的能力。

5.3 消费者的气质

5.3.1 气质的含义和特征

1. **气质的含义**

气质即俗称之“脾气”、“性情”。现代心理学认为，气质是指人与生俱来的典型、稳定的心理特征，表现出一个人心理活动的全部动力特点。气质主要表现出人的心理过程两方面的特点：一方面是心理过程的动力特点，即心理过程的速度、稳定性和强度。例如，知觉的速度、思维的敏捷性、注意力集中时间的长短、情绪的强弱、意志努力的程度等。另一方面是心理过程的指向性特点，即心理活动是倾向体察外部事物，还是倾向于内心活动。例如，有的人倾向于体察外部事物，善于从外界获取新的印象，有的人则倾向于内部，经常体验自己的情绪，分析自己的思想。

气质类型是人生来就具有的，它仿佛使人的全部心理活动染上了独特色彩，使内容相同的活动显示出不同的气质特点。婴儿出生后，就会表现出明显的气质差别，如有的爱哭闹，四肢活动较多；有的较安静，较少啼哭。心理学家指出，这些差异说明人的气质特征主要是由于神经系统的先天性造成的。

2. **气质的特征**

由于气质是由人的高级神经系统的生理特点决定的，因此人的气质的表现不受个人的活动目的、动机和内容的制约，在不同性质的活动中，一个人的气质往往表现出相对稳定的特点。一个具有某种气质特征的消费者无论购买什么商品，也无论出于怎样的动机和在什么场合，都会以同样的行为特点表现在各种不同的消费活动中，而且气质类型相同或相近的消费者常常有近似的行为特点。

当然任何事物都不是绝对的，许多实验研究表明，气质在教育和生活条件的影响下能够发生缓慢的变化。首先，神经系统在环境刺激和外界条件下进行活动，具有可塑性。在生活环境和教育的影响下，气质可以隐藏或得到相当程度的改变。例如，有一位女中学生自幼孤僻、胆怯，动不动就伤心、啼哭，学校常让她参加一些社会工作，并委托她担任一些活动的组织筹划工作，在长期教育的影响下，这位主要是带有抑郁质特点的女学生，在许多方面都成功地克服了胆怯和孤僻，学会了更好地控制自己的情绪。其次，从个体心理的发展角度来看，气质往往随着年龄的增长而有所改变。遗传因素对气质的影响会随着年龄的增长而减少，而环境、教育对个体影响以及个体主动适应社会学习等方面对气质的影响也越来越大。例如，青少年时期，人们往往会表现得好动，情绪易冲动、热情；中年以后人在行为活动中则趋向沉着、深刻和冷静。

5.3.2 气质的类型

气质是个古老的概念，长期以来，心理学家对气质这一心理特征进行了多方面研究。自从公元前五世纪古希腊医生希波克拉底首先提出气质体液说以后，相继产生了各种气质学说，如体型说、血型说、倾向说、激素说、高级神经活动类型说等。但最具有代表性的还是希波克拉底的体液学说和巴甫洛夫的高级神经活动类型学说。

1. 体液学说

希波克拉底在自己的临床实践中提出人体内有血液、黄胆汁、黑胆汁、黏液四种体液，这四种体液的比例不同，就会形成不同的气质类型。在体液的混合比例中，血液占优势的人属于多血质，黄胆汁占优势的人是胆汁质，黏液占优势的人属于黏液质，而黑胆汁占优势的人属于抑郁质。这四种分类的生理基础带有朴素唯物主义的性质，缺乏科学性。然而这四种类型符合人的现实表现，因而一直沿用至今。这四种气质类型在行为方式上的典型表现是：

多血质：典型特征是活泼、好动、反应迅速、喜欢交往、兴趣广泛、注意力容易转移、情绪易起伏波动等。

胆汁质：典型特征是直率、热情、精力旺盛、易于冲动、性情急躁、心境变化剧烈等。

黏液质：典型特征是安静、稳重、反应缓慢、沉默寡言、善于忍耐、注意力稳定难以转移、情绪不易外露等。

抑郁质：典型特征是孤僻、多疑、行动迟缓、感情体验深刻、善于觉察到他人不易觉察的细节、敏感等。

以上是四种气质类型的典型表现。而现实中的人多是几种类型的结合，其中以某种类型特征占优势；具有典型气质特征的是少数。

2. 高级神经活动类型学说

俄国生理学家巴甫洛夫利用条件反射学说所揭示的高级神经活动的规律性和神经过程的基本特征，对气质作了科学的阐述，使气质理论建立在科学的基础之上。

巴甫洛夫的研究发现，高级神经活动具有强度、灵活性、平衡性三种特征。根据这三个特征，巴甫洛夫把高级神经活动的类型分为四种。首先，他按照神经过程的力量，把神经活动分成强型和弱型；然后，又将强型分为强而平衡型和强而不平衡型两类；最后，将强而平衡型分为灵活和不灵活两种，这样就构成了高级神经活动的基本类型。这四种基本类型的特点如下：

强而不平衡型（兴奋型）：这类人的神经素质反应较强，但不平衡，兴奋过程和抑制过程都很强，且兴奋过程比抑制过程相对占优势，容易兴奋而难以抑制，所以在很强的刺激作用下，易产生精神分裂。

强而平衡灵活型（活泼型）：这类人的神经素质反应较强，而且平衡，既容易形成条件反射，也容易改变条件反射，行动迅速活泼，一旦缺乏刺激就很快无精打采。

强而平衡不灵活型（安静型）：这类人的神经素质反应迟钝，但较平衡，容易形成条件反射，但难以改造，是一种行动迟缓而有惰性的类型。

弱型（抑制型）：这类人的神经素质反应较弱，但较为不平衡，兴奋速度较慢，容易形成条件反射，但难以改善，也是一种行为迟缓而有惰性的类型。

高级神经活动类型与气质类型具有一定的关系。巴甫洛夫指出，兴奋型相当于胆汁质，活泼型相当于多血质，安静型相当于黏液质，抑制型相当于抑郁质，具体的对应情况如表5－1所示：

表5－1　高级神经活动类型与气质类型对照表

神经活动的基本特征			高级神经活动的类型	气质类型	气质特征
强度	平衡性	灵活性			
强	不平衡		兴奋型（不可遏止型）	胆汁质	直率，热情，精力充沛，情绪易冲动，心境变化剧烈，外倾
强	平衡	灵活	活泼型（灵活性）	多血质	活泼好动，敏感，反应迅速，注意力容易转移，兴趣容易改变，外倾
强	平衡	不灵活	安静型	黏液质	安静，稳重，反应迟钝，情绪不外露，注意力难转移，内倾
弱	不平衡		弱型（抑制型）	抑郁质	孤僻，行动迟缓，情绪体验深刻，善于察觉他人细节，内倾

（资料来源：张树夫．旅游心理学．北京：中国林业出版社，2000. 279.）

另外，需要指出的是，气质并不决定人活动的内容和方向，因此，气质类型无所谓好坏。我们不能认为，某种气质是好的，某种气质是不好的，一般来说，每种气质都有积极的方面，也都有消极的方面。所以，它对人心理活动的进行和个性品质的形成，具有一定的积极或消极作用。

5.3.3　消费者气质类型与购买行为

气质是人典型而稳定的个性心理特征，因此，对人的行为活动方式影响深刻。特别是气质的四种类型在购买活动中充分地表现出来，从而形成了各具特色、丰富多彩的购买行为。

1. 多血质类型消费者

这类消费者的购买行为表现是：对广告、营业员等外界刺激反应灵敏、接受也快，对购物环境及周围人物适应能力强，但情绪容易受外界感染，也往往随着环境的改变而转变自己的观点。他们一般表达能力较好，表情丰富，行动敏捷，而且善于交际，乐于向营业员咨询、攀谈所要购买的商品，甚至言及他事。因此，对这类消费者施加影响比较容易起作用。接待这种类型的消费者，营业员要不厌其烦地有问必答，应尽量帮助他们缩短购买商品的过程，当好他们的参谋。

2. 胆汁质类型消费者

这类消费者的购买行为表现是：情绪变化激烈，面部表情丰富，如果购物时需要等待或是营业员的言行怠慢，会激起烦躁的情绪甚至激烈的反应。他们喜欢购买新颖奇特、标新立异的商品；一旦被商品的某一特点所吸引，往往会果断地作出购买决定，并立即导致购买行动，不愿花费太多的时间进行比较和思考，而事后又往往后悔不迭。接待这种类型的消费者，营业员要眼疾手快，及时应答，并辅以柔和的语言和目光，使消费者的购物情绪达到最佳状态。

3. **黏液质类型消费者**

这类消费者的购买行为表现是：情绪稳定，心理状态极少通过外部表情表现出来，善于控制自己，自信心较强，不易受广告宣传、商品包装以及他人意见的干扰和影响，喜欢通过自己的观察、比较作出购买决定，对自己喜爱和熟悉的商品会产生连续购买行为。接待这种类型的消费者，营业员应有的放矢，避免过多的语言和过分的热情，以免引起消费者的反感。

4. **抑郁质类型消费者**

这类消费者的购买行为表现是：情绪变化缓慢，观察商品仔细认真，而且体验深刻，往往能发现商品的细微之处；购买行为拘谨，神态唯诺，不愿与他人沟通，决策过程缓慢、多疑，既不相信自己的判断，又对营业员的推荐介绍心怀戒备，甚至买后还会疑心是否上当受骗。接待这种类型的消费者，营业员要小心谨慎、细心观察、适当疏导，打消他们不必要的顾虑，使他们在平和愉快的气氛中购物。

5.4 消费者的性格

5.4.1 性格的含义和特点

1. **性格的含义**

性格是个性中表现出来的鲜明的、最重要的心理特征，它决定着人活动的内容和方向。从心理学角度看，所谓性格是指人们在对待客观事物的态度和社会行为方式中，经常表现出来的稳定倾向。恩格斯说：“人物的性格不仅表现在他在做什么，而且表现在他怎么做。”“做什么”即指一个人追求什么，拒绝什么，反映了人的活动动机及对现实的态度；“怎么做”是说一个人用什么样的态度去追求所要达到的目的，反映了一个人的活动方式。如果一个人对现实的态度在类似的情况下经常出现，并逐渐得到巩固，而且与之相适应的行为方式成为习惯，那么这种比较稳固的对现实的态度和与之相适应的习惯化了的行为方式所表现出来的心理特征，就是性格。

2. **性格的特点**

（1）整体性。性格是一个完整的系统，有自己的结构特点，因此，可以说性格是个人身心合一的组合。一个人生理方面的差异会直接而迅速地影响到心理状态和行为表现。同样一个人为了谋求对社会生活的适应，也会随着环境的变化，不断调整与改变个人的观念和行为方式。

（2）稳定性。人的性格不是一朝一夕形成的。作为一种稳定的态度和与之相适应的习惯化了的行为方式，它是在主客观的相互作用中，伴随着世界观的确立而形成的。客观事物的各种影响通过主体的认识、情感和意志活动在个体的反映机构中保存、固定下来，构成一定的特有的行为方式。因此，性格一旦形成就比较稳定，并贯穿在他的全部行动之中，在类似的情境中，甚至在不同的情境中都会表现出来。那种一时的、情境性的、偶然的表现，不能被看作一个人的性格特点。例如，一个平常工作一贯认真、细致的人，也会偶尔出现失误和差错；一个平时处事果断的人，偶尔也会表现得优柔寡断。只有那些经常的、习惯性的表现，能从本质上表现出一个人的个性特征，才是一个人稳固的性格。

（3）复杂性。性格是个人多方面特征的综合，就像一个多面的物体，每一面均属性格的一部分，且各部分之间都有密切的关系。这些个人特征，有些是显而易见的，有些则是蕴藏在潜意识中，不但他人无从观察，就连自己也不易感受到。

3. 性格的结构

性格反映了一个人一定的独特性，它是由多个侧面和不同的层次构成的复杂综合体。认识性格就要了解它的完整结构。在研究性格结构时通常从以下四个方面进行分析：

（1）性格的态度特征。对待事物和现实的态度能够反映一个人的性格特征，它主要体现在三个方面：①对社会、集体和他人态度上的差异。如热情或冷淡、大公无私或自私自利、富于同情心或冷酷无情、诚实或虚伪。②对事业和工作态度上的差异。如耐心细致或粗心大意、勇于创新或墨守成规、勤劳或懒惰。③对自己的态度上的差异。如谦虚或骄傲、自信或自卑。

这些对社会、对事、对人的态度特征具有明显的社会评价意义，因此都有好坏之分，它往往可以反映出一个人的思想品质和道德修养。人们总是喜欢那些诚实、勤劳、谦虚的性格，而讨厌那些虚伪、懒惰、骄傲的性格。

（2）性格的意志特征。是指在意志作用下，人对自身行为的调节方式和控制程度所表现的个人特点，是人对现实态度的另一种体现。性格的意志特征主要表现在四个方面：①行动的自觉性方面的特征。如独立或顺从、积极主动或消极被动。②自我控制方面的特征。如自制或任性、约束或冲动。③行动坚持性方面的特征。如坚持或动摇、持之以恒或虎头蛇尾。④行动的果断性方面的特征。如果断或犹豫、镇定或惊慌失措。

一个人的自我调节和自我控制水平，关系到他行为的方向及目的的实现与否，也关系到与人相处时人际关系的性质和状况。

（3）性格的情绪特征。是指人们在社会活动及行为中经常表现出的情绪倾向及特点。具体表现在三个方面：①程度方面。对同一件事，有些人情绪反应强烈，往往“喜怒形于色”，而有些人情绪反应微弱，显得“无动于衷”。②稳定性方面。有些人善于克制，而有些人极易冲动；有些人易激动，也易平静，有些人不易激动，一旦激动则难以平静下来。③主导心境方面。有些人经常保持愉快的心情，而有些人则经常陷入郁闷的心情。

（4）性格的理智特征。是指人们在感知、记忆、想象和思维等认识过程中所表现出来的个人稳定的品质和特征。例如，在感知方面是主动观察型还是被动观察型；在想象方面是幻想型还是现实型；在思维方面是详细分析罗列型还是抽象概括型，是深刻型还是肤浅型等。

性格的理智特征与一个人的能力才华关系密切，因而这也会引起人们的偏好不同、优劣评价不同。

上述性格特征反映到消费者对待商品的态度和购买行为上，就构成了千差万别的消费性格。例如，在消费观念上，是俭朴节约还是追求奢华；在消费倾向上，是求新还是守旧；在消费情绪上，是乐观冲动还是悲观克制；在购买决策上，是独立还是依赖；在购买行动上，是坚定明确还是动摇盲目，这些差异都表现出不同的消费性格。

4. 性格与气质的关系

性格与气质是两个不同的个性心理特征，它们既有区别，又互相渗透、相互作用。

（1）主要区别。

①形成的客观基础条件不同。气质的形成直接决定于人的高级神经活动类型，具有自然的性质；而性格的生理基础则是神经类型特点和后天因素所引起的各种变化的“合金”。也就是说，神经类型不能预先决定性格，也不能直接决定性格。

②稳定程度不同。气质具有先天性，受遗传因素的影响，虽然也受到外界因素的影响，但其变化极为缓慢，具有较强的稳定性；而性格是后天形成的，是在人与周围环境的相互作用中逐步发展而形成的，虽然也具有稳定性特点，但与气质相比，比较容易改变，具有较强的可塑性。

③气质类型无所谓好坏，而性格特征有好坏之分。气质类型仅仅标志人与人之间的个别差异，每一种气质类型都有积极的一面和消极的一面，而且同一种气质的人会以同样的方式表现在各种活动中，不受活动内容的影响，因此，气质不具有社会评价意义。而性格反映的是一个人的社会特征。人在社会中生活，与各种事物、各种人发生一定的关系。他的态度和行为总会对各种关系造成一定的影响，或有益于社会和他人，或有害于社会和他人。因此，性格标示着人的行为方向和可能的结果，必然有道德评价的意义。

（2）联系。

①气质可以按照自己的动力特征影响性格的表现方式，使性格带有一种独特的色彩。例如，同样是对人友善的性格，多血质的人表现为亲切关怀，胆汁质的人表现为热情豪爽，黏液质的人表现为诚恳，抑郁质的人表现为温柔。

②气质可以影响性格形成和发展的速度。例如，自制力的形成，胆汁质的人往往需要经过极大的克制和努力，而抑郁质的人则比较自然和容易。

③性格可以制约气质的表现，也可以影响气质的改变。例如，顽强坚定的性格可以克制气质的某些消极方面，使积极方面得到充分发展。一个意志坚强、认真负责的外科医生，假如他是属于胆汁质的，就会在手术过程中时时告诫自己切不可急躁冲动、鲁莽行事，而保持沉着稳定、耐心细致的态度和方式完成手术。

在性格和气质的关系中，气质只反映活动的进行方式，而性格则引导着活动的方向，并调节、改变气质因素使活动达到预定的目标。因此，性格是个性心理特征的核心。

5.4.2 性格的类型理论

性格的类型是指在一类人身上所共有的性格特征的独特结合。曾有许多心理学家试图对性格进行类型分类，但由于研究对象本身的复杂性，所以概括起来很不容易，目前尚无一致公认的结论，现将一些分类理论介绍如下。

1. 机能类型说

这是英国的培因（A. Bain）和法国的李波（T. Ribot）提出的分类法，是按理智、情绪、意志三种心理机能哪一种在性格结构中占优势来确定性格类型。理智型的特点是以理智来衡量一切，并以理智来支配自己的行动；情绪型的特点是情绪体验深刻、丰富，言行举止易受情绪的影响；意志型的特点是行动具有明确目标，表现主动、积极、果断。除了这三种类型外，还可划分为一些中间的类型，如理智—意志型等。

2. 向性说

这是瑞士心理学家荣格（C. G. Jung）提出来的分类方法，是按个体心理活动倾向于外部或倾向于内部来确定性格类型。外倾型人的心理活动倾向于外部世界，注意和兴趣较集中于外界事物，比较开朗、活泼、直爽，善于交际；内倾型人的心理活动倾向于内部，注意和兴趣较集中在内心世界，表现沉静、富于想象，较孤僻。但实际生活中大多数人的性格均属中间型。

3. 独立—顺从说

奥地利心理学家阿德勒（A. Adler）从精神分析观点出发，把人的性格分成了优越型和自卑型两种。以后，一些心理学家在此基础上提出了按照个体独立性程度来划分的方法，即把人的性格分为独立型和顺从型两种。独立型的人善于独立地发现问题和解决问题，遇事沉着冷静、有主见，不易受外界环境影响，能独立发挥自己的力量，喜欢把自己的意志强加于人；顺从型的人独立性差，易受暗示，没有主见，自己行为易受他人左右，在紧张或困难情况下表现得惊慌失措。

研究性格的类型具有重要的理论意义，因为性格是多种性格特征的独特结合，而性格类型学说按一定标准把性格加以分类，可以加深对性格本质的理解。

5.4.3 性格与消费者行为

消费者的性格，是在其购买行为中起核心作用的个性心理特征。消费者之间不同的性格特点，同样会体现在各自的消费活动中，从而形成千差万别的消费行为。性格在消费行为中的具体表现可以从不同角度来分析。

1. 从消费态度角度划分

（1）节俭型。这类消费者崇尚节俭，反对不必要的开支和铺张浪费。因此，他们选购商品时，首先看重的是商品的质量、实用性如何，而不太重视商品的品牌和外观，不喜欢华而不实、中看不中用的商品，受商品外在装潢以及宣传影响较小。持有这类消费态度的消费者并不一定是受经济能力的限制，而是性格特征的直接体现。

（2）保守型。这类消费者在消费态度上大都比较严谨、固执，生活方式刻板，习惯于传统的消费方式；接受新产品、新观念比较慢，有时甚至很困难。在选购商品时，喜欢购买传统的和有过多次使用经验的商品，不太愿意冒险尝试新产品。

（3）自由型。这类消费者在消费态度上比较随意，没有长久、稳定的看法，生活方式自由而无固定的模式。在选购商品方面表现出较大的随机性，而且选择商品的标准也往往多样化。他们既讲究商品的质量，也追求商品的外观，但更注重的是后者。他们受外界环境和广告宣传的影响较大。

2. 从购买方式角度划分

（1）习惯型。这类消费者往往根据以往的购买和使用经验或消费习惯采取购买行动。当他们一旦熟悉并接受某一品牌的商品后，会经常购买，不容易改变自己的观点、看法，购买行为习惯化，受社会时尚和潮流影响较小。

（2）慎重型。这类消费者大都沉稳、持重，遇事冷静、客观，情感体验深刻，情绪不易外露。在选购商品时，喜欢根据自己的实际需要和参照以往的购买经验作出决定，受外界影响小，不易冲动，具有较强的自我控制能力。这类消费者在购物之前，往往会广泛搜集有关信息，经过慎重的权衡和考虑，并经过认真的比较和选择之后，才会作出购买决定。

（3）挑剔型。这类消费者大都具有一定的商品知识和购买经验，因此选购商品时主观性强，不愿与他人商量，善于发现不易被人注意到的细微之处。有些人对营业员或其他消费者有相当敏感的戒心，选购商品极为小心，有时甚至很苛刻。此类消费者大多数属于内向和孤僻性格的人。

（4）被动型。这类消费者多数都不经常购买商品，因而缺乏商品知识和购买经验，对商品没有固定的偏好，选购商品时缺乏自信和主见，常有不知所措的言行表现，希望得到别人的帮助。所以，营销人员的宣传和推荐往往会对其购买行为产生较大影响。

上述按消费态度和购买方式对消费者及其行为的分类，只是为了便于我们了解性格与人们消费行为的联系，以及不同消费性格的具体表现。在购买活动中，由于周围环境的影响，消费者的性格很少能完全按原来的面貌表露出来的。所以，在观察、判断、分析消费者性格特征时，必须考虑性格的稳定性特点，而不能凭一时的购买态度和偶然性的购买行为来作判断。

5.5 消费者的兴趣

5.5.1 兴趣的含义

1. 兴趣的含义

兴趣是指一个人积极探究某种事物的认识倾向。从心理学的角度看，兴趣属于人的个性心理结构中的个性倾向性，是人对客观事物的选择性态度，是由客观事物的意义引起肯定性的情绪和态度而形成的。所以，按照自己的兴趣所完成的事情是最令人愉快的事。

2. 影响兴趣形成的因素

兴趣反映了人对客观事物的选择性态度，而人们对事物的选择总会受到多种因素的影响。

（1）需要。兴趣不是天生的，它是在需要的基础上产生和发展起来的。需要是兴趣形成的决定性因素，没有一定的需要，人就不会对任何特定的事物产生相应的兴趣。在现实生活中，由于人们的需要是多种多样的，所以兴趣的内容也十分广泛。但是，由一般生理性需要引发的兴趣是暂时的，需要得到满足，兴趣就会消失或转化。而建立在心理性需要基础上的兴趣，是较为持久的兴趣，一般是随着认识的不断加深，兴趣会更强烈、更浓厚。

（2）年龄与性别。年龄和性别都会对兴趣的形成和发展有很大影响。从年龄上说，不同年龄的人有不同的需要和兴趣，因为不同类型的活动对人的体能、智能的要求不同，人们只会对那些符合自身需要并与自身条件相适应的事物发生兴趣。从性别上说，女性通常对具体的、个人的事物或活动感兴趣，而男性多对抽象的、社会的事务或活动感兴趣。

（3）家庭和环境。不同的家庭和地区有不同的兴趣特点，这些特点对其成员的兴趣形成有一定的影响。如表演艺术家的子女多对艺术表演有兴趣，许多人还“子承父业”；另外，有些地区有传统的文化特色，如武术之乡的民众，相应地会对武术特别感兴趣。

兴趣也与注意密切相关。如果我们对某一事物有兴趣，常常表现为特别注意它，对事物的了解也就越多。有时也表现为某事物引起我们的注意，由此引发了好奇，产生了兴趣。可以说，凡是能引起人们兴趣的事物必然引起人们的注意，但引起人注意的事物，却不一定引起人们的兴趣。

5.5.2 兴趣的特点

1. 兴趣的倾向性

是指人的兴趣所指向的客观事物的具体内容和对象。人们的任何兴趣都是针对一定的事物而发生的，至于人们兴趣的对象是什么却因人而异，差别极大。例如，有些人对音乐艺术有很大的兴趣，有些人对体育活动有浓厚的兴趣；许多女性对逛街购物有极大兴趣，而绝大部分男性却对此没有丝毫兴趣。

2. 兴趣的广阔性

是指人的兴趣所指向的客观对象范围的大小。有些人对什么事都容易产生兴趣，有些人则把自己局限在一个小天地里，很少关注其他事物。人的心理充分发展是与兴趣的广阔性相联系的。历史上许多卓越人物具有令人惊讶的渊博知识，就是因为他们具有广泛的兴趣。但兴趣的广阔性不是说人们对各种兴趣都是同等的，而是在多种兴趣中，有中心兴趣。广阔的兴趣与中心兴趣相结合，对人的实践活动有重要影响。

3. 兴趣的稳定性

是指人的兴趣持续时间的长短。兴趣是个性的重要组成部分，人的个性具有稳定性的特点，因而兴趣也具有稳定性的品质。一个人必须有持久的、稳定的兴趣，才能经过长期的钻研，获得系统而深刻的知识。有的人有多种多样的兴趣，但不能持久，一种兴趣迅速地被另一种兴趣所代替，最终难以有多大的成就。

4. 兴趣的效果性

是指兴趣对人们的实际活动产生的推动力。有些人兴趣的能动性比较强，一旦对某一事物产生兴趣，就会迅速地把兴趣变成行动，产生出一定的效果，而有些人的兴趣却缺乏推动活动的力量，只停留在期望和等待的状态中，不能产生实际的结果。

5.5.3 兴趣与消费者购买行为

兴趣在人的生活中有极大的意义，是人们从事实践活动强有力的动力之一。在购买活动中，兴趣对促进消费者的购买行为有着明显的影响力。主要表现在以下三个方面：

1. 兴趣有助于消费者为未来的购买活动做准备

兴趣是人们积极探究某种事物的认识倾向。所以，人们做某件事的兴趣越浓厚，行动积极性就越高。当消费者积极为购买活动做准备时，他的思想就会活跃起来，注意力也放到与活动有关的事物上来，往往在其生活中会主动收集有关商品的信息资料，到各家商场比较同类商品，从而积累一定的商品知识，为未来的购买活动做好准备。

2. 兴趣能使消费者易于作出购买决定，促进购买行动

消费者在购买感兴趣的商品的实际过程中，由于兴趣所致，一般总是心情愉快、注意力集中，以积极认真的态度去进行。当购买活动受阻时，兴趣还有助于消费者克服困难，排除阻力。加上在选购前，消费者已对该商品有了一定的了解，因而能使消费者缩短决策过程，尽快作出购买决定并加以执行。

3. 兴趣可以刺激消费者对某种商品重复购买或长期使用

消费者一旦对某种商品产生持久的兴趣和信任，就会发展为一种个人偏好。国外许多研究报告指出，兴趣是影响消费者偏爱某种品牌商品的主要因素。如极端偏爱，表示消费者持续购买某一品牌的商品，甚至会千方百计地克服购买困难而不改用其他品牌商品。专家们认为，这种极端偏爱实际上是一种消费习惯，它是兴趣稳定性的极端表现。因此，这种特殊的偏好，往往能促使消费者在长期的生活中习惯地使用某种商品而形成重复性、长期性的购买行为。

【本章小结】

个性作为一个社会范畴，是多学科研究的对象。心理学重点研究的是个性心理方面的内容，即是指人在先天因素的基础上，在社会历史条件的制约影响下通过人的活动而表现出的稳定的心理特征的总和。个性基本上包括两个方面的内容：一是个性心理特征，二是个性倾向性。

消费者的个性心理特征是构成消费者之间行为差异的主要心理基础，它包括能力、气质和性格。营销心理学所研究的能力界定在心理能力范畴。营销者应在对消费者能力结构分析认识的基础上，全面将消费者能力因素导入营销全过程。人的气质类型不能作社会评价意义上的判断，因为它不决定一个人的成就高低，但掌握消费者的气质持征，可有助于营销者更好地理解消费者行为和活动的特点。性格是个性心理特征中最具代表性和最能反映个性差异的成分。营销者应在对消费者性格类型及其特征分析的基础上，有针对性地制定不同的营销策略。

从心理学的角度看，兴趣属于人的个性结构中的个性倾向性。兴趣是推动日常心理活动进行的一种力量。在消费行为中，消费者的兴趣是促使他们进行认识商品、搜集商品信息及购买商品的激发性因素。所以，研究消费者的兴趣是营销心理学的一项重要内容。

【关键术语和概念】

个性　生理素质　个性心理特征　个性倾向性　能力　知识　技能　素质　智力特殊能力　感知辨别能力　分析评价能力　购买决策能力　气质　胆汁质　多血质　黏液质　抑郁质　性格　兴趣

【练习与讨论】

1. 简述消费者能力的形成和培养。
2. 如何在营销活动中导入消费能力因素？
3. 气质理论对营销活动有什么意义？
4. 讨论高级神经活动与气质的对应关系。
5. 性格结构可从哪些方面去分析认识？如何根据性格特征来制定不同的营销策略？
6. 消费者兴趣对购买行为有何影响？

第 6 章　消费者的决策与购买行为

◉本章学习要点

1. 理解购买决策的含义和特点
2. 消费者购买决策的内容和方式
3. 消费者购买决策的过程
4. 消费者的决策原则
5. 理解消费者购买行为的含义和特征
6. 消费者购买行为理论
7. 消费者购买行为模式
8. 消费者购买行为的类型分析

◉本章学习内容

1. 消费者的购买决策
2. 消费者的购买行为

◉个案分析

张太太节约了大半年，省下6 000元，看到朋友手上都戴着钻石戒指，也想买一个美一下，于是上网寻找有关钻石的信息。不看不知道，一看吓一跳，目前市场上钻石品种还真多，“南非钻”、“苏联钻”、“水钻”、“火钻”、“奥地利钻”、“莫桑钻”等，让她搞不清该如何选择，还以为都是钻石，只是产地不同或某些性质有些微变化而已。而且，钻石的品级是由切工（Cut）、颜色（Colour）、净度（Clarity）、克拉重量（Carat）四个方面构成的，简称“4C”分级，在评的过程中还会有所侧重，综合评分第一才算优胜。她又询问了一些朋友的意见，决定还是到大商场的珠宝专柜买比较放心。于是，她挑选了一家信誉好的大商场，进去后在周大福、周生生、六福等知名珠宝专柜进行了比较，听取营业员的专业介绍，最后根据自己的财力，终于选中一款满意的钻戒。

问：试分析张太太购买钻戒的决策过程和购买行为类型。假如顾客有购买珠宝的意向，什么将成为影响她购买的最重要原因？

6.1 消费者的购买决策

6.1.1 消费者购买决策的含义和特点

1. 购买决策的含义

决策，从词义上讲是指从思维到作出决定的过程，或简单地说，就是决定或决断。从一定意义上讲，购买行为的全过程实质上是消费者不断进行决策的过程。消费行为的实质就是通过购买活动及购买结果满足某种未满足的需要。而为实现满足特定需要这一目标指向，消费者作为行为主体，在购买过程中必须进行评价、选择、判断、决定等一系列活动。

所谓消费者购买决策，是指在购买过程中，消费者为实现预定需求目标而进行的搜集信息、寻求解决方案，选择和确定最优方案，进行购买后评价等一系列活动过程。

任何消费者在选购某一种商品时，都会遇到买与不买、买什么牌子、数量多少、何处购买、何时购买、以何价格购买、以何方式付款等问题，这就需要消费者考虑、权衡，作出决定。决策的正确与否对购买行为的发生方式、指向及其效果具有决定性作用。因此，决策是消费者购买活动中的关键环节。

2. 购买决策的特点

消费者决策与其他决策活动相比具有以下特殊性。

（1）决策主体的单一。购买商品是消费者主观需要、意愿的外在体现，直接表现为消费者个别的独立的行为活动。因此，在决策时，一般由消费者个人单独进行，或与直接购买者关系密切的大小群体如家庭、亲友共同进行。

（2）决策范围的有限性。消费者的决策范围并非包罗万象，而是仅仅限制在对所要购买的商品、购买方式及购买地点的选择、决定上。因此，决策内容相对简单，决策范围相对狭小，一般无须借助现代决策技术手段，而主要依靠人脑进行。

（3）影响决策的因素复杂。消费者决策虽然表现为个人的、相对简单的活动，但受到多方面因素的影响和制约。如消费者个人的性格、气质、兴趣、生活习惯与收入水平，所处环境的生活水准、亲人朋友的期望与评价、社会时尚的变化、价值观念的更新，商品本身属性、价格、企业信誉和服务水平、各种促销形式，以及地理、气候条件等，都会对消费决策内容、方式和结果产生影响。

（4）决策内容的情景性。由于影响决策的各种因素不是一成不变的，而是随着时间、环境、地点的变化不断发生变化，因此，消费者的决策具有明显的情景性，其具体内容与方式因影响因素的不同而异。这就需要消费者实际进行购买活动时，必须因时因地制宜，具体情况具体分析，以便作出正确的决策。

6.1.2 消费者购买决策的内容和方式

1. 购买决策的具体内容

（1）购买原因决策。也就是为什么（Why）要购买商品的决策问题。消费者购买商品的原因，反映了消费者的需要和购买动机。购买原因决策，就是要权衡购买动机和原因，以确定购买的目的。

（2）购买目标决策。也就是买什么（What）商品的决策问题。消费者购买某种商品的决策，一方面受该商品自身特性如型号、款式、颜色、包装等因素的影响，另一方面受市场行情、价格、服务等因素的影响，同时还受消费者个人的收入、个性特点等因素的影响。凡是符合消费者意愿的商品便会刺激消费者作出购买该商品的决策。

（3）购买数量决策。也就是买多少（How）商品的决策问题。消费者往往会根据自己的生活方式、购买习惯、使用频率、支付能力以及市场的供求状况，决定一次购买商品的数量。一般来说，使用频繁的日用品，消费者每次购买的数量就比较多。

（4）购买地点决策。也就是决定去什么地方（Where）购买的问题。这是消费者根据自己所掌握的信息对购买地点所作的决策。购买地点的选择取决于两个因素：一是商品经营者的因素，包括居住区与商业网点距离的远近、商店的名誉、经营方式、服务质量，可供选择的商品的品种、数量、价格、信誉等。二是商品本身的特点，如日常生活用品，人们习惯就近购买；选择性较强或贵重消费品，人们喜欢到商业繁华地区和知名的商店去购买；对特殊商品，喜欢到大的特约商店去购买。

（5）购买时间决策。也就是决定什么时候（When）去购买的问题。决定购买的时间一般与消费者需要的紧迫程度、工作性质和生活习惯、空闲时间等有关；也同商品的种类、存货状况、商品本身的季节性以及商品的营业时间等有关。

（6）购买方式决策。也就是决定如何（Which）购买的问题。消费者在购买商品时要先决定采用什么方式，如是亲自去商店购买还是托人购买；是通过电话预约、送货上门的方式还是通过邮购、函购；是使用现金购买还是使用信用卡购买；是一次付清货款还是分期付款等。购买方式的决策，一方面取决于消费者个人的状况，如支付能力等；另一方面也受外界因素的限制，如零售商是否采用分期付款的方式等。消费者在综合这两方面因素的基础上，对具体的购买方式进行决策。

2. 消费者购买决策的主要方式

（1）个人决策。是指消费者个人利用经验和自己所掌握的信息，凭借个人智慧作出的购买决定。人们平日大量的购买行为都是常规性的，如油、盐、酱、醋之类的商品，凭着自己的购买经验，直接就可以作出决策。另外，日常生活中也会经常遇到一些紧迫性的问题，如偶然遇到市场供不应求的商品，需个人立刻决定购买，这样既可以提高购买效率，也不会错过购买机会。

（2）家庭决策。是指重大购买行为，由家庭成员共同商议，凭借集体的经验和智慧作出决定的决策方式。消费者购买商品，往往是以家庭为单位的。日常生活用品通常由个人决策即可，但耐用消费品和重要商品的购买，由于消费支出占家庭消费品的比重大，个人的购买经验一般不能胜任，这样就必须经家庭成员共同商议，凭借集体的经验共同决策。

（3）社会决策。是指消费者在购买决策过程中，通过社会化的渠道搜集信息，进行商议，凭借社会化的经验和智慧作出集体决策。由于个人和家庭对于数以百万计的商品的了解程度是极其有限的，尤其是一些非日常消费品。此外，科技的发展又使商品的性能不断改善，推陈出新。因而，仅靠个人和家庭的经验，也很难作出对购买对象的最终决策。这样就必须通过广告或向销售人员进行咨询以及向其他消费者咨询等方式，汲取经验，借助社会的力量和智慧作出决策。

6.1.3 消费者购买决策过程

消费者的决策是在特定心理机制驱动下按照一定程度发生的心理与行为活动过程。这一过程通常包括若干前后相继的程度或阶段（见图6－1），消费者决策的运行规律蕴涵于这些程序之中。

图6－1　消费者购买决策过程

1. 认识需要

消费者的购买行为，首先从唤起需要开始，认识需要是购买决策的第一阶段。消费者对需要的认知可由内在的原因引起，如肚子饿要吃饭，天气冷了需要购买过冬的衣服等；也可由外部刺激或诱导而感到需要，如看到亲戚、朋友或周围邻居都在装修房子，而感到自己家的房子也应该装修一下；或看到广告上介绍了某一种新产品，很适合自己的需要，从而产生了强烈的购买愿望。内外刺激引起消费者对自身需求的正确认知，而这种认知起着为决策限定范围、明确指向的作用，因而是有效决策的前提。

2. 寻找信息

寻找信息也就是寻找购买目标。消费者为了确定购买目标，会通过各种途径寻找有关商品的信息，以避免决策失误或减少购买风险。消费者信息来源一般有如下途径：①个人来源，是由家庭成员、亲戚、朋友、邻居或同事等提供的信息；②商业来源，即各种广告、展销会、产品说明书、经销商的推荐等；③公众来源，即报纸等新闻媒介的评述、权威鉴定的结论、消费者权益组织的评价等；④经验来源，即消费者个人以前购买使用产品的经验。

这些信息来源对消费者的相对影响程度取决于所要购买的商品类型和购买者的特点及其搜集资料的方式。通常，个人来源对消费者的影响力大，消费者很信赖这种信息来源；而消费者的大部分信息来源于商业来源；公众来源往往对消费者的购买起着很大的影响力；经验来源则是对信息进行评估的可靠依据。

3. 评价选择

消费者在广泛搜集信息的基础上，对所获得的信息进行分析、对比、评价，形成若干购买备选方案，再根据自己的购物标准、收入状况、个性心理、商品供求情况等对各种备选方案进行比较和评价，以选定最能满足自己需求的商品。由于评价选择的标准会因消费者价值观念的不同而异，所以，对同一方案，不同的消费者会作出不同的评价，其取舍的结果也迥然不同。比较评价所用时间也有长有短，一般对于日常生活用品、名牌商品等，消费者在选择时所花时间较短，而对高档耐用消费品选择的时间则较长。

消费者对多种同类商品的比较和评价，实质上是多种同类商品之间的直接较量，是商品争夺消费者的竞争，企业要善于利用一切信息传播媒体，扩大商品和企业的知名度，以促进消费者产生购买行为。

4. 购买决策

在对各种方案进行充分的比较评价之后，便可从中选择最优方案，作为实施方案确定下来。确定最优方案是消费者决策中的实质性环节，是直接决定决策正确与否、质量高低的关键。具体方案一旦确定，消费者就有了明确的购买意向，然而从购买意向到购买决策之间还要受到两种因素的影响：一是其他人的态度，如与他关系密切的人的反对；二是一些意外情况，如消费者收入或商品价格变动较大等不可预料的情况，都可能改变消费者的购买意向，从而放弃购买的打算或重新回到第二阶段，以作出新的决定。

5. 购后评价

在消费者作出购买决策之后，即进入了购买过程和商品的消费过程。消费者购买商品后，往往会通过使用或他人的评判，对其购买决策进行检验，重新考虑购买这种商品是否明智、合算、理想等。这就形成购后的感受，而购买感受将直接影响消费者作出今后是否继续购买的决策。所以，如果已购买的商品不能给消费者以预期的满足，使其产生失望或使用中遇到困难，消费者就会更正他对这个商品的态度，并在今后购买行为中予以否定。不仅他自己不会重复购买，而且还会影响他人购买。如果所购买的商品使消费者的需求得到满足，就能使营销者和消费者之间建立起良好的关系，促进重复购买，并因此招徕更多的顾客。

综上分析可知，消费者购买决策过程的五个阶段是环环相扣、循序进行的。但在实际购买活动中，并不是每一个被认知的需求都能转化为购买行动。事实上，消费者在购买决策过程的任何阶段都有可能放弃购买，造成购买决策过程的提前终止。同时，由于商品的特点、用途及购买方式的不同，决策的难易程度与所需经过的程序也有所不同，并非所有的购买决策都必须经过完整的五个阶段。在某些情况下，只需经过其中的几个过程就可完成决策。所以，企业营销的任务就在于认识每一阶段购买者行为的特点，采取行之有效的措施，引导消费者的购买行为，促成交易，赢得消费者的重复购买和长期使用。

另外，影响消费者决策过程的因素主要有内部因素和外部因素。内部因素包括需要、动机、爱好、消费者的个性以及购买商品的经验等，这些因素我们已在前面两章作了详细的论述。外部因素包括家庭、参照群体、文化等，这些因素我们将在后面章节中详细论述。

6.1.4 消费者的决策原则

如上所述，消费者在决策过程中，总是依据一定的标准对各种可行方案进行比较、选择，从中确定最优方案。而选择标准的拟定又是从一定原则出发的。决策原则贯穿于决策过程的始终，起着指导消费者决策的作用。通常采用的两个最基本的决策原则是“满足原则”和“遗憾原则”。

1. 满足原则

满足原则是指购买行为发生之前或初期，消费者对购买结果所带来的利益和效用的一种预期。它又分为相对满足原则和预期满足原则。

（1）相对满足原则。消费者在安排消费支出、制订购买计划时，目的总是在于获得最大限度的效用和满足。在外界环境因素复杂多变，内在需求冲突较大，货币支付能力有限的情况下，最大限度的效用和满足，将不可能实现。因此，在进行购买决策时，消费者只需作出相对合理的选择，达到相对满意即可。例如，为购置一件沙发，消费者只要经过有限次数的比较选择，买到质量、外观、价格比较满意的沙发，而无须花费大量时间跑遍所有的家具广场，对每一款沙发进行挑选。贯彻相对满足原则的关键是根据所得与所用的比较，合理调查选择标准，使之保持在适应、可行的范围内，以便以较小的代价取得较大的效用。

(2) 预期满足原则。有些消费者在进行购买决策之前，已经预先形成对商品价格、质量、花色、功能等方面的心理期望。为此，消费者在对各种各样方案进行比较选择时，逐一与预先产生的心理期望进行比较，从中选择与预期标准吻合程度最高的作为最终决策方式。运用预期满足原则，可以大大缩小消费者的选择范围，迅速、准确地发现拟选方案，加快决策进程，同时可避免因方案过多而眼花缭乱、举棋不定。

2. 遗憾原则

遗憾原则是指购买决策执行之后的感受。消费者在制定购买决策时，充分估计各种方案可能产生的不良后果，比较其轻重程度，从中选择不良后果最小者作为决策方案，以便使购买后的遗憾减少到最低限度。例如，当消费者因各类减肥茶的价格高低不一而举棋不定时，有人便宁可选择购买价格最低的一种，以便使遗憾减到最低程度。遗憾最小原则的作用在于减少风险损失，缓解消费者因不满意而产生的心理失衡。

把消费者在购买过程中付出的有形支出（货币支付数量）与无形支出（时间与精力的耗费）看成是“成本”，买后的感受看成是“收益”，若成本大于或等于收益，消费者就会感到遗憾，认为所购之物和购买行动本身不值得；若成本小于收益，则会感到满意。在此，遗憾与满意均有程度上的差别。一般规律是，不得不面对遗憾结果，则消费者追求遗憾的最小化；如果是满意的结果，消费者自然追求满足最大化。

消费者在制定购买决策时，会自觉或不自觉地遵循三个基本规则。第一，面临几种必须作出选择的冲突方案，或可供选择的不同方案优劣程度不一时，消费者总是判断可能发生的最坏情况，并让最坏情况的那种机会有最小实现的可能性。第二，若消费者不能判断各种方案的结果或可能出现的情况，则消费者将同等对待各种可能性，而从多个方案中随机选择。第三，对最小遗憾的关心要大于对最大效用或最大满足的追求。为了避免或减少购买风险，实现最小遗憾或最大满足，消费者在购买前要寻找信息，缜密思考与判断，这样，购买后的遗憾便可减至最小。

6.2 消费者的购买行为

6.2.1 消费者购买行为的含义和特征

1. 消费者购买行为的含义

行为是在动机的驱使下所发生的实践活动，它是具体的、现实的、可以观察到的。心理学把行为分解成两项行动：目标导向行动和目标实现行动。前者是寻找能满足需求和欲望的具体物品、具体方式和结果；后者是找到物品和方式之后满足需求和欲望的实践活动过程。

行为实质上是实践主体（即人）在内外环境与条件的影响下，所引起的内在生理和心理变化的外在反映。消费者的购买行为是指消费者为了满足某种需要，在接受外界刺激后形成的购买动机的驱使之下，用货币交换商品的实践活动。消费者的购买行为不仅是消费者对商品的感性认识、理性认识、购买欲望与购买动机的表现，也是消费者在商品交换过程中个性的直接表现。

2. 消费者购买行为的基本特征

在现实生活中，消费者行为是以单独的个体形式体现的。人与人之间都存在差异，要对千姿百态、纷繁复杂的购买行为逐一加以研究，无疑是困难的。因此，需要我们透过现象寻找消费者行为中某些共同的东西，即体现在每一个消费者行为中的基本或共同特征。这些基本特征主要有以下几种：

（1）目标性。人的行为的第一要素就是明确目标。这个目标在行为开始时就已经在观念上存在着。明确目标的过程，就是目标导向行动。从消费者受到刺激开始，消费者行为的购买就已形成，经过一定的心理活动产生动机，然后引发行为，这一切都围绕其目标进行。

目标是可以再细分的。例如，为实现艺术欣赏的目标，某一消费者要购买音响设备。经过资料搜集和综合判断，决定购买组合式高档音响，然后再确定在众多的牌号中，选取哪一种牌号，并决定在哪一类商店购买。目标的细分过程，实际上也是购买目标逐步、逐层次及明确化与具体化的过程。

（2）可控制性。消费者的购买行为的可控制性包括自我控制和间接控制。自我控制是指消费者在购买行为的每一个阶段中，都会自觉或不自觉地调整和修正自己的购买决策，控制自己的购买行为方式和途径，以便能够更合理、更快速地实现预期目标。间接控制则是来自外界，外界的环境因素变化当然会引导、修正和改变消费者的购买行为。

（3）连续性。消费者的每一系列的购买行为往往不能通过一次行动就达到预期目标，必须连续或重复进行，这就构成购买行为的连续性。例如，新婚夫妇以结婚用品为目标的购买行为就具有连续性的特点。这种连续可能是前一次行为的简单重复，但更多的情况是前一次行为的深化。连续性的特点，保证了消费者购买行为功能的持续发展和取得更大功效。

（4）可变性。消费者在实现目标的过程中，由于外界条件的发生、发展、变化以及消费者个人内部因素的变化，包括知识、经验的积累和作用，其行为方式也会发生变化。这种变化是不可避免的。研究消费者行为的目的之一，就是掌握了解消费者行为方式变化的原因和规律，并自觉地适应这种变化，更好地满足消费者的需求。

6.2.2 消费者购买行为理论

自营销心理学问世以来，就一直有众多的学者在研究探讨消费者行为的活动规律，学者们从各种角度提出了一些解释消费者购买行为的理论框架。下面，我们主要介绍习惯养成理论、信息加工理论和风险控制理论三种。

1. 习惯养成理论

习惯养成理论是行为主义学派提出来的。该理论的主要观点包括三个方面：

（1）“刺激——反应”决定购买习惯。消费者对某种商品的购买行为，直接取决于“商品——购买”这一刺激——反应链的巩固程度。也就是说，假如消费者经常购买某种商品，就会形成一种习惯，建立起一种稳固的条件反射，一旦他（她）再次见到这种商品或重新产生对这种商品的需要时，就会自然而然地再去购买它。而且，这种“刺激——反应”的强度越大，条件反射建立得越牢固，带有某种“定向”性质的购买行为就越容易出现。例如，生活在我国南方的消费者以大米为主食，在长期的生活中形成了牢固的习惯，当家中没米了，自然就会出现“大米——购买”的条件反射。

（2）重复形成喜好与兴趣。不论消费者是否了解某商品的有关信息，在某些内外界刺激物如需要、动机、商品的外观、广告等刺激下，只要消费者对该商品进行尝试购买，并在购买和使用的过程中获得满意的体验，那么这种满意必将促使消费者对该商品产生更浓厚的喜好与兴趣。当消费者再次见到该商品或产生了重新购买该商品的消费需求时，就会自然而然地再去购买它，所以，消费者对商品的喜好与兴趣是在重复使用该商品的过程中建立起来的。

（3）强化是形成习惯性购买行为的必要条件。从心理学的角度看，购买行为是一种习惯建立的过程，即新购买行为建立的过程。根据巴甫洛夫条件反射学说，任何新行为的建立和形成都必须使用强化物。而且，只有通过强化物的反复作用，方能使一种新的行为产生、发展、完善和巩固。可见，及时适当地使用强化物，能有效地促进消费者的习惯性购买行为。例如，企业如果能严把产品的质量关，那么消费者购买使用后，就会体验到它可靠的质量和完善的功能，也就会产生肯定和赞赏。当第二次需要时就会再去购买它。第二次购买又导致肯定的体验，结果就会促成第三次，第四次……多次的重复购买，在此，商品的质量就是消费者购买行为的强化物。

习惯养成理论可以用来解释现实生活中的许多购买行为，如人们对日用消费品的购买就其实质而言，确实是一种购买习惯形成的过程。但是，习惯养成理论并不能解释消费者复杂的购买行为。

2. 信息加工理论

信息加工理论是认知学派提出来的，也是近年来在营销心理学中比较流行的一种消费者行为理论。它的核心是把消费行为看成是一个信息处理过程，或者说把购买行为看作信息的输入、编码、加工、储存、提取和使用的过程。消费者对商品信息的处理过程是：当商品信息刺激消费者时，在多种内外因素的共同作用下，经过消费者的知觉选择过滤后，或被接受或被拒受，从而决定是否购买。当信息最初被接收时，只是一种感觉记忆，很快就会自然消退，只有当信息被注意后，才能转入短时记忆，这时，消费者就必须认知信息，了解信息，看信息是否与自己的知识、经验相一致，一致则予以接受，否则就予以拒受。信息一旦被接受，就将转入长时记忆，以备取用。当消费者面对某种商品信息时，长时记忆中储存的信息就会与新接受的信息整合起来，形成对该种商品的态度，从而影响购买决定的作出。所谓可控因素是指生产和销售部门能设法对信息加以控制的因素。例如，通过广告、促销活动等传递有关商品信息的内容时，是突出强调商品的新功能、新特点，还是突出强调商品的价格优势；发布信息所采用的媒体是大众传播媒介，如报纸、电视等，还是针对性强的私人传播媒介，如电话、信函等。不可控制的因素是指接受信息的人，如消费者的个性特点、生活方式、社会经验等。

购买行为的信息加工理论实质上是把消费者看作一个自动化的信息处理器。以为消费者总是理智地评估有关的一切信息，并作出理智的和最满意的购买决定。然而事实上，每个消费者都是一个带有情感性、冲动性、偶然性特征的社会性动物。既然消费者具有许多非理性的特征，那么他们就必然具有信息加工理论无法解释的冲动性或随机性购买行为。所以，信息加工理论只适合对那些制造技术或工艺复杂的且又是第一次购买的行为，或觉察到风险较大的购买行为的说明和解释。

3. 风险控制理论

风险控制理论是社会学派提出来的。这里所谓的风险是指消费者所承受的在购买商品之后可能遭受损失的危险。该理论认为，消费者购物时承受的风险主要有六种类型：①功能风险，即商品使用时有没有广告宣传或消费者预期的那样好；②经济风险，即花费这么多钱购买该商品是否值得；③健康风险，即商品使用时是否会影响自己和他人的安全及身体健康；④社会风险，即购买该商品是否会引起同事、亲人、朋友的非议和责难，造成社会声誉损失；⑤心理风险，即购买该商品是否会损害自我形象；⑥时间风险，即所购买的商品迅速过时而导致的结果。

风险控制理论认为，消费者购买商品时常常面临着各种各样的风险，而个体所体验到的购买风险水平受到许多因素的影响：一是因商品不同风险水平也就不同。例如，汽车的购买风险就大于电脑。二是实体产品与服务产品之间存在着不同的购买风险，一般来说，服务产品的购买风险远大于实体产品。三是消费者所体验到的风险是因人而异的，而且每个消费者的风险承受能力也存在着很大差异，即被消费者觉察到的风险才会影响其购买行为。四是购买风险与商品购买场所有一定的关系。例如，网上购物风险就远大于传统的商店采购。

风险控制理论认为，消费者为了控制由于购买决策所带来的必不可少的购买风险，在作出购买决策时总是试图利用某些“风险控制方法”或“风险减少策略”来尽力控制风险，从而增加自己的决策信心。消费者常用的控制风险的方法有：①尽可能多地搜集商品的有关信息。消费者搜寻信息的途径一般有三种，来自亲朋好友的口传信息，来自营销人员和大众媒体的商品宣传信息，亲身体验。②尽量购买自己熟悉的或者使用效果较满意的商品，或者说重复购买某商品。③通过购买著名的品牌来控制风险。因为名牌商品所内含的质量、功能、价格、社会地位和形象、售后服务等价值标准较高，而相应的购买风险则较低，因此购买名牌商品是回避风险的一种常用方法。④通过从有声威的营销者或者著名的商店购物以控制购买风险。⑤通过购买高价商品来控制购买风险。⑥通过各种方法寻求安全保证以控制购买风险，如消费者可以借助于企业所提供的退货制度，或者通过权威机构的检验，或通过免费试用等方法减少购买风险。

6.2.3 消费者购买行为模式

如果说我们前面讨论的消费者行为理论是从宏观上解释消费者为什么要购买商品，那么，我们现在将要讨论的消费者购买行为模式，则是从中观的角度对消费者实际的购买过程进行形象地说明。

模式是指事物的标准形式。它现在被广泛应用于经济研究的各个领域，目的在于将复杂的经济事物简单化，以便人们分析、把握其内在规律。消费者购买行为模式是指用于表述消费者购买行为过程中全部或局部变量之间因果关系的图式的理论描述。一些西方学者对消费者行为模式进行了深入的研究，并提出了多种不同的模式表达式。下面我们介绍几种最具有代表性的购买行为模式。

1. 科特勒的刺激反应模式

美国著名的市场营销专家菲利普·科特勒认为，消费者购买行为模式一般由三个部分所构成（如图 6－2 所示）。第一部分主要包括企业内部的营销刺激和企业外部的环境刺激，这两类刺激共同作用于消费者本人以期能够引起消费者的注意。第二部分主要包括购买者特征和购买者的决策过程。它们对消费者的购买行为有着很大的影响和中介作用。第三部分是购买者的反应，也就是消费者购买行为的实际外在化的表现，营销人员能够在实际中识别出来。

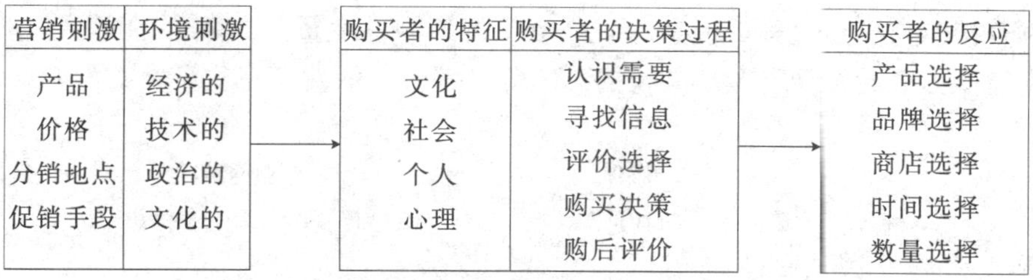

图 6－2　菲利普·科特勒刺激反应的购买行为模式

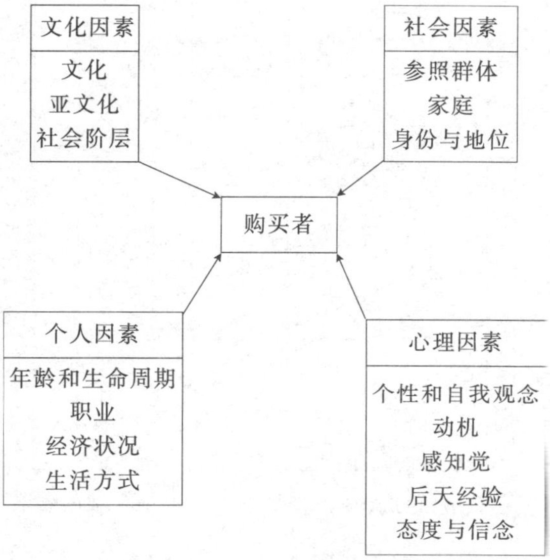

图 6－3　影响购买者行为的主要因素

（资料来源：何永祺，傅汉章．市场学原理．广州：中山大学出版社，1997. 69.）

从图 6－2 和图 6－3 可以看出，科特勒的刺激反应模式表明，刺激作用于消费者，经消费者本人内部过程的加工和中介作用，最后使消费者产生各种外部的、与产品购买有关的行为。因此，该模式易于掌握和应用，但也存在明显的缺陷，如没有对消费者大脑内部所进行的信息加工过程给予必要的说明。

2. 霍华德—谢思模式

霍华德和谢思认为，影响消费者决策程序的主要因素有：输入变量、内在因素（包括知觉过程和学习过程）、输出变量和外因性变量等四种，如图 6－4 所示。模式中的输入变量（刺激因素）包括刺激、象征刺激和社会刺激。刺激是指物品、商标本身产生的刺激；象征性刺激是指由广告媒体、营销人员等传播的语言、文字、图片等产生的刺激；社会刺激是指消费者在同他人交往中产生的刺激，这种刺激一般与提出有关的购买信息相联系，消费者对这些刺激因素有选择地加以接受和反应。模式中的内在因素，知觉过程是完成与购买决策有关的信息处理过程，而学习过程是完成形成概念的过程。知觉过程和学习过程都是在“暗箱”内完成的，经过“暗箱”的心理活动向外部输出变量。模式中的输出变量，也叫结果变量，是指消费者最终所形成的对产品的外部行为，该变量包括三个分变量，一是与消费者对产品的注意和了解相联系的认识反应，二是与评价动机的满足水平相联系的情感反应，三是与是否实施实际购买相联系的行为反应。模式中的外因性变量并没有在图 6－4 中表示出来。

因为它们不直接参与决策过程。但是，一些重要的外因性变量，如购买的必要程度、消费者的个性、支付能力以及社会阶层、文化的影响等，都会对消费者产生极大的影响。

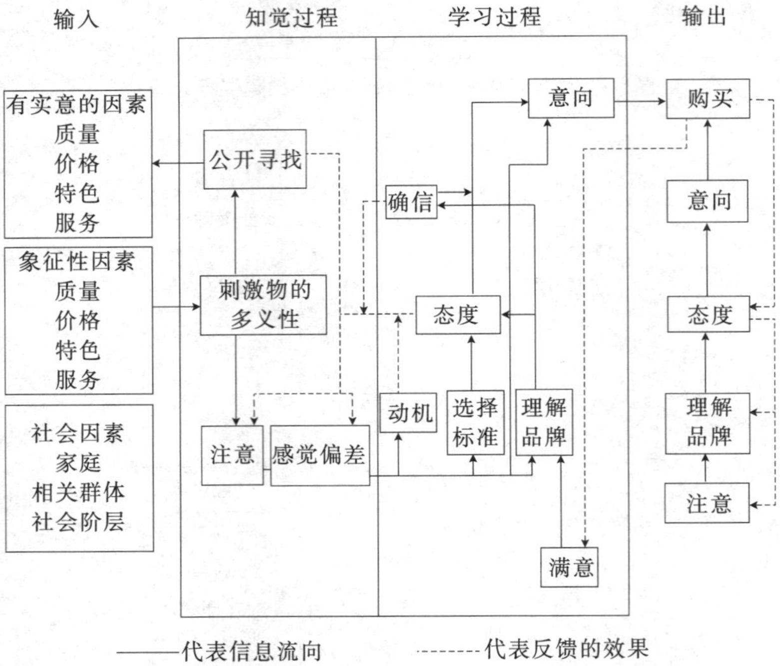

图 6-4　霍华德—谢思购买行为模式简图

（资料来源：徐萍．消费心理学教程．上海：上海财经大学出版社，2001. 128.）

霍华德—谢思模式结构比较严谨，比其他一些购买行为模式更具有实用价值。该模式尤其适用于消费者对各种产品品牌的选择和购买。

3. 恩格尔—科拉特—布莱克威尔模式（EKB 模式）

EKB 模式是以消费者制定购买决策的过程为基础而建立起来的，在这个模式里，消费者心理成为“中央控制器”，外部刺激信息输入“中央控制器”。在“中央控制器”中，输入内容与“插入变量”（态度、经验及个性等）相结合，得出了“中央控制器”的输出结果——购买决定，由此完成了一次消费者购买行为。EKB 模式描述的购买行为如图 6-5 所示：

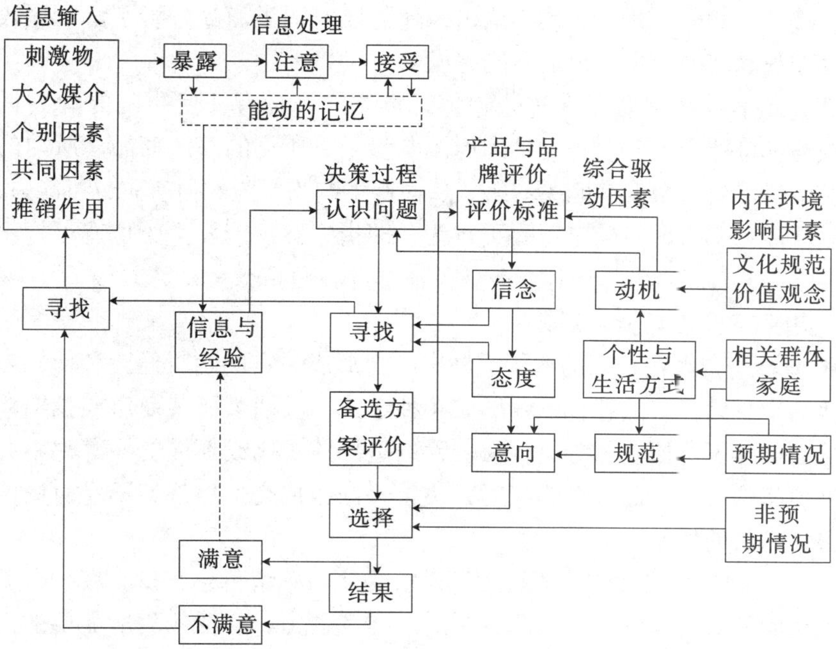

图6－5　恩格尔—科拉特—布莱克威尔（EKB）购买行为模式简图

（资料来源：徐萍．消费心理学教程．上海：上海财经大学出版社，2001. 127.）

具体来说，EKB描述了一次完整的消费者购买行为过程：在外界刺激物和社会压力等有形及无形因素的作用下，某种商品引起消费者的知觉、注意、记忆，并形成信息及经验储存起来，构成消费者对商品的初步认知。在动机、个性及生活方式的参与下，消费者对问题的认识逐渐明朗化，并开始寻找符合自己愿望的购买对象。这种寻找在评价标准、信念、态度及购买意向的支持下，向购买结果迈进。经过产品品牌评价和备选方案评价阶段，消费者在选择评价的基础上作出决策，进而实施购买并得到输出结果，即商品和服务，最后对购买后结果进行体验并得出满意与否的结论，并开始下一次消费活动过程。

EKB模式的优点是详细表述了与购买决策过程有关的一系列变量，它比科特勒的刺激反应模式和霍华德—谢思模式更详细和具体，但又过于繁杂，不易被营销人员所掌握。

6.2.4　消费者购买行为的类型

消费者千姿百态的心理活动影响着实施购买的全过程，产生出各具特色、千差万别的购买行为。我们可按照不同的标准对消费者购买行为进行分类，总结其变化规律，从而为全面认识消费者行为奠定基础。

1. 按消费者购买目标的选定程度划分

（1）确定型。这类消费者在进入销售现场之前，已有非常明确的购买目标，对所要购买商品的种类、品牌、质量、型号、价格等都有明确的要求，一旦商品合意，就毫不犹豫地买下，这一购买行为的整个过程都是在非常明确的购买目标指导下完成的。

（2）半确定型。这类消费者在进入销售现场之前，已有一个大致的购买目标，但具体要求还不甚明确，最后购买决定是经过选择比较而完成的。例如，一位顾客要买电冰箱，但选择什么牌子、型号、式样、功能等均不确定，他需要对同类商品进行了解、比较，实现购买目标需要经过较长时间的考虑、评定才能完成。

（3）不确定型。这类消费者在进入销售现场之前，没有任何明确的购买目标。茶余饭后、散步、顺路都可能步入商店漫无目的地浏览参观，所见的某一商品，所闻的某一信息都可能引发消费者的需要，激发其购买动机，从而产生购买行为。但有时也可能只是浏览一番，不买任何商品就离去。所谓不确定型购买行为，即指它有可能发生，也有可能不发生。究竟是否发生购买行为，与商店内外部环境条件及消费者心理状态有关。

2. 按消费者购买态度与要求划分

（1）习惯型。消费者在长期的购买活动中，会形成一定的购买经验和使用习惯，也会对某些商店或商品十分信任、熟悉，以致形成某种定式，长期惠顾某商店或长期购买使用某品牌的商品，从而产生了习惯性的购买行为。无论是年龄变化或环境变换等都不会改变这类消费者使用该种商品的习惯。而且在购买时，决策果断，成交速度快，不受时尚的影响，购买行为表现出很强的目的性。

（2）理智性。此类消费者的购买行为以理智为主，感情色彩较少。在购买商品之前，往往根据自己的经验和对商品的认知，花较多的时间和精力，广泛收集所需要的商品信息，经过周密的分析和思考后，才慎重地作出购买决定。在购买商品时，主观性较强，不易受他人或广告宣传的影响，挑选商品认真、仔细，很有耐心。

（3）经济型。此类消费者购买商品从经济角度考虑，对商品价格尤为关注，往往以价格高低来评价商品，并以此作为选购标准。他们的购买行为有两种倾向：一是喜欢购买价格低的商品，讲求经济划算，物美价廉。优惠价、处理价、特价的商品对他们有较大吸引力，而对商品的质量、造型则不太强调。二是喜欢购买价格高的商品，以为价格高质量一定会好。因此，他们往往不惜耗资，以满足自己高质量消费的心理需求。

（4）冲动型。此类消费者的个性心理是情绪易冲动，心境变换剧烈。对外界的刺激敏感，心理反应与心理过程的速度也较快。这种个性特征反映到购买行为上往往呈现出冲动式的购买。此类消费者选购商品时，易受外界因素影响，凭直观感觉从速购买，选购商品考虑不周到，买后常常会感到非常懊悔。

（5）感情型。此类消费者情感体验深刻，想象力和联想力特别丰富，审美感觉也比较灵敏。因而在购买行为上偏重于感情因素，也容易受外界因素的影响，对商品的各种象征富于想象与联系，对商品的外观造型、颜色等比较重视，往往以商品是否符合自己的感情需要来确定购买决策。

（6）从众型。此类消费者的购买行为，往往受众多人同一购买趋向的影响，对所要购买的商品不去分析、比较，只要众多人购买，便认为一定不会错，因为人们总是倾向于相信多数人，认为多数人是信息更可靠的来源。并且，团体的行为标准、规则，对人们的行为活动产生重要影响，并为他们提供一定的消费模式，使购买行为趋于一致化。在购买百货日用品、服装、布料等商品中，这种从众心理表现得比较突出。

（7）不定型。此类消费者刚刚开始独立购买商品，缺乏购买经验，购买心理不稳定，在选购商品时大多没有主见，表现出不知所措的言行。他们乐意听取销售人员的介绍，渴望得到别人的帮助。这类消费者容易受销售现场气氛的影响，其购买行为带有较多的随意性。

3. **按消费者在购买现场的情感反应划分**

（1）沉静型。此类消费者在购买活动中沉默寡言，情感不外露，举动不明显，反应缓慢而沉着，购买动机一经确定就不易改变，也很少受外界因素的影响。他们与销售人员接触时，习惯地保持一定距离，从不谈论与商品交易无关的内容，也不喜欢对方开玩笑。

（2）温顺型。此类消费者在购买活动中，往往尊重销售人员的介绍和意见，作出购买决定较快，并对销售人员的服务比较放心，很少亲自重复检查商品的质量。这类消费者对购买商品本身并不过于考虑，而更注重销售人员的服务态度与服务质量。

（3）健谈型。此类消费者善于适应各种环境，有广泛的兴趣爱好，但情感易变。在购买商品时，能很快与人们接近，愿意与销售人员和其他消费者交换意见，并富有幽默感，喜欢开玩笑，有时甚至谈得忘掉选购商品。

（4）反抗型。此类消费者具有高度的情绪敏感性，对外界环境的细小变化都能有所警觉，显得性情怪僻、多愁善感，在购买商品时，主观意志较强，往往不能接受别人的意见和推荐，以怀疑的观点审视周围的一切，对销售人员抱有不信任感。

（5）傲慢型。此类消费者情绪易于激动，有时甚至很暴躁，在言谈、举止和表情中都有狂躁的表现。在购买商品时，他们显得傲气十足，甚至用命令的口气提出要求，对商品质量和销售人员的服务要求极高，稍不如意就与销售人员发生争吵，冲动而不能自制。

上述消费者购买行为的分类，只是一般的、粗略的概括。现实中消费者的购买行为是千差万别的，远非几种简单的类型所能归纳。所以，研究消费者的购买行为必须结合营销活动的现实环境，结合消费者的言谈举止特点以及心理反应进行具体的分析。

专　栏

目前，新生代市场监测机构宣布：在中国消费者细分市场的分群深度研究上取得重大成果——中国消费者被分为14种族群。

理智事业族、经济头脑族、工作成就族，经济时尚族、求实稳健族、消费节省族——积极形态派，占40.41%。

个性表现族、平稳求进族、随社会流族、传统生活族、勤俭生活族——求进务实派，占40.54%。

工作坚实族、平稳小康族、现实生活族——平稳现实派，占19.05%。

【本章小结】

消费者的购买行为是由一系列环节、要素构成的完整过程。在这一过程中，购买决策居于核心地位，消费者的购买决策，就是为了实现购买目标，对购买最佳方案作出决定的过程。消费者随时都有面对产品进行选择的问题，有些决策非常重要且需要付出大量的努力，而另一些决策实际上是在一种自动化的基础上作出的。一个典型的决策过程包括五个步骤，即认识需要→寻找信息→评价选择→购买决策→购后评价。消费者决策的观点各种各样，主要有“满足原则”和“遗憾原则”。

消费者的购买行为是指消费者为了满足某种需要，在接受外界刺激后形成的购买动机的驱使之下，用货币交换商品的实践活动。消费者购买行为的发生和形成是一个非常复杂的过程，学者们从各种角度提出了一些解释消费者购买行为的理论和模式，它能帮助营销者认识消费者的购买行为规律，并根据本企业的特点，向消费者进行适宜的“刺激”，以便开始购买决策，采取购买行动，实现扩大销售的目的。

【关键术语和概念】

决策　购买决策　满足原则　遗憾原则　购买行为　习惯养成理论　风险　模式　消费者购买行为模式

【练习与讨论】

1. 什么是消费者的购买决策？它包括哪几个阶段？

2. 消费者购买行为的特征和类型是什么？

3. 如何评价西方关于消费者购买行为的理论和模式？

4. 找一个打算进行一项重要购买活动的消费者。请他列出其作出决策之前参考的所有信息资源的序列表，并表态是哪一种信息对他的决策起了关键性的影响。

第7章　群体与消费心理

◉本章学习要点

1. 参照群体及类型
2. 参照群体的特点
3. 参照群体对消费心理的影响
4. 家庭对消费活动的影响
5. 夫妻角色与家庭购买决策的关系
6. 独生子女对家庭购买决策的影响
7. 理解社会阶层的含义及划分标准
8. 社会阶层对消费者心理的影响
9. 少年儿童的消费心理特征及营销策略
10. 青年消费者群的心理特征及营销策略
11. 中、老年消费者群的心理特征及营销策略
12. 女性消费者群的心理特征及营销策略

◉本章学习内容

1. 参照群体对消费者心理和行为的影响
2. 家庭对消费者的影响
3. 社会阶层对消费心理的影响
4. 主要消费者群体的心理和行为特征

◉个案分析

在某大型超市，三个五六十岁的女性消费者在购买食用油。她们一开始对调和油感兴趣，售货员就详细地给她们讲解调和油的主要成分、配料及优点，看到她们有些犹豫，售货员于是承诺：买一桶即赠送一瓶900毫升调和油。三位消费者决定购买，售货员将大小桶调和油捆绑在一起。当她捆好3桶后，顾客突然改变了主意，认为纯正花生油更好。于是售货员又从货架上取下3桶鲁花一级压榨花生油，这三位家庭主妇又觉得有点贵，想换经济实惠的花生油，比较来比较去，最终选定金龙鱼牌子。售货员拿了一桶给她们，她们一看生产日期是3月份，就要求买离生产日期近些的。售货员说纯正花生油都是3月生产的，只有调和油有6

月生产的。后来她们自己翻遍货架上所有油桶，终于找到了标有5月生产的金龙鱼纯正花生油，于是对售货员很不满。顾客走后，售货员一边狠狠地撕开已捆绑好的调和油，一边说："买个油都变来变去，这么麻烦，耽误我的生意。"

问：1. 这是日常生活中经常看到的镜头，试从女性购物心理角度加以分析。

2. 商家应如何根据女性消费者的心理和行为特征开展营销活动？

7.1 参照群体对消费者心理和行为的影响

7.1.1 参照群体及其类型

所谓参照群体，是从行为科学中引进的概念，它的含义在不断地改变。参照群体一般是指那些直接或间接影响人的看法和行为的群体。研究者们有三种看法，或者说这一术语有三种外延：①在进行对比时作为参照点的群体；②行动者希望在其中获得或保持承认的群体；③其观点为行动者所接受的群体。而在消费行为的研究中，这一术语又得到扩展，泛指任何影响消费者的态度、价值观念和行为的群体。这样，在参照群体的规模和成员资格上都无限制，从家庭、邻里、朋友、社会阶层直至文化，均可涵盖在内。

关于参照群体的类型，可按多种标准进行划分。

1. 成员群体与相关群体

成员群体是指一个人所属并对其具有直接影响的群体，它又可分为首属群体与次属群体。首属群体是指成员之间经常进行面对面的直接互动的群体；次属群体是指成员之间偶尔或没有面对面直接互动的群体。显然，首属群体对于营销者来说特别重要，因为成员之间的日常对话，很多都同消费行为有关。首属群体可以说是最基础的市场信息的集散地，对于许多消费者来说，家庭是最为重要的首属群体。次属群体通常规模较大，群体对于成员的影响大都通过大众传播、公共关系或消息发布等非私人性的方式来实现，如工会、社会团体等。

相关群体也叫期望群体，是指个人不属于某单位，但期望能成为其中的一分子，因而其态度和行为都受其影响的群体。如某些歌星、影星、球星背后都有大批崇拜者和追随者，他们之间并没有正式交往，但明星的行为会对其产生巨大影响。这一群体对消费者行为产生的主要是间接性影响，它可以使消费者通过追求、模仿和比较，改变自己原有的消费行为，并尽可能与之达成一致。

2. 正式群体与非正式群体

所谓正式群体，是指须以确定的加入程序方可取得成员资格的群体，正式群体的目标和结构，其中成员的角色与地位、权利与义务，都是明确界定的，人们一旦进入正式群体之中，就得遵从群体的准则和期望。又因为正式群体的成员总会在一起消费特定的产品，所以，市场营销者对于正式群体一向很有兴趣，并在针对他们的促销宣传中诉诸强制性的因素，即突出为迎合群体期望而维持成员资格所必须作出的行为动作。

所谓非正式群体，是指那些无正式规定的、自发产生的，成员的地位和角色、权利与义务都不明确，也无固定编制的群体。非正式群体的功能，包括提供社会资源、交流感情与信息、安排休闲消遣等。所以，从市场营销的角度来看，非正式群体比正式群体更为重要，尤其是非正式群体结构松散，为成员们交流有关消费信息和相互影响提供了一种极富诱导性的环境。因为非正式群体的成员经常以消费品为话题，并且他们有关商品和品牌的讨论不带任何功利动机，也无强制性，所以很有说服力。

3. **自觉群体与回避群体**

所谓自觉群体，是指消费者按照年龄、性别、民族、职业等将自己归属于某一群体。这在实际生活中并不存在，只是为了统计或进行市场区分的需要而划分的假设群体，但它对消费者行为有很大影响。消费者个人会有意识地运用这一类群体的特征，约束自己的消费行为，以达到心理上的趋同。

所谓回避群体，是指消费者极力避免归属的群体。它包括两种类型：一是消费者拥有群体成员的资格，但消费者并不同意该群体的价值观和行为标准，从而表现出与群体消费行为的偏离；二是消费者不具有群体成员的资格，但也不同意该群体的行为标准和价值观，消费者所信奉的行为标准和所持的价值观往往与这种群体是完全相反的。回避群体作为消费者的一个参照群体，对消费行为起相反的作用，他们或者出于改变自己身份、地位的需要，或是受对群体的主观认识或社会舆论的影响。总之，他们极力排斥其对自己消费行为的影响，而采取与这一群体成员相异的消费行为。

7.1.2 参照群体的特点

1. **群体成员具有特定的角色和地位**

（1）角色。是指人们期望某种特定身份的个体所具有的行为模式。所有的个体在群体中都扮演着若干不同的角色。例如某女性，既是女儿、母亲、妻子，又是医生。个体角色一部分是由那些个人无法控制的因素形成的，如年龄、性别、种族等；另一部分则是由个体所选定或在个体的成长过程中获得的，如婚姻、文化程度、职业等。由于角色是社会和团体规定了的行为模式，因此，角色在很大程度上是学习得来的。从角色形成过程来看，一个人一旦确立了其主要角色，就形成了自我意识，也就确立了自己的态度与评价，这就会直接或间接影响个人的行为活动方式。当不同角色的行为方式在一个人身上发生矛盾时，就会出现角色冲突，而角色冲突的结果主要取决于哪种角色对其更为重要，影响力更大。

（2）地位。是指个体在群体中所占的位置及受人尊重的程度。地位越高，对他人的影响力越大。对消费行为来说，决定这种影响力的因素包括个体所具有的一般和特殊商品知识、消费方面的经验及自信心、兴趣等。

2. **群体规范**

群体同个体最显著的区别在于群体是作为一个整体在社会中发挥作用。群体要发挥作用，群体规范的确立起了决定性的作用。

群体规范，是指群体内统一的，对其成员有约束力的行为准则，参照群体对其成员有不成文的活动规则或行为标准，这些规则和行为标准，一般不是群体通过组织形式明确规定的，而是群体成员所认可的，或是约定俗成的。群体成员对这些规范的认同程度越强，规范对其约束力也越强，规范决定了群体成员的行为模式。同时，群体也会使用种种奖赏来强化成员对规范的遵从。当然，群体的约束力也有一定的限度，如果约束力超过群体成员的承受力，就会使其行为出现偏离，或向其他群体逃避。

3. **群体内聚力**

是指群体所具有的一种使其成员在群体内部积极活动并拒绝离开群体的吸引力。群体内由于有明确的规范，成员之间相互作用、交流情感，充满友爱的气氛，使群体成员以自己是该群体的成员而自豪，对群体产生强烈的责任感、义务感和自豪感。这样的群体对它的成员有强大的吸引力，其成员离不开群体和群体的其他成员。这种使成员在群体内部积极活动并固守在群体内、拒绝离开群体的吸引力就叫群体的内聚力，它包括群体对成员的吸引力和成员之间的相互吸引。一般来说，群体的内聚力越高，对成员的态度和行为的影响就越大，人们的行为就越有可能趋同。

4. **从众性**

是指群体成员自觉或不自觉地以某种群体规范或多数人的意见为准则，作出社会判断，改变态度的现象。从社会现象来看，一方面，人是多种多样、形形色色的，人们的行为、态度、思想感情和价值观几乎是无限差异的；另一方面，在特定的文化环境中，人的行为与思想又存在着很大的相似性，这种相似性就是由从众引起的。

引起人们产生从众心理的原因有三方面：一是“信息压力”和“规范压力”。信息压力是指人们都是从社会群体中获得信息的，因而，人们会认为掌握一定信息和知识的人会对自己有所帮助，便会不自觉地仿效他们的行为活动。另外，由于多数人在模棱两可的情况下，尤其在缺少参照标准时，容易相信在场的其他成员的意见，从而发生从众行为。群体规范能力表现为，群体喜欢与群体意见一致的个体，而不喜欢偏离者、越轨者，必要时群体会把偏离者排斥在群体之外，这种压力也迫使个体遵从。二是与参照群体的特点有关。首先，群体凝聚力越强，使人遵从的压力就越大，就越容易出现从众行为；其次，多数成员所处的地位越高，迫使他人遵从的压力就越大，也越容易出现从众行为；三是与群体成员的特点有关。自信心强的人，独立性也比较强，对群体的遵从性较小。反之，则遵从性强；而且文化知识越多，判断力越强，从众的可能性就越小，一般来讲，女性比男性的遵从性要强。

7.1.3 参照群体对消费者的影响

1. **参照群体影响消费者购买行为的因素**

参照群体对消费者购买行为的影响在很大程度上取决于以下几个因素：

（1）消费者个人的知识经验。在制约参照群体影响力的所有因素中，消费者所具有的商品信息和经验是一个首要因素。消费者本人如果具有商品或服务的亲身经历，或者如果能够容易地获得相关的商品或服务的全部信息，那么消费者购物时几乎不可能受其他人或者群体的影响，与此相反，消费者将去主动寻求参照群体的支持，以减少购买风险。

（2）参照群体本身所具有的可靠性、吸引力和实力。该因素是影响消费者购买行为的一个重要因素，如果消费者急于想获得某种商品的有关信息，而参照群体的信誉和实力也是值得信赖的，那么消费者将会接受该群体的劝告和建议。如果消费者很想被自己向往的、将给自己带来某些好处的群体所接受或认可，那么他就会主动采用该群体所使用的商品或服务，同时在其他行为方面尽力与该群体保持一致。

（3）商品本身的特点。商品所具有的显著性特点也会对参照群体所引起作用产生影响。一般来说，商品如果在视觉上具有显著性特点（因为形状或色彩等使商品容易被他人注意到），或者言语上具有显著性特点（口头上容易进行生动有趣的描述），那么由消费者依赖或向往的参照群体推荐这种商品，将会对消费者的购买决策等产生较大的影响。

2. **参照群体对消费者心理的影响**

（1）参照群体为消费者展示了各种新的行为和可供选择的消费方式。社会生活是丰富多彩、变化多样的，处于不同群体中的人们的行为活动会有很大差别。例如，白领人员的生活消费表现为高层次、多样化，对购买新产品、名牌商品的态度坚定；文教科研人员购买商品的自主性很强，受社会流行与时尚因素影响较少，且求美动机较强烈；而画家、影视演员、歌星等，由于职业的影响，购买商品追求名牌、新颖、美观、多功能。这些不同的消费行为通过各种形式传播给消费者，为其提供模仿的榜样。特别是对于缺乏消费经验与购买能力的人来说更是如此。参照群体无论是成员群体或相关群体都是其参考的直接依据。所以，消费者对群体的依赖程度往往会超过其对商业环境的依赖程度。

（2）参照群体可引起消费者的仿效欲望，从而影响他们对商品的购买与消费态度。个体仿照一定的榜样作出类似的行为、动作的过程就叫模仿，模仿是一种普遍的社会心理现象。从实质上看，模仿是学习的一种形式，人们在成长过程中，就是要不断地模仿、学习，以适应社会。一般情况下，如果被模仿者有较高的权威和影响力，模仿者就越会亦步亦趋、完全仿效，模仿的行为也越具有普遍性。在消费者的购买活动中，消费者对商品好坏的评价往往是相对的，当没有具体的模仿模式时，就不能充分肯定自己对商品的态度。但当某些参照群体为其提供具体的消费模式，而消费者又愿意接受和欣赏时，其就会激起强烈的仿效欲望，进而形成对商品的肯定态度。

（3）参照群体能使消费者的购买行为趋于一致。消费者对商品的认识、评价往往会受群体中其他人的影响，因为参照群体会使人形成一种团体压力，使群体内的个人自觉或不自觉地选择与群体内其他人相一致的品牌和商品，以使自己符合团体规范。

7.2 家庭对消费者的影响

家庭是人们共同生活的基本单位，是一个人最基本的首属群体，它对个人的影响是广泛的、直接的、深刻的和长期的。家庭是个人社会化过程中的关键因素之一，家庭的环境条件、父母的文化背景、经济条件、社会地位、教育方式、家庭成员的状况等，都会在一定程度上影响着人们的观念与行为方式。在消费领域中，家庭是影响人们消费行为最主要的参照群体，也是绝大多数工商企业面对的主要目标市场。

7.2.1 家庭的概念及类型

家庭是指以婚姻、血缘和有继承关系的成员为基础组成的一种社会生活组织形式。它是组成社会的细胞，是社会生活的基本单位，由于数千年传统文化的影响，家庭是进行绝大多数消费行为的基本单位。

家庭中的基本成员由父母、夫妻、儿女构成。没有血缘关系的养子女、亲戚、朋友，只要共同生活、共同起居，也属家庭的范畴。家庭成员结构状况，影响着消费需求的重点、消费动机的类型、消费能力的大小。在营销心理研究中，通常将家庭划分为四种结构类型：

1. 配偶家庭

配偶家庭是指仅有夫妇双方而没有子女的家庭，这是最简单的家庭形式。它有两种情况：一是未育家庭，即未生育子女的家庭；二是空巢家庭，即子女长大成人已自立门户的家庭。

2. 核心家庭

核心家庭是指由夫妇与孩子组成的家庭。这类家庭目前在我国城市，特别是大中城市，正成为家庭的主流形式。

3. 复合家庭

复合家庭是指由三代或三代以上的家庭成员构成的大家庭，“上有老，下有小”是其结构的基本特征。这类家庭在我国农村较为多见。

4. 单亲家庭

单亲家庭是指仅有夫妇一方与未成年孩子组成的家庭。由于离婚率的提高，这类家庭在我国的数量正在逐年增加。

随着社会的发展，家庭处于发展演变的过程中，当代中国家庭在其规模、经济生活、文化水平等方面都发生深刻变化。家庭的结构形式由封闭型大家庭向开放型小家庭逐步转化，传统的家长制家庭已逐步被民主制家庭所代替。

7.2.2 家庭对消费活动的影响

作为消费的基本单位，家庭在消费活动中的作用是十分重要的，主要表现在：

1. 家庭是大部分商品的主要销售目标

这主要是因为人们的收入一般是以家庭为中心相对统一支配的，家庭成员共同生活在一个居住环境中，日用品的购买是以整个家庭的消费为单位的；而那些电冰箱、彩电，甚至小汽车等高档耐用消费品的购买，几乎还没有脱离以家庭为中心的购买方式，所以，家庭是许多生活消费品的销售目标。

2. 家庭决定了其成员的消费行为方式

这主要是因为个体从幼儿时期开始的社会化过程，首先是通过向家庭中年长成员的模仿和学习开始的。从消费活动来看，父母和长辈的消费习惯和消费方式经常、不断地影响着子女和晚辈，使他们在耳濡目染中潜移默化，逐渐形成了与父母和长辈相似的消费行为和习惯。例如，子女们经常模仿他们的父母和兄长们的喜好、穿戴以至举止言行，并逐步形成相似的消费习惯。

3. 家庭的消费价值观影响其成员的价值观

家庭的消费价值观是一个家庭在长期生活中逐步形成的稳定的消费态度体系和价值标准，主要表现在其对消费行为的价值和意义的认识上，例如，对于购买什么样的商品“值得”，购买什么样的商品“不值得”；在购买某种商品时花多少代价“值得”，花多少代价“不值得”；对于有限的资金怎样分配使用才“合理”，怎样分配和使用“不合理”；是追求豪华、奢侈的生活方式，还是追求节俭、精打细算的生活方式等，都会对家庭成员产生直接的难以抗拒的影响，在他们的记忆中留下痕迹。久而久之，便会为他们所接受并付诸实践，从而形成他们的价值观，当然，这种影响也不是绝对的。因为子女除受父母影响外，还要受社会环境的影响，自我发展及社会的变化往往还会使父母对子女的影响逐渐淡化。

7.2.3 家庭生命周期与消费心理

家庭的生命周期是指一个家庭从建立、发展到解体的整个过程。一般家庭的生命周期分为五个阶段，即初婚期、生育期、满巢期、空巢期和鳏寡期。这五个阶段并不完全按照从初婚期到鳏寡期的顺序严格进行排序，但对于家庭生命周期中的每一个发展阶段来说，都存在许多共同的又十分明显的消费行为特点。

1. **初婚期**

初婚期是指从新婚至生育第一个孩子这一时期，这个时期又称蜜月期，这段时间一般为两年左右，但也有延长到好几年的。我国的初婚期的消费特点是：以理想化、个性化的消费心理倾向为主，消费支出额大，消费水平很高，建设家庭的消费购买继续进行，如服装、家具、装饰品、耐用消费品等。购买商品讲究时髦与流行，并要求商品寓意良好，能表达情感等。处于这一时期的消费者往往是冲动型居多，再加上缺乏治家和理财的经验，其购买行为的波动性、随机性较大。

2. **生育期**

生育期是指生育第一个孩子至生育最后一个孩子这一时期，即从新婚夫妇甜蜜的二人世界到以宝贝子女为家庭重心的阶段。对于只生一个孩子的大多数家庭来说，小孩上学前都属于生育期阶段。当夫妻有了一个小孩后，生活方式就有了明显的变化，许多家庭开始觉得经济上有点压力。我国生育期的消费特点是：具有消费需求转移倾向，在家庭消费支出比重中，子女支出占主要地位。所消费的商品主要包括幼小子女的生活和教育需要，如儿童用品、玩具、托儿服务、保姆服务、钢琴、绘画用具、户外娱乐等。

3. **满巢期**

满巢期是指从子女陆续长大成人，到他们陆续结婚和父母分居的这一时期，我国满巢期的消费特点是：具有实用主义的消费心理倾向、克己、储蓄心理较明显，家庭消费支出比较有计划、有规律，其购买行为也有丰富的经验，不轻易受外界因素的影响。这时期家庭消费需要明显增大，家庭的各种耐用消费品已进入更新换代的时期，家庭开支主要有子女教育支出、娱乐、文体支出、置换家具、装修房屋、文化娱乐活动、出外旅游等。

4. **空巢期**

空巢期是指子女独立，仅剩年长父母的家庭时期，此时家庭又恢复了夫妻二人制的结构。在空巢期内，家庭总收入增加，人均消费达到很高的水平，而父母的收入支出主要用于以下几个方面：一是子女建设新家庭时所需的部分支出；二是用于第三代的各项消费；三是用于家庭的储蓄，以应付意外灾祸和养老；四是用于自身消费。空巢期的消费行为特点更加明显，收入水平高的家庭具有十分明显的享乐主义的消费心理倾向，包括家具用品的更新、奢侈品的选购、保健品的需要、出外旅游等。

5. **鳏寡期**

鳏寡期是指丧偶，仅剩单身老人的家庭时期。夫妻双方的一方死亡后，另一方的生活方式会发生较大的变化，这一时期进入维持性消费阶段，消费面窄，且观念保守，对穿用以及其他奢侈品的需求明显减少，需求主要体现在对食品、药品、医疗保健用品、劳务以及能够给人带来各种舒适与方便的商品上，其购买行为也在逐渐减少。

家庭生命周期不仅由不同需要的阶段连接而成，且每一个家庭生命周期完成的过程中，都孕育着另一个家庭生命周期的开始，处于不同家庭生命周期阶段的几个家庭，相互联系、交叠在一起，形成了此起彼伏的家庭生命周期运动，一个家庭消亡了，新的家庭又产生了，由此推动家庭向前发展，并不间断地、持久地影响消费。

近年来，家庭结构类型出现了一些新情况：晚婚晚育，独生子女率和离婚率上升，生育率下降，平均寿命延长等，针对当今的新情况，美国学者墨菲和斯特普斯提出了“现代化的家庭生命周期”，如图 7－1 所示：

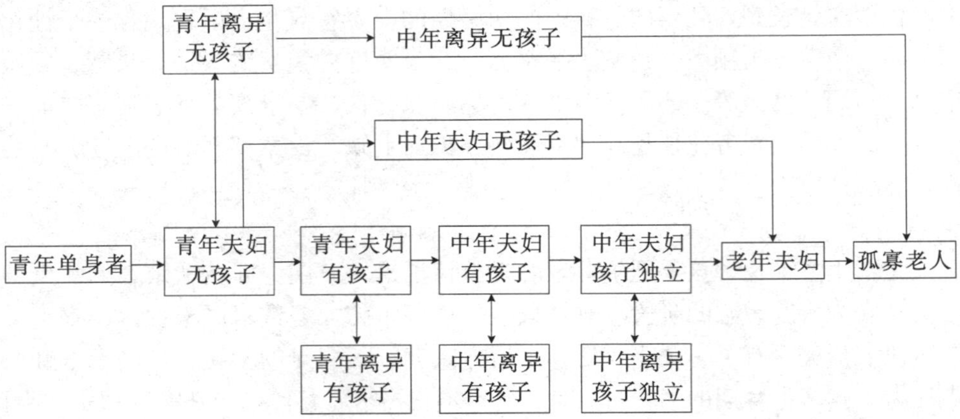

图 7－1　现代化的家庭生命周期

（资料来源：王金清．营销心理学．大连：东北财经大学出版社，2000. 161.）

7. 2. 4　家庭角色对消费者心理的影响

1. 一般理论上的家庭角色划分

消费者的购买活动一般是以家庭为单位的，但是购买的决策者通常不是家庭这个集体，而是家庭中的某一个成员或某几个成员。在一般家庭作出购买决策的过程中，我们通常可以发现家庭成员所扮演的角色有以下五种类型：

（1）提议者。最初提议或想要购买某种商品的人。

（2）影响者。提供商品信息和购买建议，促成最后购买决策实施的人。

（3）决策者。单独或家人协商作出购买决策的人。

（4）购买者。到商店实际购买商品的人。

（5）使用者。使用或消费所购商品的人。

这种角色分工是典型理论意义上的划分，它对于分析家庭消费行为与心理有重要作用。但在实际生活中，某一家庭成员既可能是某一角色的扮演者，也可能是两个、三个甚至全部角色的扮演者。

例如，一个家庭要购买一台电脑，首先提出建议的可能是孩子；家庭其他成员，或者同学、朋友等是影响者；最终购买决策可能由父母共同商量作出；实际购买者可能由父亲和孩子承担，而实际经常使用的可能是全家。对家庭中所有成员来说，每个成员担任哪种角色，则要根据家庭的不同和他们所买商品的不同而变化。有时，一个家庭成员会担任好几个角色，而有的时候，一个角色会由两个或更多的家庭成员来担任。

2. 夫妻角色与家庭购买决策

在一般的家庭中，丈夫、妻子是商品购买的主要决策者，同一家庭中，夫妻各自在商品购买决策中的影响作用是有很大差别的。研究不同家庭夫妻在决策中的角色与地位，对企业制定相应的营销策略是非常有益的。一系列研究表明，家庭购买决策的模式可以划分为以下四种类型：一是丈夫支配型，即家庭主要商品的购买决策是由丈夫决定的；二是妻子支配型，即家庭主要商品的购买决策是由妻子决定的；三是共同决定型，即购买决策由夫妻双方或家庭其他成员共同协商决定；四是自主决定型，即家庭中的每一个成员都有权相对独立地作出有关商品的购买决策。

上述四种家庭购买决策类型在实际生活中，经常会随着一些因素而发生变化。这些因素包括：

（1）家庭分工。家庭成员处理家务的分工越具体，每个家庭成员对自己负责的那部分家务所涉及的商品购买决策权越大，处于决策者角色的机会就越多。这种由于家庭分工决定的家庭角色对各个成员的心理影响亦不同。

（2）所购商品的种类。家庭成员对购买决策影响的大小随购买商品的不同而发生变化。在购买一些对家庭非常重要的商品时，如房子、汽车等，家庭成员共同作出购买决策的可能性就越大；在购买大件耐用消费品时，丈夫的发言权多一些；而在购买服装、床上用品时，妻子的影响往往比丈夫大得多。这种影响还涉及对品牌的选择，有的商品是夫妻共同决定购买，而丈夫决定买哪个牌子。

（3）掌握商品信息的多少。在其他条件相同的情况下，掌握所购商品的信息量多少，决定了家庭某个成员在商品购买中，是承担提议者角色，还是影响者角色，抑或是决策者角色等。一般对所购商品有较多知识，掌握大量信息的家庭成员，充当决策者角色机会多，反之，则充当其他角色的机会多。

（4）家庭成员的个性心理特征。每个家庭成员的个性心理特征是不同的。有的人独立性差，少有主见，习惯依赖他人；有的人独立性强，善于当机立断；有的人沉着冷静，决策过程较长；有的人情绪易于冲动，决策过程较短；有的人消费技能高，有的人消费技能低等，影响了家庭成员之间角色的变化。

在作出购买决策的过程中，家庭成员之间有时会产生意见和分歧。因此，不论是丈夫还是妻子或者是孩子都想通过一定的方式影响对方，以便作出从自己的立场来看是最好的决策。通常家庭成员在解决决策冲突时会采用如下方法：情感式，即一方利用感情手段打动家庭其他成员，使之同意自己的建议；奖励式，即一方利用奖酬的方法影响或说服家庭其他成员同意自己的建议；强迫式，即一方利用自己的某种优越性或实力强迫家庭其他成员同意自己的建议；专家式，即一方利用自己掌握的大量信息和经验说服家庭其他成员同意自己的建议；合法式，即一方利用自己在某项家务劳动中所占据的主导地位说服家庭其他成员同意自己的建议。

3. 独生子女对家庭购买决策的影响

在我国，由于实行计划生育，提倡一对夫妇只生一个孩子，父母把越来越多的精力和经济力量花在孩子身上。对于独生子女，父母对孩子的要求更是尽量予以满足，孩子跟着大人一起去买东西的机会大大地增多了。因此，孩子的影响力不容忽视，而且其影响力还有扩大的趋势。孩子对家庭购买决策影响的大小往往由以下因素决定：

（1）孩子的年龄。婴儿虽然不可能直接提出购买要求，但他们的生活需要（衣、食、用品）已开始影响家庭的购买决策。随着孩子年龄的变化，他们提出的购买要求和父母对这种要求的反应也在发生变化。儿童时期，孩子们很喜欢向父母提出买这买那的要求，而大多数的父母对孩子的要求是有选择地满足，很少有求必应。少年期，孩子们提出的购买要求逐渐合理化了，但次数逐渐减少，而父母满足孩子要求的次数却增加了。这说明年龄的增长和思维能力的增强，使孩子们更加会鉴别和选择商品，父母也更愿意满足孩子们的要求。到了青春期，孩子们对商品的认识在某些方面渐渐赶上甚至超过父母，他们对于购买商品的看法和意见，会在家庭中具有越来越受重视的地位。

（2）孩子在家中的地位。孩子在家庭里受重视的程度往往与他们在购买中的影响大小有密切关系。因为我国的独生子女越来越多，孩子在家庭中受重视的程度越来越高。随着孩子的长大，知识增长和经济上的独立都会提高他们在家庭中的地位。在许多情况下，父母们乐意倾听孩子的意见，即使是购买那些与孩子无关的商品也想听听孩子的看法，这时，孩子不仅参与作出购买决策，甚至会逐渐成为家庭购买的主要决策者。

（3）所购商品与孩子的关系。孩子对家庭购买决策影响的大小还与所购买的商品有关。一般来讲，凡给孩子买的东西往往受孩子本人的影响较大。随着孩子们对商品知识和购买经验的积累，在购买一些他们熟悉的商品时，他们会取代父母成为家庭购买决策人。

总之，家庭内部成员角色不同，消费心理也不同，角色的变化影响了消费心理的变化，进而影响到整个消费过程。工商企业只有在了解家庭消费心理与行为活动规律的基础上，才能生产和销售产销对路的产品。

7.3 社会阶层对消费心理的影响

营销心理学的研究表明，消费者的消费模式与其所属的社会阶层之间存在着极大的相关性。换句话说，消费者所属的社会阶层消费者的消费行为具有直接的制约作用。因此，市场营销人员必须了解社会阶层对消费行为的影响及其规律。

7.3.1 社会阶层的概念及其划分标准

所谓社会阶层是指所有社会成员按照一定的等级标准，被划分为许多相互区别的、地位从低到高的社会集团。其中每个社会集团中的所有社会成员之间的态度、消费行为模式和价值观等都具有许多相似性，而不同社会集团中的社会成员之间在这些方面却存在着很大的差异性。

一般来说，社会科学中常用“财富”（或者经济收入）、“权力”（个人选择或影响他人的能力）和“声望”（被他人认可或赞同的程度）这三个维度来划分社会阶层，当进行消费行为研究时，营销心理学中常用下列三个变量来划分社会阶层：职业地位、家庭经济收入、受教育水平。

职业是社会阶层划分中普遍使用的一个变量，也是得到最为完善的研究的变量之一，在许多国家都有关于职业排行榜的资料，即关于不同职业的评分。其实，在日常生活中我们也常用线索来评价一个人的地位和背景。一般来说，在职业排行榜上位置越高，收入也越多；但也有不少例外，因为职业评分中还涉及诸如受教育程度等因素。所以，仅凭职业来划分社会阶层，往往不大充分，且由此也不能很好地预测购买力。

在20世纪初期，收入几乎是社会阶层的唯一指示器，但是，随着经济的发展，人们的收入普遍提高，在许多地方收入差距日渐缩小，再加上其他因素，依据收入就很难来预测消费模式了。

在发达国家，职业类型和收入高低，与所受教育的程度密切相关；在我国由于脑体倒挂现象过去普遍存在，教育水平与收入水平之相关程度不是很高，但随着技术的复杂化和职业的专门化，这种状况势必有所改变，受过高等教育的阶层定会异军突起。从我国市场营销角度看，他们不仅将改变市场中的各种活动本身，而且也改变了他们在市场中的地位。所以，他们在消费中的作用绝对不能低估，也就是说，教育应成为我们划分消费者在社会阶层中的一个关键变量。

一定社会阶层的成员基本上都把同阶层的其他人视作他们的平等人，当与这些人共同参加社会活动时，不会感到那些人与他们的地位是不相称的。同时，他们把较高一层社会阶层的人看作较重要的人物，生活在他们一般达不到的圈子里；而较低一层社会阶层的人则是社会地位较低的，他们与这些人在一起参加活动的兴趣不大。社会阶层的等级性质特征对营销者是重要的。一些购买者之所以消费某种商品或服务，可能是因为这些产品或服务被同阶层或更高阶层消费者所看重，反之，则是因为他们认为那些是属于低一阶层的。

7.3.2 社会阶层的划分

社会阶层是许多社会消费市场细分的重要指标，同一阶层的人们具有相同或相似的消费态度和价值观，他们的行为方式也趋同。

1. 国外的社会阶层划分

美国学者将美国人划分为六个阶层，如表 7－1 所示：

表 7－1 美国社会阶层的划分

社会阶层	成员资格	百分比
上上层	连续三四代富有、地方名门望族、贵族、商人、金融家或高级专业人员财产继承	1.5
上下层	新近升入上层社会者、暴发户、未被上上层社会接纳的高级行政官员、大型企业创始人、医生、律师	1.5
中上层	有中等成就的专业人员、中型企业主、中等行政人员。有地位意识，以子女及家庭为中心	10
中下层	普通人社会的上层，非管理者身份的职员、小企业主以及蓝领家庭，这些人被描述为努力向上，有一定的社会地位、保守	33
下上层	普通劳动阶级、半熟练工人，收入常常不亚于上两个阶层，热爱生活，每天都过得很愉快	38
下下层	非熟练工人、失业者以及未归化的外来民族，有宿命思想，处世麻木冷淡	16
总计		100

2. 中国的社会阶层划分

我国的一些经济学家根据目前城镇家庭收入的差距，将我国的城镇居民家庭划分为富有、富裕、小康、温饱、贫困五种阶层。

（1）富有阶层。这类家庭年收入在 100 万元人民币以上，这种类型的人为数较少，但因为拥有巨额财富，其消费能力十分可观，是高档消费品和豪华汽车、别墅的主要消费者。这一阶层主要有民营企业家、合资企业老板、著名演员、体育明星、名画家、名律师、名作家、部分股份制企业负责人、部分承包租赁者和包工头、证券交易获高利者等。

（2）富裕阶层。这类家庭年收入在50万元人民币左右，这种类型的人为数也不多，他们一般拥有高级汽车、高级住宅，因为经济收入相当丰厚，其消费能力也很强，这一阶层主要有外资企业和合资企业的中方高级管理人员、高级专家、个体企业主、律师、高级厨师等。

（3）小康阶层。这类家庭年收入在10万元人民币左右，这种类型的人数相当多，他们一般具有较高的工资收入，主要是公司的中高级职员、公务员、部分收入较高的教师、技术人员、部分效益较好的单位职工、沿海地区富裕的农民等。

（4）温饱阶层。这类家庭年收入在1万~3万元人民币。这种类型的人数相当庞大，主要由企业单位的普通职工构成，包括一般技术工人、职员、服务员、营业员等，还包括一些经济条件较好的农民。

（5）贫困阶层。这类家庭年收入在5 000元人民币以下，主要是指从国有企业下了岗、尚未重新就业的各类工人，部分退休职工以及尚未脱贫致富的农民。这个阶层的人由于经济收入十分低，只能够购买最基本的生活必需品。

7.3.3 社会阶层对消费者心理的影响

社会阶层是具有相对同质性和持久性的群体，它们是按等级排列的。每一阶层成员具有类似的价值观、兴趣爱好和行为方式，社会阶层对人们的消费心理、消费形态的影响，主要表现在以下几个方面：

1. 同一阶层消费心理的相似性

（1）富有阶层。此阶层的消费者有一种永不满足的心理，过分追求商品的象征性和自我地位性，价格心理与实惠心理淡薄，求新、求特心理突出，不再有大众那种通常能感受到的消费冲动和消费满足感。高档消费已在他们生活中常规化、随意化，其消费心理倾向几乎已移出了“物质消费”领域，其主要消费行为特点是：①奢侈享受型消费，如高档别墅、汽车、高档时装等；②炫耀显示型消费，如偏重名牌商品、住豪华星级饭店、玩高尔夫球等；③投资储蓄型消费，如房地产、股票、文物古董、名贵珠宝等。

（2）富裕阶层。此阶层的消费者由于已完全具备良好的生活条件，因而追求消费个性化已成为明确的消费主题。前卫的消费观念，高档名牌的消费目标，使他们跻身于新潮消费的前列。其主要消费行为特点是：①象征标志型消费，注重商品的名牌，用以突出自己的身份和地位；②高雅舒适型消费，讲究吃得精细、穿得时尚，偏爱高品位的商品。

（3）小康阶层。此阶层的消费者一般讲究体面，消费者之间彼此影响较大，趋同心理和看齐心理突出。由于经济不再拮据，他们开始按照自己的心理倾向扩展消费领域，增加消费项目，开始具有投资意识，将结余购买力投向教育、证券等方面。其主要消费行为特点是：①品牌型消费和个性化消费，看重生活的质量，强调商品的品质和独特风格，信任名牌商品和进口商品，有较强的品牌意识和个性需要；②简单快捷型消费，注重省时和高效的商品，偏爱科技含量高的商品，购买时也常考虑方便、省事、快捷。

（4）温饱阶层。此阶层的消费者存在着一种立即获得感与立即满足感的消费心理。他们谨慎地扩展消费项目，但由于经济并不宽裕而且有强烈的忧患意识，支持子女教育、储蓄为其主要消费心理倾向，其主要消费行为特点是：①经济实惠型消费，较注重对日常生活物品的消费；②对价格很敏感，追求物美价廉的商品，强调经久耐用，购物时精挑细选，比较再三；③对质量稳定的老字号商品、老牌子有较强的忠诚感，不盲目追求时尚或名牌。

（5）贫困阶层。此阶层的消费者几乎要将全部收入用来维持基本生活，因而无法产生独立、清晰的消费意识，只是被生理需求牵着走。求实、求廉是其主导性消费动机。其消费行为特点是：勉强度日型消费；主要购买日常生活必需品；留心廉价低档商品，如折价处理品等。

2. 不同阶层消费心理的差异性

不同阶层的成员，由于其收入水平、教育程度、职业等方面存在着明显的差异，因此，其消费心理和行为自然会有较大的不同，主要表现在以下几个方面：

（1）消费观念不同。维持和延续生命动机、发展动机、求实和求廉动机、求新和求美动机、求名动机等均属于不同阶层的消费者。

（2）购买的地点不同。每个社会阶层都有各自认为最合适的购物地点，换句话说，社会阶层是一个影响消费者购物地点选择的主要因素。营销心理学的研究表明，消费者倾向于避免到与自己的社会自我意向或者社会阶层不相符合的商店去购物。高阶层消费者一般到一级商业区的名店购物，而低阶层消费者一般喜欢到廉价的地摊、批发市场购物。

（3）获取和传播信息的渠道不同。一般来说，低阶层消费者习惯于口碑式人际传播，而高阶层消费者爱从专业性刊物上或其他大众传播媒介获取信息。

除上述影响外，还可能在认知方式、评判原则、心理感受等方面形成较大差异，在此不再赘述。

应当指出的是：首先，在同一社会阶层内仍存在着消费水平的高低之分。就经济而言，他们无疑属于同一阶层，但是他们的购买行为，他们的偏好，他们的消费与储蓄方式，可能具有差异性。当然，同一阶层内的消费行为的差异性，比起来自两个不同社会阶层的人的行为，可能是微不足道的。其次，现代社会具有明显的大众社会的特征，是大众消费流行的社会，是信息传播大众化的社会。从社会心理的特征来看，具有明显的同质性特征。同质性的社会又带来社会大众从众性、攀比性特征。这种社会机制，决定了在不同的社会阶层之间，其消费行为在某些方面会有某些共性，但这种共性不具有普遍性。

7.4 主要消费者群体的心理和行为特征

消费者群体是指由具有某种共同特征的若干消费者组成的集合体。凡是具有同一特征的消费者，都具有相同或相近的消费心理特征，年龄和性别是两个常用来划分消费者群体的依据。下面按此依据划分出少年儿童消费者群、青年消费者群、中年消费者群、老年消费者群、女性消费者群，并分别对他们的消费心理特征进行分析。

7.4.1 少年儿童消费者的心理特征

在营销心理学的研究中，少年儿童通常是指15岁以下的人。根据1999年公布的人口统计数字，在我国有近3亿少年儿童，约占总人口的23%，其中独生子女占相当高的比例，他们在家庭中的地位突出，这就使得少年儿童消费市场不仅极富魅力，而且也形成了自身特有的规律和消费模式。

1. 少年儿童的心理发展及其消费心理特征

根据年龄和心理特征，我们把0～15岁的少年儿童划分为三个阶段：学前期（6岁以前）、发育期（6～11岁）和少年期（11～15岁）。

（1）学前期。婴幼儿从出生到成长，受一系列外部因素的影响。在生理上表现为学会行走、学会表达感情，身体迅速成长，活动范围扩大，但大脑中枢发育尚未成熟。在心理上，他们开始了人类的学习过程，对外界事物逐渐有了意识倾向、感觉、知觉能力。这一阶段的儿童消费行为主要是生理性需要，其消费心理的特征具体表现为：

①消费中逐步学会了比较。婴儿时期的儿童只是商品和服务的消费者，但到了幼儿期就逐渐有了有意识的行为，学会了辨别和比较，有了选择满意商品的心理，对留下好感的商品乐于接受，对不喜欢的商品不屑一顾。

②模仿心理活动逐渐增多。婴儿时期的儿童属依赖性消费。但到了3～4岁之后，儿童的模仿心理活动逐渐增多，对别的小朋友的玩具、用品会有羡慕、渴望得到的心理，会要求家长设法购买。他们产生了朦胧的购买动机，有了自己的目标和意向。

③消费情绪尚不稳定。这一年龄段的儿童消费情绪极不稳定，易受别人影响，易转移变化，刚才还吵闹着要得到的物品，得到后可能会毫不爱惜地抛弃。这一年龄的儿童心理活动处于情感、意识、情绪控制时期，消费心理还不成熟。

（2）发育期。这一年龄段的儿童身体迅速成长，开始进入学校学习，大脑不断发育，智力不断增长。心理上开始了有意识的主动的学习过程，逐渐有了认识能力，兴趣、爱好、意志等心理品质开始形成，学会了思维，在感知基础上能解决简单问题，行为也逐渐从被动走向主动。这一时期，他们在行为上尤其是消费活动上表现的心理特征主要有以下几个方面：

①消费需要从生理需要转向社会需要。这个年龄段的儿童消费内容和范围逐渐扩展，由过去满足纯生理需要的单一生活必需品，逐渐向满足心理、社会需要的消费品扩展。在购买商品时，不但追求实用性，还更多地考虑附加功能、象征意义。

②从模仿消费发展到个性消费。这个年龄段的儿童，模仿消费心理开始下降，随着自我意识的不断增强，模仿性逐渐被个性所取代，购买行为也有了一定的动机和目标。

③消费情绪开始走向稳定。儿童走进学校，开始了学习生活，接触社会环境的时间增多，控制情感的能力得到发展，消费情绪逐渐稳定下来。但是，这一年龄段的儿童由于脑力、智力仍处于发育时期，所以还是较易受到外界诱惑而产生冲动性的购买行为。

（3）少年期。人的少年期是儿童向青年过渡的时期。在这一时期，生理呈现出第二个发育高峰。与此同时，心理上也有了较大变化，如有了自尊心，有了被尊重的要求，有了一定的逻辑思维能力等。总之，少年期是依赖与独立、成熟与幼稚、自觉性与被动性交织在一起的时期。在行为上，他们力图表现出独立性，但又不可能脱离对他人的依赖，他们希望像成年人那样处理问题，表现的结果又显幼稚。他们的消费心理特征主要有以下表现：

①有成人感，喜欢与成人比拟。少年消费者自我意识的显著特点是有成人感，他们主观上认为自己已长大成人，在心理上要求得到与成年人一样平等的地位和权利。在消费行为上，表现出不愿受家长束缚，倾向于自主独立地购买自己喜爱的商品的特点，同时，喜欢在生活习惯和嗜好等方面与成年人进行比拟。

②独立消费意识逐渐成熟。少年期的消费者由于对社会环境的认识不断加深，知识不断丰富，兴趣趋向稳定，幻想相对减少，有意识的思维与行为增多，特别是抽象思维的发展和鉴别能力的提高，使少年消费者对商品具有独立分析、概括的能力，购买行为趋于稳定，并逐步形成消费习惯。

③消费观念逐步转向受社会群体的影响。儿童主要受家庭影响，因为他们的活动受到限

制，又没有能力去改变。但在少年期，自理能力增加，有了一定的独立性，并通过学习和集体生活，增加了与社会接触的范围，他们消费观念的形成、消费决策的确定、消费爱好的选择等不断由受家庭影响逐渐转向受集体或群体的影响。

2. 儿童与少年用品市场营销的心理策略

研究少年儿童的心理发展及消费心理特征，目的是满足他们不同的心理和物质的需求，从而刺激少年儿童的购买动机。针对少年儿童的独特心理，采取什么样的心理营销策略，才能实现其购买行为呢？

（1）不同年龄段，采取不同的购买方式。少年儿童是没有经济来源的，这就决定了他们的消费心理及购买行为不能完全脱离成年人的消费活动。但在不同的年龄阶段，这种不能完全脱离的程度是不一样的。

婴幼儿时期，一般由父母作为其消费商品的主要购买者。企业对商品的设计构思、价格制定等，可以完全从年轻父母的消费心理和父母对婴幼儿细心呵护的心理出发。发育期的儿童开始不同程度地参与父母为其购买商品的活动。因此企业既要考虑父母的要求，也要考虑儿童的愿望。儿童用品的造型要有趣，色彩要鲜艳，整个产品要富有想象力，价格要符合父母的要求，商品的功能要满足父母希望开发少儿智力的需要；同时，儿童用品的设计和开发还必须满足父母对儿童安全感的渴望。总之，对小件商品，如小玩具、文化用品、零食等的设计和营销方式完全可以根据儿童的心理需求确定，因为他们逐渐有能力去完成购买；相对较为贵重的商品，如服装、高档玩具、电脑等，要更多地考虑父母的消费心理，因为父母是购买这类商品的决策者，但样式要适合少年儿童的心理特点。

（2）依据少年儿童心理，充分发挥商品直观形象的作用。少年儿童这个年龄阶段的认识能力，是以直观的、感觉的形象思维为主的，由于他们购物的经验不足，无生活阅历，尚不具备理性地判断、考察商品的能力，而较多地是通过直观感觉去判断商品的优劣，加之他们具有强烈的好奇心理，所以一些色彩鲜艳、造型奇特的商品往往对他们有强烈的吸引力，即商品的外形对少年儿童消费者有着决定性的引导作用。为此，企业在商品造型、色彩等方面要特别注意这种独特的心理特征，满足他们的好奇、追求新鲜感的少年消费流行心态。当然，企业也不能忽视商品的实用性，华而不实的商品同样不受欢迎。

（3）提高识记程度，加强企业和商品形象。儿童的识记往往具有随意性，特别是学前期的儿童，他们对事物的识记和追忆都是不自觉的，多属于随意识记。但到了少年时期，这种识记的自觉性和持久性大大加强。同时，随着年龄的增长，会逐步成为家庭购物的影响者、倡议者，甚至是决策者。所以，那些别具特色的品牌、造型，一旦通过同学、朋友和各种媒介被其认识，就很难忘记，在发生购买行为时，就会趋向选择这些商品，有的甚至会影响到一个人一生的购买习惯。因此，设计一些为少年儿童所熟悉和喜爱的商标与造型，把企业或商品印象留给少年儿童，对企业开拓市场具有深远的意义。

7.4.2 青年消费者的购买行为与心理特征

青年是指由少年向中年过渡时期的人。根据我国的具体情况，一般是指 16～40 岁的人。我国目前大约有 3 亿多青年消费者，约占全国总人口的 1/4。人生的这个阶段是最富有创造性和追求独立性的阶段，他们敢作敢为，勇于追求时代潮流，再加上他们本身已经具有越来越可观的经济收入，家庭负担轻，不愿压抑自己的欲望，注重享受和娱乐，因此，这是一个最富有购买能力的庞大消费市场。从营销心理学的角度来说，研究青年消费者的购买行为的心理特征，对于企业开发新产品或者更好地经营现有产品，都具有十分重要的意义。

1. 青年消费者的购买行为与心理特征

（1）追求时尚，表现时代。青年人思想活跃，富于幻想，渴求新知，好奇心强，极富创造性，追随时代潮流。这些心理特征反映在消费心理与行为方面就是追求新颖与时尚，力图表现时代，领导消费新潮流。一般来讲，投放市场的新商品或时尚商品，都会引起青年消费者的极大兴趣和购买欲望，青年消费者往往是新商品或新的消费方式的追求者、尝试者和推广者。所以，一种新的消费热潮总是与青年分不开的，时代的特征也从青年消费者身上最充分地表现出来。

（2）追求个性，表现自我。青年是由少年的不成熟向中年成熟过渡的时期，这一时期人的自我意识加强，追求独立自我成了其急迫的心理需求。表现在消费心理与行为方面，就是消费倾向从不稳定向稳定过渡，非常喜爱表现个性心理的商品，要求与众不同，有时还把所购买的商品同自己的理想、职业、爱好、性格、时代追求等联系在一起，力求在消费活动中充分表现自我。

（3）追求实用，表现成熟。青年人在追求时尚时，虽然带有一定的盲目性，但由于他们大多精力充沛，有一定的知识和文化，且社会接触面广，商品信息灵通，所以对商品的选择与购买基本上不是盲目的，在追求时尚、个性的同时，也追求商品的实用性与科学性，即要求商品经济实用、货真价实。他们善于对商品的知识性和科学性进行全面分析，理智地进行决策，使其购买动机和购买行为表现出一定的成熟性。

（4）注重情感，容易冲动。由于青年人的神经系统并未彻底成熟，加上阅历有限，使得个性尚未完全定型。他们内心丰富，热情奔放，重感情，易冲动。所以，客观条件对他们的消费心理及购买行为影响突出。许多时候情感在消费行为中往往比理智更占上风，冲动性消费明显多于计划性消费。冲动型购买的具体表现是：消费者常忽略综合选择商品的必要性，款式、颜色、造型、价格等因素都能成为购买的独立原因。

2. 对青年消费者群体应采取的营销策略

企业要想满足青年消费者群的需求，一是要把握青年的消费内容，二是要符合青年的消费方式和消费特点。基于这两点，企业在开发青年用品市场时，必须要注意以下营销策略：

（1）新产品开发、设计必须做到新颖且符合流行时尚，必须注重产品的美学价值和名望，即产品的造型、包装、色彩必须具有审美价值和令人羡慕的名贵特征，必须要符合现代科学技术的要求，实用合理，货真价实。

（2）要注意青年消费者共同的个性心理特征和不同的兴趣爱好，把推出的商品与青年的性格、气质、兴趣联系起来，通过有特色的促销手段，刺激青年消费者的购买动机，满足他们的需要。

7.4.3 中年消费者的购买行为与心理特征

中年是指由青年向老年过渡时期的人，年龄一般在40～60岁之间，这是一个人数最庞大的消费市场，同时也是一个消费能力极强但又具有自我压抑特征的消费者群体。在我国，中年人上有老下有小，经济负担较重，虽然经济收入较高，但直接用于自己的支出并不多，表现出明显的自我压抑倾向。同时，由于中年消费者的子女尚未独立，而父母又步入老年行列，所以中年消费者在家庭消费活动中起着举足轻重的作用，一般是家庭商品购买的决策者和主要实施者。上述情况说明，中年消费者是一个值得营销人员进行深入细致研究的群体。

1. 中年消费者的购买行为与心理特征

（1）注重商品的实用性。中年人大都是家庭经济的主要负担者，丰富的社会经验和不太宽裕的经济条件，使得中年人购物时再也不像年轻人那样注重时尚和浪漫。他们多数懂得量入为出的消费原则，求实心理较重，节俭消费心理较强，在实施购买前，他们更多地关注商品的实际效用、合理的价格和简洁大方的外观。

（2）注重传统，对新产品缺乏足够的热情。中年消费者正处于“不惑”或“知天命”这一成熟阶段，他们对生活的激情和热望再也没有青年人那样丰富和冲动，他们希望以稳重、老练、自尊和富有涵养的风度有别于青年人。反映在消费方面，就是比较尊重传统，不再完全按照自己的兴趣爱好选择商品或消费方式，而更多地考虑别人和社会对自己的评价，喜欢随大流，不免对新产品缺乏足够的热情。

（3）注重商品使用的便利性。由于中年消费者承担着人生的繁重负担，无论是事业和工作，还是家庭生活都充满了沉重的压力。因此，凡是能够减轻家务劳动时间或提高工作效率的商品，都能激起他们的购买欲望。

（4）理性购买多于冲动性购买。中年消费者生活经验丰富，情绪反应一般比较平稳，很少受外界环境的影响，多以理智支配自己的行动，很少感情用事。表现在购买活动中，从购买欲望形成到购买行为的实施往往是经过分析、比较和判断，总是有计划、有目的、有意识地安排自己的消费。

2. 对中年消费者群体应采取的营销策略

（1）强化商品质量，突出商品的使用功能。中年消费者有着丰富的生活经验和商品知识，购买过程基本上受理性支配，强调实惠和实用。因此，吸引他们的最好办法是保证有过硬的商品质量和先进的功能，切实满足他们在生活中的各方面需要。

（2）商品设计要美观大方。中年消费者选购商品特别注重美观大方，雅俗共赏，以使之与他们的社会角色相协调。

（3）坚持平价销售。中年消费者多为经济型的消费者，“物美价廉”是他们购物选择的基本标准。所以，实行平价销售是企业所应采取的基本营销策略。

（4）提供优质服务。中年消费者对销售服务，尤其是售后服务质量特别重视。对那些高价商品、耐用消费品，若没有必要的售后保证措施，他们一般不会购买。

7.4.4 老年消费者的购买行为与心理特征

老年消费者一般是指年龄在 60 岁以上的消费者，目前我国有 1 亿多人。进入 21 世纪，我国步入老龄化社会，根据第五次全国人口普查的资料，我国 65 岁以上的人口为 8 811 万人，占总人口的 6.96%。随着社会经济的发展和人民文化素质的不断提高，人们的生育观念将不断向“少子女，无子女”方向转变，越来越多的人将重新评估和确立自身存在的价值。因此，老年人的家庭经济负担已大为减轻。在这种情况下，如何开发和满足这一潜力巨大的“银色市场”，是许多企业所面临的问题。因此，开展对老年消费者心理与行为特点的研究是非常必要的。

1. 老年消费者的购买行为与心理特征

（1）需求结构发生变化。随着生理机能的衰退，老年消费者的需求结构发生了变化，消费内容主要集中在饮食、医疗保健和文化娱乐方面，而用于穿着和用品方面的支出相对减少，老年人最关心的首要问题是如何能够延年益寿，所以迫切需要有益于自己健康的低糖、低盐、低胆固醇、多蛋白质的饮食和医疗保健产品。只要某种食品、医疗保健品对健康有利，价格一般不会成为老年消费者的购买障碍。

（2）怀旧心理强烈，品牌忠诚度高。老年消费者在几十年的消费实践中，积累了丰富的经验，不仅形成了自身的生活习惯，也形成了消费习惯，且不会轻易改变这种习惯。这些决定了他们不愿轻易采用不了解的商品，尤其是新商品，而对老字号的商品情有独钟，有时甚至显得较为顽固。老年消费者能够记住且十分信任其青少年时代使用过的商品及厂牌、商标，而对最近购买的商品的厂牌、商标却记不住。

（3）追求方便实用，注重产品的质量和功能。进入老年以后再也不像年轻人那样富于幻想，而是非常理智和成熟，其购买动机形成与否常取决于这些商品给他们带来的方便与舒适程度。同时，也特别关心商品的质量和使用性能，至于商品的款式、颜色、包装等，则放在次要位置考虑。

（4）购买商品要求方便，要求得到良好的服务。一般老年人的体力都有不同程度的减弱，行动不便，视力不佳。所以，他们希望购物场所能提供稍作休息的设施，商品标价要清楚、醒目，购买手续尽可能简便。另外，老年人的自尊心特别强，在购买商品时，对营销人员的服务态度十分敏感，希望得到他们的尊重和礼遇。

2. 对老年消费者群体应采取的营销策略

（1）商品设计和开发要做到质量可靠、安全，一物多用，功能齐全。多开发一些有利于健康的集保健、自尊和娱乐为一体的新产品。挖掘老字号、老品牌的商品，以满足老年人的购买惯性心理的需要。

（2）重视售前售后服务，必须要做到积极、主动、热情、细心地为老年消费者介绍商品，并为他们开设方便快捷的送货上门、邮购、函购、网上购物等服务。

7.4.5 女性消费者的购买行为与心理特征

女性消费者主要是指中青年女性。女性占全国人口的48.37%，为6.12亿人，而对消费活动影响较大的中青年女性，即年龄在20～55岁的女性占人口总数的21%。女性消费者不仅数量大，而且在购买活动中起着特殊重要的作用。他们不仅是自己用品的购买者，而且还是儿童用品、老人用品、男人用品、家庭用品的购买者，所以，研究女性消费者心理，对于做好营销工作有重要作用。

1. 女性消费者的购买行为与心理特征

（1）购买商品挑剔，注重商品的实惠和便利。女性消费者大多数掌管家庭收支，操持着全家人的衣、食、住、行，并且她们观察事物往往比男性细腻，所以，女性普遍具有精打细算、勤俭持家的特点。这个特点反映在消费活动中，就是希望所购商品既能最大限度地满足自己的某种需要，又具有物美价廉、经久耐用的特点，这就是典型的实惠心理。在注意实惠的同时，现代女性又非常注意商品的便利性，这是由于目前中青年妇女就业率高，她们既要工作，又要做家务事，所以迫切希望减轻家务劳动，以便更好地娱乐和休息，因而非常喜欢那些能给生活带来方便的各种商品和服务。女性注重实惠和便利的心理，往往使她们选购商品时谨慎和仔细，选择多、询问多、挑选细、决策时间长。

（2）具有较强的情感特征，注重氛围和心情。女性消费者在心理个性的表现上具有较强的情感特征，即感情丰富、细腻，心境变化剧烈，富于幻想、联想。这种特征反映在消费活动中，就是容易在感情的支配和作用下临时产生购买欲望或形成对某种商品的偏爱。女性的非理性消费有几种不同的表现：首先是受打折、促销、广告等市场氛围的影响。数据显示，受打折影响的女性比例达到56%，受广告影响的女性也有22.8%。其次是受购物环境的影响，购物环境包括商品陈列、商店照明、现场购买气氛、营业员言行及其他消费者的意见等。数据显示，受现场展销而动心的女性有40.8%，受其他人影响的占55.5%。最后就是情绪化消费。由于女性具有强烈的好奇心和虚荣心，所以在挑选商品时，常常注重商品的个别属性而忽略对商品的总体要求。

（3）追求时尚与美感，注重商品外观。人皆有爱美之心，女性尤甚，女性爱美的事物，也爱使她们美的事物。表现在消费活动中，主要是女性在挑选商品时往往比较强调商品的色彩、造型和与众不同，即针对内在质量和外观质量两个方面，女性会比较注重外观质量。女性消费者还往往以时髦为美，现代女性与社会交往机会增多，加上她们敏感，所以往往能及时地观察到市场的流行趋势，而且乐于走在时代潮流的前头。

（4）具有较强的自尊心和自我意识，注重个性化需求。女性消费者有较强的自我意识和自尊心，对外界事物反应敏感。她们往往认为自己所购买的商品符合社会潮流，渴望得到他人的认可或赞扬，不愿意别人说自己不了解商品、不懂行、不会挑选。在购买活动中，营业员的表情、语言、广告宣传及评论，都会影响女性消费者的自尊心，进而影响消费行为的实现。在自尊心理驱使下，现代女性消费趋向个性化。她们在购买心理上更多地喜爱能表现个性心理的商品，需求商品有特色。同时，她们还往往把所购商品与个人的性格、兴趣和职业联系起来，并形成购买需求的总的心理趋势。

2. 对女性消费者群体应采取的营销策略

从上述分析中，我们可以看出，女性在购买活动中的心理与行为特征是相当复杂和有特色的，企业在制定营销策略时，必须充分全面地了解女性消费者的心理与行为特征，采取适当的措施，以争取最佳经济效益。

（1）加强商品形象设计，提供方便、快捷的商品。目前各企业的商品内在质量已趋于稳定，但商品包装、色彩、款式与国际水平相比仍有很大差距，仍然不能满足女性求新、求美、求个性的心理。随着经济能力的提高，未来女性从注重价格走向注重购物的方便性和商品使用的便利性，以期减轻家庭劳动强度，如一些半成品的食品、免烫的服装，方便的多用家居商品以及高档电脑化家电等，都是她们首选的商品。

（2）企业的广告宣传应以实用性和具体利益为出发点，同时语言要规范、有礼貌，讲究艺术性，要注意尊重女性消费者的自尊心，诱发她们积极的情感。

（3）优化购物环境，提高服务艺术。企业要在内外环境上下功夫，外部环境要交通便利，内部环境要清洁、明亮、宽敞，给女性消费者一种休闲购物的感觉，同时要提高接待艺术，让女性消费者真正体会到当“上帝”的感觉，这将是企业发展的一个重要环节。

（4）鼓励女性用指尖“思维”。女性的触觉远比视觉发达，致使她们对事物进行决断时，必须相当程度地依赖触觉。换言之，女性不只用大脑思维，而且还用指尖“思维”。女性习惯于一旦对某些商品产生兴趣，就会情不自禁地伸手触摸。没有伸手触摸的商品她们是不会购买的。所以商家应多利用现场展示、试用，在包装上（日用品）最好采用简易、透明的包装来促进商品的销售。

专　栏

某研究机构曾经做过这样一个实验：实验的主角是一位中等收入的家庭主妇，在她出门购物时，实验的设计者就跟随着她。一路上她似乎有点兴奋，与路途中遇到的熟人热情地打招呼。然而，当她走进一家大型超级市场时，情况就发生了一点变化，她熟练地取出购物小车，目光一下子就落到了那些琳琅满目的货架上，很快就变得有些神经兮兮。这时，设计者把预先约好的她的一位邻居和两个朋友也安排进入这家超市，她们像其他购物者一样分别推着车子在这位主妇面前连续两次经过。结果相当令人惊讶，这位主妇在近一个小时的购物时间里，与她十分熟悉的三位朋友总共六次擦肩而过，而她竟没有一次产生反应。

为什么会出现这种状况呢？一个重要的原因是购物环境的影响，而另一个重要的原因是消费者个人的因素。

（资料来源：杨东龙．顾客操纵学．北京：中国经济出版社，1998. 9.）

【本章小结】

人是社会化的人，是群体中的人，人不仅不能脱离社会群体而独立生存，而且社会群体对人的行为有着明显影响，所以人的消费行为必定会受到群体因素的影响。参照群体、家庭、社会阶层以及消费者群体是影响消费行为的最主要的群体因素。

参照群体是指任何影响消费者的态度、价值观念和行为的群体。参照群体对消费者的影响主要体现在：为其展示各种新的行为和可供选择的消费方式；可引起消费者的仿效欲望，从而影响他们的态度；能使消费者的行为趋于一致。

家庭是人们共同生活的基本单位。在消费领域中，家庭是影响人们消费行为最主要的参照群体。家庭结构、家庭角色、家庭生命周期等都是具体的影响因素。

社会阶层是另一个重要的参照群体，它导致了同一阶层消费心理的相似性和不同阶层消费心理的差异性。

消费者群体通常是由具有某种共同特征的若干消费者组成的。凡是具有同一特征的消费者，都有着相同或相近的消费心理特征。年龄和性别是两个常用来划分消费者群体的依据。

【关键术语和概念】

参照群体　成员群体　相关群体　正式群体　非正式群体　自觉群体　回避群体　群体规范　群体内聚力　从众性　家庭　家庭生命周期　社会阶层

【练习与讨论】

1. 为什么参照群体对营销的吸引力尤其强大？有助于该预测参照群体对个体购买决策施加影响的因素有哪些？

2. 参照群体对消费者心理的影响有哪些方面？

3. 家庭在消费活动中的作用是什么？家庭生命周期与消费者行为有什么关系？

4. 试分析独生子女对家庭购买决策的影响。

5. 你认为怎样将人们划入不同的社会阶层？一个贫困的家庭和一个收入达到平均水平的家庭之间，消费上会有什么样的差异？

6. 针对中老年人的消费心理特点，探讨中老年用品市场的开发策略。

7. 讨论青年人的消费观念和消费行为及特征。

第 8 章　社会文化与消费心理

◉本章学习要点

1. 理解文化的含义与特征
2. 消费价值观及在日常生活中的表现
3. 中国人的核心价值观
4. 消费者的审美观
5. 消费者审美差异性的表现
6. 消费时尚和流行的含义
7. 消费时尚形成的原因
8. 消费时尚流行的特点
9. 消费时尚对消费者的作用
10. 消费习俗的含义及特点
11. 消费习俗对消费者的购买行为的影响

◉本章学习内容

1. 社会文化概述
2. 消费价值观与消费审美取向
3. 消费时尚、流行与消费心理
4. 消费习俗心理

◉个案分析

现今，餐饮业竞争日趋激烈，充分的竞争也让市场越来越细分，随着老百姓物质生活水平的提高，对文化的需求日益强盛，个性、自由成了年轻一代的追求，由此产生了对不同文化、不同内涵体验的需求，80 后、90 后、动漫、电影爱好者等都拥有自己的消费文化圈。随着我们身边餐厅硬件服务的不断完善，软件功能的提升成为餐厅市场竞争的关键，一种注重“精神享受和感官体验”的新型餐厅——主题餐厅迅速兴起，并日渐风靡。

例如，淮扬菜品鉴堂，以淮扬菜、名楼、名人为主题，设计出能让消费者在整个用餐过程中，体验淮扬菜文化底蕴的用餐环境。而服务人员的服装是以淮绣为主题的旗袍，塑造出了江南女子的婀娜多姿，给人以清新隽秀的视觉享受。同时，穿插一些紧扣主题的表演，让消费者享受不同的文化体验。

（资料来源：作者：史俊，北大纵横.）

问：主题方式营造出一种深层的文化经营理念，如何“头回客’变成“回头客”，谈谈你的看法。

8.1 社会文化概述

8.1.1 文化的含义与特征

1. 文化的含义

文化是一个应用十分频繁和广泛，但很难明确表述的概念。我们综合100多种“文化”的阐述，可以得到这样一个基本结论：从广义范围上讲，文化是人类社会历史实践过程中所创造的物质财富和精神财富的总和。这种广义文化有其特有的层次结构。学术界普遍认为，广义文化包含着三个层次。

（1）表层：物质文化。物质文化是整体文化构成中的基础，它是人类创造出来的有形的物质财富，是文化的物质躯壳，也称为“硬文化”。它主要包括三个方面：一是社会产品和生产经营的物质条件，如产品的设计、生产、包装、销售、服务，以及厂房、机器设备等；二是人们生活的物质环境，如城市建设、住宅、公共交通、学校、医院等；三是文化设施和娱乐场所，如图书馆、影剧院、运动场等。物质文化包容了社会一切有形的物态存在。

（2）核心层：精神文化。精神文化是社会文化的核心，通常是指为社会多数成员所共有的并指导和支配他们行为的思想意识，其内容包括理想、信息、价值观念、行为取向、法律意识、道德规范、审美情趣、心理习惯等。精神文化相对于物质文化来说，看不见，摸不着，却无时无刻不通过物质形态表现出来，因此也称为“软文化”。

（3）中介层：制度文化和教育文化。制度文化是指协调社会各方面关系，规范人们行为的各种法规和制度。它的重要作用在于把精神文化恰当地转化为物质文化。具体地说，就是把属于观念形态的精神文化转化为人们的行为，再通过人们的行为创造物质形态的产品。制度文化是保障社会正常运转、企业正常经营、协调各方面关系、调动各方面积极性和创造性、制约各种消极因素的必要手段。教育文化是指通过各种形式的教育影响人们的思想观念和道德品质，是增进人的知识和技能的活动，如家庭教育、学校教育、社会教育等。在社会文化中，教育具有独特的功能和特性，属于文化结构层次中的一个相对独立的层次。

而狭义文化是指社会意识形态，如哲学、艺术、道德、宗教、政治思想，以及部分物化的精神，如礼仪、制度、行为方式等。作为意识形态的文化，是一定社会的政治和经济的反映，又影响和作用于一定社会的政治和经济。狭义文化也指一般知识，如“学文化”，指的就是学习文化与求取一般知识；又如对个人而言的“文化水平”，也是指一个人的知识程度。

2. 文化的特征

（1）民族性。任何文化总是依附在一定的民族基础上而存在的，世界上任何一个民族都有自己的文化。随着民族的繁衍和发展，形成民族的文字、语言、民族传统以及生活方式、风俗习惯和价值观念。一个民族共同参与创造和享受文化的时间越是久远，受这种文化的影响也就越深刻，民族文化的传统精神就越强烈，其心理和行为活动表现出的民族性也越强。

在全球经济一体化的趋势下，文化的民族性仍然能够保持。这是因为，虽然随着技术条件的改变，产品及产品消费越来越显示出共同性，各民族的人们可以用同样的电脑、电话，穿同样的衣服，坐同样的飞机、汽车，但这只是文化的交流中出现的某种程度的融合，并不表明民族文化特征的全部丧失。各民族之间持续不断的文化交流，导致民族文化某些旧特征的消失和某些新特征的形成与发展，促使民族文化更加繁荣。

（2）习得性。文化人类学的研究表明，与遗传的生物特征（如性别、皮肤）不同，文化是后天习得的。从我们很小的时候起，我们就开始从自己周围的社会环境中学会了一整套的信念、价值观和习惯，这些东西构成了我们的文化。文化是如何习得的？人类学家们认为，文化习得有三种不同的形式：一是正式学习，在这种学习方式中，成人教年轻的家庭成员学习“如何去行动”；二是非正式学习，在这种学习方式中，人们主要是通过模仿某些被选择的对象，如朋友、电视中英雄的行为而进行学习；三是专门学习，在这种学习方式中，教育在专门的教学环境中教导儿童什么事应该做、怎样去做以及为什么要去做。从人生这一过程来看，我们每一个人无不是在文化中成长。

（3）共享性。所谓的文化特征、信念和价值观等都不是某个社会成员所独有的，它们是一个社会的大多数成员所共有的。因此，文化通常被看作是所属社会成员联系在一起的团体习俗，其中共同的语言符号是人们能够享有共同价值观、经验和习俗的关键因素。人类社会发展到21世纪，每一个群体、社区、国家以至每一个人获得外来文化的机会也更大了、更多了。因此，越来越多的社会文化将为全人类所共享，这已成为大趋势。

（4）稳定性和发展性。文化一经形成，便以风俗习惯、思想观念、行为方式、特定风格、节日活动等形式表现出来，并以特有的稳定性保持相当长的时间，甚至百年、千年不变。例如，我国人民的进餐方式，待人接物的礼节，各种各样的传统节日，房屋的建筑风格等，历史都相当悠久。但文化的稳定性特点并非一成不变，科学技术的发展、人口的变化、资源的短缺、战争、政府政策、与外界的交流等都可导致文化的演变。从理论上讲，只要我们的文化信念、价值观和习惯还能有助于满足所属成员的需要，它们就将继续发挥作用。然而，只要某个特定的标准不再满足该社会的成员，它就会或迟或早被修订或者被新的文化信念、价值观和习惯所代替，以保证社会行为标准符合人的现行需要。因此，文化需要持续不断地进行演化，以满足社会的各种需要。

8.1.2 亚文化

在一个国家和社会中，由于国籍、宗教、价值观、地理位置、种族、语言、民族、年龄等因素又会形成一种特定的、细致的文化，称为亚文化。具有亚文化特征的群体称为亚文化群，在社会文化中的成员一般是典型遵从自己生活中总的社会文化价值观，又要恪守他所属亚文化群的独特价值观。

每一个社会，其整体文化观念都是由许多亚文化构成的。就营销心理学角度来看，亚文化在某种程度上比社会文化更为重要，它对消费者购买心理与行为有着更为直接的影响。从我国情况看，对消费者行为有较大影响的亚文化，主要包括以下几个方面：

1. 民族亚文化

我国是一个多民族的国家，各民族在语言文字、宗教信仰、风俗习惯、生活方式等方面具有明显的文化差异，各有自己的鲜明特色。例如，蒙古族穿蒙袍，饮奶茶，喝烈性酒；朝鲜族喜欢鲜艳的服饰，食物以素食为主，男子地位比较突出；回族喜欢白色，禁食猪、狗肉，朝拜是他们生活中的重要内容等。因此，市场营销人员要时刻注意文化、民族及其与产品之间的关系，以便推销适销对路的商品，切忌做出与民族文化传统相矛盾的事。

2. 地区亚文化

由于地理条件和区域性质不同，文化特征也在地域基础上形成了差异。从历史上看，齐鲁文化、岭南文化、巴蜀文化等都是中华文化宝库中的精品。从现实来看，沿海和内地，南方和北方，城市与乡村，都有各自的文化特色，都对消费者心理产生着较大的影响。就服装消费来看，广州人新潮、舒适，上海人优雅、经济，北京人庄重、大方，大连人时髦、高档。就饮食消费来看，闻名全国的川菜、鲁菜、粤菜、京菜等八大菜系，皆风格各异，自成一派。因此，在市场营销活动中，应就所面临的具体目标市场进行深入的探讨。

专栏

俗话说“一方水土养一方人”，无论是北京人的“豪爽”，还是上海人的“细腻”，他们这种鲜明的性格都是在“北京城”和“上海滩”各自不同的风俗习惯和人文环境下形成和发展起来的。似乎可以这么说，一个“有事您说话”，一个“关侬啥事体”，就这两句话，便把北京人和上海人鲜明地区分开来。

许多人都认为北京人热情，而上海人自私。其实上海人的热情有北京人不及之处，比方说，外地人在上海问路，便往往得到热情的回答，有的还会为你出谋划策，告诉你乘哪趟车和在哪里转车较为合算，这种对陌生人认真负责的态度，常常让外地人大感意外。而北京人的热情是“内外有别”的，往往只会对自己的“哥们儿”两肋插刀。为什么会这样呢？因为北京是城，上海是滩。

什么是城？城就是“圈子”。北京有外城、内城、皇城、紫禁城和最典型的“四合院”。北京人就生活在这大大小小的圈子里，也就不可能没有“圈子意识”。“圈子意识”是一种“群体意识”，圈子外的人可以无视其存在；圈子内的人，则必须互相关照，包括不时问上一句“有事您说话!”

什么是“滩”？滩是一个开放的体系。在这个体系中，差不多每个人都是单独的。他们尽管也有圈子，但多半都很松散，所以，上海人不可能没事找事去“帮”什么忙的。

一般地说，外地人都认为，和北京人交朋友痛快，和上海人打交道轻松。如果你能进入北京人的“圈子”，成为他们的“哥们儿”，就可以和他们肝胆相照，荣辱与共。和上海人交朋友却不容易，他们多半客气而不热情，礼貌而不亲切，很难掏心窝子说心里话。所以，上海没有“哥们儿”，只有“朋友”。哥们儿是相互依存的，朋友则是相互独立的；哥们儿亲密无间，朋友则不妨清淡如水。

（资料来源：解春玲，龚平．推心置腹——心理学知识趣谈．上海：汉语大词典出版社，2001. 262.）

3. 宗教亚文化

中国传统文化中有相当的宗教色彩，不同的宗教有不同的文化倾向和戒律，影响消费者认识事物的方式、价值观念和行为准则，从而影响着人们的消费需求。近年来宗教类消费品、世俗信仰类出版物，以宗教信仰为基础的生活和消费方式，都有影响扩大的趋势。而且信仰多元化的状况也会对消费心理产生深远的影响，在营销生活中应予以高度重视。

4. **职业亚文化**

社会分工的存在，使得人们从事不同的职业，有人从事文教科研，有人从事商贸活动，有人做工，有人务农。由于职业的差别，人们的价值观念、消费习惯、行为方式存在较大差别，因而，其需求动机、购买行为也有各自的特点。研究这些差别有助于企业更好地生产适销对路的商品，更好地针对消费者的不同特点，提供各种服务。

8.2 消费价值观与消费审美取向

8.2.1 消费价值观

1. **价值观对消费行为的影响**

价值是指主体对客体关系的反映，并集中体现在主体对其反映的客体所进行的评价或看法上。这里所指的主体，是作为评价者的人。而客体，不仅要包括主体周围存在的自然现象、社会现象及各种观念性的事物，还要包括主体自身及主体所需要的、希望的或理想的东西，主体自身已采取的或将要采取的行动等。

人对客体进行评价时，总要抱有一定的态度和产生一定的观念，这种态度和观念，便是人的价值观。而社会文化价值观，是指人对社会文化这种客体进行评价时，所抱有的一定态度和产生的一定观念。人的价值观既有社会性或为一定群体所共有的，也有具体个人所独有的。在人类社会文化发展的过程中，这种从社会价值到个人独有的价值，又从个人独有的价值到社会性价值的“循环”，总是持续地进行着、变迁着，并不断激励人们主动地去适应环境或发展社会关系，接受现有文化或创造新的文化。因此，价值是社会文化的“灵魂”。

不同历史阶段、不同社会制度下的社会，都有自己的文化价值观念，这种社会文化观念又往往渗透在大多数人的社会生活中，从各个方面影响着人们的态度和行为。而我们每天都在进行的消费活动，同样会受到社会文化价值观念的影响，而价值观念反映在人们的消费过程中，就形成了不同的消费价值观。消费价值观是消费群体对消费对象整体化的价值取向或评价。通俗地说，消费价值观是指消费者崇尚什么、鄙视什么。不同国家、地域、民族的消费者在不同的时期，对同一商品与服务会有完全不一样的评价。因而营销人员必须把握各个时期人的价值观的变化及不同人的不同价值观，以便有目的地进行营销活动。下面介绍几种日常生活中常见的消费价值观。

（1）实用型消费观。此类消费者在购买商品时十分注重商品的实用价值。他们购买商品不一定是出于经济能力的限制，而是长期生活的经验使其形成了较为实际的消费行为。商品的实用性是其最基本的消费动机，而款式、时尚等不是他追求的目标。

（2）炫耀型消费观。此类消费者十分注重消费商品时别人的赞美性评价和良好反应，以期通过某种商品的消费引起他人注意和羡慕。一般来说，如果所购商品达不到这种目的和效果，他们就很难作出购买决策和购买行为。

（3）追求个性消费观。此类消费者十分注重所购商品的独特性，以显示其个性。他们在商品的选择上较注意新奇独特，并且对各种商品的特性，特别是其消费效果有独到的看法，以图通过商品显示自己的个性，此类消费者大多是有鲜明个性、敢于率先使用新产品的人。

2. **中国人的核心价值观**

一个社会的核心价值观将从根本上直接影响和制约所属成员的消费行为及其他一切行为。

而中国人的核心价值观就是影响和反映中国社会根本特征的那些中国人所特有的一系列根本的价值观，在此，我们简要介绍几种最核心的价值观。

（1）中庸。大理学家朱熹认为，中庸就是“不偏之谓中，不易之谓庸”。通俗地说，中庸的主要含义是：事物的发展过程都有一定的标准（常规），超过或者未能达到这个标准都是不利于事物本身的发展的，最理想的结局就是遵守这一标准，做到不偏不倚，不走极端，在两个极端中寻求规律的重心。中庸是中国人的一个重要的价值观，几千年来一直深刻地制约着我们中华民族的思想和行为。凡事讲究“度”，反对超越“常规”的思想和行为，反对根本性的变革，强调持续和稳定。这种价值观反映在消费行为中，就是强调与他人看齐，强调与社会保持一致的重要性；反对超前消费，将节俭、精打细算视为一种美德。

（2）重人伦。中国文化以重人伦为其特色，而西方文化则以重自由为主要特色。核心价值观上的这一差异直接导致了东西方文化在许多方面有不同表现。中国文化非常重视人与人的关系、人与群体之间的关系，强调血缘家族关系和以血缘为基础派生出来的人际关系；而西方文化则重视人与自然之间的关系，强调个人获取自由。这种价值观反映在消费行为中，就是中国人非常重视以家庭为主的消费准则，强调消费者个人对其他家庭成员的义务和责任。进行决策时，不仅要考虑自己的需要，还要考虑家庭其他成员的需要，这就导致消费行为具有某种沿袭性。

（3）讲究脸面。中国文化的一大特色是人际交往中讲究自己的“形象”和在他人心目中的地位，即重视“脸面”。社会心理学研究表明，“脸面”包括两方面的含义。一是“脸”，所谓的“脸”是指社会对个人的道德品质所具有的信心，以及由此而给个人所带来的名声。与其他民族相比较而言，中国人尤其注意通过印象修饰和角色扮演力图在他人心目中形成一个好的形象，获得一个众口赞誉的好名声。所以，中国人对“丢脸”之事深恶痛绝，面对“露脸”之事则心向往之。二是“面子”，所谓“面子”是指个人在社会生活中借助勤奋努力和刻意经营而在他人心目中形成的声望和社会地位。所以，中国人特别注重给别人、给自己留“面子”。反映在消费行为中，中国消费者过于看重“体面”的消费，过于看重与自己的身份地位相一致，与周围的他人相一致的求同消费和人情消费，在许多时候出现了“死要面子活受罪”的不良消费行为。

（4）重义轻利。中国传统文化的主要特征之一，就是注重情义和精神价值，轻视物质利益，强调人与人之间的人情交往和感情维系，这也是东方文化与西方文化的主要差异之一。西方人更多的是注重个人的能力与价值。中国文化的这种重义轻利传统，主要表现在：在正常的工作关系中过于重视超越规则的感情交流，结果导致了非正式的人情关系干预或影响正式的组织行为。同时，在人际交往中热衷于互相馈赠各种礼品甚至金钱，以强化相互的关系，重义轻利在消费行为中具体表现为：一是克己。中国的消费者对自己多近乎苛刻，而对好朋友却十分大方。二是道德性消费。消费结构中应酬消费占较大的比例。为了显示自己重义轻利，在应酬性消费中，消费水平往往高于实际支付能力。

（5）节制欲望。在中国古代自然经济条件下、长期的封建社会机制下的小农经济，使得中国人的文化底蕴中不可避免地滋生出一种节制欲望的心态。我国传统文化崇尚节俭，以节制个人欲望为美德，而放纵个人欲望被视为道德败坏，甚至与祸国殃民联系在一起。节制欲望反映在消费领域就是，花钱较为慎重，不尚奢华，重视计划和积累，主张生活开支要“精打细算，细水长流”，以做到“年年有余”；用于购置生活必需品方面较多，而用于享受方面的奢侈品较少，这种自我压抑的消费特征尤为明显地表现在我国中老年人身上。总而言之，大多数中国消费者都具有崇尚实惠、耐用的消费观念。

8.2.2 消费审美取向

1. 消费者的审美观和审美心理的差异

审美观是文化的深层次，它与价值观、消费习俗、宗教信仰有着极为密切的联系。文化不同，这些基本内涵不同，审美观也会有极大的差异。例如，缅甸的巴洞人，以妇女长脖为美；非洲的一些民族以文身为美；西属撒哈拉的土著人则是以妇女肥胖、丰腴的程度作为判断美的标准。

消费者的审美取向和审美心理产生于消费活动的各个阶段中。消费审美取向是指消费者对消费对象美的欣赏和情趣的感知。松下幸之助说："当今社会，纯以产品性能来满足官能需求的时代早已过去了，必须在运用之外加上美观，这是一种'美的文化'标准，也是时代消费的大趋势、大方向。"

审美差异性是指不同阶层、不同时代、不同民族以及不同审美能力与不同个性的消费者，对同一审美对象产生不同的审美认识与美感，这是审美活动中常见的心理表现。

（1）审美心理的时代差异性。消费者的审美心理是社会消费实践的产物，而社会消费活动总是处于不断运动和发展之中。因此，消费者的审美心理也绝不会永远停留在同一水平上，它必然随着时代的发展而形成不同的、更新的审美观念和意识，不断在消费过程中创造出更新颖、更丰富多彩的美。例如，20 世纪五六十年代以朴素为美的审美观被八九十年代的新颖、时尚的审美观替代，正是时代审美心理差异的典型反映。在精神消费中，这种时代差异性的表现则更为突出，由"八大样板戏"的美到百花齐放、争奇斗艳的美，都是时代的写照。

（2）审美心理的民族差异性。民族作为一种社会现象，是一个历史的范畴。任何一个民族都有语言、经济生活、消费方式、心理文化等方面的特征，以区别于其他民族的特征。这些特征在审美意识与审美心理上所形成的民族之间的差异是一种客观存在，且已经被人类发展的历史所证明。中华民族以表示赤诚热烈的红色为美，而西方一些民族以表示高贵纯洁的白色为美。在这种审美心理的支配下，中国人在喜庆时节多喜红色服饰与装潢，而西方则以白色的服饰和典雅的气质为美。在中国，妇女喜欢把饰物佩戴在耳朵、脖子、手指上，而在印度，女性还要在鼻子、脚踝上配以各种饰物。不同文化模式下人们审美的差异，最典型不过的是在艺术表现手法上再现出来。如中国的国画重在写意，用水墨渲染出无穷的意境；而西方艺术则以写实为主，强调形式和立体感。

（3）审美心理的阶层差异。不同阶层的消费者，由于社会职业、性别、年龄、经济状况、受教育程度等的差异，其消费过程中的审美心理也不同。例如，教育界的消费者在购买商品的过程中，重视材质美、实用美，追求朴实、典雅、含蓄的美；文艺界的消费者在选购商品时，特别注重色彩美、造型美和包装装潢美，注意对人体的美化作用和环境的装饰作用；而享有一定社会地位、身份和财富的消费者，在审美心理上往往注重自我表现，不太注重消费支出的实际效用；而对经济收入较低的消费者来说，在审美心理上则比较注重商品价格低廉，希望付出较少的货币而获得较多的经济利益。在日常生活中，消费者审美心理中的阶层差异，在同一时空范围内，是影响购买选择的最主要因素。

2. 消费生活中的美

在生活中，消费者通过日常消费活动去追求美，或在自身的消费行为与消费方式中体现美。我国古代思想家墨子说：“食必常饱，然后求美；衣必常暖，然后求丽；居必常安，然后求乐。”当人们告别为温饱而奔波的岁月以后，对美的追求在人们心中开始萌生。美，正在不断地渗入每一位消费者和他们家庭的日常生活中去。

（1）饮食美，又叫食品美。饮食美是集美的形象性、感染性与功利性于一身的美，它既要有美的外观以感染消费者，引起进食欲望，又要有益消费者健康。我国食品美著称于世，其特点是色、香、味俱佳。近年来，随着改革开放的大潮，中国饮食文化已走出国门，享誉世界。饮食作为中国传统文化的一个重要组成部分，经后人的继承发展与提高，形成了闽菜、粤菜、湘菜、川菜、京菜、徽菜、淮扬菜、苏锡菜等多种菜系。我国饮食类的形成可概括为“水最为始，火为之纪，味为之本，刀为之要，料为之博，配为之当，器为之美，名为之雅，肴为之新”。在具体制作中也独具特色，用精细的刀工，缀以多种色彩的配料，制成奇花异草，飞禽走兽，色鲜形美，既是佳肴，又是绝好的艺术品，不仅可以增进食欲，而且可以给消费者带来美的享受。

（2）服饰美，又叫衣着美。俗话说：“佛要金装，人要衣裳”，“三分长相，七分打扮”，这说明了服饰与美的关系。黑格尔曾说“美的生命在于显现”，可见形象美是构成美的重要内容。一般来说，消费者对美的追求，往往首先是从服饰开始的。目前，消费者对衣着服饰美的追求趋向表现在以下几个方面：

①追求标新和不重复的美。美是多样化的，如果重复了，美的价值就要削减，如果多次重复，就无美可言。为了适应消费者的这种求美心态，现代服装业正朝着小批量、多款式方向发展。

②追求因人制宜的美。因为人的职业、年龄、爱好、个性等情况不相同，一件美的服装，并不是穿在所有人身上都美。

③追求色调协调美。消费者对服饰色调美的追求与一定时间内社会审美倾向有关。一般来说，人在选择服饰色调时，应掌握从头饰物或头巾、帽子、服装、外露腰带至鞋袜，要给人以协调的美感。

④追求民族特色与自然舒适美。近几年来，我国传统的民族服装又成为消费热点商品。如充分反映东方女性美的旗袍颇受中青年妇女的欢迎。另外，消费者对衣着的舒适程度也成为对美追求的重要部分。如各种宽松服装的流行，即是对自然舒适美的一种追求。

（3）商品美。商品美即是消费者在购买过程中对商品的美的感受，它不外乎是客观商品美所引起的审美主体的欣赏和感受。随着人们生活水平的逐年提高和生活内容的日益丰富，消费者对商品外观的感觉变得敏感起来，在性能、价格相同或差别不大的情况下，往往会选择式样、色彩较佳的商品。商品美左右着消费者的购买动机和购买欲望，商品美可以令人赏心悦目，最终导致购买行为。有些商品的工艺过程和所采用的原料与一般同类商品相比并无多大差异，就因为色彩、造型迎合了人们的审美心理，就可以卖出高几倍的价钱。因此，商品美已成为商品质量构成中不可缺少的一部分。

（4）环境美。消费者的生活环境包括居住和从事各种活动的室内外环境。消费者对环境美的追求，一是良好舒适的环境可以创造一种完美和谐的气氛，有助于激励人的生活和工作热情；二是洁净幽静的环境有助于人的身心健康，同时也给人以美的享受。近10年来，消费者对室内装饰的兴趣逐步升温，正是对小范围环境美的一种追求。消费者已不再满足于几件高档电器、一套高级家具的室内陈设，而是努力创造一种完整、祥和、反映自身特色，给人以整体美感的家庭装饰。

（5）娱乐美。娱乐美是美化日常生活的重要方面，在过去，生产力水平低下，人们终日劳累，以求温饱，没有更多的闲暇和心情去从事娱乐活动。随着社会经济和科技事业的发展，人们的劳动时间逐渐缩短，闲暇时间相对增多，消费者可以利用闲暇时间培养或从事自己所喜爱的业余娱乐活动。近年来，旅游、体育活动、琴棋书画等的兴起与发展，正是消费者求美心理发展的趋势之一。

8.3 消费时尚、流行与消费心理

8.3.1 消费时尚、流行的含义

时尚与流行是同一事物的不可分割的两个方面。时尚是流行的重要原因，而流行又是时尚形成的重要手段，具体地说，时尚是指一个时期内相当多的人对特定的趣味、语言、观念和行为等各种模型或标本的追求；是在大众内部产生的一种非常规的行为方式的流行现象。时尚体现在语言上，表现为流行讲某句话或口头禅，例如酷、帅呆了、哇噻、人气、前卫等；体现在观念上，表现为流行某种思考角度和价值观念，例如绿色环保、健康是福；体现在行为上，表现为流行某种行动，趋向成习惯，例如旅游、上网等。

消费时尚是指在一定的时期内，相当多的消费者或者某些社会群体中普遍流行的特定消费趣味、消费思想和消费行为等模式。消费时尚主要是由于某种商品或消费方式具有某些新颖独特的特性而受到众多消费者的青睐，在短时间内广泛流行，最终演变成为某种消费时尚。

8.3.2 消费时尚形成的原因及其传播规律

1. 消费时尚形成的原因

时尚是现代社会的一个突出现象，是现代社会产业化、信息化条件下的重要产物。消费时尚的流行不仅取决于一定的物质条件，而且也取决于人们的社会心理因素。

（1）消费时尚的流行与社会生产力的发展水平和人们的物质生活条件的丰裕程度以及人们的消费水平密切相关。只有在社会发展到一定水平，社会化生产程度大幅度提高时，企业才能够大规模地组织生产并能够把该产品源源不断地投入市场，消费时尚才有可能形成。否则，产品在市场上供不应求，消费时尚就会受到抑制。另外，物质生活窘迫者和消费水平很低的人一心希望解决温饱问题，根本就不会去追逐消费时尚。

（2）消费时尚的流行与人们渴望变化、求新求美、表现自我的心理需要密切相关。外界的客观事物总是不断发展变化的。商品的不断更新换代、推陈出新与这种变化相适应，而人类也具有求新、求变的心理特征。一般来说，人们总是要从周围的环境中寻求新的刺激，以满足自己的好奇心。而当一种新事物出现时，其与众不同的特点会引起人们更多的注意与兴趣，多数消费者试图通过对这些新事物的追求，以表现自己的身份、地位、爱好、兴趣和个性特点。随着时间的推移，一旦新事物被人们普遍接受，不再具有新意时，人们就会产生心理上的厌倦，转而追求更新的东西，如此循环，永无止境。

（3）消费时尚的流行与人们的从众心理和模仿心理密切相关。任何一种消费行为要形成流行趋势，必须得到在一定时空范围内的消费者个人或群体的承认和参加。由于一种流行的时尚总是表现出其特定的珍贵性，表现出时尚参与者的某种殊荣和优越，它便为众人创造了

一种无形的压力，如果不加入时尚的行列，不仅在众人面前显示了自己对新鲜事物的麻木，而且还表现了自己在某些方面明显劣于他人。因此，当流行的时尚卷进越来越多的迎合者时，在公众中便产生了一种求同于人的心理需要，于是流行开始形成，并逐步扩大。这种从众心理和模仿行为也是消费者生活中寻求社会认同感和心理安全感的表现。服从多数人的心理趋势和个体自觉接受及模仿社会行为规范的倾向是流行得以产生的重要条件。

（4）消费时尚的流行与社会大众传播媒介的发达程度密切相关。大众传播媒介促进了消费时尚的快速流行，广播通信业的发展，电视的普及，尤其是当代电子传媒的运用，更是给消费时尚的形成和发展提供了极为有利的物质条件。另外，新闻媒体的炒作报道是诱发时尚的一个重要原因。好的电视剧、文化作品等往往会引起广大受众的关注，其中某些符合某种社会心理需要的因素，便有可能在众人的追捧下而流行开来，从而成为一种社会时尚。

总之，消费时尚的流行受多种因素的影响和制约。可以说，社会生产力的发展水平影响和制约着消费时尚流行的水平和层次；人们渴望变化、求新求美、表现自我的心理需要是影响和制约消费时尚流行的内在动力；从众与模仿心理影响和制约着消费时尚流行的方式；大众传播媒介则影响和制约着消费时尚流行的强度、范围。

2. 消费时尚流行的特点

消费时尚流行作为一种社会现象，同其他社会事物一样，有其自身的特点。

（1）突发性。时尚的兴起，从速度上看常常表现为一种具有强制性的爆发式的扩展和向外延伸。而消费时尚的流行往往表现为消费者对某种商品或劳务的需求急剧膨胀，迅速增长。

（2）短暂性。消费时尚的流行从持续时间上看，一般表现为在短时间内大量涌现，也在短时间内快速变化。变化的结果有两个：一个是消失无形；一个是固定下来，转变成固定的生活习惯，而把流行之位退让给其他事物。

（3）从众性。消费时尚的流行是多数人参与和追求的现象，若只有少数人参与，便不算流行。在实际生活中，大多数人都关注流行的趋势，喜欢随流行的发展而行动。因为人们普遍认为合乎时尚的就是好的和美的，反之则是落伍和不合时宜的。这就为众人对流行时尚的仿效和遵从制造了一种无形的压力，迫使人们参与和追逐流行时尚。

（4）回返性。时尚的变迁常常呈现出一种回返性特征。在消费市场上，今天视为时尚的商品，往往供不应求，十分紧俏。但是，只要消费“热”一过，这种曾风靡一时的俏货，就会被视为陈旧而无人问津。消失若干时间后，那些早已被人们遗忘的东西，又可能重新出现，又变为了时尚。

（5）周期性。时尚有一个从兴起到成熟再到衰退的过程，虽然由于时尚的内容不同，流行的时间有长有短，但基本上都会经历以下四个阶段：①市场导入阶段。这个阶段新产品刚刚进入市场，大多数消费者尚未承认其价值，只有那些有名望、有经济实力、具有创新意识的少数消费者，乐意出高价而率先购买。②市场增长阶段。在这个阶段，由于消费时尚的倡导者所产生的强烈示范作用和无形的感召，产品逐渐被大多数消费者认识和接受，迅速形成了消费者追求模仿的趋势，市场上该商品供应量和销售量大大增加，消费时尚形成。③市场成熟阶段。这个阶段，产品的市场占有率达到了极限，市场趋于饱和，竞争激烈，消费时尚达到了顶峰，并且势头已经开始减弱。④市场衰退阶段。这个阶段，由于更新颖、更具有特色的商品已经出现，并开始逐渐取代原来的“流行商品”，一部分消费者对该商品的新奇感逐渐消失，开始放弃这种商品而转向追求另一种流行商品，所以原来流行的商品已经变得不再具有吸引力而逐渐退出了消费时尚。

（6）反传统性。流行的最主要特征是与传统相悖，这是因为传统是多年形成并长时间不变的，是某种意义的守旧，讲传统就是不要改变。而流行则是以标新立异吸引大众的，只有新奇、与众不同才是时尚，而流行就是要不断地变化，没有变化，流行就会消失。

8.3.3 消费时尚的流行方式

消费时尚的流行方式大致可分为以下几种：

1. 自上而下的流行

这种形式是由社会上有地位、有身份的上层人士首先倡导或者实行，然后逐渐向下传播，最终形成流行时尚，这就是我们常说的“上行下效”。一般来说，社会的政治领袖、著名的企业家、各种明星等都有可能成为流行时尚的倡导者，通常这种方式传播的时尚流行速度都比较快。例如，中山装的流行就是如此。

2. 自下而上的流行

这种形式是由社会下层消费者首先采用，然后逐渐向上渗透，直到较高社会阶层的人们也采用，最终形成了一种流行时尚。这就是我们常说的“下行上效”。由于这种流行时尚是由社会下层的消费者率先倡导的，因而其流行速度很慢，但是持续时间较长。例如，牛仔裤就是通过这种方式流行起来的。

3. 横向传播的流行

这种形式是由各社会阶层之间相互传播，即在同一社会阶层内互相影响，或在不同社会阶层之间相互传播、蔓延，最终形成流行时尚。例如，运动服就是通过这种方式在我国各阶层人士中流行起来的。

8.3.4 消费时尚的作用

1. 消费时尚具有刺激消费者并激发其需求欲望的作用

消费时尚的流行作为一种周期性的普遍的社会行为，它具有刺激消费者并激发其需求欲望的作用。流行作为一种社会现象在日常生活中被称为时髦，绝大多数消费者按其自身的情趣，对不同类型的流行时尚都有赶时髦的表现。而正在流行的事物都给人以美的和好的印象，追求时髦则给人以心理上的满足，这也是时尚得以流行的心理因素，它促使消费者产生新的消费需求，改变或中止原来的消费需求，而流行的强度又直接影响消费者对流行商品的需求强度。

2. 消费时尚会起到统一社会购买模式的作用

消费时尚不仅影响人们的思想意识、价值观念，也影响消费者的购买行为。时尚是通过人们的从众与模仿行为而得到贯彻的。某种时尚一旦形成，就会起到统一社会购买模式的作用。这种统一的购买模式不仅会引导人们不断推动时代发展，而且会给产品生产者以指示，使其符合市场需要进行生产。

3. 为企业的生产和销售活动提供依据

时尚商品一旦被消费者接受，往往会形成流行现象，这无疑对商品的生产与销售十分有利。因此，进行新产品设计必须注意了解模仿现象产生的心理因素，把握消费水平、消费构成、消费兴趣等方面的变动；根据时尚变化运动的特点，对其作全面的判断，对时尚运动的各阶段进行周密分析；依照社会道德风尚和民族传统习惯，吸收市场上最新流行商品的优点，使新产品具有时代特点，适应时尚的要求。同时，流行时尚的特点是时期短、变化快，企业应加强市场调查和预测工作，把握消费者心理发展趋向，按照消费时尚运动规律，制定切实可行的经营策略。

8.4 消费习俗心理

8.4.1 消费习俗的特点

所谓习俗就是指风俗习惯。一般说来，风俗是指世代相传长期形成的一种风尚；而习惯则是由于重复或练习而巩固下来并变成需要的行为方式。习俗也是一种社会现象，主要表现在人们的信仰、饮食、婚丧、节日、服饰、居住等各个方面，而消费习惯是人们在这些方面消费时尚所具有的稳定性的消费行为。

反映在消费领域中的消费习俗，是整个社会习俗的重要组成部分，它具有以下特点：

1. 稳定性

消费习俗是人们在长期的经济活动与社会活动中，由于政治、经济、文化、历史等方面的原因，逐渐形成和发展起来的消费习惯。一种习俗的形成与发展要经过较长的时间，在人们长期生活中，潜移默化、世代相传地进入生活的各个方面，以稳定的、不知不觉的、强有力的影响发挥着自己的作用。

2. 社会性

习俗的产生和沿袭离不开社会环境，是社会生活中的组成部分，具有社会性，而消费习俗是人们在共同的社会生活中互相影响而产生的，因而也带有社会性的色彩，其中某些具有较强社会性的消费习俗，由于受社会环境、社会意识、社会形态的影响，也会随着社会的进步与发展而随之不断地发展变化。

3. 地域性

从某种意义上讲，消费习俗是特定地区范围内的社会生活的产物。由于地区自然环境、气候以及各种历史原因等，消费习俗具有较强的地域性特点。如我国南方人喜吃米饭，北方人喜吃面食的风俗习惯就是与农作物生长有关形成的生活消费习惯。我国北方较寒冷的地区喜饮烈性酒的消费习惯也与北方的寒冷气候有关。

4. 非强制性

消费习俗的产生和沿袭往往不是采用强制方法推行的，而是通过无形的相互影响和社会约束力量来影响众多消费者自觉采取的共同行动。它具有无形的但强大的影响力，使生活在其中的消费者自觉或不自觉地遵守这些习俗，并以此规范自己的消费行为。当然，对于生活中的某些不文明、不健康的习俗，只能在较长时间内靠科学与教育的方法才能逐步改变。

8.4.2 消费习俗的分类

在人们的社会活动中，由于所处时代的政治经济发展水平不同，民族的文明程度、宗教信仰以及地理位置等不同，其消费习俗也千差万别。我们把消费习俗归为以下几种类型：

1. 传统节日的消费习俗

这是消费习俗中最主要的一种形式，它是人们为表达各种美好感情，实现美好愿望而引起的各种消费需求的行为方式。传统节日可以分为六大类：一是气候性节日，如我国的春节、中秋节等；二是国家节日，如我国的国庆节、建军节等；三是民族性节日，如我国西藏地区的藏历年、巴西的狂欢节等；四是宗教性节日，如西方国家的复活节、伊斯兰教的斋戒节等；五是国际性节日，如五一国际劳动节、三八妇女节等；六是其他类型的节日，如情人节、母亲节等。传统节日的消费特点主要表现为：满足平日无法实现的消费行为，如节日会掀起强劲的购物高潮；节日专用商品消费量大增，如情人节期间贺卡、鲜花、巧克力销量一般是平时的几倍甚至十几倍；节日旅游消费急速增长。

2. 地域性消费习俗

这种习俗是由自然地理位置及气候不同而形成的消费习俗。不仅不同国家之间消费习俗方面存在着差异，而且同一国家不同地区之间的消费习俗也存在着差异。例如，我国的“南甜、北咸、东辣、西酸”就反映了不同地区消费者的不同口味和饮食习惯。再如，我国地域辽阔，南北气候差异很大，从而产生了不同的服装消费习俗。

3. 宗教信仰性消费习俗

宗教信仰是人们对世界的一种特殊看法，不同的宗教信仰即表现出人们具有不同的观念以及相应的行为方式。世界上三大宗教信仰分别是佛教、基督教和伊斯兰教，此外还有道教等教派。宗教信仰会影响消费者行为，尤其是当消费者对宗教信仰的态度非常虔诚时，这种影响尤其显得重要。概括起来，宗教对消费行为的影响表现为：影响消费者对商品种类的选择；影响消费者对商品式样及外观等方面的选择；影响消费者选购商品的行为方式；影响消费者禁忌商品的类型；影响宗教信仰者对宗教用品的选择。例如，佛教徒禁止食用肉类食品，提倡素食，不允许饮酒；伊斯兰教徒禁食猪肉，禁止饮酒，妇女一般禁止在外面袒露身体的任何部位；基督教徒忌讳“13”这个数字等。

4. 社会文化性消费习俗

这种习俗是由社会经济、文化发展引起的消费习俗，它是在较高文明程度基础上形成的消费习俗。例如，我国广州每年春节举行的花市，山东潍坊的风筝节，再如我国各地的地方戏曲，更是文化消费习俗的定式化表现。

8.4.3 消费习俗对消费者购买行为的影响

从消费习俗本身的特点来看，它对消费者的购买行为有重要的影响。

1. 消费习俗导致消费行为具有普遍性

风俗习惯是人们根据自己的生活内容、生活方式和自然环境，在一定的社会物质生产条件下形成，并代代相传的思想和行为规范。因此，它能在某种特定的情况下引起消费者对某些商品的普遍需求。例如，在我国的传统节日春节里，人们总是要添置服装，购买大量的礼品和食品，进行旅游活动等。这一期间，消费者的需求要比平时增加几倍，而且几乎家家如此，这就是消费习俗的普遍性引起购买行为的普遍性。

2. 消费习俗导致消费行为具有周期性

风俗习惯是一个国家、民族在长期的生活实践中逐渐形成和巩固下来的，具有相对的稳定性，并呈周期性出现。因此，它引起消费行为周期性地发生变化。如中国人每年端午节吃粽子、中秋节吃月饼的习俗等，都反映出消费者周期性的消费行为。

3. 消费习俗影响消费者心理与行为的变化速度

消费习俗对消费者心理和行为的变化既可以起阻碍作用，也可以起促进作用。一般来讲，当新消费方式与消费习俗发生冲突时，改变旧有习俗中的不合理成分，代之以新的消费方式将是长期和十分困难的，这时消费习俗对消费心理和行为的变化起阻碍作用。当某种新的消费方式与消费习俗具有共同点、相融性时，消费习俗对新方式的普及，具有超出其他社会推动力的巨大促进作用。

4. 消费习俗所引起的消费行为具有无条件性

消费习俗作为一种稳定的定式化的行为，不仅反映了人们的行动倾向，也反映了人们的心理活动与精神风貌。一种消费方式、消费习惯之所以能够继承相传形成消费习俗，重要的原因是人们的从众心理，每个人都习惯于和大家一样去做同样的事。因此，由消费习俗引起的购买行为几乎没有什么条件限制。在购买中，所需商品的品种是第一位的，而价格、质量等都变得无关紧要；消费者甚至可以减少其他方面的支出来购买适合习俗的商品。这就是消费行为的无条件性。

【本章小结】

消费者的消费行为不仅有个体的差异性和不同群体之间的差别性，而且文化、时尚及习俗等还会对人们的消费行为产生极大影响，从而使消费心理和行为有所差别。

文化是人类社会历史实践过程中所创造的物质财富和精神财富的总和。消费文化是指渗透到消费行为中的整体文化观念。而整体文化观念是消费群体中多数人共有的比较稳定的消费文化倾向，具体包括消费价值观、消费审美观、消费时尚与潮流以及消费习俗等。

消费价值观是消费群体对消费对象整体化的价值取向或评价。而中国人的核心价值观将从根本上直接影响和制约中国人的消费行为及其他一切行为，消费审美取向是指消费者对消费对象美的欣赏和情趣的感知。随着人们生活水平的逐年提高和生活内容的日益丰富，人们对美的追求就更为突出。

消费时尚、流行与消费习俗都具有非强制性与排他性，是社会潮流与社会传统在消费者心理活动及消费行为中的特定反映。工商企业要充分注意消费时尚、流行与消费习俗对消费者心理和行为的影响，并利用它们来增强营销的主动性。

【关键术语和概念】

文化　亚文化　价值　社会文化价值观　消费价值观　消费审美取向　审美差异性　消费时尚　流行　消费习俗

【练习与讨论】

1. 试分析文化的层次结构及特征。
2. 根据中国人的核心价值观，你认为中国人的消费行为有哪些特点？
3. 日常生活中常见的消费价值观有哪些？
4. 讨论消费者审美心理的差异。
5. 讨论消费时尚与消费心理的相互影响。
6. 何谓消费习俗？联系实际说明消费习俗对消费者心理的影响。

第9章 新产品开发推广心理

◉本章学习要点

1. 新产品的含义
2. 消费者对新产品的心理需求
3. 新产品开发的心理策略
4. 影响新产品推广的各种因素
5. 新产品推广策略
6. 新产品接受者的类型及特点
7. 影响消费者对新产品需求的因素
8. 消费者采用新产品的过程
9. 产品生命周期各阶段的消费心理特点及营销策略

◉本章学习内容

1. 新产品开发心理
2. 新产品推广心理
3. 产品生命周期心理

◉个案分析

截至2013年12月31日，苹果公司的市值接近6 100亿美元，列世界500强第15位，成为全球最具价值的科技公司。但是早在2003年初，苹果公司的市值也不过60亿美元左右。一家公司在短短10年之内，市值增加了100倍，这可以说是企业史上的一个奇迹。苹果公司从之前的小苹果变成现在的金苹果，其成功主要缘于不断创新。

第一，产品的创新。

从1998到2013年，苹果公司陆续推出以i为前缀的创新产品。①1998年，第一款iMac推出。第一年iMac便成为市场上的最畅销款，它也是第一款以i为前缀的苹果产品。②2001年，iPod音乐播放器推出。此后Apple陆续推出10款iPod型号的音乐播放器。③2003年推出iTunes。iTunes作为一款具有强大商业模式的优秀软件，证明了只要价格合适、界面足够简单，人们是可以为音乐付费的。④2007年，苹果公司推出iPhone。此设备掀起了一场手机革命，将E-mail、电影、音乐和网站浏览组合到一个3.5英寸的移动电话中。⑤2010年初，苹果又推出 iPad。这款新产品采用了和 iPhone 同样的操作系统，外观也像一个放大版的 iPhone，在应用软件方面也沿用了 iPhone APP Store 的模式。

第二，理念的创新。

（1）根据用户需求设计新产品。在产品的设计上，苹果公司首先考虑用户的个性化需求以及操作的简便性。比如 iPod 不是第一款音乐播放器，却是第一款能够满足用户在欣赏音乐过程中各种需求的播放器。iPod 开发团队首先对 MP3 播放器为何滞销进行了调查，发现其中一个原因就是存储容量小，当用户想听别的歌曲时不得不将内容一条条地进行替换。因此，iPod 首先就定位在大容量播放器上。在设计上，为了使用户能更方便地操控，一切和音乐无关的硬件尽量避免。此外，iPod 还有一些附加的功能，如录音功能、数码相机伴侣、可以像移动硬盘一样存储非音频格式的数据文件等，满足了用户的工作和生活需求。

（2）超越顾客的需求。苹果公司不仅满足顾客的需求，而且要给他们必定想要的但还没有想到的功能。例如，用户对手机的追求已经不再是简单的通话功能，各种应用程序和良好的移动互联网体验才是现在以及未来用户关注的焦点，而 iPhone 提前为用户准备好了这一切。于是，iPhone 不仅仅取得了自身的成功，而且将手机市场引入了另一个境界，智能、触控、大屏幕、应用程序，在传统手机市场还没有反应过来时，它已经成为新一代手机市场的领军者。

第三，商业模式的创新。

（1）重新审视客户的价值主张，创造一个新市场。iTunes Music Store 就是这样一种成功的商业模式。它是苹果开办的在线音乐商店，和第三代 iPod 同时发布，其曲目更新速度往往比唱片发行还快，歌手众多，曲目、专辑信息非常详尽。苹果采用的这种服务模式非常切合消费者的实际需求，在这里，用户可以用 0.99 美元的价格下载新唱片中的任意一首歌，而不必为一两首歌买下整张专辑，并且在唱片公司的授权许可下，用户可以将歌曲刻录成普通 CD，有限制地复制到其他电脑上。同时，iTunes Music Store 的销售对于内容提供商来说边际成本很低，即使低价出售也有利润，因此他们有动力为 iPod 提供更多的内容服务。

（2）创新的赢利模式。对于苹果公司而言，赢利路径主要有两个：一是靠卖硬件产品来获得一次性的高额利润；二是靠卖音乐和应用程序来获得重复性购买的持续利润。由于优秀的设计，以及超过 10 万首的音乐和应用程序的支持，无论是 iPod、iPhone 还是 iPad，都要比同类竞争产品的利润高很多。同样，由于有上面这些硬件的支持，那些应用程序也更有价值。

（资料来源：东华大学旭日工商管理学院 2009 级 MBA 专业刘玉婷）

问：谈谈你对苹果公司创新行为的看法。

9.1 新产品开发心理

9.1.1 新产品的含义

当我们在讨论新产品开发时，第一个面临的问题是：什么是新产品？含氟牙膏是吗？“液晶电脑”是吗？依照许多专家学者的看法，不论是整体产品创新还是产品部分改革，凡是能够给消费者带来新的利益的，具有新功能、新特点、新结构的产品均为新产品。所以，营销学中的新产品具有非常广泛的含义。我们根据产品的创新或改进程度，可把新产品分为四种类型，每一种类型对于消费方式、消费习惯和消费心理的影响都有所不同。

1. **完全创新型产品**

一般是指由于科学技术的进步或者为了满足消费者某种新的需求而发明的产品。其特点无论是产品外观造型，还是内部结构、功能等，都是前所未有的，如飞机、电话、电子计算机均属于完全创新型产品，这类新产品的问世与推广，常常会对消费者的消费观念、消费方式、消费心理等方面产生重大影响。例如，电冰箱的出现，引起了消费者对某些食品购买方式和购买要求的变化，如购买次数减少，每次购买数量增加；各种适于冰箱存放的冰冻加工食品应运而生。对某些地区的消费者来说，冰箱还改变了他们的一些传统消费习惯，如由吃鲜活肉禽到吃冷冻肉禽等。一些专门与冰箱配合使用的商品如包装器皿、保鲜材料、清洁除味用品等也随之相继出现。

2. **换代型新产品**

一般是指在原有产品的基础上，经过较大的改革与创新而形成的新产品。其特点是保持原产品的基本属性，采用新材料、新原件、新技术，使原有的产品性能有飞跃性的提高。例如，由于电脑技术的应用，洗衣机从半自动过渡到了全自动电脑控制，性能有了重大突破。这类新产品一般不会对消费者的消费观念和消费方式产生重大影响，但由于其提高了产品的实际效用，所以会给消费者带来新的利益和心理上的满足感，对消费心理影响较大。

3. **改进型新产品**

一般是指在原有产品的基础上稍加改进而形成的新产品。其特点是在原有产品用途不变的情况下，在设计、造型、外观、用料等方面做部分改进，使产品的质量和效用有所提高，或使产品更加符合消费者的需要。如某些药品剂型的变化，由丸剂改为水剂，更便于患者服用和药效的吸收；服装中口袋、领型的变化，剪刀制成可折叠式，携带方便且安全等，由于这类产品的基本用途不变，所以对消费者的消费观念、消费习惯和心理影响不大，淘汰旧产品的能力也较差。

4. **仿制型新产品**

一般是指企业未有但市场上已有而模仿制造的产品。市场现成的样品和技术为企业根据自身特长和市场需要，模仿生产某些有竞争力的新产品提供了非常有利的客观条件，因此，它也是企业产品开发常用的形式。例如，A 企业生产的减肥茶已流行于市场，而 B 企业对该产品加以仿制，也推出了不同品牌的减肥茶，对 B 企业来说，这也是一种新产品。仿制是开发新产品最快捷的途径，风险也比较小，但仿制新产品不能生搬硬套，应进行适当的改造，以提高产品的竞争力。一般来说，此类新产品对消费者的消费观念、习惯和心理基本不产生影响。

9.1.2 消费者对新产品的心理需求

新产品的开发和生产能力是企业适应市场需求、保持竞争力的本钱，也是企业科研水平、技术水平、工艺水平的具体表现。可是，如果开发出来的新产品没有考虑消费者需要，那么产品开发能力再强，设计出来的产品再新颖也只能是前功尽弃。消费者对新产品的心理需求主要表现在以下几方面：

1. **功效显著**

功效显著的心理需求，就是消费者要求新产品比原有产品具有更高的品质、精确度和可靠性；具有更多的新特征、新功能和新工艺。

2. 使用舒适

使用舒适的心理需求，就是消费者要求新产品在使用过程中能充分适应人体的生理结构，给人以舒适感，有利于减少疲劳，增加心理上的愉悦感。

3. 操作便利

操作便利的心理需求，就是消费者要求新产品操作方法简单，容易掌握，保养维修方便，这是消费者在选购产品过程中，普遍存在的一种心理要求，怕“麻烦”心理往往使方便省力的产品设计受到消费者的普遍欢迎。

4. 审美情趣

审美情趣的心理需求，就是消费者要求新产品除了在功能、结构等方面适应消费外，还应有造型美、艺术美和色彩美等观赏价值。产品内在美和外在美的统一是产品使用价值与欣赏价值的和谐。符合人们审美情趣的产品往往容易受到消费者的垂青。

5. 表现个性

表现个性的心理需求，就是消费者希望通过具有独特个性的新产品来满足个人的个性心理需要。产品只有适应、体现消费者的个性，才能引起消费者的特别关注和偏爱。例如，在服装设计中，款式最为重要，因为大多数消费者在选购服装时，希望通过式样显示出自己的风格与魅力。

6. 追求时尚

追求时尚的心理需求，就是消费者希望通过使用时尚产品，表现出顺应时代、渴望变化、追逐潮流、求变、求异等心理需要。表现在消费需求上，就是喜欢追求新颖精致、合乎时尚的新商品。

9.1.3 新产品开发的心理策略

新产品开发是指研制新产品的过程。这是一项很复杂的工作，其程序可分为创意阶段、概念阶段、产品试制阶段和市场策略阶段，一般经历产品构思（创意）→筛选（评估）→概念的形成与测试→经济效益分析→产品试制→市场试销→正式上市七个环节。

产品的概念是整体性的，包含了核心产品、实体产品和附加产品三个层次，其中涉及多种心理因素。因此，新产品的开发设计除了在产品构思上以消费者需求为逻辑起点外，在产品实体及附加产品方面也应适应消费者心理，讲究心理策略。

1. 新产品的功能设计要力求多能、高效

产品是为满足人们消费而生产的物品。因此，在产品设计中除考虑提供基本效用，满足消费者生理上对商品使用价值的需求外，还应考虑增加附属效用，满足消费者在使用时方便、舒适的心理需求。因此，在产品功能设计上有两种趋向：一是许多产品逐步向“一物多用”的多功能、多用途方向发展。如把台灯、钟表、温度计、计算器、收录机等五种产品复合到一起的多功能台灯；既可当床又可当椅子的多用沙发等。二是不少产品向自动化、智能化方向发展。如最新的洗衣机和真空吸尘器，利用高级传感器自动判断灰尘污垢的多少，尔后用先进的控制系统自动调节，作出各种反应，免去了使用者的许多麻烦。日本的设计师正在设法开发能对语言指令作出反应的“智能”电路，未来连用手指按键的操作都可以省了。

2. 新产品的结构设计要注重合理、安全

为使消费者在使用商品的过程中感到方便和安全，新产品的结构设计必须要适应人体结构的要求，注意其合理性和可靠性。在新产品设计中，要根据人体各部位的结构特征，各部位的量度、力度、速度、长度等基本限度，以及使用的环境等进行综合设计，使产品在供人使用时操作安全，运用便当，强度适宜，减轻疲劳感，加速人体机能的恢复，避免因结构不合理导致人的肌体负荷过重，或因产品缺乏安全而引起消费者的恐惧心理。例如，床的设计，应根据人体结构特征，使人的脊椎处于最佳松弛状态；眼镜的形式变化，从手持式→夹鼻式→挂耳式→隐形眼镜等，都是人体工程学具体运用的结果。

3. 新产品的造型设计要讲究艺术、美观

随着文化素质的提高，消费者对商品与环境的欣赏和鉴别的能力也不断增强。这就要求设计人员在设计新产品时，必须了解人们的趋美需要与动机以及由文化、亚文化制约的审美标准，赋予产品时代感与美感，使产品不但具有理想的使用价值，而且具有一定的欣赏价值。商品美通常由色彩、线条、形体、声音等各种不同形式的因素构成，包括色彩美、造型美、艺术美、声音美。在产品设计中，应根据新产品的性质、特点、用途和不同消费者的审美要求，进行艺术设计。例如，在设计服装时，应针对不同年龄、不同文化背景消费者的审美观念和需要，在服装的色彩、款式、图案等方面，突出其美学价值，追求内在品质和外在美的统一，提供美的享受价值。

4. 新产品的个性设计要突出消费者的个性特征

消费者的购买行为受其个性心理特征影响较大，不同的消费者个性心理特征不同，对商品也有不同的要求。因此，在设计新产品时，一方面要考虑产品的功能、结构等共性要求；另一方面还要考虑产品的独特个性，使新产品与同类产品有显著的区别。产品的个性特点具体体现为：①显示成熟。设计新产品要具有成熟、智慧、大方、不失风度的产品个性。设计这类产品应以结构严谨、质量上乘、色调淡雅、大方实用为原则。②体现威望。新产品要能够提高消费者的社会威望和表现其个人成就。设计这类产品选料要上乘、款式要豪华、做工要精细，在产量、质量等方面要严格控制，体现出超群的产品个性。③标志地位。新产品成为某一阶层成员的共同标志，使用者可以借此表示自己所处的地位和身份，从而获得一种群体安全感和归属感。设计这类产品，应该以特定阶层的工作环境、经济地位、消费习惯和消费心理等为依据。例如，知识阶层与劳动阶层所使用的商品的个性应该是明显不同的。

5. 新产品的时代设计要适应社会潮流

社会潮流是反映多数人意愿的一种群体性、社会性的行为趋向，它是建立在消费者求新、求变、紧跟时代发展的心理活动基础上的。在设计时代产品时，要具有敏锐的观察力以及准确预见未来潮流发展的能力；善于发现时尚的规律，及时以产品的形状、颜色等的创新去适应社会潮流，在传递流行的同时，甚至可以创造流行、指导消费。

专　栏

海尔以消费者为目的，以消费者需要为导向进行技术革新，不断研制、生产出技术上领先，功能上令消费者满意的新型洗衣机。

在市场调查中，海尔发现许多消费者想购买滚筒式洗衣机，又苦于住房空间小。他们运用世界上最先进的技术，在容量不减的情况下进行超薄设计，并按照“人体工程学”原理设计衣物的投入方式，研究开发出顶开盖式“小丽人”滚筒式洗衣机。

针对困扰人们的传统洗衣机洗涤时间长、费水费电的问题，海尔又开发出了中国第一台螺旋飓风速洗王洗衣机。这种洗衣机以其特有的十段水位，十分钟速洗功能，内外筒之间无水中空洗涤，瀑布漂洗功能，赢得了众多消费者的青睐。

如今的海尔洗衣机，无论在生产规模上，还是科技含量上都达到了世界领先水平。

9.2 新产品推广心理

新产品完成设计、生产后，并不等于开发成功了，真正的成功体现在产品能够在市场上迅速为消费者所接受。所以，新产品的销售是个复杂的问题，也是值得研究分析的问题。一般来说，新产品销售的好坏除了与产品本身的质量、价格、功效、外观、宣传等因素有关外，还与消费者的心理因素以及企业的营销策略有关。

9.2.1 影响新产品推广的各种因素

新产品能否推广，能否为消费者所接受，会受到多种因素的影响。

1. 新产品本身的因素

新产品本身的特性能否被消费者尽快感知，是影响其推广速度的重要原因。新产品的特性主要有以下几个方面：

（1）新产品的优越性。消费者之所以对新产品感兴趣和产生购买欲望，关键在于一个“新”字，也就是新产品优异于旧产品的新特点，具体地讲，它优在什么地方，给消费者带来哪些利益，为消费者所知晓的程度，这都是影响新产品推广的因素。如果新产品的优点越多，表现越明显，越容易为消费者所接受，推广速度就越快；反之则慢，甚至不被消费者所接受。例如，近几年市场上流行的移动电话，它不仅功能多样，操作简单，迎合了人们追求时代潮流的心理，而且比一般电话有着明显的优点，因此，推广起来就容易。

（2）新产品的适应性。新产品的使用能否适应消费者长期形成的消费方式和消费习惯，直接影响消费者对新产品的可接受性。一般来说，凡是能够与现有消费方式、消费习惯保持一致或基本一致的新产品，可接受性就大，推广速度就快；反之则慢。这是因为改变人们形成已久的观念和习惯，代之以新的观念和习惯，不是短期能办到的。例如，暴露太多的比基尼泳衣，由于不符合中国人的传统消费观念和习惯，所以不易被中国消费者所接受。

（3）新产品的复杂性。新产品的构造是否复杂，消费者使用时是否方便，是否容易掌握其操作方法，对于市场扩散速度及其范围有很大影响。例如，高档照相机，构件精密、性能先进，可配合各种变焦镜头使用，但因技术高深、操作复杂、价格昂贵，一般消费者会望而却步。而所谓的“傻瓜”相机，具有自动聚焦、曝光、卷片等功能，操作非常简单，机身也很轻巧，因而对消费者颇有吸引力。

（4）新产品的可试性。消费者试用新产品的可能性的大小，对于新产品推广速度有直接影响，因为消费者对新产品缺乏消费经验，感到很陌生，往往处于观望、犹豫的状态。如果新产品能被消费者直接尝试，则消费者能亲身体验到产品的特点，可减少心理上的风险感，增加信任感，会有利于新产品的推广。例如，我国许多经营服装的商店允许消费者试穿，使人们可以通过试穿看到自己真正的穿着效果，亲身体验产品的优点、特性，而不仅仅是看着商品凭想象选购。

（5）新产品的沟通性。消费者购买新产品，不仅要满足使用上的需要，而且还希望自己所购买的商品的优点能传达给其他消费者并得到他们的肯定和赞许，由此得到心理上的满足。因此，新产品的社会沟通性强，便于被人观察、描述，或容易说明和示范，其市场推广速度就快；反之则慢。例如，时装、手表、装饰品，多暴露在外，产品的有关信息能见度高，传播也容易，推广起来就快。

2. 新产品的信息传播渠道

新产品在市场上扩散速度的快慢，很大程度上取决于企业与消费者之间的信息传递情况。新产品的信息传递渠道主要有以下三种：

（1）大众传播媒介。如报纸、杂志、广播、电视、网络等。借助这种渠道，新产品信息可以在广大消费者中广泛、迅速地传播。其中，广告是最常见的形式。

（2）人际传播。如消费示范、口头传播等。消费示范是指舆论领袖或早期使用者率先消费新产品，为后期使用者提供了榜样；口头传播是指家庭成员、同事及亲友之间往来活动中形成的信息交流。人与人之间的相互影响对新产品的接受十分重要。

（3）亲身经验。消费者通过亲身观察或试用来验证有关新产品的信息而取得的经验，也影响了他对新产品的看法和态度。自主性强的消费者对这一信息渠道比较重视。

以上三种信息传递渠道在新产品推广中都促进了消费者认知、了解、喜爱直至接受新产品，无论哪一种都不容忽视。但是，它们作用的大小并不相同。由于消费者对产品优点的信任更易来自他们自己所信任的亲友或崇拜的名流，因此，人际传播影响力最大。由于在实际生活中，许多消费者对商品广告心存疑虑，认为难免有自吹自擂的成分，因此，广告的影响力最小。

3. 新产品的目标市场

新产品总是要针对它的目标市场进行推广。而目标市场是指企业所确定的作为自己经营对象的某些特定需要的顾客，也可以说是企业的服务对象或企业产品的销售市场。例如，婴儿奶粉的目标市场是婴儿，而电动剃须刀的目标市场则是男性消费者。企业应了解和分析目标市场的各种特点，例如爱好、购买着眼点、文化水平、购买习惯和使用习惯等。只有在对目标市场作了调查研究的基础上，企业才能有根据地采取适当的销售策略，促使新产品较快地得到推广。

4. 推广新产品所需的时间

推广新产品的目标是在尽可能短的时间里，争取在市场上得到最大限度的普及。购买新产品所需时间是指一个消费者从初看到这个新产品到他们最终决定购买或拒绝购买该商品的这段时间。从最初接触到最后作出决策，消费者也受到各种各样的影响，他们考虑问题越来越具体，随时会寻找各种有关的信息来源作为参考，直到最后作出正式决策。当然，不同类型的商品，消费者所花费的购买时间是不同的。我们以消费者购买一台洗衣机的情况来分析。他第一次看到这个商品可能是由于带头人的推荐，也可能是由于广告给他留下了良好的印象。经过一段时间的思考，他开始认真考虑是否需要购买及购买什么型号的问题，这时，他会积极地寻找有关洗衣机的各种信息，通过耳闻目睹和相互比较，最后作出了购买A牌洗衣机的决定。但是，从决定购买到真正实施购买行为，中间又要经过一段时间的考虑。由此可见，耐用消费品的购买时间一般比较长，也比较复杂；而日用品的购买时间一般比较短，也比较简单。

9.2.2 新产品推广策略

1. 新产品销售的市场调查

市场调查工作贯穿于企业营销的全过程，其调查内容也十分广泛。为了全面掌握新产品的销售动向，要有针对性地进行有关新产品的市场调查，主要包括以下几个方面：

（1）新产品的潜在购买者调查分析。新产品的最早购买者和早期购买者对新产品的推广能起带头购买作用，但毕竟人数较少。新产品在市场上的销路如何，关键还在于中期购买者，所以，要重视对新产品潜在购买者的调查分析。而潜在购买者是无形的，对他们的分析只能从显在购买者的购买行为和购买心理的变化发展中去考察和推测。

首先，从首次购买和重复购买上分析。首次购买不等于会重复购买，一般消费者购买产品后，要经过亲自使用，对产品的所有特点都予以证明之后，才决定是否再次购买。如果消费者重复购买多，则新产品的后续销售能力就强，市场潜力就大。

其次，从小量购买和大量购买上分析。消费者首次购买新产品时，由于对新产品的品质、性能等方面不了解，购买数量大多是少量的。随着对新产品的了解和信任，消费者购买数量会逐渐增多。如果新产品销售长期处于零星、小量的购买状态，则说明市场销售潜力不大。

再次，从不稳定购买和稳定购买上分析。新产品的首次购买者，其心理状态多处于不稳定和变化之中。如果这种购买心理长期得不到转变，则意味着新产品的销量不可能扩大。

最后，从不认定购买和认定购买上分析。新产品上市之初，由于与其竞争的同类产品很少，而他们所关心的主要是新产品的功能特点，一般不认定购买，当同类产品大量上市，市场竞争日益激烈时，消费者开始对产品的商标、厂牌进行选择。

（2）竞争对手情况调查。包括竞争对手的数目和规模，竞争对手产品和服务方面的优缺点，竞争对手产品的定价策略、广告宣传方式及费用支出大小，竞争对手的销售渠道和营销管理的情况等。

（3）销售策略调查。包括广告宣传效果及广告费用开支情况，销售渠道是否合理与畅通，现有销售力量是否适应需要，其他促销手段对销售作用的大小等。

2. 新产品推广策略

新产品的推广过程是企业与消费者之间传递和沟通信息的过程，有效的新产品推广策略主要有以下几种：

（1）广告宣传策略。新产品最初出现在市场时，消费者对它还很陌生，因而在心理上缺少“安全感”，这种心理障碍会导致许多消费者采取等待观望的态度。特别是有些新产品的问世，是对消费者原有的消费习惯、消费方式及价值观念的否定，很多消费者在心理上没有接受及顺应这一变化的准备，这会导致他们对新产品采取消极甚至抵制态度。针对这些问题，企业应该要采用有效的宣传策略，大力宣传和介绍新产品的性能、质量、用途、使用方法以及为消费者所提供的服务，消除消费者心理上的障碍。一般企业运用的有效宣传：①实证法。②证据法。③论证法。

（2）价格策略。一般来说，新产品的价格往往比旧产品要高，消费者拒绝购买新产品的原因之一也是价格高。那么，为什么新产品在价格上出现阻碍消费者购买的情况呢？原因有两个：一是消费者对新产品无购买习惯，所以心理上对价格疑虑较大；二是由于新产品的性能、质量、原材料运用上都有所改进，所以价格都高于原有的同类产品，价格选择障碍很大。企业的做法是：第一，与同类产品在性能、质量上进行对比，从而说明价格提升的情况；第二，运用灵活的价格策略，对不同的产品采用不同的定价方法。凡消费弹性大的、替代品和同类产品多的、市场竞争强的产品，价格不宜定得太高；反之，消费弹性小、专用性强的、性能和质量改进大的商品，价格适宜定得高些。具体方法有：撇取定价法、渗透定价法和反向定价法。

（3）带头人策略。带头人即最早购买者，他们起着替其他消费者试用、验证产品的作用。带头人虽然人数少，但他们是推广新产品的中坚力量，影响力强。如果企业能有效地影响这些人，无疑对新产品的推广有明显的积极作用。因此，企业除了运用各种方式和手段宣传新产品的优点外，还要充分利用新产品的消费带头人进行证词性的宣传，创造消费者间接试用和尝试新产品的效果，打消消费者的顾虑，消除或减轻心理上的“不安全”感，带头人策略通常的做法是：①选准带头人，要借助有影响的人物。②要给带头人适当的鼓励。③要尽快收集带头人的反应。

（4）销售策略。主要包括：①样品试用法。挨家挨户免费送样品，这种方法适合于单价低且购买次数多的商品，如牙膏、洗发水等。消费者使用产品后，能判别出其独特的品质时，推销也就成功了。②示范表演法。为了使消费者相信新产品的价值，营销者要当众示范操作表演。不过，这种表演最好采取比较式而非竞争式。③特殊推销法。运用特殊手段进行推销，如有奖销售、展销会、附赠礼品等，吸引和刺激消费者购买新产品。

9.2.3 消费者采用新产品的过程

在研究企业应该如何推广新产品的问题之后，现在反过来再从消费者的角度看他们是怎样采用新产品的。在决定是否购买新产品的过程中，消费者要受到许多因素的影响，如果企业能认识哪些因素在什么情况下对消费者作出购买决策起主要作用，那么，企业就有可能采用有效的手段去促使消费者采用新产品。

1. 新产品接受者的类型及特点

也许大家都有过这种经验，把石头丢进一泓平静的湖里，于是水面上会荡起阵阵的涟漪，涟漪由小而大，由近而远，渐渐地扩大，最后终于扩散到湖里的每个角落。至于新产品扩散的过程，我们可以由“投石入湖”的例子得到一个清楚的轮廓。当新产品刚进入市场时，只有少数人购买，这就好像第一层涟漪一样，水圈很小，渐渐地围绕在带头人周围的人，也开始购买产品，于是涟漪荡得更大。最后，新产品终于传布到更多的消费者身上。因此，我们按照消费者采用新产品的时间顺序，把他们划分为以下五种类型：

（1）最早购买者。即新产品刚上市，最先实施购买的消费者。这部分消费者被称为新产品消费的带头人。其个性特点是自信心强，富有创造和冒险精神，他们一般性格开朗、活泼，对新事物反应敏感，喜欢购买和使用别人没有的商品，借以显示自己能力超群、思想解放。这部分消费者经济条件较好，以青年人为主，好胜心理需要对其购买行为有较大影响。他们虽然人数很少，但可以带动其他消费者购买新产品，对于新产品的推广有重要作用。

（2）早期购买者。即新产品上市初期，消费带头人购买新产品之后，马上实施购买行为的消费者。这部分消费者被称为新产品消费的积极分子。其个性特点是追求时髦、渴望变化，有一定的创新和冒险精神。这些人经济条件较好，社交广泛，活动能力强，求新心理需要对其购买行为有明显影响。他们与最早购买者一样，对于带动其他消费者购买新产品有重要作用。这部分消费者人数也较少。

（3）中期购买者。指经过最早购买者和早期购买者对新产品的特点、性能、用途、安全性等证实之后而实施购买行为的消费者。这部分消费者被称为新产品消费的基本群体，其个性特点是沉稳、谨慎、愿意尝试新事物，但又不愿过于突出，遵从社会群体规范。同步心理需要对其购买行为影响较大。这部分消费者为数较多，他们是促成新产品在市场上趋向成熟的重要力量。

（4）晚期购买者。指当大部分消费者接受并使用新产品后，才开始购买新产品的消费者。其个性特点是多疑、行动畏缩不前，感情不易冲动，对新生事物反应迟钝，总是被动地顺应消费趋势。他们严格遵守社会和群体规范，求实心理需要对其购买行为影响较大。这部分消费者人数大体上同“中期购买者”人数一样，他们对于新产品在市场上达到成熟与饱和状态作用巨大。

（5）守旧者。指最后购买产品和最终拒绝购买新产品的消费者，其个性特点是保守、非常重视传统和经验，一般对新产品持怀疑、反对态度，不愿改变固有的生活消费习惯。他们在性格上表现为内向，对事物认识常固执己见，他们社会交往很少，习惯心理需要对其购买行为影响较大。这部分消费者在新产品采用者中占的比例不小，这也是客观存在的。因为任何一种新产品，其性能再完善，使用价值再高，也不是所有消费者都会购买使用。

如果以新产品的全部购买者为100%，则上述五种类型的购买者的人数比例依次为：2.5%、13.5%、34%、34%和16%，如图9-1所示：

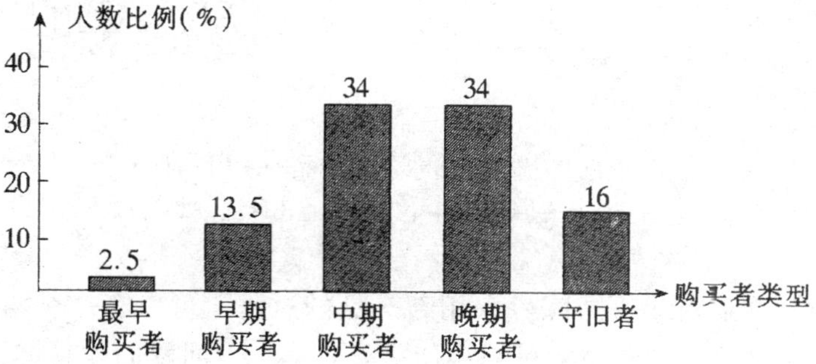

图9-1　新产品购买者各类型人数比例

2. 影响消费者对新产品需求的因素

影响新产品消费需求的因素不同，造成了消费者对新产品的购买行为上的差异。而影响新产品需求的因素，除了商品质量、价格和服务外，更主要的是以下五个方面：

（1）消费心理。由于心理上的差异，消费者对新产品的需求就有所不同。具有求新、好胜心理的消费者对新产品的刺激反应往往较为灵敏，占有欲较强烈，容易受新产品的影响；而保守、习惯心理的消费者则正好相反。

（2）经济状况。一般经济收入高的，支付能力就相对较高，因而就有条件追逐新产品。

（3）市场信息。从上面的分析中我们知道，消费者都会或多或少地受到各种信息来源的影响。一般来说，间接的信息来源（如广告等）在消费者开始接触新产品时能起重要作用。

但随着考虑内容的具体深入，这种信息来源对消费者的影响逐步减少，而直接信息来源（如家人、朋友的建议）变得更加重要了，同时，人与人接受信息的速度不一样，市场信息接受快的，对新产品就感兴趣。

（4）知识水平。据调查显示，最早购买某种新式录音机的顾客，往往是《无线电》和《家用电器》杂志的老读者。而经常翻阅《时装》和《文化生活》等杂志的人，才是服装的带头人。他们都具有较强的专业水平，善于利用自己掌握的知识，对新产品作出评价，从而减少购物风险。

（5）社会活动。喜好交际的人，爱面子，他们希望自己在社交活动中能给别人一个好印象，所以，对新产品占有欲比较强。

3. 消费者采用新产品的过程

营销心理学家罗吉尔把个人采用新产品的过程分成五个阶段，即知觉、兴趣、评价、试用及采用。每个阶段都受各种因素的影响，如图 9－2 所示：

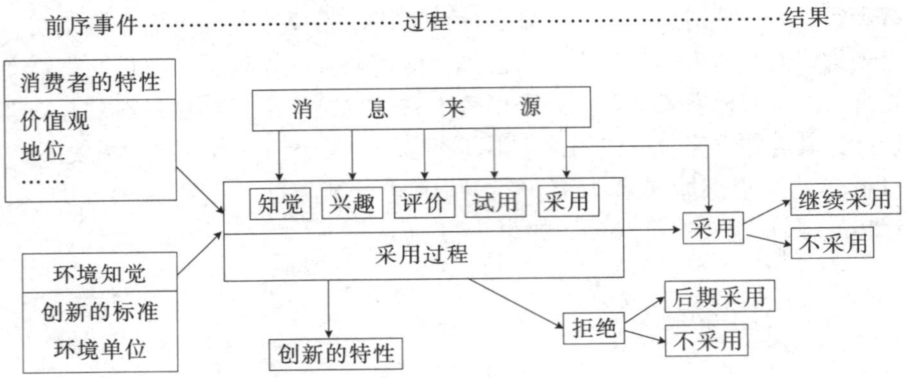

图 9－2　罗吉尔创新产品的采用

（资料来源：陈文华．消费心理与营销对策．北京：中国国际广播出版社，2002. 171.）

利用这个图表，我们对个人或家庭采用新产品的过程，可以有一个清晰的概念。显然，这个过程和我们以前谈到的购买决策过程相似之处颇多。下面我们就具体谈谈新产品采用的过程。

（1）知觉。当消费者接触到产品的物理刺激或社会刺激的那一刹那，就进入了知晓阶段。此时，消费者只是了解到有这种新产品的存在，但缺乏详细的了解和深入的认识。

（2）兴趣。当消费者对新产品感到好奇时，就进入了兴趣阶段。此时，消费者会去寻找有关的信息，这些信息包括：新产品比已有的产品好吗？价钱贵吗？别人对新产品的看法和评价如何？等等。当然，由于个人的价值观、消息的接收方式、个性、个人对风险的知觉以及社会影响力等各有不同，因此，所搜寻的信息也有所不同。

（3）评价。消费者在掌握一定资料、信息的基础上，对产品予以评价，并考虑是否值得购买这种新产品。一般来说，评价的主要目的是要降低不确定性。

（4）试用。一般来说，只有当消费者使用了新产品并感到满意之后，个人才会接受新产品且继续采用。这个使用新产品的阶段，我们称之为试用阶段。依照营销心理学家罗吉尔的看法，消费者在试用阶段时，购买产品的数量极少，如果没有机会试用，则消费者采用新产品的可能性会大为降低。

（5）采用。消费者对试用结果满意后，决定经常选用该产品，开始正式购买和大量重复购买。有些人甚至乐于为产品作义务宣传。

企业要成功地推广新产品，就必须使消费者尽快、顺利地通过这五个阶段。除了尽可能快速、广泛地传播产品的各种信息外，还应采用一些促销手段予以一定的刺激。

下面试以消费者购买洗碗机的经历为例，说明人们采用新产品的过程。

洗碗机的推广普及，首先一定是开始于消费者接触到这一新产品，然后渐渐地对它产生兴趣。当消费者对于初进入市场的洗碗机感兴趣时，他一定会积极地寻找各种介绍洗碗机的商品信息。当他对洗碗机有了初步了解后，消费者会根据自己的知识对洗碗机作出进一步估价，在头脑中进行总结分析，估计购买后对他有什么好处，会遇到什么问题。比如，购买后一定可以节省洗碗的时间，减轻自己的劳动强度，但是，洗碗机耗电，会增加经济开支。经过这些考虑和权衡利害得失之后，消费者还会通过各种方式对产品进行试用，大件耐用消费品的试用方式与日常用品不同，一般采用间接尝试的办法，如倾听已经购买和使用洗碗机的朋友们的意见和使用经验，到朋友家中去实地看看洗碗机的性能等。最后经过消费者的耳闻、目睹、手试，作出购买与否的决策。

9.3 产品生命周期心理

9.3.1 产品的生命周期

任何一种产品在市场上都有自己的生命周期。产品的生命周期是指一种产品在市场上出现、发展到最后被淘汰所经历的全部时期。它一般可分为引入期、成长期、成熟期和衰退期四个阶段。

产品生命周期是指产品的市场生命而非使用寿命。产品生命周期与产品使用寿命是两个不同的概念。产品使用寿命是指产品从开始使用到失去原有状态或丧失使用功能的过程，它主要取决于消费过程中的使用程度和维修保养等因素，它一般是具体的、有形的。当某一具体产品已无法继续使用时，其使用寿命也就结束了。而产品生命周期是指一种产品从被消费者接受到被抛弃的过程，它主要取决于社会经济、政治文化、科技发展、消费水平以及消费者的消费方式、消费结构和消费心理变化等因素。它一般是抽象的、无形的。当某一产品的使用价值不再为消费者所需时，该类产品的生命周期也就结束了。

9.3.2 产品生命周期各阶段的消费心理特点及营销策略

1. 引入期

引入期是指产品刚刚进入市场的时期，由于生产工艺还不成熟，技术上不够完善，因而产品尚未最后定型，性能和质量都不够稳定。但由于市场竞争对手少，新产品本身又具有创新和改良的特点，所以对消费者具有一定的吸引力。

这一时期消费者的心理反应及主要特点是：极少数消费者在求新、好奇、趋美的心理需求驱使下，起带头消费新产品的作用，而大多数的消费者则由于对新产品的性能、用途、优点等知之甚少，或是不愿承担购买风险，或是受原有消费习惯的影响，或是受经济条件的制约而不同程度地表现出拒绝购买的心理。

这一时期的营销心理策略是：①利用各种形式开展广告宣传，宜以报道性、纪实性的广告手法为主，着重宣传新产品的功能、特性、用途、优点、价格等，以便消费者对产品有较为全面的认识，消除疑虑心理。②采取适当的价格策略。由于此时市场上无价格参照物，少数消费者为满足好奇、求新心理，不太计较价格因素，同时新产品又具有新颖性和较好的品质，新产品价格可适当定高一些。③快捷灵活地选择销售渠道。即扩大产品与市场接触面，为消费者了解和熟悉新产品提供条件，扩大产品的销售，迅速占领市场。

2. 成长期

成长期是新产品在市场上打开销路的时期。这时的新产品已基本定型，市场需求量与销售量明显增加，并出现持续增长的趋势，厂家和商家的利润明显增长，竞争者开始出现。

这一时期消费者的心理反应及主要特点是：消费者对商品已有初步认识，购买的兴趣和欲望有所增强。一些热衷于消费的消费者，也已加入购买新产品的行列中。但是，由于新产品进入市场的时间还不长，大多数消费者还未完全消除心理上的障碍，他们仍在继续观察，尤其注意已购买的购后感受，以作为下一步行动的参考。

这一时期的营销心理策略是：①进一步提高产品质量，增加花色品种，努力创名牌。②改变广告宣传方式，重点宣传介绍产品的优点，充分利用新产品的消费带头人进行证词性的宣传，创造消费者间接试用新产品的效果，打消消费者的顾虑，消除或减轻心理上的“不安全”感。③价格方面，如在引入期采用高价策略，本阶段应适当降低价格，以增强产品竞争能力，吸引潜在消费者。④对销售渠道进行评价、调整，使之更合理。加强与销售网点的联系，注意采用新的销售渠道，方便消费者购买。

3. 成熟期

成熟期是商品在市场上走向鼎盛并趋向饱和的时期。这时的新产品已定型，工艺成熟；商品销售继续上升，企业利润达到高峰；同类产品在市场上不断出现，价格趋向一致，市场竞争激烈。

这一时期消费者的心理反应及主要特点是：消费者购买欲望强烈，并纷纷付诸行动。其中，有相当一部分消费者出于从众心理而进行购买。同时，由于大量竞争者的加入，市场竞争激烈，消费者购买时的选择心理加强，对产品的功能、款式、颜色、价格、售后服务及零配件供应等方面的要求也更高了。

这一时期的营销心理策略是：①在产品策略上，应注意发展变型产品、多功能产品，提高产品的质量，改变产品的特色和款式，为消费者提供新的利益，以吸引新的消费者或使现有的消费者提高再使用率。②在宣传广告策略上，应根据消费者的选择心理采用对比式广告，更多地向消费者介绍本产品的独创性和优异性。③在价格策略上，应更多地运用心理定价方法，如折扣定价、威望定价等，吸引老用户和争取新用户。

4. 衰退期

衰退期是商品在市场上由高峰逐渐走向衰落直至销声匿迹的时期。这时，产品已陈旧、老化，对消费者已失去吸引力，市场销售量急剧下降，利润也大量减少，竞争者纷纷退出市场，竞争相对变弱。

这一时期消费者的心理反应及主要特点是：一部分消费者已将兴趣转向其他商品，但仍有一些新产品的“守旧者”采取购买行为，以适应其保守心理和求廉心理。消费者的心态是既期待新产品出现，又希望老产品能降价处理。

这一时期的营销心理策略是：首先，利用产品质优价廉的优势去吸引那些经济收入不高，注重产品使用价值而不重视产品时尚的保守购买者。其次，要积极研制更新换代的产品，及时以新产品替代旧产品。最后，要对产品的衰退期有个正确判断，如判断不当过早淘汰，企业便不能获得预期的或可能的收益；如果延误时机又会带来不必要的损失。

【本章小结】

新产品的开发和推广是企业保持市场竞争力的本钱。所谓新产品是指能够给消费者带来新的利益的，具有新功能、新特点、新结构的任何产品。消费者对新产品寄予了一定的心理需求，具体表现在：功效要显著、使用要舒适、操作要便利、有审美情趣、能表现个性和时尚。针对消费者的心理需求，新产品开发的心理策略有：力求多能和高效，注重合理和安全，讲究艺术和美观，突出个性和适应社会潮流。

新产品的真正成功体现在能够在市场上迅速为消费者所接受。影响新产品推广的因素包括：新产品本身的特性、新产品的信息传播渠道、新产品的目标市场及推广新产品所需的时间。新产品推广的策略有：广告宣传策略、价格策略、带头人策略和销售策略。新产品面市后，受消费心理、经济条件、市场信息、知识水平及社交活动等因素影响，消费者接受新产品的时间有先有后，按接受新产品的时间先后，可以把消费者分为五种类型：最早购买者、早期购买者、中期购买者、晚期购买者和守旧者，不同类型的购买者，其心理特点也是不同的。消费者接受新产品的心理过程为：知觉→兴趣→评价→试用→采用。

任何一种产品在市场上都有自己的生命周期。产品的生命周期是指一种产品在市场上出现、发展到最后被淘汰所经历的全部时期，它一般可分为引入期、成长期、成熟期和衰退期四个阶段。掌握产品生命周期各阶段的消费者心理特点，有利于企业制定出适当的营销策略。

【关键术语和概念】

新产品　完全创新型产品　换代型新产品　改进型新产品　仿制型新产品　消费示范　口头传播　购买新产品时间　产品生命周期　产品使用寿命

【练习与讨论】

1. 以你所熟悉的某个新产品为例，说明其属于什么类型的新产品，并分析其产品设计符合目标消费者的哪些心理需求。
2. 简述新产品开发的心理策略。
3. 分析影响新产品推广的各种因素。
4. 讨论新产品购买者的类型及心理特点。
5. 以自己的购物经历为例，说明人们采用新产品的过程。
6. 讨论产品生命周期各阶段的消费心理特点和营销心理策略。

第10章　商品品牌和包装心理

◎本章学习要点

1. 理解品牌的含义
2. 商品品牌的功能
3. 品牌对消费者的意义
4. 消费者品牌选择的过程
5. 品牌设计的心理要求
6. 品牌运用的心理策略
7. 商品包装的心理功能
8. 消费者对商品包装的心理要求
9. 商品包装设计的心理策略

◎本章学习内容

1. 商品品牌与消费者心理
2. 商品包装与消费者心理

◎个案分析

随着竞争的加剧和消费的下降，美国的啤酒行业的竞争变得越来越残酷。像安豪斯·布希公司和米勒公司这样的啤酒业巨人正在占据越来越大的市场份额，把一些小的地区性啤酒商排挤出了市场。出产于宾夕法尼亚州西部小镇的罗林洛克啤酒在20世纪80年代后期勇敢地进行了反击。营销专家约翰·夏佩尔通过他神奇的经营活动使罗林洛克啤酒摆脱了困境，走上了飞速发展之路。而在夏佩尔的营销策略中，包装策略发挥了关键性的作用。

罗林洛克啤酒的包装实际上变成了牌子的广告。该公司为罗林洛克啤酒设计了一种绿色长颈瓶，并漆上显眼的艺术装饰，使包装在众多啤酒中很引人注目（消费者在30英尺外就能认出）。夏佩尔说："有些人以为瓶子是手绘的，它跟别的牌子不一样，独特而有趣，人们愿意把它当作工艺品摆在桌子上。"许多消费者认为装在这种瓶子里的啤酒更好喝。

罗林洛克啤酒的瓶子包装设计很讨人喜欢。看上去它不像大众化的产品，有一种高贵的品质，而且这种形象在很大程度上也适合啤酒本身。那个绿瓶子是确立罗林洛克啤酒竞争优势的关键。

（资料来源：www. coceo. com.）

问：罗林洛克啤酒的包装设计符合消费者的哪些心理要求？

10.1　商品品牌与消费者心理

10.1.1　品牌的定义与功能

1. 品牌的定义

品牌即商品的牌子，著名市场营销专家菲利普·科特勒（Philip Kotler）在其所著的《市场营销管理》中有精辟的定义，“品牌是一种名称、术语、符号或设计，或是它们的组合运用，其目的是借以辨认某一个销售者或某群销售者的产品或服务，并使之同竞争对手的产品和服务区分开来”。品牌主要包括品牌名称和品牌标记两个部分。品牌名称是指品牌中可以用语言表达的部分，如“索芙特”、“中国移动通信”等；品牌标记是指品牌中可以被辨认，但不需用语言表达的部分，如图 10－1 所示：

索芙特　　　　中国移动通信

图 10－1　品牌标记图案举例

商标是产品的法律名称，是指受法律保护的一个品牌或品牌的一部分。企业将其某个品牌或品牌的一部分，向政府有关主管部门注册登记后这个品牌或品牌的一部分就成为该企业所拥有的商标。

2. 品牌的功能

商品品牌具有以下几个主要功能：

（1）识别功能。品牌作为对消费者的一种知觉线索，是产品质量、声望、用途和价值的反映，是区别某一商品与其他同类商品的标志。品牌本身具有的相对稳定性，有助于消费者在购买过程中，对众多的同类商品进行辨别、比较和区分。品牌具有的鲜明形象，能给消费者以深刻印象，并有助于记忆和传播。

（2）保护功能。品牌商标在国家的商标管理机构一经注册登记后，就取得专利权，受到国家法律的保护，他人不得假冒或仿制，从而可以维护企业的正当权益，保护知识产权。同时，消费者一旦购买了该品牌的产品，就可获得咨询、维修、零部件更换等服务，或索取赔偿，从而保护了消费者的合法权益。

（3）象征功能。对于企业来说，品牌代表了该商品是某一企业生产和经营的，反映了该企业的经营特色和企业形象，有着与其他商品不同的质量与功效，便于宣传推广，有助于在市场上占领一席之地。品牌信誉建立之后，有利于稳定商品的市场价格，同时有利于带动同类品牌进入市场。

（4）增值功能。品牌内在具有无形资产价值存在，它本身可以随着自身价值的含金量增值或贬值。某一品牌产品因其质量、外观、功能、知名度、美誉度等得到消费者的认知和忠诚，该品牌产品即拥有了无形资产的价值，品牌资产不仅能够为消费者带来收益，还能够给企业带来效益。

10.1.2 品牌与消费者心理

1. 品牌对消费者的意义

当代社会，随着科技的进步和生活水平的提高，人们的消费需要已经从低级的生理、安全需要上升为尊重、求美、自我实现等高层次需要，消费者购买商品时，不再单纯是为获得商品的使用价值，更主要的是为了获取心理上的满足。而这种心理需要是通过品牌消费来实现的。品牌对消费者的意义有以下几个方面：

（1）品牌的象征意义。品牌的象征意义是指在消费者心目中，品牌所代表的与特定形象、身份、品位相联系的意义和内涵。此时，品牌不再是一种符号、图形，而是一种精神、意义的载体。一定意义上，品牌象征是商品品牌赋予消费者表达自我的一种手段。

消费者心理需要的内容之一是社会象征性需要，也就是人们的一种认识自我，表现自我并且期待得到他人和社会肯定的需要，它包括消费者的文化、生活方式、社会地位、自我形象和自我价值等方面的象征。例如，自我价值的体现是指消费者通过购买和使用商品，向外界表达自我、证明自我的价值。“野马”汽车最初是为追求刺激的青年人开发的一款车型，但是上市后，有很多中年人争相购买。公司调查发现，这些中年人希望驾驶“野马”车表现自己仍然年轻而富有活力。

（2）品牌的情感意义。品牌的情感意义是指在消费者的心目中，与品牌相联系的审美性、情感性文化意蕴。它巧妙地构建了一种生活格调，一种文化氛围和一种精神世界，引导人们通过移情作用，在商品的消费中找到自我，得到慰藉，获得情感上的寄托和心理共鸣。

品牌的情感意义来源于消费者的情感需要。情感是与人的社会性需要和意识紧密联系的内心体验，具有较强的稳定性和深刻性。情感对消费者的影响是长久和深远的。例如，一辆永久牌自行车就能够激起中老年消费者许多美好的回忆。并且，情感对消费者的品牌忠诚度具有重要影响。

（3）品牌的文化意义。从社会学角度看，商品是由品质、品韵和品德三种属性所构成。商品的品质体现了商品的使用价值；品韵体现了商品的欣赏价值；而品德则体现了商品的伦理价值，这种伦理价值就是品牌的文化氛围。一个被消费者广泛认同的品牌，必定在为社会提供优质产品的同时，创造或弘扬一种文化。这种文化在直接形态上表现为企业文化，如经营宗旨、企业精神、理念追求、风格风貌等。

品牌文化容易使消费者产生良好的品牌意象。品牌意象是指一种品牌在消费者心中的印象以及加之于消费者的一切特性和信念。消费者对某商品品牌一旦形成良好的意象之后，就会引起积极的心理效应，如产生偏好和有助于形成认牌购买的行为倾向。

2. 消费者品牌选择过程

消费者对于品牌的选择与评价，主要是基于两类基本的信息：可供选择的品牌集与品牌评价的标准。可供选择的品牌集，是指市场上所有同类产品的品牌中，包括消费者熟悉的品牌与未知的品牌，这些品牌都有可能被消费者选择的品牌集合。消费者选择的标准，取决于消费者的价值取向，这些标准可能以不同的形式表现出来：产品性能、质量、价格、身份象征、生活方式等，选择的标准通过消费者所获得的价值体现出来。美国消费者研究学者希夫曼提出了消费者品牌选择的关系模型。如图 10－2 所示：

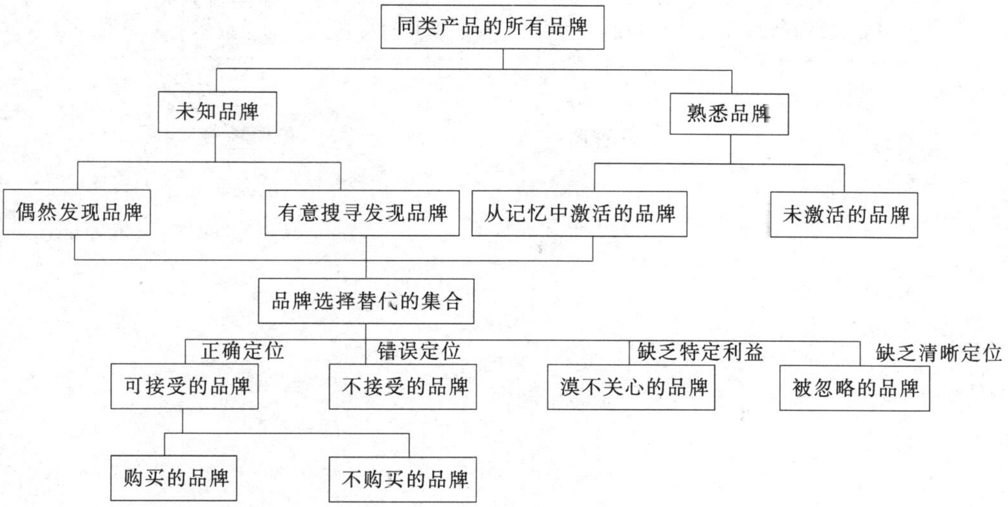

图 10－2　消费者品牌选择的过程

（资料来源：希夫曼．消费者行为学．北京：清华大学出版社，1999. 110～111.）

从上图所示的消费者选择品牌的过程，可以分析出：第一，消费者根据对品牌的感知程度，把品牌分为熟悉品牌与未知品牌。熟悉的品牌一般是在消费者心目中已经建立了的品牌，可能是好的品牌，也可能是坏的品牌。未知品牌是消费者未感受的品牌。第二，被激活的品牌或在一定的媒体和促销影响下的品牌一般进入消费者可选择的品牌集合。受外部环境的影响，一定的外界刺激可以使消费者建立起对某个品牌的地位。第三，缺乏正确定位或准确定位的品牌，一般被消费者拒绝、忽略或漠不关心。第四，从消费者对品牌的选择过程来看，有效的品牌经营首先应使品牌进入消费者品牌的选择集合中，然后通过准确的品牌定位，激活消费者对品牌的认知。

消费者品牌选择的模型告诉我们，消费者对品牌的选择主要是基于心目中品牌形象，但某一特定或偶然的因素也可以影响到消费者品牌的选择过程。因此，营销者应加强品牌对消费者的刺激并准确地表达定位意图。

一般来说，消费者品牌选择的优先准则有以下四个：

（1）经济标准。消费者作出购买决策的标准的基础是他们对价值的理解，这里的价值是指消费者所获得的顾客让渡价值，顾客让渡价值即总顾客价值与总顾客成本的差额，总顾客价值就是某一特定品牌所代表的产品服务的一组利益，总成本是总顾客在评估、获得或使用该产品或服务引起的顾客的预计费用。消费者选择品牌的模式如图10－3所示：

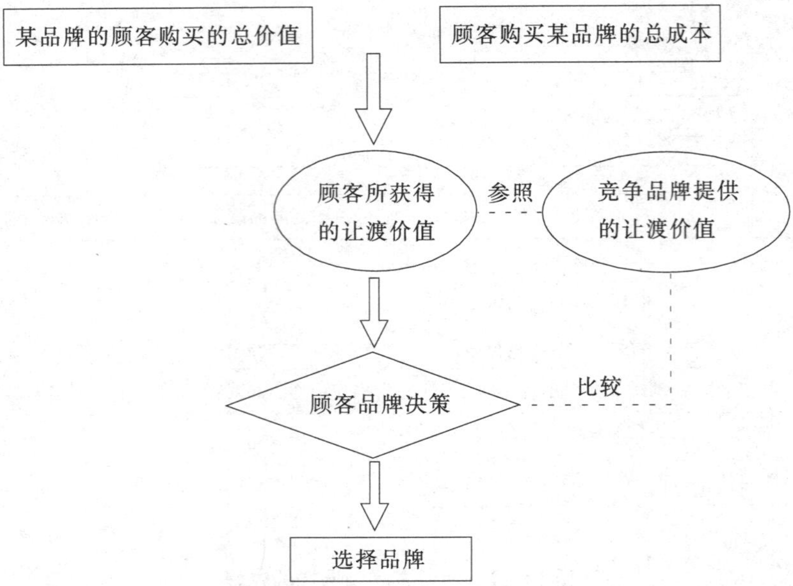

图 10－3　消费者品牌选择的经济基础

（2）知名度或先期认知。消费者对于品牌的先期认知会影响消费者对于品牌的决策，一般而言，知名度越大的品牌，越容易被消费者选择。知名度反映了品牌在消费者心目中的能见度，对某些品牌而言，它就是购买驱动力，品牌的知名度会影响消费者的认知与态度。

（3）从众倾向或参照群体作用。参照群体在消费者品牌决策中发挥着很大的作用，产生了一系列社会力量，包括偶像力量、信息力量、合法性力量、专家力量、强制力量等。从众心理会使得消费者关注其他人的购买或期望自己的购买受人关注，参照群体对于消费者的品牌选择起着参照作用，尽量回避“厌恶群体”，趋近“向往群体”，尤其在一些奢侈品的购买决策中，参照群体对消费者品牌决策的影响很大。

（4）需求层次。根据马斯洛的需求层次理论，人的需求分为七个层次，即生理需求、安全需求、社会需求、自尊需求、求美需求、求知需求、自我实现需求。这些需求是分层次的，消费者进行品牌选择时，其对品牌需求是消费者内在的动力。一般而言，如果品牌所代表的含义和功能与消费者的需求层次相匹配，这种品牌就易于被接受。

以上是消费者品牌选择优先准则的主要因素，但是消费者对于品牌选择的过程是一个复杂的心理过程，除了这四个方面以外，还会受到消费者的动机价值观、文化、社会习俗等方面的影响，甚至一些偶然的因素对于消费者也能产生很大的影响。因此，在分析消费者对于品牌选择的实际过程中要针对具体的产品、具体的环境、具体的群体来综合分析消费者对于品牌的选择。

10.1.3　品牌设计与运用的心理策略

1. 品牌设计的心理要求

依据巴甫洛夫的暂时神经联系学说，任何适宜强度的无关刺激，比如文字、符号、图形等，借助经典条件反射的形成方式，都可能变成条件刺激。品牌作为特定商品的条件刺激，设计的一个基本目的是准确、迅速地传达制造商或商品的信息。品牌设计的心理需求主要有以下四个方面：

（1）鲜明的个性。品牌代表着特定商品的独特性质，应独具特色，以便于消费者认知和识别。鲜明的个性可达到分化的效果，即在众多品牌之中脱颖而出，注重给人的第一印象，把消费者的注意力吸引过来，产生强烈的感染力，因为吸引力本身就是一种积极的强化因素。

（2）深刻的寓意。品牌设计应寓意美好、耐人寻味、情趣健康，应有利于激发消费者积极的情感体验和品牌意象的深化，同时还应做到具体、准确、概括、名实相符。调查研究消费者如何理解商品内在所表达的象征意义，遵循消费者心理活动的规律和特点，把人们对生活的美好意愿寓于品牌的创意之中。

（3）简明的形式。进行品牌设计时，文字要言简意赅、通俗易懂、易认、易读、易听、易记、易传，有利于传播，图案要简洁明快，含义传递贴切。

（4）广泛的适应性。品牌设计要适应不同销售地区消费者的习俗、不同社会的道德情感、不同层次消费者的个性和心理感受。

2. 品牌运用的心理策略

只有成功的品牌设计，而不会巧妙地加以运用，品牌的潜在功能就不能得到很好的发挥。因此，我们还要进一步研究品牌心理策略的运用。

（1）产品使用统一品牌。这种策略是指一个企业所生产的全部产品都使用同种品牌。例如，“金利来”涵盖了公司所生产的服装、领带、皮带、皮包等全部产品。采用这种策略的好处是：建立统一的品牌信誉，可以壮大企业的声势；可以利用原有产品品牌的良好影响力迅速打开新产品销路，并节省费用；有助于加快消费者对生产者和经销商及其商品的认知，有助于连带购买。但这种选择风险较大，当某种产品质量下降或不稳定时，往往会影响全部商品的声誉。因此，采用该策略须使同一品牌内每种产品的质量水平一致，以免因其中一种产品在消费者心目中失去信心而影响其他产品的销售。

（2）各类商品使用独立品牌。这种策略是对一个企业生产的多种产品分别采用不同的品牌。例如，中国宝洁公司生产的洗发水，分别采用“海飞丝”、“飘柔”、“潘婷”等品牌名，洗衣粉则以“碧浪”、“汰渍”为品牌名。采用这种策略的好处是：有利于企业增加商品的花色品种，明确产品的质量差异，便于消费者认牌购买性质、功能、档次不同的商品，并可满足消费心理需求。同时可以在一定程度上避免因经营某种产品失败而累及企业其他商品的风险，有利于维护名牌产品的地位和信誉。但独立品牌的成本费用大，包括品牌设计费用、注册费用和推广费用等。

（3）使用销售商品牌。这种策略是指销售商利用自己商店的形象，采用自己的品牌。传统上，品牌是商品制造者的标志。但随着商品经济的发展，一些实力雄厚的销售商在消费者心目中享有盛誉，他们创立了自己的品牌，希望利用自己的信誉在市场上展开商业竞争。而对于一些实力较弱的中小企业来说，商誉较低，没有足够的营销力量来宣传自己的产品，很难与大企业抗衡，很难将自己的品牌打入市场。在这种情况下，使用信誉好的销售商品牌，就能利用销售商的声誉促进产品的销售，避免风险损失。例如，新加坡、中国台湾等地的企业就常利用美国西尔斯公司的品牌，将自己的产品成功地打入美国市场，这种策略对于开发新产品、扩大产品销路有一定的作用。

专　栏

丰田公司准备争夺高档豪华车市场，但丰田与旗下各品牌如花冠、皇冠、佳美等在消费者心目中“低档、省油、廉价”的品牌形象已根深蒂固。要改变公众心目中固有的观念谈何容易。于是丰田专为高档车推出一个全新品牌——凌志，经过数年呕心沥血、潜心研究，隆重上市，一役而成功。凌志车上还故意隐去企业名称，车身上未标有丰田的标志，而丰田公司的其他品牌，如花冠、佳美等车上都标有丰田标志。这是丰田公司为了不让消费者对公司传统品牌与新品牌之间产生联系，消除丰田形象对高档车的营销障碍而做的刻意安排。无独有偶，本田推出高档车时，也采用了全新品牌，车身上也故意隐去了本田的标志。

[资料来源（改写自）：翁向东．展现个性，锁定目标消费群．重庆商界杂志社（www. shangjie. com），2001－05－05.]

10.2　商品包装与消费者心理

近十年来，由于越来越多的商品经由自动售货机大量出售，使建立以包装作为销售吸引力的工作逐渐变得重要了，而企业目前从事包装设计所花费的心力更多于以往，目的是以此刺激消费者的购买。

10.2.1　商品包装的心理功能

商品的包装，泛指一切用于包裹、盛装、束缚和保护商品的容器或包扎物，以及用于装饰商品的装饰物。它是商品的重要组成部分，在现代市场营销观念中，商品包装不仅是承载、储存和保护商品的重要工具，也是美化商品、宣传商品的重要手段，更是直接影响商品价格和销路的主要因素。

商品包装对消费者购买心理的影响功能，主要表现在以下几个方面：

1. 识记功能

商品包装是协助和指导消费的理想媒介。一种商品的包装，一般都是有相对固定的材料、色彩、图案来显示其独特性，以区别于其他种类的商品或其他牌号的商品。商品包装便于消费者识别和记忆，便于对商品的比较选择，促进了消费者对商品的认识过程。

2. 便利功能

包装还能使商品以适当的分量、可靠的保藏手段和方便的开启方式，使消费者易于携带、保管和投入使用。同时，包装上的有关商品构成成分、使用方法、注意事项等图画文字，为指导消费者正确使用商品提供了必要的依据，给消费者购买、消费带来了方便。

3. 美化功能

构思独特、设计精良的商品包装，不仅能起到保护商品的作用，而且起到了美化商品的作用。色彩鲜艳、构图新颖、造型奇特、文字醒目的包装，不仅能够吸引消费者的视觉，使消费者赏心悦目，得到美的享受，而且能够引起消费者的兴趣，激发其购买欲望。

4. **增值功能**

良好的包装能赋予商品一种特殊的象征，建立商品的高贵形象，提高商品在消费者心目中的身价，使消费者的自尊、社交心理得到满足。营销心理学家发现，在很多情况下，商品的外包装可以影响消费者对商品内在质量的判断，进而对商品产生依赖感，并愿为其付出较高的价钱。

国际上零售方式的变化，如超级市场、货仓式商店、开架售货等方式的盛行，使得向消费者介绍商品的责任，更多地由包装来承担。这样，包装不但是商品的承载者和保护者，而且成为商品的宣传广告和无声的推销员。

10.2.2 消费者对商品包装的心理要求

在包装设计中，面对品种繁多、各具特色的商品，不论采用什么材料、什么形式以及如何进行装潢设计，都要注意到商品包装如何才能满足消费者心理需要，产生更好的心理效果。一般来说，消费者对商品包装的心理要求主要有以下几个方面：

1. **突出商品形象**

美观实用的包装虽然能产生较强的吸引力，但对大多数消费者来说，最关心的还是包装的内容物。因此，包装设计必须运用多种手段，直接或间接地反映商品特性，生动如实地显露商品的形象。例如，采用透明或开窗式包装，可使消费者亲眼见到商品的实体形象，消除疑虑和不信任心理；采用印有真实商品图案或照片的包装，不仅生动地再现了商品的形象，而且还会使消费者联想到使用时的效果；采用个性化包装或系列包装，能给消费者某种意向去认识商品的性质。这些也是一种突出商品形象的好方法。

2. **富有时代性**

在消费者购买活动中，求新求变的心理最具有代表性。在这种心理支配下的购买行为不仅要求商品的性能、特点具有时代感、新鲜感，对商品包装的现代化要求也十分强烈。因此，商品包装设计应在材料研制、制作工艺、装潢造型等方面，充分利用现代科学技术，采用现代制作工艺，赋予包装以浓厚的时代特色，给消费者以新颖独特、简洁明快、科学先进的感觉。例如，轻量强化玻璃瓶、高质轻化铝罐、轻型塑料容器、经防水树脂处理的纸容器等在很大程度上代替了原来的玻璃、金属、陶瓷包装。这些新型包装不但大大降低了重量，节省了成本和日趋贫乏的自然资源，而且其防水、防震、防破碎、防变形等功能也远远超过旧式包装，深受消费者的喜爱。

3. **使用安全便利**

包装设计要考虑消费者购买商品后携带、搬运、保管、使用等方面的便利和安全问题，力求包装设计科学合理。因此，包装设计应在充分研究商品的性质、重量和用途的前提下，首先，根据不损坏商品及不伤害消费者安全、健康的原则，选择适当的包装材料；其次，根据便于消费者携带、搬运、保管、使用的原则，设计好包装的结构、形状、规格和开启方式；最后，根据消费者所担心的问题，在商品包装上印有使用和保管等方面的知识介绍，也是为消费者提供方便不可缺少的设计要素。

4. **诱发美好的联想**

不同的消费者由于文化、民族、地域、宗教、年龄、性别、收入等各不相同，对同一事物也会产生不同的理解。对于同样一种商品包装，不同的消费者也会持有不同的看法和感受，产生不同的联想。因此，包装装潢的每一项设计，如造型、文字、绘画、色彩等都应全面考虑目标市场的各种因素，力求使包装设计积极、健康、美好，能够引发消费者的积极联想，符合消费者的良好愿望。例如，食品包装物上写有“新鲜”、“优质”、“脆”等突出字样，利于诱发增进食欲的各种联想。同样，包装的色彩也能引起消费者不同的心理联想，如绿色给人以安宁、生机盎然的联想，红色代表喜庆吉祥，橙色、黄色能使人精神振奋，粉红色则会使人变得安静等。

总之，商品包装应力求符合消费者各方面的心理需要，以激发消费者的购买兴趣和欲望，从而达到促进商品销售的目的。

10.2.3 商品包装设计的心理策略

对许多生活消费品来说，商品包装是吸引消费者注意力、刺激消费者购买欲望、提高产品销售量的根本手段。为了使商品包装设计取得成功，就必须要求设计人员对商品本身诸因素、市场诸因素和消费者的心理诸因素加以综合分析研究，从而设计出既能体现商品特点，适应市场的竞争，又能迎合消费者心理需要的包装样式来。总的来讲，在包装设计时应注意八大原则：一是考虑消费者的性别，二是考虑消费者的年龄，三是考虑消费者的收入水平，四是形状必须别致美观，五是大小要符合各种需要，六是材料要配合产品，七是色彩必须鲜明悦目，八是要注意全盘的美感。

商品包装设计的心理策略主要有以下三种：

1. 按照消费者的消费习惯设计的包装

在人们的日常生活中，生活经验、传统观念、生理特点等原因，都会形成一定的消费习惯，消费者的习惯差异是根深蒂固的，并且对消费者的购买行为有着深刻影响，因此，按照消费者的消费习惯设计商品包装，是一种十分重要的心理策略。属于这种设计的一般有四种：一是传统型包装。是指某类商品长期沿用的特有的包装，这种包装更能适应消费者的习惯或传统的观念，便于他们记忆和识别商品。例如，各种酒类大多采用玻璃瓶包装，而茶叶类大多采用铁罐包装等。二是配套包装。是指将关联度大的不同类型和规格的商品组合在一起的包装。这种包装能适应消费者对某些商品具有消费连带性、匹配性的要求。例如，新生婴儿用品系列的“宝宝包”，内有不同容量的奶瓶、奶嘴、保温袋、婴儿护肤品、洗浴用品、衣服、袜子等，此外，茶具的配套包装、餐具的配套包装等也比较常见。三是系列包装。是指将同一企业生产的不同产品采用相同或相似的图案、形状、色彩的包装。这种包装能适应消费者易于识别、便于记忆、信任名牌等心理要求。例如，雅芳（中国）有限公司生产的“新活”护肤系列产品的包装采用的就是这一策略。四是分量包装。是指将商品按不同分量分装的包装，如袋泡茶叶、小瓶装香水、营养口服液等。这种包装能使消费者在使用时有方便感，有的商品价格高，一次购买量大，消费者难以接受，而分量少、体积小的包装却能使消费者产生便宜感，也便于消费者尝试性购买。

2. 按照消费者的消费水平设计的包装

消费者由于其经济收入、家庭负担及文化背景的不同，消费水平也会有很大差别，而不同的消费水平，会对商品的包装提出不同的要求。因此，企业针对这一特点，在包装设计上可采用五种策略：一是等级包装。是指按照商品的价值等级设计与其相匹配的包装，也可以对同质同类商品采用精装、简装两种区分等级的包装，这种包装是为了适应不同经济收入、不同社会地位和不同购买用途消费者的要求。二是特殊包装。是指为适应消费者的某些特殊需要，对价格昂贵、货源稀缺、工艺精良的名贵商品采用具有较高欣赏价值或珍藏价值、突出商品名贵性的包装。例如，一些珍贵工艺品的包装，盒面装潢美观，盒内有丝绒衬垫，体现了工艺品的稀有名贵，身价倍增。这种包装能够满足消费者求名、求荣等心理的需要，也可增强消费者对商品的信赖感。三是复用包装。是指一种能周转使用或具有双重用途的包装。这种包装是为了适应消费者一物多用及求利心理要求。它所具有的适用性、耐用性和艺术性，不但使消费者愿意付出较高的价格购买商品，而且客观上起到了长期广告宣传的作用。四是礼品包装。是指对用于赠送他人的商品进行的包装。它符合消费者进行社交活动和希望与人沟通的心理要求。这种包装在装潢上应力求富丽堂皇，富有喜庆色彩，以便提高礼品的档次。尽管礼品包装使商品价格有所提高，但它增加了礼品的价值感，消费者仍会乐意接受。五是简单包装。是指构造简单、成本低廉的包装。包装形式主要是塑料袋、纸袋、纸盒等，通常用于大量使用的日常生活用品，如卷纸、牙膏、食盐等。这种包装符合普通消费者勤俭、讲求实惠的心理要求。

3. 按照消费者的性别年龄特征设计的包装

人们在性别和年龄上的差异，必然导致生理和心理需要的不同，从而引起对商品包装的不同要求。随着市场细分化的发展，这种包装设计策略的作用越来越显著，成为拓展市场的策略之一。一是男性化包装。是以表现男性消费者追求刚劲、坚毅、粗犷、庄重、大方等心理要求为特征的包装，包装设计要突出其科学性和实用性。二是女性化包装。是以表现女性追求温柔、典雅、清新、纤秀等心理要求为特征的包装。包装设计要线条柔和、色彩别致、造型精巧，突出其艺术性和流行性。三是少年儿童用品包装。是以表现少儿消费者活泼好动、求知欲强、爱模仿和幻想等心理要求为特征的包装，包装设计要形象、明快，突出其知识性和趣味性。四是中青年用品包装。是以表现中青年消费者追求新颖、时尚、美观、大方等心理需求为特征的包装，包装设计采用时尚与实用相结合、知识与情感相结合，突出其个性和时尚性。五是老年用品包装。是以表现老年消费者追求朴实、庄重、便于携带、使用安全的心理需求为特征的包装，包装设计采用传统与实用相结合，突出舒适性和便利性。

【本章小结】

品牌和包装是商品的重要组成部分，并对消费者的购买决策有着重要的影响。所谓品牌，即商品的牌子，它是由品牌名称和品牌标记两部分组成的。商品品牌具有四大功能，即识别功能、保护功能、象征功能和增值功能，它对消费者具有象征、情感和文化等意义。消费者品牌选择的准则包括：经济标准、知名度或先期认识、从众倾向或参照群体作用以及需求的层次。品牌设计的心理要求是：具有鲜明的个性、具有深刻的寓意、具有简明的形式、具有广泛的适应性。品牌运用通常有三大策略，即统一品牌策略、独立品牌策略和销售商品牌策略。

商品包装设计在激烈的市场竞争中起着十分重要的作用，它对消费者的购买心理有很强的刺激作用。商品包装的心理功能有：识记功能、便利功能、美化功能和增值功能。消费者对商品设计寄予厚望，希望能体现消费者的多种心理要求，如突出商品形象、富有时代性，使用安全便利和诱发美好的联想。商品包装设计必须把商品特点和主要消费对象的特点结合起来，主要设计的心理策略有三种，即按照消费习惯设计、按照消费水平设计和按照性别年龄特征设计。

【关键术语和概念】

品牌　品牌名称　品牌标记　商标　品牌意象　可供选择的品牌集　顾客让渡价值　总顾客价值　总成本　统一品牌策略　独立品牌策略　销售商品牌策略　商品包装　传统包装　配套包装　系列包装　分量包装　等级包装　特殊包装　复用包装　礼品包装

【练习与讨论】

1. 如何利用品牌因素来适应和满足消费者的需要?
2. 举例说明消费者品牌选择过程。
3. 简述品牌设计的心理要求。
4. 讨论对“创立中国名牌”的看法。
5. 如何根据消费者的心理需要进行产品包装的设计?
6. 进行市场调查，各举一个包装设计成功和失败的例子，并进行分析、说明。

第 11 章　消费者价格心理

⊙本章学习要点

1. 价格在营销心理学上的意义
2. 价格的三大心理功能
3. 消费者的价格心理
4. 商品定价的心理策略
5. 价格调整的心理策略

⊙本章学习内容

1. 商品价格的心理功能
2. 消费者的价格心理
3. 商品定价和调整的心理策略

⊙个案分析

在一个家具展销会上，各式新潮家具琳琅满目，而顾客却寥寥无几。一位男性顾客走了进来，他想买一个浅色组合衣柜，转了一圈后，一个设计典雅的浅驼色双门组合柜吸引了他的目光，过去仔细一看，标价 2 380 元，“或许讲讲价，2 000 元能买下来”。这位顾客正想开口，一位女销售人员走过来小声地说：“您要真心想买，价钱好商量。”“最低卖多少?”“咱甭兜圈子，1 550 元您搬走。”这位顾客一听犹豫了，他敲敲这，摸摸那，下不了决心。这时，又有一位卖主凑过来，硬把这位顾客拽到一套家具旁，很诚恳地对他说：“您看，这个标价 1 980 元，你要是买，1 300 元怎么样?”

这到底是怎么回事？顾客不敢买了，赶紧离开了这“是非之地”。

（资料来源：吴爱明等．商业公共关系实例．天津：天津科技翻译出版公司，1990. 51.）

问：1. 为什么顾客最终跑掉了？试从营销心理学角度来分析。

2. 如果你是那位销售人员，你会怎么做？

11.1 商品价格的心理功能

1. 商品价格的含义

什么是商品价格？从不同角度讲，有不同的含义。

从政治经济学角度看，商品价格是商品价值的货币表现。价格是商品价值与货币价值之比。如果其他条件不变，生产一种商品的社会必要劳动时间减少了，价格就会下降；反之，价格就会上升，这就是说，商品价值决定商品价格。

从市场营销学角度看，价值决定价格，并不是说在每一个场合的商品价格总是符合商品价值的。在市场供求关系发生变化以及市场竞争出现的情况下，商品价格与商品价值的背离现象是不可避免的。因此，从营销学的角度看，商品价格是由市场供求关系和竞争的需要决定的。

从营销心理学角度看，除了商品价值、市场供求关系和市场竞争决定商品价格外，事实上，消费者的心理变化对商品价格的升降也起着不可忽视的作用，因为商品价格的高低，直接影响买卖双方的切身利益，也直接影响消费者对某些商品是否愿意购买以及购买数量的多少。所以，从营销心理学的角度看，商品价格是以消费者在心理上是否愿意接受为出发点的。

商品是要卖给消费者的，只有卖出去了，商品的价格和价值才能最终实现。因此，在制定价格时，必须特别注意是否符合消费者的心理。如果一种商品虽然本身价值不大，但迎合了消费者的某种心理需要，价格即使定得高，消费者也乐意购买，如情人节的各种鲜花就是这样。而如果消费者认为以某种价格购买某种商品不值得，他们就会拒绝购买。这就表明，营销心理学意义上的价格，是随着商品拥有者和消费者的购买心理状态的变化而变化的。因此，价格在营销心理学上具有特殊的意义。

当然，从商品交换的实际情况看，不论是商品价值、市场供求关系和竞争需要，还是消费者的心理需要，对商品价格都有不同程度的决定意义。但是，以往经济学家在解释价格问题时常常讲供求关系、原料成本、费用及其他因素对价格产生的决定性作用，而较少讲到价格与消费者心理的作用和反作用的关系。从表面看，掌握和使用价格这个工具的是商品生产经营者，因为是他们把产品和价格创造和制定出来。但是从另一方面说，消费者也在运用着价格这个工具，使得商品生产者和经营者不得不重视和迎合消费者的心理欲求和变化。可以这样说，价格的产生或制定无论在理论上是多么成功，但如果没有得到消费者心理上的认可，消费者不付诸购买行动，这样的价格也是没有意义的。

2. 商品价格的心理功能

价格心理是消费者购买心理的一个组成部分，它是商品价格这一客观现实在消费者心理上的反映，由于消费者对商品价格的认识程度和知觉程度是不同的，因而价格心理也存在差异。从消费者的价格问题上的一般心理活动来考察，价格通常具有以下的心理功能：

（1）衡量商品价值和商品品质的功能。由于商品信息的非对称性及消费者的购买行为的非专业性，消费者在选购商品时，总是自觉或不自觉地把价格同商品品质及内在价值联系起来，把价格作为衡量商品品质优劣和价值大小的最重要的尺度。他们往往会认为，商品价格高，则意味着商品的质量好，价值大；商品价格低，则说明商品的质量差，价值小。由于这种心态的驱使，在日常购物行为中，我们很容易发现，对于内在价值与质量完全相同的商品，只要包装不同，价格就不同，消费者一般认为豪华包装的商品一定好于简单包装的商品。而对于一些处理品、清仓品，降价幅度越大，消费者的疑虑心理也就越重，越加不愿问津。在现实生活中“一分钱一分货”、“便宜没好货，好货不便宜”的说法正是消费者这种价格心理的反映。

随着科学技术的进步和现代社会的飞速发展，产品的生产工艺将日益专业化，新产品更是层出不穷，大量高技术产品进入家庭生活消费领域，一般消费者更是难以了解商品的实际价值和品质，因此，价格必将会成为许多消费者衡量商品价值和品质的最重要的标准，对这一功能的正确认识与理解，制定合理的适应消费者心理的价格，将会给企业带来巨大的利益。

（2）自我意识的比拟功能。消费者购买商品的目的不仅是满足自己最基本和最迫切的需要，而且也是满足自己的某种社会心理需要。也就是说消费者在购买活动中，可以通过联想，把商品的价格高低同个人的愿望、情感、个性心理特征结合起来，进行有意或无意的比拟，以满足个人的某种欲望和需求，价格所具有的这种心理功能就称为自我意识的比拟功能。价格的自我意识比拟主要有以下几种形式：

①社会经济地位比拟。现实生活中，一些消费者往往通过追逐高价格的名牌或进口商品来显示自己的社会地位和不菲的经济收入，而不愿意到小商店或地摊去购物，认为有损自己的形象；而有些消费者则是小商店、低档摊位的常客，专门购买折价、过季降价、清仓处理的商品。

②观念更新比拟。现实生活中，凡是流行的、合乎时尚的商品，即使价格再贵，都是求者甚众，例如，“商务通”掌上电脑曾经引发了一批中高收入阶层消费者的购买热情。很多人购买掌上电脑并无多大实际用处，其潜在心理是树立自己观念前卫的形象，希望能够以此获得“与时代发展同步”的心理安慰。

③文化修养比拟。现实生活中，一些消费者舍得花高价购买各种高档艺术品、名人字画、古董等，实际上自己并不懂得或根本也不爱好这些商品，而只是为了表现自身具有较高的文化艺术修养。

④生活情趣比拟。现实生活中，一些消费者既缺乏音乐素养，又没有特殊兴趣，却购置钢琴或高档音响设备，或者亲身实地去欣赏自己听不懂的高雅音乐会，以期得到别人给予“生活情趣高雅”的评价，以此获得心理上的满足。

价格所具有的这些心理功能，与消费者本身的性格、气质、兴趣、爱好等个性心理以及消费者的价值观、态度等有关。因而，这种自我意识比拟功能的表现往往因人而异。但不论消费者的表现有多大的差异，它们都有一个共同点，即从社会需求和自尊需要出发，重视价格的社会心理价值意义。

（3）调节消费需求的功能。经济学理论告诉我们：“在其他条件保持不变的情况下，价格与消费需求成反比。”用通俗的话来说，在产品的品质、功能、销售地点、付款条件等因素完全一致或者稳定的情况下，当商品价格上涨时，消费需求量将减少；当商品价格下跌时，消费需求量将会增加。至于价格变动引起的消费需求量变动幅度的大小，则在很大程度上又受商品需求弹性的制约。一般来说，生活必需品的需求弹性较小，因而受价格变动的影响也较小，奢侈品的需求弹性较大，因而受价格变动的影响也就越大。

价格调节需求的功能还要受到消费者心理因素的制约，主要表现在两个方面：首先，从消费者心理需求强度来看，消费者对某种商品需求越强烈，对这种商品价格的变动就越敏感，商品价格对商品需求调节的力度就越大。其次，从消费者预期价格心理看，当某种商品价格上涨时，本来应抑制消费需求，但消费者出于购买的紧张心理，预期商品价格会继续上涨，反而刺激了购买心理需求；而当某种商品价格下跌时，消费者出于期待心理，预期商品价格会继续下跌，于是大家都持币待购，结果反而抑制了购买心理需求。

总而言之，现代市场经济条件下，价格是影响消费者心理与行为的诸因素中最具刺激性和敏感性的因素。深入研究价格对消费者的心理影响，把握其价格心理，是企业正确制定价格策略的基础和前提。

11.2 消费者的价格心理

消费者价格心理是指消费者购买活动中对商品价格认识的各种心理现象，它是由消费者自身的个性心理和其对价格的知觉判断共同构成的。消费者的价格心理与价格心理功能两者之间是互相联系、相互作用的。因此，充分发挥价格的心理功能，研究消费者在认识商品价格问题上的心理现象，有利于促进销售。消费者的价格心理主要分为以下几种：

11.2.1 消费者对价格的习惯性

价格的习惯性，是指消费者在多次购买的实践活动中，通过对价格的反复感知，形成了对某种商品价格的习惯性认识。商品价格作为一种客观实在，必然具有其客观标准，但在实际生活中，由于科学技术的飞速发展，决定商品价值的社会必要劳动时间变化莫测，消费者很难对商品价格的客观标准了解清楚，他们只能从多次的购买活动中，经过逐步体验来认识价格，并因此形成了对特定商品价格的习惯性。

价格的习惯性心理对消费者的购买行为有着重要的影响，消费者往往从习惯价格中去联想和比较价格的高低涨落，以及商品质量的优劣差异，也由此抑制或刺激消费者的购买行为。在消费者心目中已经形成的习惯价格基础上，对商品价格都有一个上限和下限的概念，如果商品价格高于上限则会令人认为太贵；如果商品价格低于下限则会令人产生怀疑。

消费者的价格习惯心理一旦形成，往往要稳定并维持一段时间，很难轻易改变，当商品价格变动时，消费者对新价格的认识又要经历一个由不习惯、不适应到逐步习惯和比较适应的过程，这就是日常生活中常见到的商品调价引起的市场波动的原因。因此，企业在定价和调价过程中，一方面要加强对价格的宣传，另一方面要重视消费者的价格习惯性心理的影响。

11.2.2 消费者对价格的敏感性

价格的敏感性，是指消费者对商品价格变动的反应程度。因为价格的高低和变动直接关系到消费者的切身利益，所以消费者对价格的变动会作出不同程度的反应。消费者对价格的敏感性是因商品而异的。一般来说，与消费者日常生活密切相关、购买频率高的商品，消费者对其价格的变动敏感性较高。如肉类、蔬菜、食品等的价格略有提高，消费者马上就会感到难以适应。相反，一些非生活必需品、购买频率低的商品，消费者对其价格变动的敏感性就低。如电脑、家用电器、家具等，即使价格上调几十元、上百元，也不会引起消费者很强烈的反应。企业应利用消费者的这种敏感性的价格心理，对不同的商品采取相应的行之有效的价格策略，如对于敏感性较大的商品，在调价时应特别注意掌握一次调价的幅度不宜过大，同时应掌握好这类商品调价的时机，以避免引起消费者心理上的过度反应。

11.2.3 消费者对价格的感受性

价格的感受性是指消费者对商品价格高低的感知程度。消费者对商品价格的高与低的认知和判断，一般不以商品的绝对价格为标准，也不完全基于某种商品价格是否超过或低于他们认定的价格尺度，而是通过感觉和直接感受来完成的，即通过不同商品价格的比较来认定的。一般说来，消费者对价格高低的判断是通过以下的比较获得的：一是在同类商品中进行比较；二是在同一售货现场中对不同类商品进行比较；三是通过商品自身的外观、重量、包装、使用说明、品牌、产地进行比较。但是消费者在判断过程中，由于受到某些客观因素的影响和心理的制约，因此其价格判断同时具有主观性和客观性的特点。影响消费者价格判断的因素主要有：一是商品本身的外观、包装装潢以及商品在出售中的环境气氛等因素。例如，一杯咖啡，在冰室的售价是 10 元，而在五星级酒店的售价是 40 元，这是因为豪华优雅的环境和气氛影响了消费者对价格的感受性。二是消费者对商品需求的迫切程度。如某商品对消费者有特定的使用价值或社会价值，他就不会计较价格的高低。三是消费者的经济收入，这是影响消费者判断价格的主要因素。例如，同样一件价值 300 元的衣服，月薪 5 000 元的消费者和月薪 800 元的消费者对价格的感受和判断可能完全不同。

消费者对价格的感受性心理在现实生活中的反映是多方面的，因此，企业应重视这种心理现象，在营销活动中用优雅的环境、优质的商品、优美的商品展示来影响消费者的心理活动，从而促进商品的销售。

11.2.4 消费者对价格的倾向性

价格的倾向性是指消费者在购买过程中对商品价格选择所表现出的倾向。商品的价格一般有高中低档的区别，它们分别标志着商品不同的品质与质量标准。由于消费者在个性、经济收入、价值尺度、购买经验、生活方式及文化修养等方面均存在差异性，所以在选购商品时的价格倾向也不同。例如，有的消费者喜欢购买价格高、功能先进、款式新颖、时尚的名牌商品；而有的消费者喜欢购买价格适中、具备一定功能、比较实在的商品。总的来说，对各种不同种类商品的价格，消费者在比较时的倾向性是不同的。对日常生活用品，消费者倾向于选择价格较低的；对耐用消费品、高级奢侈品，消费者则倾向于价格较高的。而在同类商品中，如果消费者认定商品的质量性能相同或相差无几，往往倾向于选择价格较低的商品。

综上所述，消费者价格心理是在价格心理功能基础上所形成的比较稳定的或带有规律性的心理倾向，它会使消费者对不同的商品价格作出不同的心理反应，企业在制定商品价格时，除了要研究市场的供求关系外，还要仔细研究消费者的价格心理反应，使制定的商品价格既适合自身经济利益的要求，也适应消费者的心理要求。

11.3 商品定价和调整的心理策略

11.3.1 商品定价的心理策略

商品定价的心理策略就是指企业为迎合消费者心理而采取的定价策略。企业在制定商品价格时，除了要考虑商品种类、商品生命周期、需求和竞争外，还要认真考虑价格制定中的各种心理因素，针对不同种类的商品、不同的购买对象，选择正确的价格策略。下面主要介绍几种常用的心理定价策略：

1. 新产品定价策略

（1）撇取定价法。这是一种随时间的推移，新产品销售采取先高价后低价的方法。当一种新产品刚刚投放市场，此时由于技术等原因市场上尚未出现竞争者，也没有相关的替代品，在这种情况下企业就可以给自己的新产品定一个较高的价格，以便获得巨额利润和尽快收回研制、开发新产品的投资。随着竞争者的出现，企业可以酌情逐步降低价格，以保证自己的市场份额。这种先高后低的定价方法就像从鲜奶中撇取奶油，从多到少，从厚到薄，故而又称为“取脂定价法”。

这种定价方法的优点是：①可以提高新商品的身价；②能尽快收回成本，赚取利润；③扩大了价格调整的回旋余地，增强了价格的适应能力。但是，商品的高利润势必引来对手的激烈竞争，对某个生产厂家来讲，独自占领市场的时间不会持续太久。而且当价格超过消费心理标准时，则可能导致商品无人问津，因此“撇”的幅度是价格制定者应把握的重要环节。

我国目前应用这种方法制定商品价格，主要是对一些市场寿命较短的、更新换代较快的时尚商品，如时装、手机、化妆品、高档商品和特殊商品等。消费者愿意花较高的价格购买这类商品，主要是受好奇、求新、求变等心理因素的影响。

（2）渗透定价法。这种定价法是在新商品进入市场之初，当消费者还不十分了解、熟悉它，购买率尚低时，企业采取优质低价的手段迅速渗透并占领市场，待打开销路后再逐步提高价格的方法。

这种定价法的优点是：能使新产品迅速渗入市场，扩大市场占有率，有力地把消费者吸引过来，并使竞争者难以抗衡。当然，这种方法也有缺陷，商品在打开销路、占领市场后提高价格时，容易引起消费者心理上的反感乃至抵制。此方法在具体实践中一般适用于一些日常生活必需品的定价，迎合了部分消费者求实惠、求价廉的心理，给人一种经济实惠的感觉和印象。

（3）反向定价法。这种定价法的出发点是企业为了适应市场竞争的需要。具体做法是通过市场调查，了解消费者对某种新产品的期望零售价格，即消费者愿意为某种产品所付的平均价格，然后据此测算出新产品的生产成本和其他费用所应当控制的范围，最后再根据控制范围去组织生产。这种方法不同于常规的以产品定价格的做法，而是以价格定产品。旨在建立稳固的产品信誉，符合消费者的消费水平与消费心理，且能够在较大水平上满足消费者的心理需要。因而这种方法又叫做“满意定价法”，它适用于日用消费品和技术、工艺要求不高的商品。

2. **非整数定价策略**

这是一种典型的根据消费者对价格的感受性而制定价格的策略。所谓非整数定价策略，就是给商品制定一个带有零头数结尾的非整数价格，使价格的最后一位数是奇数或者接近于零。

这种策略的心理依据是，利用消费者对商品价格的感知差异所造成的错觉来刺激购买，这种方法在多数国家制定商品价格时都被采用，只是由于各国消费者的风俗习惯、宗教信仰及价值观念不同，运用时也略有差别。例如，美国零售商较多采用奇数定价策略，即价格的尾数是奇数，而日本市场上则以 8 为末尾数的商品价格比较受人欢迎。这种策略不适宜高档产品的定价。

非整数定价策略可以使消费者产生如下的心理效果：①可以使消费者产生价格偏低的心理错觉，如标价 98 元的商品比标价 100 元的商品好销，因为消费者会从心理上认为这是几十元的开支；②可以使消费者产生定价精确的心理感受，由此对这种价格感到信任；③可以使消费者产生美好的联想，由于民族传统、风俗习惯等的影响，消费者往往会对某些数字具有偏爱和忌讳，企业在制定价格时，可有意识地选择消费者偏爱的数字，使其产生美好的联想。

3. **习惯定价策略**

有些商品的价格在某个水平上维持了很久，从而形成了某种程度的固定性，消费者对此逐渐形成了习惯，这种价格就称为习惯价格。习惯定价策略则是指企业为了能够继续占领有关市场，采取适应消费者的这种价格习惯心理的定价策略，在较长时期内保持某些商品的习惯价格稳定不变，以形成消费者的习惯性或惠顾性购买，并战胜竞争对手。此定价策略比较适合购买频率较高的、生活上必需的商品。

4. **声望定价策略**

声望定价是为了迎合消费者求名、求荣、仰慕名店和名牌商品的虚荣心理而采用的一种定价策略。消费者的求名、求荣心理常表现为对名牌商品的追求，对到有较好声誉的商店购物的追求，对某种特定服务的心理上的满足感会大大超出所支付的价格。这样，企业便可利用这个优势，将商品价格定得高于同行的同类商品，消费者不仅不会减少购买，反而会认为是合情合理的，并以拥有该商品而感到自豪和荣耀。但是，声望定价策略只适宜用于著名企业和名牌商品的价格制定。

5. **分级定价策略**

这种定价策略是企业把诸多不同牌号、规格、花色、品种的某一类商品划分为若干档次，分别标以不同的价格，给消费者以档次不同的感觉，引导消费者购买符合自己心理需要的商品。例如，某茶叶店把各地生产的花茶分为三个级别，价格分别定为每千克 100 元、80 元、50 元不等。这样标价使消费者感到这是由质量差别形成的档次，体现了优质高价、劣质低价的原则，也便于他们的选购。

6. **优惠性定价策略**

优惠价格包括折价与让价，所以又称为折让价格。优惠性定价策略是指在一定条件下，企业用低于原定价的优惠价格把商品售予消费者，其目的是吸引更多的消费者前来购买，从而扩大市场份额或者加快资金周转。这种策略主要抓住了消费者的求廉、实惠心理。折让价格的形式很多，主要有：①数量折让价格：根据消费者购买的数量或金额给予一定的折扣优惠。②季节折让价格：为了鼓励消费者在淡季购买季节性商品，对于在商品淡季购买的消费者给予优惠。③新产品推广折让价格：对于在新产品试销期间带头购买的消费者给予优惠等。

商品价格折让程度以既能够引起消费者的注意，同时又要避免消费者对此产生疑虑为好。

优惠性定价策略的实施效果受以下几个因素的影响：一是产品类型。一般来讲，日用品、服装等折扣程度越大越能够促进销售。二是消费者的心理准备状态。折让销售对那些原来就准备购买的人影响最大，其次是原来没有想到过是否购买的人，而对那些原本就不准备购买的人来说影响最小。三是收入水平。折扣销售对低收入者有影响，对高收入者影响较小。

专　栏

市场上厂家确定产品价格一般有两种方法，一是成本加价法，即产品的完全成本加上合理的利润。二是品牌加价法，也就是产品的完全成本加上品牌无形资产的价值，从而谋求尽可能大的利润，但是这两种定价方法基本上都是出自企业自身利益的需要而忽略消费者的利益，而未来社会企业的发展必须扎根于消费者的沃土之中，必须让消费者明白产品的合理价格是什么。

价格一直是影响消费者购买选择的一个不容忽视的重要因素。只有产品的价格被广大消费者广泛接受，产品才能够打开销路。为了更好地了解消费者的价位取向，令小鸭产品更加贴近消费者，在新产品上市之初，小鸭集团举行了请消费者模拟定价的活动。小鸭集团把新产品零部件的性能、价格原原本本告诉消费者，并列出新旧产品的功能、成本比较明细表，提供初步核算后的产品价格参考表，使消费者更加了解新产品，并对其作出估价。调查表很快被热心的消费者陆续取走，认真填写后又陆续交回。

这次活动并没有搞得轰轰烈烈，主要在山东省内进行，重点不在于它的规模，而在于企业的经营观念和态度。小鸭在全国市场的现行价格都是在这次消费者模拟定价的基础上根据区域差别制定的，来自消费者的产品定价，满足了消费者对小鸭价格的期望度。

（资料来源：黄鹂．CS 案例．北京：中国经济出版社，1998. 98.）

11. 3. 2　价格调整的心理策略

在市场经济条件下，价格的调整与变动是经常发生的，市场上的价格受多种因素的影响。因此，在调整价格时，除应掌握价格学意义上的基本原理以外，还应认真研究在调整价格时对消费者心理的影响，使消费者能够在心理上承受价格的调整。这就要求企业在调整商品价格时应选择适当的心理策略。

1. 降价的心理策略

降价的心理策略可分为被动型降价和主动型降价两种形式。

（1）被动型降价的心理策略。被动型降价是指由于各种原因而形成商品滞销时，企业所采取的迫不得已的降价措施，常见有商品供过于求、市场疲软、商品有缺陷或商品处于衰退期等原因。被动降价能否促进商品的销售，关键就在于能否及时准确地把握降价的幅度和时机。一方面，降价幅度要适宜。幅度过小，不能引起消费者的注意，达不到刺激销售的目的；幅度过大，不仅会减少企业收益，还会造成消费者的疑虑，起到阻滞消费的副作用。一般情况下，普通商品降价幅度在10%～30%，耐用消费品不宜超过10%，如果商品价格下调幅度超过50%时，消费者的疑虑显著增加。另一方面，要准确把握降价时机。降价的时机对刺激消费者购买欲望有重大的作用，一旦发现时机，应立即降价。总之，被动型降价虽然有助于扩大商品销售，减少商品积压，但它只是避免扩大损失，而不是赢利的措施，所以降价不能过于频繁，应避免使消费者产生期待心理和对产品的怀疑心理。

（2）主动型降价的心理策略。主动型降价又叫进攻型降价。它是企业以扩大商品销售为主要目的，降价的商品并不一定是过时、过季商品，主要是通过商品降价来招徕消费者，从而带动店内其他商品的销售。因此，这种类型的降价一般都选择在节假日前后、展销会期间。对于产品种类和系列比较多的企业可以实行每日特价策略，这样，每一天都能够吸引消费者购买一定的商品。另外，为了吸引周末休息的人们踊跃购买商品，许多商店也会采用周末特价或周末大酬宾的策略招徕平时无暇光顾商店的消费者。目前，由于竞争激烈，大减价已成为企业招徕消费者的主要手段，由于降价迎合了消费者求实求廉的心理，会极大地促进消费者的购买行为。

2. 提价的心理策略

价格调整不仅仅是降价，而且还包括涨价。价格上涨是一种正常的经济现象，但商品涨价对消费者来讲总是不利的，因为商品价格上涨意味着购买同一商品需要支出更多的货币，所以消费者通常对价格上涨会产生一种本能的反感。企业迫于各种原因不得不提价时，应充分考虑消费者的购买力和心理承受能力，认真分析和预测提价后消费者可能产生的心理反应，并采取相应的心理策略。

首先要做好宣传解释工作，企业应该通过传媒向消费者解释清楚涨价的真实原因，力争消除或淡化消费者的不满情绪，并附之以热情的服务，以取得消费者的信任和谅解；其次提价幅度不宜过大，一般以5%为界限，这样符合消费者的心理承受能力。另外，商品提价应循序渐进，让消费者有一个接受适应的过程。

总之，商品定价的策略有很多，每一种定价策略都有其特定的前提条件和适用范围，不可生搬硬套，要根据具体情况选择适宜的、有效的定价方法和技巧。同时在商品价格调整时，应充分考虑消费者的心理要求，使调整后的价格尽可能有利于企业的促销活动。

【本章小结】

商品价格是影响消费者购买决策的主要因素之一。从营销心理学的角度看，商品价格是以消费者在心理上是否愿意接受为出发点的。商品价格具有多方面的心理功能，它能衡量商品价值和商品品质，又具有消费者自我意识的比拟功能和调节消费需求的功能。

消费者的价格心理是消费者在购买活动中对商品价格认识的各种心理现象，它是由消费者自身的个性心理和其对价格的知觉性判断共同构成的。它主要分为：习惯性心理、敏感性心理、感受性心理和倾向性心理。

商品价格的制定要根据不同的营销时期、不同的商品采取不同的定价策略。在新产品刚投放市场时，可采用先高后低的撇取定价法，也可采用先低后高的渗透定价法或采用以价格定产品的反向定价法。而在商品营销过程中，可根据消费者在价格心理上的差异制定不同的定价策略，如非整数定价、习惯定价、声望定价、分级定价、优惠性定价等策略。商品价格的调整包括降价和提价，企业在降价时要注意降价的幅度，把握降价时机；提价时也要注意幅度不能过大，要做好宣传解释工作。

【关键术语和概念】

价格心理　自我意识比拟　价格的习惯性　价格的敏感性　价格的感受性　价格的倾向性　撇取定价　渗透定价　反向定价　非整数定价　声望定价

【练习与讨论】

1. 试分析商品价格的心理功能。
2. 讨论影响消费者价格判断的因素和途径。
3. 请你为某一积压的产品促销制定一套相适宜的价格策略。
4. 请就新产品定价策略中的三种方法的优点及适用范围谈谈你的看法。
5. 如何根据消费者的价格心理进行商品调价?

第 12 章　商业广告心理

◉本章学习要点

1. 商业广告的含义及一般传播过程
2. 商业广告的分类及特点
3. 商业广告的心理功能
4. 主要广告媒体的心理特征
5. 广告媒体选择中的心理因素
6. 广告作用的心理过程
7. 广告制作和实施的心理方法
8. 商业广告心理效果测定的程序
9. 商业广告心理效果测定的方法

◉本章学习内容

1. 商业广告概述
2. 广告媒体的心理特征
3. 广告制作与实施心理
4. 商业广告心理效果的测定

◉个案分析

“雕牌”洗衣粉广告

背景：一个年轻的妈妈下岗了，每天都奔波在人才市场，可还是不能如愿以偿。她的女儿——一个只有五六岁的小女孩用稚嫩的童音说：“妈妈最近老是唉声叹气。我要为妈妈做点事儿。妈妈说雕牌洗衣粉，用一点点，就可以洗很多很多的脏衣服！”当妈妈回来，乖巧的女儿已经在沙发上睡着了。“妈妈，我能帮你干活了！”的纸条让妈妈流出了泪水。

雕牌牙膏广告“新妈妈篇”

一个小女孩儿，用颇显忧郁的声音说：“我要有新妈妈了，可是我一点都不喜欢她！”背景：爸爸再婚，女儿把亲生母亲的照片收在抽屉里。新妈妈晚上来看她，替她抹去泪痕，把照片重新摆在桌上。早晨，女儿起床，揉着眼睛到了洗手间，刷牙的杯子里已经装满水，牙刷上也已经挤好洁白的牙膏。女儿迷惑间，新妈妈进来。广告词弹出：“真情付出，心灵交汇。”

问：雕牌系列广告的制作运用了哪些心理方法？消费者针对广告的心理过程是怎样的？

12.1 商业广告概述

12.1.1 广告及其一般传播过程

1. 广告的概念

英语的广告（Advertising）一词源于拉丁语 Asverture，原意是“引人注意”，以后逐渐演变为“让众人知道某件事”。在商业社会中，广告一词有了更丰富的内涵。它包括广义和狭义之分。

广义的广告是指由可以识别的组织和个人，为达到一定目的，通过媒体进行的有关产品、劳务或观念的付费的、非人员的信息传播活动和行为。它包括商业广告和非商业广告。

狭义的广告则是指企业以付酬的方式利用各种传播媒体，公开而广泛地向社会传递商品、劳务或企业信息，以促进消费者购买行为实现的一种传播方式。它通常被称为商业广告，营销心理学主要研究的是商业广告，即狭义广告。

2. 广告的一般传播过程

广告的传播过程必须具有发送者、接受者和传播通道三部分，这三者之间的结构如图12－1所示：

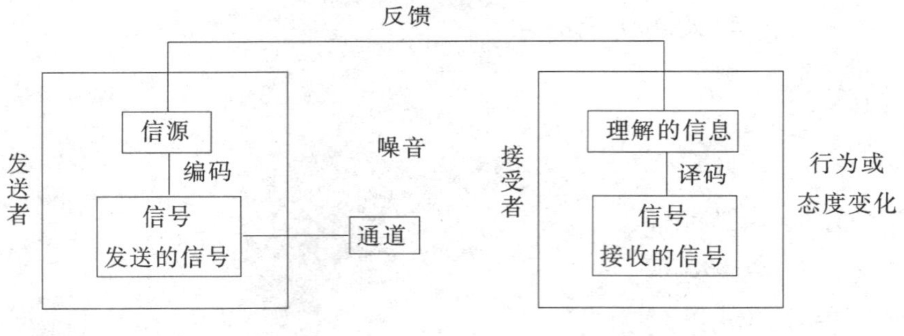

图 12－1 广告传播过程的一般模式

（资料来源：吕勤，郝春东．旅游心理学．广州：广东旅游出版社，2000. 116.）

首先，信息本身是不能传播的，它必须被编码成适宜的信号，通过适宜的传播通道（如报纸、电视等）才能成为广告信息，才能被人们所感知、注意。广告作品本身是文字、图形、声音等信号的综合体。受众通过媒体收到信号后，要通过信号译码理解广告的意义，结果是引起相应的态度和行为改变，而收听率、收视率、电话、受众信任、产品销售等是受众的情况反馈。

12.1.2 商业广告的分类和特点

1. 商业广告的分类

按照广告的直接目的划分为四种：一是销售广告，是企业以销售商品或劳务作为广告的直接目的，是商业广告中数量最多的一种。二是观念广告，是企业以树立一种新的消费观念或改变一种旧的消费观念为主要目的的广告，这种广告并不从介绍和宣传产品开始，而是首先用各种方法向消费者灌输一种观念，待其接受了这种观念，再接受企业的产品也就是顺理成章的事了。三是服务广告，是以企业能够提供给消费者的纯粹服务和优惠为主要目的的广告。四是公关广告，是以树立企业形象，沟通企业与社会各界的关系为直接目的的广告。

按照广告受众（广告对象）分为四种：一是消费者广告，是以广大消费者为广告受众而发布的广告；二是集团用户广告，是以生产企业、事业单位、政府部门等集体用户为广告受众而发布的广告；三是商业用户广告，是以批发商、零售商等商业企业为广告受众而发布的广告；四是中间用户广告，是以对最终消费者或用户有直接影响的组织和个人为广告受众而发布的广告，又称媒介性广告，如药品广告应该选择医院和医生为广告受众。

2. 商业广告的特点

（1）商业广告是一种有目的、有计划的商品宣传或商品信息传播手段。目的性是说服消费者购买所宣传的商品或享受所宣传的服务，计划性是广告人事先准备的所要传递信息的内容，以实现和增加赢利。

（2）商业广告是一种借助于特定的媒体传递商品、劳务和企业信息的传播方式。这些媒体有户外媒体、印刷媒体、电子媒体等。

（3）商业广告是一种大众传播方式。其对象是广大的消费者，即商业广告都是针对一定的目标市场或目标消费者的。

（4）商业广告是一种公开的自我宣传方式。信息传播的方式多种多样，但是，作为广告行为的信息传播，则必须认定：一是这种信息传播是公开进行的；二是这种信息传播必须是广告主以自己名义进行的自我宣传，而不是以第三者名义进行的信息传播。

（5）商业广告是一种付费的经济行为。商业广告是通过一定的媒介进行的信息传播活动，同时，待传播的信息又必须进行加工，所以进行广告活动必须付出一定的经济代价。

所以，必须同时具备上述几项特征的信息传播活动，才可以认为是商业广告活动。

综上所述，我们不难看到，在现代经济社会中，广告对市场营销的作用越来越明显，对企业来讲，商业广告的最终目的是促进商品和劳务的销售，取得一定的经济效益；对消费者来讲，商业广告的作用主要在于传播和沟通信息，改变消费者的消费观念和行为，丰富人们的生活。离开了广告，消费者在浩瀚的商海中会无所适从，企业在市场中则难以觅到知音。

12.1.3 商业广告的心理功能

商业广告的心理功能是指借助信息的传递产生影响来唤起消费者对商品的注意，在激发消费欲求的过程中对消费者的心理活动产生的影响和总体心理效应，具体地说，可以归纳为以下几个方面：

1. 认识功能

是指广告具有帮助消费者了解新产品，重新或加深对原产品以及劳务消费的了解与认识的功能。这主要表现在广告把有关商品的品牌、性能、用途、质量、使用以及维护方法、价格，购买时间、地点等信息，通过广告媒体传递给消费者，从而使消费者在心理认知活动的过程中，自觉或不自觉地加深对商品信息的存贮和记忆。

2. 诱导功能

是指良好的广告可以促使和引发消费者美好的联想及改变对某些企业和商品的态度，并激发其购买欲望的功能。这是广告得以存在并发生效力的内在根由。广告可以通过创造一种合乎消费者意愿的商品经验来刺激公众的消费欲望，从而诱发消费者的潜在需求，增加他们的购买信心。

3. **便利功能**

是指广告通过各种媒体和手段，及时、反复地传播商品信息，使消费者尽可能多和尽可能快地收集或选择到适合自己需要的商品或信息的功能。消费者在接收广告信息后，对自己购买行为的思考和选择有了借以参考的资料，从而能够更好地作出判断，实现购买行为。

4. **教育功能**

是指广告通过对商品信息进行有选择的加工，来对广告受众进行宣传教育的功能。良好的广告以其科学、文明、健康、真实的内容和表现形式，不仅向消费者提供了商品知识，开阔了消费者的视野，而且还丰富了消费者的精神生活，潜移默化地塑造消费者良好的心理素质。

5. **艺术功能**

是指广告通过艺术化的形式来传递商品信息，使广告受众在接受广告的同时，得到艺术享受的功能。完美的广告艺术形象的塑造，不仅能强化消费者的消费兴趣和行为，而且还能提高消费者的艺术想象力和鉴赏力，美化社会环境。

6. **促销功能**

是指广告通过媒体的传播，把商品和服务信息渗透到各目标区域和消费者中，使消费者通过比较和选择，增强购买信念，从而促进销售的功能。促销是企业对广告的最直接要求，也是广告最基本的功能。

总之，商业广告的心理功能不是各自孤立存在的，任何一个成功的广告都是上述几种功能有机结合的结果。因此，只有全面认识并充分发挥各种功能，才能使广告达到预期的心理效果。

12.2 广告媒体的心理特征

只有借助各种广告媒体，广告才能达到向消费者传递产品与服务信息的目的，才能引起消费者的注意，从而形成消费刺激。广告媒体即传递广告信息的媒介物，它指所有使广告接收者产生反应的物质手段和方法。广告媒体的种类很多，各有其特点和使用途径，为了达到广告的最佳宣传效果，必须深入了解和比较各种广告媒体的特点与差异。在现代经济社会中，最为重要的广告媒体包括报纸、杂志、广播、电视和网络，此外，户外广告、交通广告、包装物广告、POP 广告（销售现场广告）等媒体在近几年也发展迅速。

12.2.1 主要广告媒体的心理特征

1. **报纸广告**

报纸是进行广告宣传的最早的大众传播媒介，而且至今仍是使用最普遍的广告媒体，它几乎适用于所有的商品广告或服务性广告，报纸广告是一种印刷广告，它主要是以文字和图案通过视觉刺激作用于消费者。其主要的心理特征是：①广泛性。报纸广告的传播范围广、渗透力强，在世界各地凡能看书识字的人总会把报纸当作获取信息、了解市场行情最有效的渠道。②信赖性。由于大多数报纸在消费者心目中具有较高的权威性和信誉度，因此，消费者对其传递的广告信息往往容易产生某种信任感。③保存性。留存原形的特性使报纸便于收存，便于消费者反复阅读，且不受时空限制。④经济性。报纸版面灵活，制作简便且成本较低，因此，广告费用相对低廉。

但是，报纸广告也有其局限性，如时效短，内容繁杂，使注意力容易分散；广告一般印制不够精美，形象效果差，从而削弱了广告的刺激性。

2. **杂志广告**

杂志也是我国主要的广告媒体之一，它与报纸同属印刷型媒体，同样通过视觉感知作用于消费者。其主要的心理特征是：①针对性强。无论是专业性杂志还是一般消遣性杂志，都拥有较集中的读者阶层，广告主可根据特定的读者群有选择地利用杂志广告宣传产品。②感染性强。杂志广告印刷精美、色彩鲜艳、制作讲究，采用各种摄影技巧，使商品的外在品质得以生动、逼真地表现。此外，杂志广告往往采用专页刊登广告，不夹杂其他内容，故显眼夺目。③保存性好。反复阅读率和传读率高，易于发挥广告的长时间作用并有利于了解和记忆。

杂志广告也有不足之处，其传播面较小，制作复杂且成本高，收稿排版周期较长，不能及时传递信息。

3. **广播广告**

广播广告是一种以语言为表现形式的听觉广告。它利用人们对语言、声调、音乐、音响的不同反应来传达信息，吸引听众，激发其心理欲望。其主要心理特征是：①传播迅速。广播广告不需要复杂的编排制作过程，很少受时空条件的限制，它能以最快的速度在最短的时间内让各种场合的公众接受广告信息。②作用空间大。由于收音机普及率高，广播广告几乎深入每个角落，人们可以边做其他事边听广播广告，有随时随处可听的灵活便利。③针对性强。广播在特定的时间播出专题节目，届时都有相对稳定的听众。广播广告可以根据特定听众的兴趣、需要、年龄等心理特征，有针对性地进行广告宣传，从而达到预期效果。④费用低廉。广播广告的设计制作以录音为主，从技术性上来说简单方便，成本低廉，而且可以根据需要，随时插入、撤换和修改。

广播广告的不足之处在于：广播广告只能诉诸公众的听觉，不能直接展示商品形象，再加之电波的瞬间即逝，因此，往往不能给消费者留下明确与深刻的印象。

4. **电视广告**

电视广告是综合艺术，它通过视觉形象与听觉形象的结合，融图像、声音、色彩、动作、文字于一体，直观地传播广告的信息。迄今为止，电视广告是最能打动人心，又最能反映商品特色的大众传播媒体。其主要心理特征是：①表现力强，适用面广。电视是视觉、听觉效果俱佳的媒体，它集美术、摄影、音乐、表演于一身，是目前表现力量最强的媒体。而且电视的表现形式和手段众多，所以，可以适用于各种目的和产品的广告。②传播范围广泛。目前我国电视有很高的普及性，不识字的人也能看懂，并且随着电视节目和电视广告制作水平的不断提高，电视广告的收视率越来越高，对消费者的吸引力也越来越大。③重复性高。电视广告能够采用一些有效的重复手段，因而能增强消费者的记忆，并对消费者进行潜移默化的诱导。

但是，电视广告也有不少弱点，电视的声音和画面转瞬即逝，如不重复播放，往往不易给消费者留下印象，但短时间重复过多的广告，又容易引起消费者的反感；电视广告受时间、地点、设备和条件的限制，而且费用在所有媒体中是最昂贵的。

5. 网络广告

随着信息技术的迅速发展，网络作为一种新兴媒体，在世界范围内得到广泛普及。据中国互联网信息中心CNNIC发布的第34次调查报告显示，截至2014年6月，我国网民规模已达6.32亿，网络媒体的迅猛发展极大地改变着人们的生活，同时也对传统的广告媒体形式产生深远影响和巨大冲击。

网络广告就是在网络平台上投放的广告。其利用网站上的广告横幅、文本链接、视频等。网络广告就是在网络平台上投放广告的高科技广告运作方式，其利用网站上的文本链接、图片横幅、视频等发布广告，并通过网络将广告信息传递给互联网用户。随着三网合一的推进，特别是信息家电概念的普及，人们意识到网络已经泛指传输、存储和处理各种信息的设备及其技术的集成。因此，网络广告应是基于计算机、通信等多种网络技术和多媒体技术的广告形式，其具体操作步骤包括注册独立域名，建立公司主页；在热门站点上做横幅广告及链接，并登录各大搜索引擎；在知名BBS（电子公告板）上发布广告信息，或开设专门论坛；通过电子邮件给目标消费者发送信息等等。与传统的四大传播媒体（报纸、杂志、广播、电视）广告及备受垂青的户外广告相比，网络广告具有得天独厚的优势，是实施现代营销媒体战略的重要部分。

其主要心理特征是：①信息容量大，传播范围广。在互联网上，广告主提供的信息容量是不受限制的，互联网是由遍及世界各地大大小小的各种网络，按照统一的通信协议组成的一个全球性的信息传输网络，因此，网络广告可以把广告信息全天候、24小时不间断地传播到世界各地。②互动性好，监测效果强。网络广告与传统广告不同，它在传播信息时是双向性传播，广告受众可以与广告者直接沟通。而且，网络广告可以运用先进的科学技术，对访问和阅读网页的人数精确统计。③信息传播的交互性与感官性。网络广告的载体基本上是多媒体、超文本格式文件，只要受众对某一样产品感兴趣，仅需要轻按鼠标就能进一步了解更多、更为详细、生动的信息，从而使消费者能亲身“体验”产品和服务，并可在网上预订、交易与结算，从而大大增强网络广告的实惠性。④实时性与持久性。网络媒体具有随时更改信息的功能，广告主可以根据需要随时进行广告信息的改动，调整产品价格、商品信息并及时将最新的产品信息传播给消费者，媒体也可以长久保存广告信息，在互联网上，广告主建立起有关行业产品的网站，可以吸引网民的注意力，随时等待消费者查询。

网络广告的局限性和不足是：访问者自身会对网络广告进行“过滤”，网络广告专业人员缺乏，监管滞后以及强迫性广告过多等。

6. POP广告

POP广告（Point of Purchase Advertising），又称现象销售广告，指在超级市场、百货商场等零售店的橱窗里、走道旁、货架、墙面等，以消费者为对象设置的彩旗、海报、招贴、陈列品等广告物。POP广告的使用，可以弥补其他媒体广告的不足，强化零售终端对消费者的影响力。其心理特征有以下几点：①诱导性。POP广告在消费者购置货物的时点上对消费者产生影响，从而对消费者的最终决策产生最直接的宣传和诱导作用，并能快速帮助消费者知晓有关商品的价格、用途、促销方法等信息。②视觉性强。POP广告充分利用销售现场的三维空间关系以及整个角度、光线、照明等环境情况，配合所陈列商品的大小与展示情况，使广告形象突出，视觉效果最佳，从而吸引消费者的注意。③费用低廉，方便快捷。POP

广告设计、制作技术简单，不需要大型的设备，而且布置方便，随时可以安置或拆除，具有方便快捷的特点。同时，POP 广告的设计制作费用相对于大众传播媒体广告来说也比较低廉。

POP 广告的不足在于传播面窄、影响面小，即只有来到购物现场的人才能接收到 POP 广告，而他们当中也只有一部分人受到广告的影响采取购买行动。

除上述六种主要的广告形式外，目前常用的广告形式还有邮递广告、交通广告、包装广告等，这些广告形式也都有各自心理特征，而营销者对广告形式的选择是以最大限度地影响消费者并指导其消费活动为基本宗旨的。

12.2.2 广告媒体选择中的心理因素

广告必须通过媒体才能把信息传播出去，而且信息的加工与所选择的媒体种类有密切关系，因此，在规划发展广告策略的同时，企业还必须对具体的媒体对象进行选择。一般来讲，对媒体对象的选择，要考虑多方面的因素，主要包括以下几个方面：

1. 媒体的性质

一种商品广告究竟选用哪种媒体才能收到最好的广告效果，首先取决于广告媒体的性质。

（1）媒体覆盖范围。不同媒体的传播广度和范围是不同的。一般来说，广告媒体传播的范围越广，影响的消费者人数越多，产生的社会心理影响也越大。国家级媒体在提高声望、树立良好企业形象和品牌形象、建立竞争优势方面有着很好的效果，地方性媒体则在促进销售和直接购买方面更为见效。

（2）媒体声望价值。不同的媒体在消费者和公众心目中的评价是有差别的，而这一点则往往不是其接触人数的多少这些枯燥的数据所能够反映出来的。例如，消费者对招贴广告的信任程度就大大低于报纸广告，而某些花边小报的阅读者就可能要多于一些严肃的报纸，但在公众心目中的评价就很低，在这些媒体刊登广告其效果可想而知。

（3）媒体表达能力。广告策划人员要根据待发布的广告信息的性质，对具体的媒体对象进行评价，在此基础上选择媒体。例如，表现商品高贵典雅的外形与款式的手表彩照广告，就适合于选择杂志做广告，而不适合选择报纸做广告。

（4）占用程度。是指广告版面占用篇幅大小与广播电视广告一次播出占用时间的长短。在不考虑其他因素时，一般来讲，占用程度越高，广告在消费者心目中形成的印象也越突出，对其心理影响强度也越大。

2. 商品特性

由于商品本身的特性和使用对象的不同，不同消费者对商品的关注点就不同，而不同消费者对广告媒体的兴趣程度也不尽相同。因此，实现消费者、商品、广告媒体的最佳组合，是影响广告心理效应的重要因素。例如，高科技产品广告，最好选用专业性杂志为媒体，而药品类广告最好选用电视、报纸等具有较高社会威望的媒体。

3. 广告的目标要求

企业做广告都有特定的目标要求，这个目标是由企业的经营活动决定的。因此，选择广告媒体，要考虑广告的目的因素。例如，如果广告目标是要在国内不同的地区市场扩大分销和促进销售的增长，那么，就需要既选择全国性媒体，同时还要选择地方性媒体。如果企业的目标在于提升企业形象或者品牌形象，那么，就要选择能与其形象地位相匹配的媒体。

4. 媒体接触者

媒体接触者是指接触某个媒体的总人数。策划人员在选择媒体的时候，不但要知道某个媒体接触者的总人数，还要知道有多少人能够实际接触到这一媒体。媒体接触者的结构，即某一媒体的接触者都由哪些人构成（如年龄、性别、职业、受教育程度等），以及该媒体的不同材料（如报纸的不同版面、电台电视的不同节目、杂志的不同栏目等）主要是哪些媒体接触者感兴趣。

5. 媒体广告成本

企业发布广告要依据各种媒体的广告成本和自身的财力，合理地选择广告媒体。因为不同的广告媒体所需费用不同，就是同一广告媒体，所占版面不同，制作程序不同，播出时间不同，费用也不相同。例如，报纸、杂志通常以广告面积大小收费，而广播、电视通常以广告播放时间长短和次数收费。所以，要根据媒体广告成本选择适当的广告媒体，花最少的费用取得最佳的广告效果。

12.3　广告制作与实施心理

12.3.1　广告制作的心理过程

消费者在接收广告的过程中，其心理活动主要由注意、兴趣、记忆、欲望、行动等阶段组成。这一过程可分为以下四个步骤：

1. 广告刺激诉诸感觉，引起注意并使人们对之产生兴趣

在现代信息社会中，商品与消费者之间最有效的沟通就是广告。它充分利用图形、色彩、实体形象、声音、语言文字、数字等刺激消费者的各种感觉器官，以期引起消费者的注意与兴趣。消费者每天自觉或不自觉地接受着各类广告信息，而只有那些能引起消费者注意的广告，才有可能被编码、加工、贮存，并被记住。因此，广告要想产生效力，就必须在众多广告中突出自己，引起人们的注意，并使人们对之产生兴趣。

2. 使消费者理解并接受广告信息，对广告推销的商品产生喜爱之情，进而留下深刻印象

由于信息的急剧增长和人们工作生活节奏的不断加快，人们很少有大段的空余时间耐着性子认真地研究广告发布的信息。此时，消费者对广告信息的理解经常是处于知觉水平的理解。为了迎合消费者的这种心态，广告信息应尽可能详尽地表达商品的名称、性能、优点等信息。对大宗商品，还需要介绍使用及保养方法、维修服务方式等，使消费者全面准确地理解广告所传递的信息。同时在信息的编排上，应简明易懂，有较强的说服力。除此之外，广告片段和画面的效果应该能唤起消费者的积极情感，使其感到亲切并产生良好的印象。

3. 广告使消费者加深记忆，并诱发其购买欲望和需要，驱使其购买动机的产生和促使购买行为的实现

广告即使引起了消费者的注意，并在消费者视、听广告时，领会了其中的含义，仅仅如此，依然不会令广告主满意。广告主要的目的是让消费者不仅对广告感兴趣，而且要记住广告中的商品是什么，并在他进行购买决策时，可以顺利地回忆起来。在通常的情况下，消费者并不是在听到或看到广告后立刻去购买，因此，广告不仅要让消费者对广告信息注意、接收、加工、理解，还要让他能够有效地储存，并可以提取。一旦遇到适当的时机，消费者有了某种需要之后，记忆就使他们产生了对这类商品的购买欲望和购买动机，于是就引起了特

定的购买行为，而广告的目的也就达到了。

4. 广告激发的购买行为所带来的反馈作用

消费者购买某种商品后即进入消费阶段，而商品使用效果会影响消费者对商品及对该商品广告的看法，如果消费者使用商品后感到使用效果与广告宣传一致，就会增强对同类广告的信心；如果消费者使用效果与宣传不符，广告宣传过于夸张和虚假，就会对这类商品和广告失去信任。因此，及时、准确地反馈广告后作用对做好以后的广告有重要意义。

12.3.2 广告制作和实施心理

一个成功的广告作品，不仅在于它所宣传的商品本身因素的优良和广告设计中确定内容的准确性，以及广告表现意图的正确选择，还在于有关心理学理论在广告制作过程中恰如其分地运用。

1. 广告激发消费者需要的方法

找准需要、激发需要是广告制作和实施的中心任务。满足消费者需要是市场营销的中心任务，广告作为营销的一种手段和工具，理应把满足消费者需要放在中心地位。但是，在营销组合中各个要素的具体功能各不相同，作为广告，其主要功能是如何找准消费者的需要，并把这种需要激发出来，使其采取购买行动。所以，广告制作应该进行深入的市场调查，研究消费者的需要，不能只凭广告创作人员的主观想象，闭门造车，那样的广告是不能起到什么效果的。

通过广告调查研究需要、确定需要之后，广告制作就要调动一定的技巧来激发需要。一般来说，广告激发需要有以下三种方法：

（1）从正面激发需要。即列举产品或劳务的优点和好处，使消费者感到购买产品或劳务可以得到利益，这是大多数广告常用的方法。

（2）从反面激发需要。即列举不购买产品的不利后果，使消费者看到如果不及时购买产品对自己会带来不利的影响，一些药品、保安防盗器材、健美器材等广告常用这种方法。

（3）制造障碍激发需要。人为制造一些障碍，强调满足需要必须先要克服这些障碍，以促使消费者认识到迅速采取行动以满足需要的重要性。例如，“从某月某日到某月某日，凡购买某种商品可享受七折优惠”（时间、商品、价格障碍）。

2. 广告引起消费者注意的方法

引起消费者注意是广告成功的心理基础。只有首先引起注意，消费者才能够接收进一步的广告信息，并进而促进一系列心理活动，最终达到采取购买行动的目的，所以，研究广告受众的心理，利用各种手段调动他们对广告产生注意是至关重要的。

广告引起注意的常用方法有以下几种：

（1）扩大广告空间。扩大广告的占有空间有两层含义：一是对一则广告，其占有的面积与环境对比越大，越容易引起注意。如报纸广告、路牌广告、霓虹灯广告、招贴广告等，占有的面积越大，给人的刺激越强烈，就越容易引起注意。二是在广告发布的区域占有的空间总和越大，越容易引起注意。如同一内容的路牌广告，在一个城市树立的数量越多，就越容易引起注意。

（2）强化反差对比。广告的反差对比强，会给消费者以强有力的刺激，从而增强注意程度。因此，广告设计一般都应采用大小、动静、明暗、强弱、长短、高低以及各种反差极大的事物之间的对比等，来吸引和维持公众的注意。例如，在报纸广告当中，有的广告采用了购买一个整幅版面，但只在中心位置用小字作为广告内容，就是为了形成强烈的对比，以引起注意。

（3）运用动态吸引。动态的广告比静态的广告容易引起注意，是因为动态比静态给人的刺激强度更大。所以，广告创作要尽量利用这一规律，形成和强化广告的动态感，以引起注意。例如，霓虹灯、灯箱等将灯光和画面做成不断闪烁和变化的就比静止不动的更易引人注意。

（4）延长广告的发布时间。广告时间的长短，也关系到广告对消费者刺激强度的大小。延长广告的发布时间包括两种类型：绝对延长和相对延长。绝对延长是指对一则广告一次发布的时间越长，越容易引起注意；而相对延长是指在一定时间内该则广告发布的总时间之和，即重复次数。因为绝对延长受到多种因素的制约，而且，其效果并不是与时间完全成正比，因而，在广告活动中，更多的是采用增加刊播次数，即采用相对延长的方法来引起注意。

（5）增强刺激物的感染力。设法增强广告的感染力是广告成功的关键。扩大空间、加强对比、延长时间等固然是吸引消费者注意的重要条件，但如果广告内容缺乏感染力，引不起消费者的兴趣，也难以促进认识过程的进一步深化。因此，增强刺激物的感染力也是吸引消费者注意的有效方法。增强刺激物的感染力可以采用以下几种方法：

①新颖别致的构思。出乎意料的表现形式，别具一格的广告标题，亲切生动、富有幽默的广告词等，都能产生较强的吸引力，使公众心理的兴奋状态尽可能稳定持久。

②富于艺术的加工。即通过概括、提炼、修饰和适度的夸张变形，把商品的自然形象加工为艺术形象，使广告具有艺术魅力和生命活力，这样才能较长时间地维持消费者对广告的注意。

③诱人关心的题材。选择适合消费者心理欲望的广告题材，并将主题思想生动地展现在消费者面前，是维持消费者对广告较长时间注意和留下深刻印象的重要条件。

3. 广告唤起消费者兴趣的方法

广告中消费者的兴趣，是指消费者在接收广告过程中，对广告宣传的商品、劳务或企业产生的向往与关注等积极的认识倾向。这种心理倾向是稳定的，并伴随着愉快、满意等肯定的情感体验。因此，广告内容如能引起消费者的兴趣，这就等于创造出一个良好的气氛，使消费者带着肯定的情感去欣赏和认识广告内容，对广告商品产生良好的印象，广告激发兴趣的方法主要有以下几个方面：

（1）针对消费者的需要。这是激发兴趣的最基本方法，因为兴趣是在需要的基础上产生和发展的。一般来说，需要的对象也就是兴趣的对象。如果人们对广告的商品或劳务没有任何需要，那么广告就难以引起人们的兴趣。因此，在广告制作过程中，必须针对消费者的需要，以简单、鲜明的方式告知消费者，以迅速引起消费者的兴趣。

（2）诱发消费者的情感。人的兴趣总是带有肯定性的情感体验。而人的情感受三种因素的制约：认识过程、环境影响和生理状态。从广告心理来说，影响情感的主要因素是认识与环境。所以，必须使消费者充分认识广告商品的性能、特点、质量、价格，才能诱发消费者的情感。另外，环境影响也很重要。例如，在 POP 广告中，一套家具摆放在环境幽雅、舒适的模拟客厅中，比之随便陈设对人的情感影响就大不相同，而人们选择家具的兴趣也就大不相同。

（3）与已有知识相联系。兴趣是认识中的倾向性。那么，人们对客观事物的兴趣必然是与过去的知识、经验相联系的。广告商品如能结合人们过去对同类商品的认识、在使用过程中的体验、给消费者带来什么利益或不满之处，就能激发消费者的兴趣。

（4）利用社会群体的影响。科学的心理学认为，人的兴趣的形成和发展，主要因素不在于人的本身，而在他所处的社会条件中，即是说，人的社会生活条件是人的兴趣形成和发展的基本条件。在家庭环境中，父母及亲友的生活条件、生活方式、职业与爱好，会影响下一代兴趣的形成；在社会环境中，人们所处的社会群体的社会地位、生活方式、职业特点等，也会影响人的兴趣的形成。因此，广告宣传可以利用社会群体的相互影响、同步消费的心理，来影响消费者兴趣的形成和发展。

4. 广告增强消费者记忆的方法

广告设计不但要求广告引起消费者注意，而且要求能够使消费者对此广告保持记忆。消费者对广告信息的记忆是其认识和判断、评价商品与劳务的重要条件。如果一种商品的广告不能给消费者留下深刻的印象，消费者就不能全面、深入地反映广告商品，其心理活动就不能成为统一的过程，广告的效果就不理想。因此，如何调动消费者的记忆心理效力，就成了增强广告效果、改进广告制作的重要问题之一。增强消费者对广告记忆的心理方法主要有以下几种：

（1）采用直观、形象的方式传递信息。根据心理学的研究，与抽象、笼统的材料相比，人们对直观、形象的材料记忆效果更好。这是因为人们在识记直观、形象的材料时，必须同时动员视、听等多种感觉通道“联合攻关”；因而形成的暂时性神经联系的通路较多，一旦需要回忆和提取这些材料时，各感觉通道便可以互相提醒，互相补充，记忆信息更不容易消失。因此，在广告宣传中有意识地采用实物直观、语言直观、模拟直观，不仅可以强烈吸引消费者注意，还可以使消费者对广告内容一目了然或一听即明，增强感知度，提高记忆效果。例如，展示商品的实物照片，商品使用时的动态速写，服务环境的模拟图像；或用接近于现实的形象化语言，对商品特质、使用效果等事物与情景的描述，都可以使消费者对有关信息留下深刻的印象。

（2）广告用语力求简明易懂。记忆总是记忆一定的材料，记忆的效果如何，依赖于材料的数量。一般说来，在同样的时间内，记忆的材料越多，忘得也越快，记忆的水平也就越低；相反，记忆的材料越少，记忆的水平就越高。因此，要提高消费者对广告的记忆效率，制作广告时，广告词语必须简洁明了，易懂易记，独具特色。所谓简洁明了，就是要简明扼要地概括出广告的内容，以尽可能少的文字，传递出尽可能多的信息，广告语言要是一味堆砌辞藻，冗长空洞，消费者不但得不到要领，反而产生反感。易懂，就是深入浅出、清晰鲜明地表达含义，使人易于理解。可以说理解是记忆的前提，因此，在广告宣传中，我们应尽力采用简洁有力、易写易读、富于形象概括的词句，设计有节奏、似重复的韵律化语言，使用易于领悟的成语或常用词语，鲜明突出地把广告的有关信息传递给消费者。例如，日本丰田汽车广告是“车到山前必有路，有路必有丰田车”；雀巢咖啡广告是“味道好极了”；雅芳化妆品广告是“比女人更了解女人”等。这些简短概括、鲜明有力的广告词，不可谓不妙，而且极容易深深地刻印在消费者的脑海里，久久不忘。

（3）适当的重复与变化。重复是强化记忆的重要方法。心理学家认为，一次视听只能引起瞬间记忆，很容易忘记。人们对于某些事物的记忆，事实上通常不是一次就能完成的，常常需要循环往复的过程。因此，在广告宣传中，有意识地运用重复的手法，反复刺激消费者的视觉、听觉器官，加深消费者对广告信息的记忆，降低遗忘率，是惯用的心理战术。但是，加强广告重复，不是机械、呆板的重复。那种枯燥的重复，只会让广告受众厌烦，产生逆反心理，拒绝该广告。重复应该是适度的和有变化的，在对某种商品信息进行重复传递时，不仅在空间和时间上要有一定的距离，而且要在表现方式上有所变化，以便给消费者增添一些新的信息。例如，孔府家酒的电视广告（回家篇）中，以“家”为主题来突出产品，其广告词中重复了四遍“家”字，“千万里，千万里，我一定要回到我的家”，“我的家啊，永生永世不能忘”，这两句是观众喜爱的歌星唱出来的。“孔府家酒，叫人想家”这一句是一个影星说出来的，一说到“家”时，电视画面最后落到孔府家酒瓶上大大的“家”字上，这种运用综合手法的重复，给广告受众极深的印象。

5. 广告启发消费者联想的方法

（1）联想及其分类。联想是指人们由当前感知的事物回忆起有关的另一事物，或由想起的一种事物的经验，又想起另一事物的经验的心理过程。简言之，即从一事物的观念想到另一事物的观念的心理过程，联想体现了客观事物之间的相互关系，联想既可以帮助人们唤起对过去的回忆，又可以引起人们对未来的想象。

按照反映的事物间的联系不同，联想主要分为以下四类：

①接近联想。它是指人们对在时间或空间上接近的事物形成的联想。例如，从河想到桥，从船想到桨。

②对比联想。它是指人们对某一事物的感知，立即引起和它具有相反特点的事物的联想。例如，由水想到火，由黑暗想到光明。

③相似联想。它是指人们对一件事情的感知，立即引起对与它在性质、形态等方面相似的事物的回忆，又叫类似联想。例如，由雪花联想到白色的盐。

④关系联想。它是指人们依靠事物间的各种关系而导致对别的事物的联想。由于事物间的联系是多方面的，所引起的关系联想也是多方面的。如部分与整体关系的联想、因果关系的联想、情感关系的联想等。

（2）启发消费者的联想。消费者对广告倘若能产生美好的联想，那么燃起购买欲望的可能性就相当大。因此，在广告宣传中，巧妙地利用商品信息的各种联系来引发消费者美好的联想，无疑能起到提示消费者回忆、提高记忆效果、扩展消费者思路、诱发积极情感、促进消费欲望等心理作用。在广告中启发消费者联想的方法主要有：

①运用比喻。比喻，即打比方，是指人们对熟悉的事物进行比较，以此来说明另一类别或相关事物特征的一种文学手法。比喻有明喻、暗喻、借喻以及声喻等，它的运用不仅易于说明事物的特点，而且还能使人获得鲜明生动的事物形象。在广告宣传中，借助比喻的方式促成消费者的联想并产生情感的例子有很多。例如，日本有一种乳酸饮料叫 Caipis，它的口号式广告词是“Caipis——初恋的味道”。这一广告语常常使人将初恋所具有的又甜又酸的滋味同 Caipis 实物作联想，从而使这种产品销路大增，广告获得极大成功。还有一个利用声喻启发联想的某一治疗胃下垂药的广播广告。先是出现里斯特的名曲“匈牙利狂想曲”第一章的序曲，在大提琴的沉重旋律响过之后，一个男播音员低沉圆浑的声音：“胃部沉重，食欲不振，身体衰弱……”这是应用沉重的音乐，使收听的人联想到胃部沉重的痛苦。

②利用暗示。暗示是指用含蓄、间接的方法对人的心理状态产生迅速影响的过程。暗示的手段可以由人来施加，也可以由情绪来施加；暗示的方法可以采用言语的形式，也可以用手势、表情、动作或其他形式。广告制作中运用暗示的方法是比较多的，暗示给人一种自然的、亲切的感受，通过暗示的方式可以使消费者对商品、劳务的质量或某种效果、用途产生

联想，易于诱发消费者的购买欲望，增强对广告的信任感。例如，某皮鞋广告，画面出现两个妙龄女郎正在赤足涉水过小溪，每人手中提有一双皮鞋，字幕与画外音：“宁失礼不湿鞋”，暗示了皮鞋的珍贵，给人以回味的余地。再如，美国一家洗衣机公司的广告是：“本公司负责产品维修的人员是世界上最孤独的人！”暗示了该洗衣机的超凡质量。这种通过委婉隐含的方式促发联想，能取得特殊的效果。

③进行比较。它是通过同类商品的优劣或使用某种商品前后不同效果加以对照比较，从而使消费者对商品产生联想，在许多情况下，商品的性质、功能和效用是很难用语言说清楚的。这种现象在化妆品、药品、食品上表现得尤其普遍。因此，为了启发消费者的积极联想，就必须用对比法来说明问题。例如，北京“101 毛发再生精”的广告、宝洁的洗发水和洗衣粉广告、消暑解渴饲料广告、搬运器械广告等都是采取使用前后的变化来说明问题的。这种对照比较的方法，往往能收到事半功倍之效。但运用对比方法时不可诋毁其他商品的声誉。

专栏　台湾麦饭泉矿泉水广告

整个广告分为六篇，分别为水之识、水之名、水之美、水之善、水之真、水之启。

第一篇为水之识，标题为“忠臣的叛逆”，诉说多年来由于环境污染，造成水质变坏，使得十分忠诚于人类的水不得不叛逆人类，污染的水质造成身体的损害。

第二篇为水之名，标题为“名不正，言不顺”，介绍何谓矿泉水，其标准如何。

第三篇为水之美，标题为“16 年前下的雨”，说明此矿泉水是 16 年前下的雨，经麦饭石岩层 16 年的层层过滤后汩汩流出，并说明其水质含有何种成分。

第四篇为水之善，标题为“吃香肠为什么加蒜头”。因为香肠中的硝酸盐在人的肠道中可能衍生亚硝酸盐这种致癌物质，而蒜中的锗元素可以抑制亚硝酸盐的形成。而此种矿泉水中刚好含有这种神奇的“锗”元素。

第五篇为水之真，标题为“真金不怕火炼，真水不怕检验”，出示了水质检验报告，具有权威性。

第六篇为水之启，标题为“蕴藏石缝间的眼光”，表明此水得天独厚，并在精心呵护下，符合国际矿泉水的标准，且有药剂师的联合推荐。

这样一套由理性诉求方式呈现信息的广告，不带任何煽情的色彩，全方位地诉说了此矿泉水的品质功能和价格昂贵的原因，有效地促进了它的推广。

（资料来源：余小梅．广告心理导论．北京：北京广播学院出版社，1997. 178.）

12.4　商业广告心理效果的测定

广告的效果是指广告活动实现其目的的程度，涉及经济效果、社会效果和心理效果三个方面。广告效果的测定是指运用科学的方法来分析、研究和评价广告的效果。广告的心理效果是指广告引起消费者心理反应的程度，由于高水平和高频率的广告通常都涉及巨额费用支出，而企业和商家对广告促销历来都寄予厚望，所以，他们对广告效果的测量从来就不敢掉以轻心。

12.4.1 商业广告心理效果测定的程序

1. 确定心理效果测定的目标

这是商业广告心理效果测定的第一步。测定目标的确定以商业广告活动的基本策略为依据，主要包括广告信息的有效性和消费者的接受程度及广告信息能否被正确理解，并起到激发情感、树立信念或改变态度的作用。

2. 制定心理效果测定的方案

商业广告心理效果测定的方案是保证测定顺利进行的关键。一般来说，测定方案主要包括测定的目标、测定的对象、测定的方法、测定的步骤、测定的时间与地点、测定人员的安排、测定的费用预算等。测定计划应以书面的形式表现出来，在这个阶段中，测定对象和测定方法的确定是两个最为重要的方面。测定对象的确定就是选取具有代表性的、合适的测定样本。测定方法的确定就是在众多的方法中选择最合适的方法，通常的做法是在一种基本方法的基础上还采用辅助方法来综合测定。

3. 心理效果测定方案的实施

这是商业广告心理效果测定程序中的落实阶段，也是最复杂的操作阶段，要求测定人员能认真、严格地按照预定方案实施，同时还应灵活对待实施中出现的问题。

4. 心理效果测定报告的撰写

通过测定方案的实施，得到的是大量的、零散的原始资料，只有对这些原始资料进行归纳、整理，才能得到有意义的测定结果，这个结果一般以报告的形式呈现。测量报告一般包括测定的对象、测定的方法与步骤、测定的结果、测定结果的统计与分析、测定的总结与建议五个部分。

12.4.2 商业广告心理效果测定的方法

广告心理效果的测定主要涉及两个方面的工作，即沟通效果的测定和销售效果的测定。

1. 沟通效果的测定

为了达到最佳效果，广告主通常会事先对广告的沟通效果进行测试，即广告作品未经正式传播之前的预测，从而收集消费者对广告作品的反应，以便修改广告作品或从多个广告作品中选择较好的样本；也可以及时纠正在广告策划和传播战略中的不当之处，起到预审、预防的作用。这种测定包括以下四种方式：

（1）记忆测验。给受测者充分的时间看广告，然后要求受测者尽其所能，以回忆的方式述说广告的内容，主要想测试对广告的理解力及记忆力。

（2）反应测验。以直接或间接的方式，检测受测试者对广告的喜爱程度、想法及所受的影响，主要想筛选和分析广告及确定其优缺点。

（3）生理测验。以生理测验仪器衡量受测者在接受广告刺激时的生理反应，如心跳、血压、瞳孔大小等。这种方法的优点是以科学的方法评估反应，缺点是无法了解受测者对广告的信念、态度或意图。

（4）销售测验。主要想测验广告对消费者购买行为的影响。进行的方式是首先选定一批消费者，在被控制的情况下，让其接触公司的广告，然后选定一家或多家零售商店，记录消费者对广告产品的购买情况及数量。

广告主对广告活动整体沟通效果的事后测试也感兴趣。广告活动到底把品牌知名度、品牌理解力与明确的品牌偏好等方面提高到了什么程度？假设广告客户事前已测定过上述指标，则可在广告活动后从消费者中随机抽样来评估沟通效果。如果公司希望把品牌知名度从 20% 提高到 50%，但结果只达到 30%，就说明在某方面出了问题：广告支出不够、广告乏味或是遗漏了某些因素等。

2. 销售效果的测定

由于影响消费者行为的因素很多，广告发布后的实际效果以及对销售的影响，基本上是很难准确衡量的。企业大多借助于两种理论模式给予一个粗略的估计。其一是 AIDMA 理论，AIDMA 是消费者行为学领域很成熟的理论模型之一，由美国广告学家 E. S. 刘易斯在 1898 年提出。他把广告发布之后对消费者的影响分为五个阶段，即 A：Attention（引起注意）——采用花哨的名片、在提包上绣广告词等引起注意的方法；I：Interest（引起兴趣）——一般使用的方法是制作精致的彩色目录、将有关商品的新闻简报加以剪贴；D：Desire（唤起欲望）——推销茶叶的要随时准备茶具，给顾客沏上一杯香气扑鼻的浓茶，顾客一品茶香体会茶的美味，就会产生购买欲。推销房子的，要带顾客参观房子。餐馆的入口处要陈列色香味俱全的精致样品，使顾客备感商品的魅力，唤起他的购买欲；M：Memory（留下记忆）——一位成功的推销员说："每次我在宣传自己公司的产品时，总是拿着别的公司的产品目录，一一加以详细说明比较。因为如果总是说自己的产品有多好多好，顾客对你不相信，反而想多了解一下其他公司的产品，而如果你先提及其他公司的产品，顾客反而会认定你自己的产品"；A：Action（购买行动）——从引起注意到付诸购买的整个销售过程，推销员必须始终信心十足。过分自信也会引起顾客的反感，以为你在说大话、吹牛皮，从而不信任你说的话。比如现在播出某一种广告，假定 70% 的人注意该广告，而注意的人中有 70% 感到有兴趣，感到有兴趣的人中有 70% 感到需要该商品，感到需要该商品的人中有 70% 的记住了商品品牌，而记住了商品品牌的人中又有 70% 实际购买的话，那么受众全体中约 16% 的人就可能是因为受广告的影响而购买的。另一种理论称为传播扩散理论，它把消费者的反应划分为三个阶段：由认识促使理解，由理解促使确信，由确信促使购买。广告主通常较关注每个阶段的效果如何，并由此来设定广告目标。也有的广告主通常用所谓的记忆测试来检验广告效果对销售的可能影响，主要有以下两种：

（1）认知测验。以抽样方式访问一些目标消费者，问他们是否看过这个广告、能否正确指出广告中的产品或广告品牌、知道多少广告内容。认知测验不但可以测知广告的影响力，而且更可与竞争者的广告效果进行比较。

（2）回忆测验。找一些使用该媒体工具的消费者，请他们回忆最近看过的广告，并复述他们所记得的每一样东西，此测验主要是评估广告的吸引力和令人记住的力度。

【本章小结】

商业广告是工商企业对其顾客进行心理诉求的一种形式。是企业以付酬的方式利用各种传播媒体，公开而广泛地向社会传递商品、劳务或企业信息，以促进消费者购买行为实现的一种传播方式，它包括认知、诱导、便利、教育、艺术、促销等方面的心理功能。

广告是通过媒体传递商品、劳务和企业信息的。报纸、杂志、广播、电视、网络等广告媒体有着不同的心理特征，因此，求企业选择广告媒体时，要根据媒体的性质、广告的目标、商品的特性、媒体接触者及广告成本进行考虑。

广告制作与实施是广告成功的基础，根据消费者在接收广告时心理活动的过程，广告制作和实施的步骤有：激发消费者需要、引起消费者注意、唤起消费者兴趣、增强消费者记忆和启发消费者联想。

广告的心理效果是指广告引起消费者心理反应的程度，其测定工作直接影响到广告管理的效率。广告心理效果测定的程序包括：确定目标、制订方案、实施方案和撰写报告；而测定的方法包括沟通效果的测定和销售效果的测定。

【关键术语和概念】

商业广告　广告媒体　POP 广告　网络广告　联想　接近联想　对比联想　相似联想　关系联想　比喻　广告效果　广告效果的测定　心理效果

【练习与讨论】

1. 商业广告的心理功能是什么？
2. 简要分析主要广告媒体的心理特点。
3. 广告策划创意中如何唤起消费者的兴趣？
4. 讨论广告策划创意中如何启发消费者的联想。
5. 如何测定广告的心理效果？

第13章　网络购物心理

◉本章学习要点

1. 网络消费者的心理特征
2. 网络消费者的基本类型
3. 网络消费者的购物动机
4. 影响网络消费者购买行为的因素
5. 消费者网络消费的购买过程
6. 网络购物环境下的消费者感知风险
7. AISAS 与 SICAS 模式的分析比较
8. 网络营销战略的实施

◉本章学习内容

1. 网络消费者的心理特征
2. 网络消费者购买行为分析
3. 网络营销策略的实施

◉个案分析

张颖是拥有较高收入的都市白领，她每月至少要通过网络购物花费3000元，吃、喝、用、穿等都是从网上购买。一天不逛网店就感觉不自在，就觉得今天少干了点什么一样，这成了她生活中不可或缺的一部分，她觉得自己就像是网络上的“购物狂”。

张颖每天上班打开电脑，第一件事情就是上购物网站，逛网络小店。在她的收藏夹里有很多店铺，每天的必修课是要把这些店铺逛一遍，看看有什么新货，最喜欢买的是衣服、包、护肤品、彩妆、香水等。并且每天都会买点什么，不买就不舒服。不过在她所买的众多物品中有很多都是可要可不要的，但每次她都是觉得网上的东西便宜，就在无意中买了很多不常用的物品，其实这样一算来反而花了更多的钱。

问张颖进行网络购物时出于什么心理，她是否有购物需求，属于什么类型的网络消费者？

自1994年中国接入国际互联网以来，我国互联网已经历二十年的发展。据中国互联网信息中心CNNIC发布第34次调查报告显示，截至2014年6月，我国网民规模达6.32亿，较2013年底增加1 442万人（见图13－1）。互联网普及率为46.9%，较2013年底提升了1.1

个百分点。其中值得关注的是，截至 2014 年 6 月，我国手机网民规模达 5. 27 亿，较 2013 年底增加 2 699 万人，网民中使用手机上网的人群占比进一步提升，由 2013 年的 81. 0% 提升至 83. 4%，手机网民规模首次超越传统 PC 网民规模（80. 9%）。

在这二十年间，中国互联网产业经历了门户、SP、搜索、网游、Web2. 0、电子商务六大主流，互联网也渐由新闻娱乐应用向电子商务与生活服务应用为主转变。作为与国民经济制造业领域、流通领域和生活服务业最密切的电子商务，不仅自身形成了产业规模庞大、就业人数众多、经济带动性强的电子商务子产业，而且很大程度上促进了国民经济产业制造业、流通业与服务业的转型与升级。与此同时，作为互联网产业最重要、发展最健康的分支，电子商务也自 1997 年起，不经意间跨入了第十八个年头，也将圆满的落下第一个轮回的帷幕。

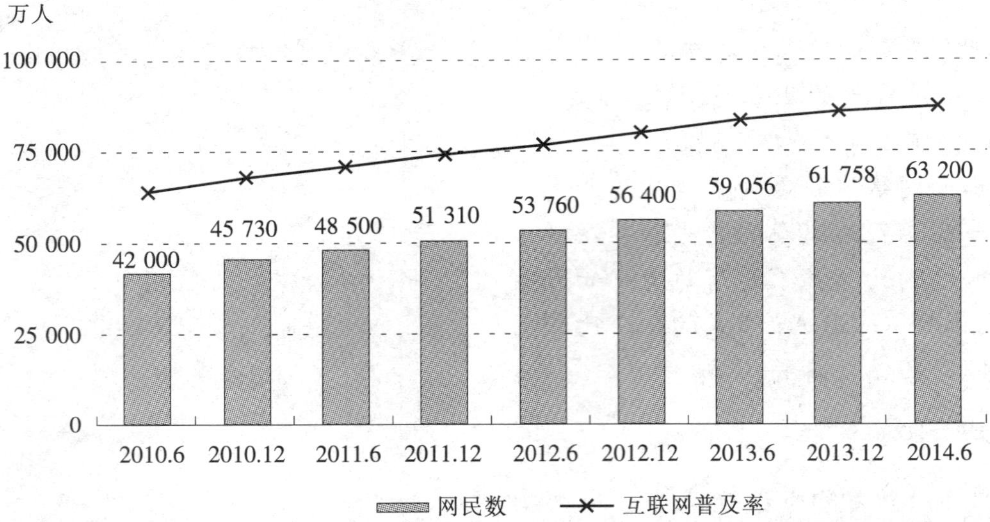

（资料来源：CNNIC 中国互联网络发展状况统计调查） 2014.6

图 13 – 1　中国网民规模与普及率

13. 1　概述

13. 1. 1　中国电子商务发展现状

电子商务在我国经过 20 年的蓬勃发展，到如今，已深深影响着产业经济、生活购物、电子政务等方面。纵观电子商务十八年来所取得的令人瞩目的成绩，不管是第三方服务企业的数量，还是电子商务的用户规模、电子商务的交易额等，都有了飞速的增长。

CNNIC 报告指出，手机网民规模在 2013 年全年激增 8 009 万之后，潜在手机网民已被大量转化，手机网民在网民中的占比已经处于相当高位，未来一段时间我国手机网民增长将主要依靠创新类移动应用迎合非手机网民潜在网络需求来拉动。

创新类移动应用拉动网民潜在需求：一方面，移动互联网的发展推动网民生活的进一步“互联网化”，尤其在移动金融、移动医疗等新兴领域移动应用多方向满足了用户上网需求；

另一方面，在移动支付等应用的拉动下，整体互联网商务类应用迅速增长，如手机网上支付、手机网络购物、手机网上银行和手机旅行预定应用增速均超40%，成创新的典范。

网民对网络应用的使用更为深入、全面。2014年上半年中国网民的人均周上网时长达25.9小时，相比2013年下半年增加了0.9小时。除了传统的消费、娱乐以外，移动金融、移动医疗等新兴领域移动应用多方向满足用户上网需求，推动网民生活的进一步“互联网化”。互联网发展重心从“广泛”转向“深入”，网络应用对大众生活的改变从点到面，互联网对网民生活全方位渗透程度进一步增加。

国内知名第三方电子商务研究机构——中国电子商务研究中心发布《2014年（上）中国电子商务市场数据监测报告》如下：

1. 电子商务整体数据

交易规模：截至2014年6月，全国电子商务交易额达5.85万亿元，同比增长34.5%。其中，B2B交易额达4.5万亿元，同比增长32.4%。网络零售市场交易规模达1.08万亿元，同比增长43.9%。细分领域：2014上半年电子商务市场细分行业结构中，B2B电子商务占比76.9%；网络零售交易规模市场份额达到18.5%；网络团购占比0.5%；其他占4.1%。从业人员：截止2014年6月，电子商务服务企业直接从业人员超过250万人。目前由电子商务间接带动的就业人数，已超过1 720万人。

2. B2B行业数据

市场规模：2014年上半年我国B2B电子商务市场交易额达4.5万亿元，同比增长32.4%，增速同比上升。企业规模：截至2014年6月，我国B2B电子商务服务网站达12 030家，同比增长5.5%。市场营收：2014年上半年中国B2B电子商务服务商的营收规模为115亿元，同比增长22.6%。市场份额：中国电子商务研究中心监测数据显示，2014年上半年，B2B电子商务服务商营收份额中，阿里巴巴继续排名首位，市场份额为40.5%。接下来的排名分别为：我的钢铁网、环球资源、慧聪网、中国制造网、环球市场、网盛生意宝分别位列2～7位，分别占比8.0%、5.7%、4.0%、2.3%、1.6%、1%，其他36.9%。用户规模：截至2014年6月，国内使用第三方电子商务平台的中小企业用户规模（包括同一企业在不同平台上注册但不包括在同一平台上重复注册）已经突破1 950万。

3. 网络零售行业数据

市场规模：截止2014年6月中国网络零售市场交易规模达10 856亿元，2013年上半年达7 542亿元，同比增长43.9%，预计2014年达到27 861亿元。网络零售市场规模占社会消费品零售总额比例：截止2014年6月底，中国网络零售市场交易规模占到社会消费品零售总额的8.7%，2013年上半年达到6.8%，同比增长27.9%。企业数量规模：到2013年12月底，国内B2C、C2C与其他电商模式企业数已达29 303家，较去年增幅达17.8%，预计2014年达到34 314家。B2C网络零售市场占有率：中国电子商务研究中心根据各大电商截至8月26日的财报数据以及数据统计口径统一后所得：截至2014年6月底，中国B2C网络零售市场（包括开放平台式与自营销售式，不含品牌电商），天猫排名第一，占57.4%份额；京东名列第二，占21.1%份额；苏宁易购位于第三，占3.6%份额。4～10位排名依次为：国美在线（3.3%）、唯品会（1.9%）、亚马逊中国（1.5%）、当当网（1.2%）、腾讯电商（0.8%）、聚美优品（0.7%）、1号店（0.6%）。移动电子商务交易规模：截至2014年6月底，中国移动电子商务市场交易规模达到2 542亿元，而2013年上半年达532亿元，同比增长378%，依然保持快速增长的趋势。

13.1.2 网络购物与传统购物相比的优势与劣势

1. 网络购物和网络商店的优势

网络购物作为一种新兴的商业模式，与传统购物模式有很大差别。而每一种新的商业模式，在其出现和发展过程中，都需要具备相应的环境，网络购物也不例外。近年来网络的快速发展，人们对网络更多的需求，都为网络购物提供了发展的环境和空间。网络购物和传统商业模式的差别也十分明显，二者各有自己的优缺点。

(1) 网络商店中的商品种类多，没有商店营业面积限制。

网络购物包含了国内外的各种产品，充分体现了网络无地域的优势。在传统商店中，无论其店铺空间有多大，它所能容纳的商品都是有限的，而对于网络来说，它是商品的展示平台是一种虚拟的空间，只要有商品，就可以通过网络平台进行展示。

(2) 网络购物没有任何时间限制。

作为网络商店，它可以 24 小时对客户开放，只要用户在需要的时间登录网站，就可以挑选自己需要的商品。而在传统商店中，消费者大多都要受到营业时间的限制。

(3) 购物成本低。

对于网络商品购买者，他们挑选对比各家的商品，只需要登录不同的网站，或是选择不同的频道就可以在很短时间内完成，而且可以直接由商家负责送达，免去了传统购物中舟车劳顿的辛苦，时间和费用成本大幅降低。

(4) 网上商品价格相对较低。

网上的商品与传统商场相比相对便宜，因为网络可以省去很多传统商场无法省去的相关费用，所以商品的附加费用很低，商品的价格也就低了。而对 C2C 购物网站来说，用户通过竞价的方式，很有可能买到更便宜的商品

(5) 网络商店库存小，资金积压少。

网络商店中很多商品一般是在客户下订单后再进行商品调配，不需要很多库存，从而减少资金的积压。因为网络购物中，商家可以通过消费者下订单和配送商品的时间差进行商品的调配，而传统商店就需要在顾客选购商品的同时提供商品。

(6) 商品信息更新快，而且容易。

只要将新商品的图片、介绍资料上传到网上，或者对商品信息、价格进行修改，购买者就可以看到最新的商品信息了，而且立刻在全球范围内统一更新。而在传统商业中，购买者要看到新的商品，就要等到商家拿到商品，放置到货架后才能够看到。

(7) 商品容易查找。

网络商店中基本都具有店内商品的分类、搜索功能，通过搜索，购买者可以很方便地找到需要的商品。而在传统商店中，购买者寻找商品就需要用更多的时间和精力。

(8) 网络商店服务的范围广。

网络无地域、无国界的特点，使网络商店的服务范围不仅仅限定在某个固定的区域内。购买者可以通过网络商店买到世界各地的商品。

(9) 网络商店成本相对较低。

目前专门有公司为企业提供搭建网络购物平台的服务，他们的目标是帮助企业以最快的速度、最低的成本、最少的技术投入开展网上交易。因此，企业启动网络购物服务的成本很低，有的甚至为零。这对于传统商业是无论如何也无法想象和达到的。

2. **网络购物相对传统购物的劣势**

与传统购物相比，网络购物具有很多优势，但是，这种新兴的商业模式，同样也存在不容忽视的不足之处。

（1）信誉度问题。

信誉度问题是网络购物中最突出的问题。无论是买家还是卖家，信誉度都被看成是交易过程中最大的问题。作为买家，商家提供的商品信息、商品质量保证、商品售后服务是否和传统商场一样，购买商品后，是否能够如期拿到商品等等，都是购买者所担忧的问题。

（2）银行卡网上支付问题。

我国网上支付服务目前已得到较大改善，并为网络购物提供了极大便利。但业内专家认为，目前银行卡支付仍在一定程度上制约着网络购物的发展。这主要体现在商家和网上支付者两个方面：一方面，通过网络进行购物的网民中，很多人看中它的便利，愿意选择银行卡支付的方式。但由于提供银行卡支付的商家要向银行支付一定的费用，所以对于利润很低的商品，商家就有可能无利可图。另一方面，网上消费者在初次开通网上支付业务时，有些银行必须要求本人亲自到银行营业场所凭相关证件开通这项业务，这在无形中就增加了一道网上交易的手续，这在一定程度上阻碍了网络购物的进一步发展。

（3）网络安全问题

目前网上消费的不安全主要源于两个方面：一方面是消费者的私人资料，如信用卡资料等在传输过程中可能被截取或盗用。现时加密技术的发展仍不能完美地解决这一问题。另一方面，“恶作剧”或蓄意的计算机病毒也令人望而生畏。如果一旦病毒在网上发作，破坏力可想而知。最后，互联网是一个开放、自由的系统，目前仍缺乏适当的法律或其他手段进行规范。因此，如果网上消费发生纠纷，消费者的权益就未必能获得足够保障。

（4）商品信息虽然发布快，但商品不能及时到位。

互联网信息是无国界的，但是很多商品信息上网后，购买者能够看到，却无法立刻购买到，主要是因为信息在网上发布，而供货商仍然是传统企业。传统企业的商品配送无法和互联网信息同步，所以会产生信息快于商品的现象。

（5）配送问题。

传统购物一般是在选好后，就可以直接付费拿走，而网络购物就需要一个订货后的等待过程。目前出现了很多物流公司，他们在为网络购物者送货上起到了很大的作用。在目前的商品配送上，就同城配送而言，最快的一般需要 1 个小时，最长的则需要 2 天时间。如果购买者需要的东西很急，网络购物就不适合这类消费者。

（6）商品信息描述不清。

由于购买者对网络上商品的了解只能通过图片和文字描述来完成，而有些商品的描述语言模棱两可，容易使人对商品的认识产生歧义。当购买者根据自己的理解完成网络购物交易，拿到商品后，会投诉商品与自己订购的不一致。相较于传统购物，网络购物是一件相对麻烦和有成本风险的事情。

（7）网络购物者缺少直接购物体验。

从商品交换开始，人们就一直体验着交易完成后获得商品后的满足感。但是在网络上购物，购买者却不能体验到在网络交易完成后，立刻拿到商品的满足感，这种满足感的到来往往要滞后 1 ~2 天。

（8）无法满足消费者某些特定的心理需求。

网络营销的特点决定了它不能满足某些特定的消费心理需求。由于网上消费可替代部分人际互动关系，也就不可能满足消费者在这方面的个人社交动机。此外，虚拟商店也无法使消费者因购物而受到注意和尊重，消费者无法以购物过程来显示自己的社会地位、成就或支付能力，而且网络商品的价格欠缺灵活性，会令某些喜欢在现场讨价还价的消费者有所失望。

13.2 网络消费者的心理特征

网络消费者是指通过互联网在电子商务市场进行消费和购物等活动的消费者人群。网络消费者行为是消费者行为在网络环境下的体现，是消费者在外部、内部因素以及网络环境因素的共同作用下，为了满足自身需求而采取的包括信息搜寻行为、购买行为和购后行为在内的各种行动。在现今媒介推广方式越来越发达，商品展示平台越来越多样，商品种类越来越丰富的情况下，消费者的心理情况越来越让商家难以捉摸，呈现出了新的特点和发展咱趋势，这点在网络营销中表现的更为明显。

1. 个性化的消费心理

目前，市场上的商品可谓琳琅满目，丰富多彩，尤其是购物网站对商品的展示更是如此。在这种情况下，消费者秉持着个性化消费的心理，他们会以“自我”为中心，挑选和购买自己喜欢的商品。现在的消费者追求新颖独特的商品，力求自己与其他消费者有所区分，希望能够达到与众不同的目的，购物网站强大的商品展示和完善的搜索引擎系统恰恰满足了这类消费者的需求。

2. 追求文化品位的消费心理

传统的营销学理论认为，消费者的消费习惯和消费动机受到了民族文化和社会传统的影响，不同文化背景下的人们会选择不同的商品和服务，并且他们选择和购买商品的方式也会有所不同。但是由于电脑的普及和网络的高速发展，这样的情况已经不复存在。在网络的世界里，不同地域消费者可以接受到其他地域的文化冲击，并且他们也同时接受到最新的商品信息，从而在这种情况下，选择能够彰显自己文化品位的商品和服务。

3. 方便、快捷的消费心理

目前，在城市范围越来越大，交通越来越拥挤的情况下，出门购物变成了一件要耗费很多时间成本的事。对于现在工作忙碌的现代人来说，他们购物动机更倾向于追求方便和快捷。而互联网这个媒介就可以让消费者足不出户，购遍全球。网络的及时性满足了现代消费者追求便捷的需求。

4. 躲避干扰的消费心理

在实体店购物时，消费者往往惧怕销售人员过于热情的推荐和服务。如果可以选择的话，消费者更倾向于选择轻松，自由的购物氛围。网络购物的情况下，消费者可以根据自己的需求任意搜寻自己需要的商品，遇到不满意的商品或卖家可以自由的退出该网店，这点大大满足了消费者情感需求，避免了商家对消费者造成的干扰。

5. 物美价廉的消费心理

价格往往是消费者做购买决策一个重要的考虑因素。消费者往往秉持这货比三家的心态对自己心仪的货物进行挑选。如果消费者选择传统的购物方式，即去实体店购买商品，若想做到货比三家，通常不太方便并且要耗费很长的时间。但是网络购物恰恰解决了消费者的这个难题，网购消费者利用网站提供的搜索引擎可以很方便的搜寻出同类商品的价格，从而比较容易做出购买决策。并且网店的经营不用支付高额的店租，这样也降低了网店经营的成本，从而将减少的这部分成本回馈到消费者身上，消费者可以购买到更便宜的产品。

6. “孩童化”的消费心理

网购消费者通常是追求个性的一个群体，他们对商品有自己的看法，由于受到外来文化的影响，他们往往更能接受并追求新鲜事物。但是这种新鲜商品的更新速度往往比较快，是一种短寿命商品。网络消费者的注意力很容易转移，会经常从一个网站跳转到其他站点，这是一种充满好奇却缺乏耐心的表现，这种消费习惯类似于儿童的消费性格，新事物总能唤起这类消费者的消费兴趣，兴趣缺不能持久保留，这是一种“孩童化”的消费心态。

7. 从众的消费心理

人们生活在不同的社交圈里，往往有一种希望与所处的社交圈同步的心理，这样就造就了一种从众的消费心态，既不愿突出，也不愿落伍。这种心态造就了很多后随消费者群，当某种商品的消费了达到40%以后，就会产生该消费品的销售热潮，这种后随消费者群是一个很大的顾客群。

8. 消费的主动性增强

在社会化分工日益细化和专业化的趋势下，消费者在面对日益增多的商品选择的同时，消费的风险感也随之上升。由于网络的出现，消费者消费的主动性增强，他们可以在网络上搜索到关于他所需商品的各种信息，譬如型号，性能，价格等等，尤其在许多大额或高档的消费中，消费者往往会主动通过各种可能的渠道获取与商品有关的信息并进行比较和分析。

9. 消费者直接参与生产和流通的全过程

传统的商业流通渠道由生产者、商业机构和消费者组成，其中商业机构起着重要的作用，生产者不能直接了解市场，消费者也不能直接向生产者表达自己的消费需求。而在网络环境下，由于网络的互动性很强，消费者能直接参与到生产和流通中来，与生产者直接进行沟通，减少了不必要的中间环节，从而减轻了市场的不确网络消费心理与行为研究定性。

10. 网络消费仍然具有层次性

在网络消费的开始阶段，消费者偏重于精神产品的消费，并且趋向于消费便宜的商品；到了网络消费的成熟阶段，等消费者完全掌握了网络消费的规律和操作方式，并且对网络购物有了一定的信任感后，消费者才会从侧重于精神消费品的购买转向日用消费品的购买，并且消费额度会逐渐增大。

13.3 网络消费者购买行为分析

13.3.1 网络消费者的基本类型

网络消费者可以分为以下六类：简单型、冲浪型、接入型、议价型、定期型和运动型。

1. 简单型

简单型消费者需要的是方便直接的网上购物。他们每月只花7小时上网，但他们进行的网上交易却占了一半。零售商们必须为这一类型的人提供真正的便利，让他们觉得在网站购买商品将会节约更多的时间。要满足这类人的需求，首先要保证订货、付款系统的安全、方便，最好设有购买建议的界面。另外，提供一个易于搜索的产品数据库是保持顾客忠诚的一个重要手段。

2. 冲浪型

冲浪型消费者占常用网民的8%，而他们在网上花费的时间却占了32%，并且他们访问的网页是其他网民的 4 倍。冲浪型网民对常更新、具有创新设计特征的网站很感兴趣。

3. 接入型

接入型消费者是刚触网的新手，占 36% 的比例，他们很少购物，而喜欢网上聊天和发送免费问候卡。那些有着著名传统品牌的公司对这群人应保持足够的重视，因为网络新手更愿意相信生活中他们所熟悉的品牌。另外，这些消费者的上网经验不是很丰富，一般对于网页中的简介、常见问题的解答、名词解释、站点结构之类的链接会更加感兴趣。

4. 议价型

议价型消费者占总体的 8%，他们有一种趋向购买便宜商品的本能，eBay 网站一半以上的顾客属于这一类型，他们喜欢讨价还价，并有强烈的愿望在交易中获胜。在自己的网站上打出“大减价”、“清仓处理”、“限时抢购”之类的字眼能够很容易的吸引到这类消费者。

5. 定期型和运动型

定期型和运动型消费者通常都是为网站的内容所吸引。定期消费者常常访问新闻和商务网站，而运动型消费者喜欢运动和娱乐网站。目前，网络商面临的挑战是如何吸引更多的消费者，并努力将网站访问者变为消费者。对于这类型的消费者，网站必须保证自己的站点包含他们所需要的和感兴趣的信息，否则他们会很快跳过这个网站进而转入另一个网站中。

13.3.2 网络消费者的购物需求

需要是指消费者在生理和心理的匮乏状态，即感到缺些什么，从而想获得他们的状态。需要按不同的标准可分为多种，如生理需要和心理需要，物质需要和精神需要，马斯洛的五层次需要等。人们为了自身的生存和发展，形成了各种各样的需求，既有生理方面的需求，也有心理方面的需求，既有物质上的需求，也有精神上的需求。这些不同的需求，网络消费心理与行为研究影响了人们的购买动机，而不同的购买动机又导致了消费行为的不同。消费者一般的需求有：兴趣、聚集交流。

1. 兴趣

网络消费者大多热衷于网络漫游，对网络活动抱有极大的兴趣。这种兴趣的产生，主要源自两种内在驱动力：探索的内在驱动力和成功的内在驱动力。一是探索的内在驱动力，人们出于好奇的心理探究秘密，驱动自己沿着网络提供的线索不断地向下查询，希望能够找出符合自己预想的结果，有时甚至到了不能自拔的境地。第二，成功的内在驱动力，人们通过在网络上寻找并顺利地存储和利用自己所需求的信息可以获得成功的满足感。网络消费者在网上进行购买时可能由于兴趣的需要而产生对相关产品的关注和购买。一般而言，消费者所搜集的信息越充分、越及时，消费者所获得的成就感越高，他们的购买的倾向就越明显。

2. 聚集交流

网络为人们提供了跨时空聚集的机会。人们可以利用网络这个平台找到与自己兴趣、爱好相投者相互交流、学习。聚集起来的网民，自然产生一种交流的需求。网络群体中人们的地位是平等的，每个人都有发表各自意见的权利与机会，随着这种信息交流的频率的增加，交流的范围也在不断地扩大，从而产生示范效应，带动对某些种类的产品和服务有相同兴趣的成员聚集在一起，形成商品信息交易的网络，即网络商品交易市场。爱美的女士可以在网购时交流购买各种品牌化妆品的心得，爱运动的男士可以在网购论坛中交流购买运动装备的使用情况。这种轻松地沟通与购物情况满足了平时辛苦学习和工作的人们聚集交流的需要。

13.3.3 网络消费者的购物动机

动机是一种基于需要而由各种刺激引起的心理冲动，它的形成要具备一定的条件。消费者动机的形成如图 13－2 所示。

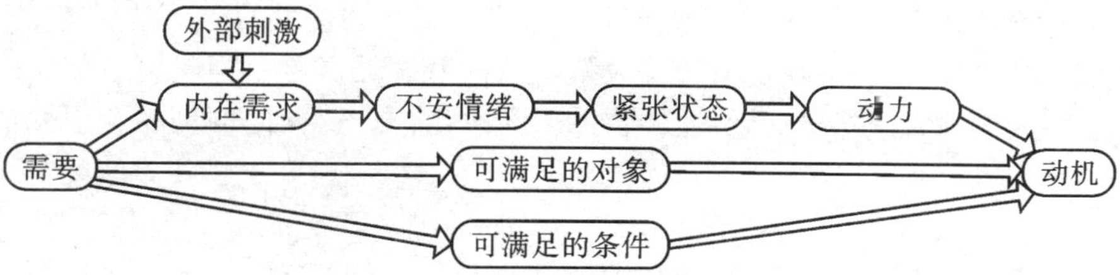

图 13－2　消费者动机的形成过程

需要是动机产生的基础，只有当个体感受到对某种生存或发展条件的需要，并达到足够的强度时，才有可能产生采取行动以获取这些条件的动机。当个体受到某种外部刺激时，其内在需求会被激活，使内心产生某种不安情绪，形成紧张状态，这种不安情绪和紧张状态会衍化为一种动力，由此形成动机。此外，需要产生以后，还必须有满足需要的对象和条件，才能形成动机。比如，消费者具有御寒的需要，但只有当冬季来临，消费者因寒冷而感到生理紧张，并在市场上发现待售的冬装时，才会产生购买冬装的强烈动机。

网上消费者的购物动机是指在网上购物活动中，能使消费者产生网上购买行为的某些内在驱动力。从动机的具体表现来看，消费者除了通过网上购物实现生理上和心理上的需求外，还有其它一些具体的购物动机。

1. 光顾动机

这是指消费者由于对特定的网站、图标广告、商品等产生特殊的信任与偏好而习惯性光顾并在光顾的过程中产生购买动机。这类消费者，往往是某一站点的忠实浏览者，他们不仅自己经常光顾这一站点，还会鼓动周围的消费者也去光顾它。譬如当当网全球是最大的综合性网上购物中心之一，尤其是其在图书购买方面做得十分优秀，现在当消费者有购书需求时，都会先选择当当网进行购买，这是对特定网站、特定品牌的一种信赖，当当网恰好满足了消费者购书时所考虑的各种条件，所以消费者有了购书需求时，就会产生去当当网购书的动机。

2. 求新的动机

根据艾瑞咨询集团所作的中国网络购物用户研究报告 2010 年版，我们可以发现，中国主流的网络购物用户为高学历，中等收入，一、二线城市的中青年网民，并且其中 64.1% 是未婚人士，处在这个年龄段，收入层的人往往具备了购买能力，并且有很强的判断能力。这个族群的消费者可以熟练地使用网络及购物网站所提供的搜索引擎，他们可以轻而易举地获得很多新资讯，这些资讯影响了这类消费者的购买决策。这类消费者往往有一个购买特点就是求新求变，走在流行与潮流的尖端。实体店的销售较于流行时尚总会有一定程度上的时差，这时候网店就满足了这类族群的购买需求，从而引起了消费者网购的欲望。

3. 求廉的动机

如以上所说，在网上进行购物的消费者，很多是中等收入，并且其中大部分是学生族群，所以价格就是他们决策的一个重要因素。网店由于没租金，没有库存压力，流通环节减少，网店商品的价格较之实体店的价格便宜了许多，这种低价也吸引了许多消费者的目光，当消费者有了购物需求时，网点的价格就引发了他进入网店购物的动机。

4. **求方便的动机**

现在的商业环境造就了真正的一寸光阴一寸金的年代，不论是对商家还是对消费者，时间就是金钱。传统购物方式有很大的局限性，譬如实体店有上班时间的局限性，实体店上班的时间往往从早上 9 点至晚上 10 点左右，但是网店可以 24 小时开业。并且传统购物还有地域上的局限性，譬如广东的顾客想购买北京的特产，就必须去北京或者去广东的大型超市，在去固定地点购物的途中，会耗费消费者大量的时间和金钱成本，但是网店就不一样了，消费者在家中就可以轻松地购买自己所需的物品，无须出门。这样的便利亦会引发消费者上网购物的动机。

13.3.4 影响网络消费者购买行为的因素

网络个人消费者在购物时，会受各种因素的影响，如网络页面，网上产品价格，购买是否便捷等，这些因素利用好了，会加快消费者的购买进程。如果利用不好，可能导致购买行为的终止。因此，上网企业应重视消费者购买过程的影响因素，并将之充分利用，促使购买行为发生。

1. **网页界面的设计**

对于在网络从事经营的企业来说，网页界面是网络企业与网络客户相互交换信息和执行各种交互活动的媒介，因此网页界面设计的好坏会对网络客户的第一印象产生重要影响。很难想象一个界面设计混乱、不协调的网站会吸引网络客户的注意并进入浏览、购物。

2. **商品的陈列**

在网络商店中，商店实体和商品的说明介绍以及其他相关资料是分离的，客户无法像在传统的商店购物那样，通过与商品实体的直接接触来了解商品的质量和适用性。网络商店对单个商品的介绍只能依赖于文字说明和图片信息，这些资料是否详细将会极大地影响网络客户的购买决策，一个文字说明太少而且图片模糊不清的商品是很难激发起客户的购买欲望的。

3. **商品的特性**

由于互联网客户群体的独特性，并不是所有的产品都适合通过互联网开展网上销售和网上营销活动。网上销售商品要注意以下三个问题：首先，要考虑商品的新颖性，即必须是时尚类商品。追求时尚与新颖是许多网上客户进行网上购物的主要原因，这类客户注重商品的款式、格调和社会流行趋势，讲求新潮、时髦和风格独特，力争站在时尚潮流的浪尖，而对商品的价格高低不予计较。其次，是商品的个性化。表现为企业根据网络客户的个性化需求为网络客户对商品在功能、外观、结构上进行重新设计和组配，提出冗余功能与结构，增添新的个性化功能，并根据个性化要求优化外观结构，以实现客户追求的高度个性化效果。最后，是网络客户的商品购买参与程度。在网络时代，许多企业已开发了多种模拟体验软件，客户在互联网上可通过模拟软件的引导，体验身临其境的消费感受，如网络游戏等。

4. **产品的价格**

从消费者的角度来说，价格不是决定消费者购买的唯一因素，但却是消费者购买商品时肯定要考虑的一个非常重要的因素。网上购物之所以具有生命力，重要的原因之一是网上销售的商品价格普遍低廉。消费者对于互联网的价格有一个心理预期，那就是即使网上商品是要花钱的，那价格也应该比传统渠道的价格要低。原因在于互联网可以减少传统营销中中间费用和一些额外的信息费用，可以大大削减产品的成本和销售费用，所以网上售价应比网下低一些，这也是互联网商业应用的巨大增长潜力所在。

5. **购物的便捷性**

购物便捷性是消费者选择网络购物的首要考虑因素之一。一般而言，消费者选择网上购物时考虑的便捷性，一是时间上的便捷性，可以不受时间的限制并节省时间；另一方面，可以足不出户，在很大范围内选择商品。

6. **安全可靠性**

由于在网上消费，消费者一般需要先付款后送货，对此过去购物的一手交钱一手交货的现场购买方式已发生了变化，网上购物中的时空发生了分离，消费者有失去控制的离心感。因此，为减低网上购物的这种失落感，在网上购物各个环节必须加强安全和控制措施，保护消费者购物过程的信息传输安全和个人隐私保护，以及树立消费者对网站的信心。

13.3.5　消费者网络消费的购买过程

消费者的购买行为是消费者为满足某种需要而发生的购买商品的一切行为活动，是消费者心理的外在表现。网络消费者的购买过程，也就是网络消费者购买行为形成和实现的过程。与传统的客户购买行为相类似，网络个人客户的购买行为早在实际购买之前就已经开始，并且延长到购买后的一段时间，有时甚至是一个较长的时期。网络消费者的购买过程与传统购买行为不同之处是多了两个过程，一个是下订单过程；另一个是授权支付这一过程。网络消费者的购买过程可以粗略地分为以下 7 个阶段。

1. **需求唤起**

唤起需求是消费者网络购买的第一步，消费者的需求产生于内在的生存或发展的某种需求，当市场上有适合的产品满足消费者的需求时，消费者就会产生购买的动机，这是消费者在购买时不可或缺的基本前提。

传统营销诱发需求的因素有很多，包括内外部多重刺激，如饥饿时对食物的需求、运动时对运动装备的需求等，并且传统购买过程中还伴有对消费者视觉、听觉、嗅觉、视觉的各种刺激。但是对于网络营销来说，诱发需求的动因只能局限于视觉和听觉。文字的表述、图片的设计、声音的配置是网络营销诱发消费者购买的直接动因。这要求从事网络营销的企业或中间商注意了解与自己产品有关的实际需求和潜在需求，了解这些需求在不同时间的不同程度，了解这些需求是由哪些刺激因素诱发的，进而巧妙地设计促销手段去吸引更多的消费者浏览网页，诱发他们的需求欲望。

2. **搜索信息**

不论是传统购买渠道还是网络购买渠道，消费者都要经历手机收集信息的过程。一般而言，收集信息的渠道有两个。一个是内部渠道，指的是消费者个人对于信息和商品知识的储备，包括其购买商品的实际经验以及对市场的观察等。另一个就是外部渠道，指的是消费者可以从外部搜集信息，包括个人渠道和商业渠道等。其中个人渠道的信息来自于消费者的亲戚及朋友等的消费体验，这种渠道信息对于消费者是否购买该商品起了非常大的决定作用。商业渠道信息来源于商家或厂家对于商品的各种推销活动，例如展览会、上门推销、广告宣传等。

与传统购物信息的收集不同，网络购物的信息收集带有较大主动性。在网络购物过程中，商品信息的收集主要是通过因特网进行的。一方面，消费者可以根据已经了解的信息，通过因特网跟踪查询；另一方面，消费者不断地在网上浏览，寻找新的购买机会。

3. **比较选择**

为了使消费需求与自己的购买能力相匹配，比较选择是购买过程中必不可少的环节。消费者对各条渠道汇集而来的资料进行比较、分析、研究，了解各种商品的特点和性能，从中选择最为满意的一种。一般说来，消费者的综合评价主要考虑产品的功能、可靠性、性能、样式、价格和售后服务等。由于网络购物不直接接触实物，消费者对网上商品的比较依赖于厂商对商品的描述，包括文字的描述和图片的描述。网络营销商对自己的产品描述不充分，就不能吸引众多的顾客。而如果对产品的描述过分夸张，甚至带有虚假的成分，则可能永久地失去顾客，如何把握网络商品描述的这个“度”，是摆在网店经营者面前的一个问题。

4. **互下订单**

与传统购物相比，下订单与授权支付是网络购物过程所独有的阶段。在传统购物中，消费者只要做出了选择，就会交钱拿到产品，但在网上由于是通过网络媒介，所以网络消费者在完成了对商品的比较选择之后，还要进入到下订单阶段。网络消费者在决定购买某种商品时，一般必须具备三个条件：第一，对厂商有信任感；第二，对支付有安全感；第三，对产品有好感。所以，树立企业形象，改进货款支付办法和商品邮寄办法，全面提高产品质量，是每一个参与网络营销的厂商必须重点抓好的三项工作。这三项工作抓好了，才能促使消费者毫不犹豫地作出购买决策。

5. **授权支付**

在网上企业与消费者达成交易之后，双方如何进行货款的收付呢？传统的购物是交钱获得产品，而网络要找一个中介机构来完成这一过程。从消费者的角度来说，一种是离线的传统支付方式“网上交易，网下支付”，消费者将支付的权力交给了邮政、银行；另一种是在线的电子支付，如“一网通”等，将支付的权力交给了网络第三方企业。这两种支付方式各有利弊，由消费者自由选择。

6. **收到产品**

与传统购物一手交钱一手交货所不同的是，在网上购物，即使已支付了货款，也不能立刻拿到，这中间往往要经历一段邮寄时间，产品才能到达买者手中。方便、快捷、便宜的电子邮件紧紧连接着厂商和消费者。企业要尽量缩短这个时间，并确保产品完好无恙，消除消费者的不安感。

7. **购后评价**

影响购后评价的因素有很多，譬如物流速度和态度，商品的质量，店家的态度等等，淘宝网现在甚至推出了五星评比体系来进行消费者购后评价的反馈。一个好的购后评价可以给网络卖家无数的好处，因此，对于店家而言，消费者的一个差评也是相当致命的，这可以打消许多潜在顾客的购买动机。因此，厂家应该根据消费者的购后评价不断地进行管理和服务上的培训，最大限度地降低消费者的不满感。

现在，越来越多的公司将网络服务整合到公司的营销计划之中，使网络营销界逐渐认识到为顾客服务的重要。消费者的整个购买过程都与企业的产品、价格、渠道、促销、信用相联系，他们当中的任何一个因素，都会使潜在顾客做出是否购买的决定，因此，要把消费者的购买过程与网络企业的营销策略紧密联系，促成潜在消费者购买行为的发生。

13.3.6 网络购物环境下的消费者感知风险

感知风险由哈佛大学 Bauer 教授在 1960 年首次引入营销领域。Bauer 认为消费者的任何购买行为都可能无法确知其预期的结果是否正确，而某些结果可能是令消费者不愉快的。所以，消费者购买决策中隐含着对结果的不确定性，而这种不确定性也是风险最初的概念。感知风险理论在解释消费者购买行为方面，主要是把消费者行为看作一种风险承担行为，由于消费者在考虑购买时并不能确定商品的使用结果，所以实际上消费者承担了某种风险。

网络环境中的消费感知风险，简称“网上消费感知风险”，自从 Jarvepnaa 和 Todd 在 1996 年的研究之后，很多学者研究了消费者感知风险对网上购买行为的影响。但是综合而言，这些研究对于网上消费感知风险的定义没有统一、清晰的共识：一些研究人员把网上感知风险定义为缺少安全与网上隐私；Salam 等根据 Peter 和 Ryna 的研究，把网上感知风险定义为对于网上财务的损失的主观预期；还有一些研究把网上感知风险定义为网上零售商的可信性或者可靠性。

基于感知风险的传统定义，Sandra，Shi 将“网上感知风险”定义为“消费者在考虑当次的网上购买时对损失发生的主观预期”。于丹，李广辉等人将网上感知风险定义为消费者在考虑网上购物时，对这种购物方式存在的不利后果的严重性和可能性的主观预期。

消费者在做出购买决策时倾向于减少其感知风险而不是最大化其感知价值，感知风险对消费者行为的解释更强而有力。消费者改变、推迟或取消购买决策在很大程度上是受到感知风险的影响。通过实证研究我们得知：经济、功能、社会、时间、身体和心理风险是传统购物环境下感知到的风险，当消费者在网上购物时，这些风险仍然能够被感知到，它们成为感知风险的基本维度类型。隐私风险是网上购物的一个突出风险维度。当消费者在网上支付时，他们越来越关注自己的支付信息、个人信息是否安全，对于个人信息在网上可能失控的担心成为网上购物不同于传统购物的一个方面。很多消费者认为如果网上买的产品出现问题，他们可能很难找到可以沟通的人员，即使找到相关人员也很难调换、退货或者退款。网上购物过程中可能得不到在传统环境下可以享受到的客户服务，成为消费者网上购物时感知到的另一突出风险。消费者在网络购物中可感知的风险具体有：

1. 经济风险

若通过网上支付，银行卡密码可能被盗而引起金钱损失，若先付款，可能出现款已付而货不到的情形，在网上可能买到性价比低的产品。

2. 功能风险

网上买的产品，可能质量缺乏保证，可能达不到顾客预期效果，买到手的产品与网站上介绍的产品在外观或功能上可能不一致，网上不能真实接触产品，这可能会使顾客买到不合适的产品。

3. 隐私风险

若通过网上支付，网络黑客可能控制顾客付款账号，网上购物可能使个人信息在自己不知情的情况下被别人使用，网上购物可能使我购物习惯被泄露或被追踪。

4. 社会风险

网上购物，顾客尊重的人可能认为这是不明智的，亲戚或朋友可能会对顾客的网上购物行为有负面评价，我的网上购物行为可能会影响顾客在周围人中的形象，网上买的产品可能不被亲戚或朋友认可。

5. 时间风险

产品可能没有在预定的时间送到，导致顾客等待时间过长，若网上买的产品不合适或出现问题，与网站沟通及退货、维修等方面时间过长，在网上下订单后，收到产品前的等待时间过长。

6. 身体风险

网上购物长时间使用电脑会导致视觉疲劳或视力下降，使身体受到不良影响，若在网上买到假货，会对身体造成伤害。

7. **服务风险**

若买到的产品出现问题，很难找到网站人员或销售人员进行交涉，若买到的产品不合适，很难调换，网上购买的产品可能缺少售后服务保障。

8. **心理风险**

若网上购物发生损失，顾客心里会有压力，在网上下订单后，收到产品前的等待阶段会比较着急和担心，若买到手的产品不合适或出现问题，与网站沟通及退货、维修的过程会使顾客心情烦躁。

13.3.7 AISAS 与 SICAS 模式

1. AISAS

AISAS 模式是由电通公司针对互联网与无线应用时代消费者生活形态的变化，而提出的一种全新的消费者行为分析模型。营销方式正从传统的 AIDMA 营销法则，逐渐向含有网络特质的 AISAS 发展。

A：Attention——引起注意（创意引发受众兴趣/注意力）

I：Interest——引起兴趣（创意的互动性让受众产生参与的兴趣）

S：Search——进行搜索（用户开始思考/搜索/寻找与诉求相关的信息，包括搜索引擎、品牌官网、购物网站站内搜索，如淘宝、京东、一淘，还有导购媒体等，在一些情况下，渴望是搜索的诱发因素）

A：Action——购买行动（在对品牌/诉求有足够了解后，产生互动参与行为/购买行动）

S：Share——人人分享（最后分享产品的消费体验，形成口碑。可以以 share 出发体验/互动设计，吸引媒体以新闻、事件的方式报道，形成媒体与消费者个人交换传播。）

在全新的营销法则中，两个具备网络特质的“s”——search（搜索）、share（分享）的出现，指出了互联网时代下搜索（Search）和分享（Share）的重要性，而不是一味地向用户进行单向的理念灌输，这充分体现了互联网对于人们生活方式和消费行为的影响与改变。一个“搜”字，囊括了太多的信息和特点，但只要一“搜”，一切都迎刃而解。分享是人的天性。一个人孤芳自赏是没有任何社会意义的，等于将自己游离于群体之外，高处不胜寒。分享既是合作，也是交流、沟通，没有它，生活将失去许多色彩。而正是人们分享的天性，才有了传播，有了传承，有了更高的追求和更美好的未来，才有了天人合一的和谐和互通有无的必要。

传统的 AIDMA 模式（Attention 注意、Interest 兴趣、Desire 欲望、Memory 记忆、Action 行动），消费者由注意商品，产生兴趣，产生购买愿望，留下记忆，做出购买行动，整个过程都可以由传统营销手段所左右。基于网络时代市场特征而重构的 AISAS（Attention 注意、Interest 兴趣、Search 搜索、Action 行动、Share 分享）模式，则将消费者在注意商品并产生兴趣之后的信息搜集（Search），以及产生购买行动之后的信息分享（Share），作为两个重要环节来考量，这两个环节都离不开消费者对互联网（包括无线互联网）的应用。

新的消费者行为模式（AISAS）决定了新的消费者接触点。媒体将不再限于固定的形式，不同的媒体类型不再各自为政，对于媒体形式、投放时间、投放方法的考量，首先源于对消费者与产品或品牌的可行接触点的识别，在所有的接触点上与消费者进行信息沟通。同时，在这个信息沟通圆周的中央，详细解释产品特征的消费者网站，成为在各个接触点上与消费者进行信息沟通的深层归宿。消费者网站不仅提供详细信息，使消费者对产品的了解更深入并影响其购买决策；对消费者之间的人际传播也提供了便利；同时，营销者通过对网站访问者数据进行分析，可以制订出更有效的营销计划。由于互联网无可替代的信息整合与人际传播功能，所有的信息将在互联网聚合，以产生成倍的传播效果，以网络为聚合中心的跨媒体全传播体系随之诞生。

2. SICAS

SICAS 是基于长期以来对用户行为追踪、消费测量、触点分析和数字洞察，提出的数字时代的行为消费模型。SICAS 即：品牌—用户互相感知（Sense），产生兴趣—形成互动（Interest & Interactive），用户与品牌—商家建立连接—交互沟通（Connect & Communication），行动—产生购买（Action），体验—分享（Share），共五个阶段，这是一个全景模型，是用户行为、消费轨迹在这样一个生态里是多维互动过程，而非单向递进过程。其特征是增加了对于微众、对话、利基市场、耦合、应需、关系、感知网络等营销过程中需考虑的新的关键因素。

因此，SICAS 阶段营销活动的核心驱动是基于连接的对话，并非广播式的广告营销。如何在快速移动的碎片化环境中实时感知、发现、跟随、响应一个个“人”，与他们对话，成为提高品牌商家营销成本效率的关键。对比一下之前的消费行为模式 AISAS，虽然有了针对搜索的，但营销活动的核心驱动依然是广告，营销关键词是品牌，只不过多了点击、行动、Landing page 转化等这样一些效果维度，品牌商家与用户之间的关系虽然开始互动，但是只是基于链接的简单的碎片化的反馈，而不是基于连接的多点双向的系统交互。

《2011 中国社会化营销蓝皮书》分析观点，企业社会化营销效果应通过社交对话传播力、社交对话认可度与品牌账户粉丝规模等指标综合评估。其中，社会对话传播力的影响作用最大，可以通过“话题吸引力”、“话题参与度”、“话题好感度”、“话题引爆力”来评价企业营销活动的对话质量与好友关系利用程度。

传统的曝光、点击无法评估社会化平台双向对话特质；单纯的粉丝量、一次传播、二次传播虽能在一定程度上说明品牌账户的覆盖面，却无法有效衡量社会化平台中用户的好友关系网络、营销活动对好友关系的利用程度以及好友对话质量高低。

单纯的追求粉丝数量与单向的信息发布，并非真正的社会化营销；在真实身份的社会化平台上，让用户关注品牌并不难，品牌能真正打入用户的群组、社交关系中，发起高质量的好友对话以及利用好友关系高效传播对话，是社会化营销的本质与关键。

“单向沟通型”如在社会化平台的品牌账户发布品牌信息，虽然有价值的好友对话可吸引用户与媒介互动，但没有利用真实用户的好友关系网络，不是真正的社会化营销；“好友关系型”如@几位好友转发消息可参与抽奖，虽然能利用好友关系，但单纯的抽奖信息缺乏高质量的好友对话，不是真正的社会化营销。而“社交对话型”，充分利用社会化平台的核心媒介价值，通过高质量的好友对话内容，最高程度地利用真实用户好友关系网络，引爆用户互动与传播，才是真正的社会化营销。

13.4 网络营销策略的实施

13.4.1 网络营销的基本特征

①公平性。在网络营销中，所有的企业都站在同一条起跑线上。公平性只是意味着给不同的公司、不同的个人提供了平等的竞争机会，并不意味着财富分配上的平等。

②虚拟性。由于互联使得传统的空间概念发生了变化，出现了有别于实际地理空间的虚拟空间或虚拟社会。

③对称性。在网络营销中，互联性使信息的非对称性大大减少。消费者可以从网上搜索自己想要掌握的任何信息，并能得到有关专家的适时指导。

④模糊性。由于互联使许多人们习以为常的边界变得模糊。其中，最显著的是企业边界的模糊、生产者和消费者的模糊、产品和服务的模糊。

⑤复杂性。由于网络营销的模糊性，使经济活动变得扑朔迷离，难以分辨。

⑥垄断性。网络营销的垄断是由创造性破坏形成的垄断，是短期存在的，因为新技术的不断出现，会使新的垄断者不断取代旧的垄断者。

⑦多重性。在网络营销中，一项交易往往涉及到多重买卖关系。

⑧快捷性。由于互联使经济活动产生了快速运行的特征，你可以迅速搜索到所需要的任何信息，对市场作出即时反应。

⑨正反馈性。在网络营销中，由于信息传递的快捷性，人们之间产生了频繁、迅速、剧烈的交互作用，从而形成不断强化的正反馈机制。

⑩全球性。由于互联超越了国界和地区的限制，使得整个世界的经济活动都紧紧联系在一起。信息、货币、商品和服务的快速流动，大大促进了世界经济一体化的进程。

13.4.2 网络营销竞争优势

1. 成本费用控制

开展网络营销给企业带来的最直接的竞争优势是企业成本费用的控制。网络营销采取的是新的营销管理模式。它通过 Internet 改造传统的企业营销管理组织结构与运作模式，并通过整合其他相关部门如生产部门、采购部门，实现企业成本费用最大限度的控制。利用互联网降低管理中交通、通讯、人工、财务和办公室租金等成本费用，可最大限度地提高管理效益。许多在网上创办的企业也正是因为网上企业的管理成本比较低廉，才有可能独自创业。

2. 创造市场机会

互联网上没有时间和空间限制，它的触角可以延伸到世界每一个地方。利用互联网从事市场营销活动可以远及过去靠人工进行销售或者传统销售所不能达到的市场，网络营销可以为企业创造更多新的市场机会。

3. 让顾客满意

在激烈的市场竞争中，没有比让顾客满意更重要。利用互联网企业可以将企业中的产品介绍、技术支持和订货情况等信息放到网上，顾客可以随时随地根据自己的需求有选择性地了解有关信息。这样克服了在为顾客提供服务时的时间和空间限制。

4. 满足消费者个性化的需求

网络营销是一种以消费者为导向，强调个性化的营销方式；网络营销具有企业和消费者极强的互动性，从根本上提高消费者的满意度；网络营销能满足消费者对购物方便性的需求，省去了去商场购物的距离和时间的消耗，提高消费者的购物效率；由于网络营销能为企业节约巨额的促销和流通费用，使产品成本和价格的降低成为可能，可以实现以更低的价格购买。

13.4.3 网络营销战略的实施

面对日益激烈的竞争，网络营销企业必须加强自身能力，把握网络营销竞争的战略。

1. 巩固公司已有的竞争优势

经过一定时间的积累，公司对现有客户及其需求有较深的了解。在数据库帮助下，营销策略具有很强的针对性，在这个基础上制定的营销策略，可以大幅度减少营销费用，提高销售收入。

2. 了解客户心理，理顺营销渠道

网络营销是典型的以顾客为中心的营销，顾客通过及时地反馈意见，有机会参与公司产品的设计和生产，从而最大限度地满足自己的需求。通过互联网和大型数据库，公司可以以低廉的成本为顾客提供个性化的服务。

3. 加强新产品的开发能力

开展网络营销，可以从与顾客的交互过程中了解顾客需求，也可由顾客直接提出需求，深入了解客户的需求。另外通过网络数据库营销更容易直接与顾客进行交互式沟通，更容易产生新的产品概念，促成符合客户需要的新产品的研发。对于现有产品，通过网络营销容易取得顾客对产品的评价和意见，从而准确决定产品所需改进的方面和换代产品的主要特征。

4. 理顺供应渠道

公司如果实行网络营销，可以对市场销售进行准确及时的预测，从而确定合理的计划供应量，保证满足公司的目标市场需求。

Internet 极大地消除了企业与顾客之间的时间和地理位置的限制，创造了让双方更容易接近和交流的信息机制。传统服务的不可分离性使得顾客寻求服务受到限制，互联网的出现突破了传统服务的限制。顾客可以通过互联网得到更高层次的服务，不仅可以了解信息，还可以直接参与整个过程，最大限度地满足顾客的个人需求；顾客通过互联网可以直接向企业提出要求，企业可以借助互联网低成本来满足顾客“一对一”服务的需求，当然企业必须改变业务流程和管理方式，实现柔性化服务；企业通过互联网实现远程服务，扩大服务市场范围，创造了新的市场机会；企业通过互联网提供服务，可以增强企业与顾客之间的关系，培养顾客的忠诚度，减少企业的营销成本费用。

网络营销服务的过程总是伴随着顾客和企业产品接触的过程，网站是一种影响面广、受众数量巨大的营销工具。怎样充分发挥互联网在动态交互方面的优势，尽量满足不同消费者的不同需求，就成为网络营销服务的关键因素。随着“服务经济时代”的到来，服务营销已经成为树立企业形象、发展新顾客、留住老顾客，更好地满足顾客多种需求的最有效途径。因此，企业应将网络营销服务作为企业在市场竞争中的重要手段。

13.4.4 强化的客服意识

1. 增强网上商店的黏着力

网上商店是企业或个人在网上从事商务活动的窗口，是与顾客沟通的桥梁。在注意力经济的今天，商业网站要具有黏着力，即吸引并保持住顾客的注意力，才能保持竞争优势。如何成功地吸引住顾客的注意力，增强网站的黏着力，网上商店的设计者需要注意以下几点：

（1）相关联策略。

以网站需要什么样的顾客及顾客想从网站得到什么为依据，采取相应的方法，为顾客提供与网站内容相关联以及与顾客密切相关的信息、产品和服务。如及时报道与网站内容相关的突发事件、尽力拓展网站的宽度和深度、持续内容的更新等。

（2）顾客参与策略。

借助互联网交互、快捷、直观等特点，采取相应工具，为顾客提供“评论、讨论、反馈”等栏目，鼓励顾客积极参与感兴趣或关心的信息和话题，发表自己的观点和建议，并为顾客提供细致周到的服务或娱乐活动，促使其积极参与。如企业与顾客间、顾客与顾客间的互动沟通，将购物、服务和娱乐有机结合等。

（3）共有性策略。

网站的设计者采用共同创造、定做、个性化等方式，使顾客产生一种强烈的归属感和拥有感，促使顾客不断回访。如共同创建网站内容等。

（4）便利策略。

网站的设计者利用先进网络技术设计网站内容或栏目，使顾客轻松地获得所需信息、愉快地购买商品、方便快捷地沟通等，使顾客真正体会到与传统市场的不同，真正实现虚拟市场的便利和快捷。如灵活登录方式、站点导航图等。

2. 注重网上消费心理研究

网上商店与传统商店一样，经营者希望每时、每刻、每秒都能获得更多消费者，以便卖出更多的商品。网络经济是典型的买方市场，只有注重分析和研究网上商店的目标群体的消费心理，掌握消费者网上购物和消费的真实动机，才能选择恰当的、合适的销售或促销手段，激发消费者的购买行为，提高网上商店的经营效率。

（1）充分认识消费心理的重要性。

消费心理是消费者根据自身需求和偏好，选择和评价消费对象的心理活动。这种心理活动将直接影响消费者的消费行为，因为人作为消费者在消费活动中的各种行为无一不受到心理活动的支配。例如，是否购买某种商品，购买何种品牌、款式，何时、何地购买，采取何种购买方式以及怎样使用等，其中每一个环节、步骤都需要消费者作出相应的心理反应，进行分析、比较、选择和判断。因而，网上商店的经营者要充分认识消费心理的重要性，在管理和设计网站时，要组织相关专家及学者，详细、系统地分析研究网上“冲浪者”的消费心理，发现和掌握消费者在消费活动中的心理与行为特点及其规律，以便适应、引导、改善和优化消费行为，采取行之有效的销售方法，使更多的“冲浪者”变成自己的“上帝”。

（2）对网上市场进行特征分析。

我国的网上市场是一个发展迅速、新型的市场，只有充分分析和掌握这个市场的规模、网民的基本特征、网民上网的使用特征、网民的网上购买行为特征等，才能做到有的放矢地实施各种策略及方法，实现网上商店的经营目标。因而，网上经营者要采取多种渠道、多种方法收集网上市场的相关信息，将收集的各种信息进行系统的分析和研究，及时了解和掌握网上市场的现状、网上群体购物的共性和个性的特征等，并制定相应的经营策略。

（3）刺激网上消费心理动机。

网上消费者购买行为的心理动机主要体现在理智动机、感情动机和惠顾动机三个方面。只有采取相应的措施及手段，诱导和刺激这些动机，才能够获得更多的消费者，促成更多消费行为。

①理智动机方面。由于这种动机具有客观性、周密性和控制性的特点，因而选择网上商店的商品时，先考虑商品的先进性、科学性和质量高低，再考虑商品的经济性。

②感情动机方面。这种动机是由人的情绪和感情所引起的购买动机，包括低级和高级两种形态。网上商店要提供新、奇、乐的商品来刺激消费者低级形态的感情购买动机；提供为网上朋友馈赠的实物或数字礼品，或者提供为在外儿女尽孝心的老人用商品等，刺激消费者高级形态的感情购买动机。

③惠顾动机方面。这种动机是基于理智和感情动机之上的，对特定的网站、图标广告、偏好商品而习惯性地前往访问并购买的一种动机，具有这种动机的消费者往往是某一个站点的忠实浏览者。网上商店要提供便利的搜索引擎、醒目的图标广告、物美价廉的商品，并逐步树立可靠的信誉，使消费者尽快成为网上商店的忠实顾客，同时老顾客会引来新顾客。

3. 树立网上商店的诚信形象

（1）经营者要管理“诚信”。

诚信是网上商店生存发展之根本，因而，网上商店管理者要制定和管理好各个方面的“诚信”机制。

①经过调研清楚自己现在的诚信度。

②制定诚信目标。

③建立诚信机制，即在经营内部建立管理者对被管理者、下级对上级、员工与员工之间的诚信机制。

④建立商家与用户、消费者的诚信机制。

⑤在商家与商家之间建立诚信机制。

如康佳集团公司的“质量第一，信誉为本”经营战略很值得借鉴。

（2）经营者要经营“诚信”。

网上商店的经营者要善于经营“诚信”，逐步树立“诚信”形象。

①谨慎承诺，一旦许诺就要履行承诺而不能失信。

②提供真实可靠的商品信息、货真价实的商品、细致周到的个性化服务。

③坦诚相待、化害为利，要用你的真诚和体谅来换取别人对你的信赖和诚心。

如美国约翰逊公司的“泰米诺胶囊事件”的处理办法很值得学习。

（3）经营者要运用“诚信”。

①诚信能为网上商店带来顾客，增强顾客的信心，自然会给网上商店带来效益。

②诚信促进合作。合作的前提就是诚信，讲诚信可以反过来作用于合作，使得合作更加顺利。讲诚信的双方更加容易合作，合作的双方在合作后会更加相信对方，各方的诚信都会得到增加。

③高举“诚信为本”的发展利器。“诚信为本”的基本观念就是对内要以心换心，更大力度增加网上商店的凝聚力；对外要诚恳诚实，善于与强手携手。如国内以“信用为本”作为企业经营理念的名人电脑公司，其创立、生存及发展的历程值得参考。

4. 整合营销观念，提高顾客满意度

网络营销的理论基础就是整合营销，它把消费者的需求整合到营销活动中来，它的中心是“4C”组合：Customer（消费者的需求）、Cost（消费者的费用）、Convenience（消费者的购买方便性）、Communication（消费者与企业的沟通）。“4C”是对市场营销观念所倡导的整体营销“4P”的补充和修正，即Product（产品）——Customer，Price（价格）——Cost，Place（渠道）——Convenience，Promotion（促销）——Communication。“4C”组合并不是要代替“4P”组合。企业在清楚地了解消费者的个性化需求之后，作出相应的“4C”决策，企业最终操作的还是“4P”，只有这样，企业才能同时实现满足消费者需求和企业利润最大化两个目标。

（1）产品定制化。

根据上一节的分析，网络消费群的整体特征为高学历，有一定的网络知识，并以青年为主，有一定的消费能力。他们的心理特征表现为：易于接受新事物，对商品求新、求美、求奇；注重个性化，注重服务周到。企业开展网络营销时，应该注意分析这样的消费群的特征，根据消费者的不同特征（年龄、性别、职业、收入、爱好）划分不同的目标市场，针对不同的目标市场开发不同的产品。如通用汽车公司为消费者提供的定制化服务，就是针对不同的消费需求提供相应的产品和服务，把每一个消费者都看成是一个细分市场，从而大大提高了顾客满意度。

（2）价格柔性化。

在电子商务环境下，应注意到两个影响定价因素的改变：一是市场的垄断性在减少，面对趋于完全竞争的市场，采用价格垄断是行不通的；二是消费者的购物心理趋于理智，网络为他们提供了众多的商品信息，他们会对商品进行综合比较，选择他们认为价位适中的商品。所以企业选择定价策略时应加强灵活性，建立两个机制：①自动调价机制，根据季节变动、市场供需状况、竞争产品价格及其他因素，在计算最大赢利的基础之上，进行实际的价格调整；②智慧型议价机制，与消费者直接在网上协商价格。

（3）广告互动化。

与传统的广告媒体相比，网络的优势在于：①传播范围广，网络广告可以传播到 Internet 覆盖到的 150 多个国家，而传统的广告只局限于一个地区，至多几个国家；②形式生动，运用多媒体计算机技术，网络广告可将产品的形状、用途、价格、使用方法、维护方法等信息以文本、图像、动画和声音等多种表现方法表达出来，大大提高了宣传效果；③即时互动，网络广告改变了传统广告沟通中信息发送和反馈单向流动、相互隔离、存在时差的缺点，实现了企业与消费者的双向即时沟通，使消费者的参与性和主动性加强；④灵活性，网络广告可以一天 24 小时与消费者保持联系，回答消费者的疑问，通过一些技术手段，企业还可以了解浏览用户的特征（年龄、性别、婚姻状况等），以及这些用户浏览广告的时间分布、地点发布，以便更准确地将广告送给正确的群体。企业在利用网络广告的宣传优势时，一方面应注意尽可能地为消费者提供详尽的信息，便于不同的消费者根据自己的需求在相应的层次上了解信息，最终促成理性的消费决策；另一方面要经常对网络广告的信息进行补充和更新，以保证消费者获得的资料总是最准确、最及时的。

（4）配送社会化。

对于企业来讲，进行网络营销时要保证商品在最短的时间内由最近的分销网点送到消费者手中，而这一切必须要靠现代化的物流配送体系加以保证才能完成。目前国际上较为流行的物流配送模式是“第三方物流”（Third-logistics），是指由与货物有关的发货人和收货人之外的专业企业，即第三方来承担企业物流活动的一种物流形态。在美国，第三方物流产值占整个物流业总值的57 %，在欧洲也平均为20%。在中国，若按3 万亿元人民币消费品零售总额计算，物流产业产值达到7 500 亿元，第三方物流若按20 %计算，则将达到1500 亿元，这将是一个庞大的潜在市场。针对现阶段发展电子商务过程中所存在的障碍，国家也应加强立法和监督，规范企业的网上营销行为，保护消费者的合法权益，为电子商务的发展提供一个公平规范的法律环境，同时，还要加强网络技术研究，改善网络基础设施，健全相应的网络配套体系。

市场经济发展到今天，多数产品无论在数量上还是在品种上都已极为丰富。消费者能够以个人心理愿望为基础挑选和购买商品和服务。他们的需求越多，需求的变化就越快。消费者会主动通过各种可能渠道获取与商品有关的信息进行比较，增加对产品的信任和争取心理上的满足感。网络营销还产生于商业的竞争，随着市场竞争的日益激烈化，为了在竞争中占有优势，各企业都使出了浑身的解数想方设法地吸引顾客，很难说还有什么新颖独特的方法出奇制胜。开展网络营销，可以节约大量昂贵的店面租金，可以减少库存商品资金占用，可使经营规模不受场地的制约，可便于采集客户信息等。这些都可使企业经营的成本和费用降低，运作周期变短，从根本上增强企业的竞争优势，增加利润。

【本章小结】

随着互联网在经济活动中的广泛运用，人们对网络的依赖越来越强烈，网络在人们的不知不觉中改变着当今社会的生活状态和生活方式。电子商务的兴起，开创了全球性的商务革命和经营革命，并逐步成为一种极重要的商务方式。

本章结合我国电子商务发展状况的实际，总结了网络购物与传统店面购物的区别与优势。网络购物是依托互联网和信息技术的新型零售形式，对企业而言，网上购物具有低成本，流通环节少、效率高，商品信息更新快，销售范围广等优势；对消费者而言，网上购物具有方便快捷和价格低等优势。同传统营销一样，网络营销需要了解消费者的购买行为，才能有利于企业有针对性地开展市场营销活动。本章全面分析了网络营销中消费者的购物需求与动机，不同类型的消费者网上购物的特点，并总结了网络营销中的十大消费特征以及网络购物环境下的消费者可能感知风险种类。概述了消费者网上购买过程的七个阶段。总结了影响网络消费者购买行为的六大因素并首次引入两个新的消费者行为模式即 AISAS 与 SICAS。

网络营销服务的过程总是伴随着消费者和企业产品接触的过程，结合对网络营销中消费心理与行为的分析，对企业应如何有针对性地选择恰当的营销策略和促销手段，提高网上商店的经营效率，树立诚信形象，整合营销观念，提高消费者的满意度等问题，进行了有益的探索。

【关键术语和概念】

网络购物　消费者感知风险　AISAS 与 SICAS 模式　网络营销策略

【练习与讨论】

1. 网络购物与传统购物的区别有哪些？
2. 影响网络消费者购买行为的因素有哪些？试分析消费者网络购物的类型？
3. 描述消费者网络购物的过程以及动机？谈谈你如何看待网购风险？
4. 实施网络营销策略的关键是什么？
5. 随机调查你身边的朋友、同学，请他们谈谈在网上购买商品的类别及购物体会

第 14 章　购物环境心理

⊙本章学习要点

1. 商店选址对消费者心理的影响
2. 商店招牌的心理作用
3. 橱窗布置的心理功能
4. 橱窗设计的心理策略
5. 营业场所的规划设计心理
6. 店堂环境对消费者心理的影响
7. 商品陈列与展示的心理要求和基本方法
8. 理解营销服务的概念
9. 营销人员对消费者心理的影响
10. 消费者购买商品过程中的心理变化
11. 营销服务的接待步骤

⊙本章学习内容

1. 商店外部环境设计心理
2. 商店内部环境设计心理
3. 营销服务的心理效应

⊙个案分析

星巴克给品牌市场营销的传统理念带来的冲击同星巴克的高速扩张一样引人注目。在各种产品与服务风起云涌的时代，星巴克公司却把一种世界上最古老的商品发展成为与众不同的、持久的、高附加值的商品。然而，星巴克并没有使用其他品牌市场战略中的传统手段，如铺天盖地的广告宣传和巨额的促销预算，而是一直致力于向顾客提供最优质的咖啡和服务，营造独特的“星巴克体验”，让全球各地的星巴克店成为人们除了工作场所和生活居所之外温馨舒适的“第三生活空间”。

（1）招牌或广告牌的设立。基本上以香槟色为招牌及外观底色，以圆形女神象征标志及绿色立体字表现 logo，简单明了。

（2）天花板的设计。局部裸露的楼板喷深灰色漆，将楼板的视觉拉高，柜台区、天花板及咖啡取餐台均加强重点设计，以突显区域性。

（3）灯光及照明。为渲染气氛以及柔和的感觉，店内一律使用重点照明设备，并在靠窗座位及沙发座位采用手绘吊灯。

(4) 地面设计。走道使用复古砖拼贴处理，既美观又营造出温馨的感觉；座位区使用木地板，创造温暖的感觉。

(5) 橱窗设计。橱窗以落地窗玻璃为主，高度在100厘米以下，配合主题将不同图案贴在玻璃上，保留原来的透明性。

(6) 柜台设计。基本上以功能区为主，有蛋糕柜及结账柜台，尾端设有取餐区，此区特别设计吊灯，强调此区位置，使消费者便于识别；价目板设计以清楚为主，在颜色及造型设计上，均配合主题。

(7) 座位区设计。靠壁为固定沙发区，搭配活动桌、活动椅；中央为活动桌、活动椅，桌面为深色及浅色木纹，间或搭配棋盘图案、人形图案或螺旋图案，活泼又有创意；靠窗为高吧桌椅，座位面对窗户。

(8) 动线规划。包括柔软舒适的座椅、咖啡的香味、美妙的音乐和嘶嘶的蒸汽声。星巴克还极力突现美国式的消费文化，顾客可以随意谈笑，甚至挪动桌椅，随意组合。这样的体验也是星巴克营销风格的一部分。

问：谈谈星巴克营造独特的“星巴克体验”给你的启示。

14.1 商店外部环境设计心理

现在，许多消费者都会处于一个富含诱惑的环境中，当他们沿街行走时，他们的感观会受到来自各个方面的刺激，闪烁的霓虹灯、招牌和橱窗内精美的展示牵扯着他们的好奇心，使他们不由自主地步入商场。可见，商场外部环境的装饰设置与消费者的购买行为有直接的关系。

14.1.1 商店选址的心理分析

商店店址的选择对商店的经营效益有着长期而重大的影响，是商店投资决策需优先解决的问题。商店所处的地理位置对消费者的购买心理有多方面的影响，我们可以从以下几个方面进行分析：

(1) 选择繁荣商业中心作为商店的设置地点，可利用中心的影响力和辐射力产生的聚合效应来发展自己。商店设在林立繁华的商业中心，一般都能使消费者产生信任感和向往心情，特别是对于耐用消费品和选购品的购买，消费者大多愿意到商店众多的商业街购买，以便更好地对比和选购，因此，在这类地区建立大中型综合性商店或专业生突出的专卖店都能取得较好的经营效果。在我国，如北京的“王府井商业街”、上海的“淮海路商业街”以及广州的“北京路商业街”等都是此类商业中心，其影响力和辐射力都是跨地区的。商业中心一般交通便利，人口密集，客流量大，功能配套齐全，并以中高档商品为主，来此购物的消费者大多表现出较强的求名、求全、求美的心理特点，对价格的敏感程度相对较低。

(2) 选择居民小区的商业网点作为商店的设置地点。居民小区的商业网点群分布广泛，地理位置与所在区域的消费者需求十分接近，经营类型以小型、大众型的超市和食品店、水果店、便利店为主，经营的商品应以日常生活必需品为主，以方便周围消费者的日常购买。因此，要求商店的设置，一要密度大，二要均匀分布。购买这类商品的消费者一般表现为较强的求便、求实心理。国外有一种分析认为，家庭主妇对周围步行不超过500米便可购物的副食商店、便利店最为满意，再远则有不方便的感觉。同时，这类商店由于覆盖面很小，消费者相对稳定，所以商店在经营中要特别注意该辐射区内居民的构成及购买力状况。

（3）选择城乡交界地带作为商店的设置地点。选择在城乡交界地带设置商店的优势在于：无竞争者，地价低廉，可进行大面积的专业化营销，可降低经营费用，经营类型以货仓式商场、家具城、装饰材料城以及购物中心等为主。如货仓式商场将零售、批发和仓储各个环节合而为一，并采用小批量形式出售商品，进而大幅度降低商品的零售价格，尽管这类商场环境设计简单、地理位置偏僻、服务设施简陋，但因其价格低廉的突出优势，迎合了大多数消费者的心理需要。

专　栏

华联超市公司在选址时重视市场调查。他们深入居民住宅地、企事业单位，弄清店址附近居民的人口总数、购买力水平、职业结构、消费需求特点，在这些基础上总结出，为了能从传统的大型百货零售店中把消费者吸引过来，超市经营的商品只能以物美价廉而取胜，以薄利多销的方式赢利。这样就必然把商品定位于低值易耗、消费频率高、多次重复购买的商品上，其目标消费群必然是广大的普通市民。明确了企业的市场定位后，华联超市连锁店选址标准为两类：①深入新楼盘区，针对新居民区商业网点少，经营居民日常吃、穿、用的基本生活用品，给周围居民的生活起居带来方便。②在交通便利、居民密集的老城区，以附近住宅区的居民、学校和中小型企业集团等为供应对象，销售日常吃、穿、用等基本生活用品，同时不断推出时令商品展销，吸引消费群。

（资料来源：陆强华．连锁经营．北京：中国工人出版社，2000. 382.）

14.1.2　招牌命名的心理分析

招牌是商店标志名称的俗称，它起到识别商店、招徕消费者的作用，也是商业企业的一块永久的广告，消费者逛商店、购买商品往往是在商店招牌的引导下进行的。所以说，一块设计独特、具有典型色彩的招牌，往往能激发消费者的注意和联想，刺激消费者的购买欲望。具体来讲，有以下几方面的作用：

1. 方便与引导消费者的作用

招牌一般会表明行业属性，标示主要服务项目或经营范围，为消费者寻找目标提供了极大的方便，客观上充当了消费者购买活动的向导，有助于消费者迅速地实现购买目的。例如，亨得利钟表眼镜店、大学鞋店、健民药店等。

2. 引起注意与兴趣的作用

设计新颖独特、别具一格或富有艺术性、形象生动的招牌，能迅速引起消费者的注意，激起浓厚的兴趣和丰富的想象。例如，宁波一家小店，招牌上写着“老牌〇〇〇名店”，四个字中间有三幅小画，依次是：第一幅画是一个小缸，第二幅画是一只鸭子，第三幅画是一只黄狗，往来者无不好奇，进店后方知是一家汤圆店，小店的创始人是一位名叫“江阿狗”的人。麦当劳的金黄色“M”招牌，老远就能引起人们的注意，并激起了对它浓厚的兴趣，有人认为招牌的含义是一个欢迎的拱门，有人认为招牌的含义是一个竖着放的汉堡包。总之，采用语义双关、寓意良好、引人联想的词语命名的招牌，都会引起消费者的注意和兴趣。

3. **反映经营特色与服务传统的作用**

每个商店都有各自的经营特色和服务传统，特别是一些历史悠久的老牌商店更是如此。这些商店的招牌不但以其浓郁的民族风格引起消费者欣赏，而且还能引起消费者对商店的经营历史、特色和服务传统的联想，从而赢得消费者的赞誉和信任。例如，北京的“同仁堂”药店、“全聚德”烤鸭店、“六必居”酱菜店及“荣宝斋”书画店等。

4. **加强记忆与易于传播的作用**

招牌是一种广告形式，它不仅能招徕消费者，而且还能传递信息，扩大影响，所以，一些造型独特、文字精练、寓意深刻的招牌往往在消费者的记忆中留下深刻的印象。例如，北京的“百草堂”药店、天津的“狗不理”包子铺和福州的“味中味”酒家等招牌易读、易记，高效地发挥了它的识别功能和传播功能。

14.1.3 橱窗设计的心理分析

橱窗是以商品为主体，通过背景衬托，并配合各种艺术效果，进行商品介绍和宣传的综合性艺术形式，它是商店外观的重要组成部分。一个主题鲜明、风格独特、色调和谐的商店橱窗，如果能与商店的整体风格结合在一起，不仅能起到改善其整体形象的作用，而且能起到向消费者介绍商品、指导消费的作用。

1. **橱窗的类型**

(1) 橱窗按建筑结构可分为独立橱窗、半透明橱窗、透明橱窗。独立橱窗是指只有一面透明，其他侧面均呈封闭的橱窗。这种橱窗的特点是与商店内部的售货现场完全隔离，能够突出产品的宣传效果，吸引消费者的注意。半透明橱窗是指除正面外，侧面或背面也部分透明的橱窗。这种形式若运用得当，可以形成与内部售货场所的紧密联系。透明橱窗是指与商店内部连为一体的橱窗。这种形式可以使消费者未进店前，即可了解商店所经营的主要商品种类，有利于吸引更多的过往行人。

(2) 橱窗按商品陈列方式可分为特写橱窗、专题橱窗、综合橱窗。特写橱窗是指运用不同的艺术形式和处理方法，集中介绍某一种商品的橱窗，它常用于介绍新产品或特色商品。采用这种橱窗，可以充分发挥设计者的艺术才能，突出商品的特点，给消费者留下深刻的印象。专题橱窗是指以一个广告专题为中心，围绕某一特定的事情，组织不同类型的商品进行陈列的橱窗，如绿色食品陈列等。这种橱窗容易引起消费者的联想，激发其潜在的购买欲望。综合橱窗是指将许多不相关的商品综合陈列在一起的橱窗。这种橱窗陈列由于商品之间差异较大，设计时一定要谨慎，不要使之显得杂乱。

2. **橱窗布置的心理功能**

(1) 引起注意的功能。心理试验表明，当消费者漫步在繁华的商业街时，即使是有明确购买目标的消费者，目光也常常是游移不定的。在走向目标商店或无目标漫步时，总是四处观望。店门、招牌、橱窗等都在视觉范围之内，由于近距离观看，橱窗处于最佳视觉范围，所以最先引起注意。同时，橱窗内琳琅满目的商品，对视觉器官的直接刺激作用大于门面的其他部位。因此，橱窗具有引起注意的重要功能。

(2) 激发兴趣的功能。橱窗展示商品的最大特点是在一定范围内，以商品实物，配以特定的环境布置，创造某种适应消费者心理的意境。再加上橱窗设计的艺术手法，不仅能给消费者一个经营项目的整体形象，还能给消费者以新鲜感和亲切感，极大地激发消费者的购买兴趣。

(3) 暗示的功能。心理学认为，暗示是指在无对抗态度条件下，用含蓄间接的方式对人们的心理和行为产生影响。这种心理影响表现为使人们按一定的方式行动，或接受一定的信念。橱窗展示是使消费者接受某种销售暗示的有效途径。橱窗展示作为一种无声的暗示，对消费者的诱导在于意境的遐想，也就是通过橱窗布置的小环境，使消费者看后能产生某种心理联想。

3. 橱窗设计的心理策略

（1）突出主营商品，传递市场信息。消费者观赏、了解和评价橱窗陈列的商品，最主要的还是想获得商品信息或为自己选购商品收集有关资料。但是商场经营的商品种类繁多，不可能将所有的商品都陈列出来，所以橱窗陈列的首要一点就是要选择有代表性的商品、流行性商品、新产品、适时应节的商品、引导消费的商品，以取得吸引消费者的效果。其次，要根据陈列商品的性质、用途和特点，考虑商品的展示形式和摆布位置，以最佳的形式与角度展示商品。同时，要注意橱窗照明灯光的处置和色彩、对比度的运用，以产生一种特有的气氛，吸引消费者的注意和购买。

（2）塑造优美的整体形象，满足消费者对美的需要。商品是橱窗展示的主体，但简单、孤立的商品罗列堆砌，往往会给人以僵硬、刻板的感觉，是难以吸引消费者的，因此，橱窗设计必须认真研究大众审美趋势，从适应消费者求美心理出发，进行橱窗布置的艺术构思，运用多种艺术处理手法，如运用对称与不对称、重复与均衡、主次对比、虚实对比、大小对比、远近对比等艺术手法，用构图把各种商品有机、生动地结合起来，较好地再现商品的外观形象和品质特征；用清新悦目、统一和谐的色彩来增强商品的美感，有效地增强橱窗的艺术魅力，让消费者在美的享受中，加深对商品的视觉印象并形成购买动机。

（3）利用景物渲染，启发消费者的联想。橱窗是商品世界，是时代生活精华场景的缩影，寓意含蓄的艺术构思可创造出诱人的意境，使消费者产生美好的联想。橱窗创意有两大模式：主题橱窗和情调橱窗。环保、休闲成为今日时尚的主题，这在北京的国贸大厦专卖店中有很好的体现。绿色、黄色由于接近自然而被广泛运用，本质的背景和地板成为典型职业装的代表色，简约、朴素的模特不仅为橱窗展品更换提高了效率，同时也为消费者提供了更广阔的想象空间。家庭起居式的橱窗布置，庭院式的桌椅、遮阳伞，甚至除草的工具都成为橱窗设计者的利用材料。情调式橱窗更耐人寻味，如果说主题式橱窗在展示艺术魅力时，强调具体的话，那么情调式橱窗则更倾向于抽象风格。有一家时装店，通常是在一个橱窗内安排 3/5 的空白，仅仅象征性地挂出一套时装，而背影中通常是环保风格的意象性场景，沙子、砾石、红豆、布袋，摆设越少，越有韵味，真所谓“淡极始知花更艳”。

从某种意义上说，橱窗的天地是无限的，它容纳了时间和空间，容纳了精品与艺术，容纳了境界与追求。而橱窗展示的目的只有一个，就是使消费者产生购买欲望，实现企业的促销。

14.2 商店内部环境设计心理

商店是消费者购物的场所，商店内部环境的好坏是直接影响消费者判断商品质量、功能、企业信誉、购买风险的一个重要因素，也是企业内部管理水平和营销活动适应程度的直接反映。商店内部环境的设计与布置主要包括三个方面：营业场所的规划设计、店堂环境与营销气氛以及商品的陈列与展示。

14.2.1 营业场所的规划设计心理

一般讲，商店营业场所的规划布局是以各自的规模、类型、建筑结构及经营特色为基础而独立进行设计的，完全一致的布局是不存在的。所以，商场应根据现有条件和自身经营特色，最大限度地使之符合大多数消费者购物的一般心理，实现最终销售和企业经济效益。营业场所规划设计一般应包括以下内容：使用面积的合理分配，货架摆放方式选择，楼梯、楼道、走道的布局和使用等。

1. 商场面积的合理分配

商场面积一般包括三个部分，即展示和推销商品的营业区域，储存商品的仓库区域和有关管理、服务设施的辅助区域。在这三者当中，消费者接触最多、最直接的是营业区域，其面积、方位、陈列等方面直接影响着消费者对商场的认识过程和情感过程，所以，在商场面积分配时应以营业区域为中心，合理安排三者的位置。首先，在保证营业区域面积占商场面积较大比例的前提条件下，把方位最佳、光线最好的位置安排为营业区域。其次，要尽可能把货仓区域安排在邻近营业区域的位置，以保证企业能迅速、连续地满足消费者的需要，减少营业员由于搬运货物而带来的不必要的劳动强度。最后，将办公室、营业员休息室、更衣室等管理辅助区域安排在远离营业区域的位置，以保证企业管理人员能有一个安静、良好的工作环境；同时，将厕所、吸烟室、消费者休息室、接待室等服务设施的辅助区域，安排在紧邻营业区域的位置，以满足消费者追求方便的心理。

2. 商场布局方式的选择

商场布局是指营业场所内各种货架的基本摆放形式，商场布局一般分为两类：格子式布局和自由流动式布局。

（1）格子式布局。是一种十分规范的布局方式。它是利用直角通道将商场划分成若干规则的形状，各通道之间互相连接，形成迂回路线。这种设计的优点是：①通道与出入口的合理结合，能产生促使消费者形成的消费流由入口经过布满商品柜台的曲径通向商店出口的一种动力效果；②这种布局有利于增大销售空间，设计简便，费用较低，管理方便；③这种布局使整个商店内摆布结构严谨规范，给人以整齐、有序的印象，而这种印象很容易使消费者对商店产生信任心理。这种设计的不利之处在于设计呆板，布局规范化，使得发挥装饰效应的能力受到限制，难以产生由装饰形成的购买情趣效果，也缺乏对消费者购买动机的激发，特别是对于浏览客就更缺乏吸引力了。目前，超级市场、连锁商店和某些杂货店大多采用格子式布局。

（2）自由流动式布局。是一种没有固定或专设的布局方式。它是根据商店建筑（如柱、角、梯等）和设备特点而形成的各种不同组合，或独立，或聚合，既有方形也可以有圆形和其他形状，通道也形成弯弯曲曲的不规则形。这种设计的优点是：①这类布局的通道一般比较宽敞或在商场中央留有较大的空间，所以能利用装饰布局创造较好的环境气氛，容易激发消费者的购买动机；②由于布局灵活性较强，企业可根据消费者心态和新商品的上市，适当调整布局结构，以利促销；③由于空间较大，可以给消费者提供浏览和休闲的环境，也可以满足消费者购物加休闲的心理。这种设计的不利之处在于空间浪费大，费用投入较高，从而影响整体价格水平；从经营角度看，搞好商店的安全管理和清洁卫生的难度较大，消费者容易产生混乱的感觉。目前，大型百货商场、专业商店等多采用自由流动式布局。

3. 商店通道的布局方式选择

消费者通道的设计科学与否直接决定着店内消费者流动是否合理。通常对消费者通道的要求是：①要注意保持通道足够的宽度，在商店里售货场所之间的通道宽度为 80～90 厘米，从而方便消费者浏览、挑选商品和往来通过，主通道要尽量宽敞，在客流正常时不会出现拥塞或行走不便的现象；②要根据商场结构，尽量使通道不要过长，以免消费者有走不到头的感觉；③要避免通道上地面的色彩刺眼，花样太多，从而吸引消费者更多的注意力；④在通道选择布局时，还应注意：如果是进出合一的门口，要保持宽敞、通畅，以减少拥挤和堵塞，避免进出商场的消费者相互干扰。如果是进出分道的门口则应注意店内通道的走向一定要明确，不要因通道的误导，使消费者形成回流现象。另外，通道两侧的货架不应过高，以方便消费者随意向其通道观望，如果货架较高，则应选用全玻璃货架，以不阻挡消费者视线。

4. 其他方面布局的要求与选择

（1）收银台的设置。现代商场中，大多实行钱、货分离的购物形式，因此，收银台的设置也是布局的重要环节。按照国际经验数据，不论是自动收银机，还是人工收银台，按中等规模的超级市场计算，收款的速度一般应为每小时通过 500～600 人，以此安排收银台的数量。通常在百货商场中，收银台应布局在商场中央区，且有明显标志，同时，收银台前一定要相对宽敞。

（2）楼梯、电梯的设置。由于楼梯、电梯是商场中难以变换的固定设备。所以，楼梯、电梯一般不构成布局的内容，但其设置的合理与否会影响消费者的购物情绪。一般商场中，至少有两处楼梯，所以在使用中，应上下道分开，这样有利于顾客流的形成和循环。在现代化商场中，自动扶梯对促成消费者的合理循环起了积极的作用。

（3）消费者休息、问讯处等的设置。在崇尚自由、舒适的今天，商场布局中休闲、娱乐的地方是不可少的，特别是在大中型商场中，应专辟出休息场所。商场的问讯处、消费者接待室应设在入口处附近或靠近楼梯通道处，以方便消费者。

14.2.2 店堂环境与营销气氛

消费者对商店完整印象的形成可以说是由商店外观、内部环境及服务过程三因素共同作用的结果。如果说，商店外观能够吸引消费者走进商店，那么，保持消费者良好印象的第二步就是商店内部的店堂环境。零售商场的店堂环境必须能烘托出使消费者流连忘返的购物气氛。构成这种气氛的主要因素有：灯光、色彩、音响、气味及其他相关因素。这些因素的共同作用产生了商店的气氛，而这种气氛又决定了消费者对商店的感觉和印象。

1. 灯光使用与店堂环境

灯光能够直接影响店堂内的气氛，走入照明效果好或光线暗淡的商店，会有两种截然不同的心理感受：前者明快、轻松；后者压抑、低沉。灯光设计合适，不仅可以渲染商品的气氛，增强陈列效果，还可以吸引消费者的注意力，激发购买情趣和提高雇员的工作效率。

商店灯光照明可分为基本照明和附加照明。基本照明是普通照明设施，主要是指按建筑物内部结构自然采光情况设计的室内灯光照明，一般起保持整个市场基本亮度的作用。基本照明一般分布均匀，亮度基本相同，多安装在屋顶天花板或墙壁上，以白炽灯、荧光灯为主，基本照明的不同灯光强度也能影响人们的购物气氛。

商店除了基本照明外，一般还设置有附加照明。附加照明分为两种：一是特殊照明，为了突出部分商品的特性而设置的照明，其主要目的是显现商品的个性，以便更好地吸引消费者的注意，引发消费者的购买兴趣。例如，珠宝首饰，特别是钻石以及其他的宝石，最好在高强度的聚光灯下陈列。二是装饰照明，在店堂内为了营造一种特殊的气氛或情调而设置的照明，其主要目的在于更好地调节消费者的情绪，烘托企业形象，给消费者留下美好的印象。

如采用彩灯、吊灯、霓虹灯把商店营业气氛渲染得活泼兴旺、华丽多彩。当然，装饰灯不要滥用，否则会产生相反的效果，给人以眼花缭乱的感觉。

2. 色彩选择与店堂环境

首先根据心理学的研究，色彩对人的情绪会产生不同的影响，因为不同的色光对人的视觉刺激强度不同，因而会引起不同的心理活动，导致情绪的变化。例如，红色、橙色、黄色是“暖色”，这是在希望有温暖、热情、亲近这种感觉时使用的色彩；蓝色、绿色、紫色被认为是“冷色”，通常用来创造雅致、洁净的气氛，在光线比较暗淡的走廊、休息室，以及希望使人感到比较舒畅、比较明亮的其他场所，应用这些色彩效果最好；棕色和金黄色被认为是泥土类色调，可以与任何色彩配合，这些色彩也可以给周围的环境传播温暖、热情的气氛。总之，如果想在商场内创造一个缤纷的世界，营造一个良好的购物氛围，最大限度地诱导消费者购买，那么，商场在展示用色中首先应考虑消费者的需求，而通常的做法是采用象征色和流行色。象征色对消费者的心理反应与商品之间存在着某些公认的关系，如用红色表示喜庆，用金银色表示名贵等；流行色在某种程度上反映了消费者的心理。其次，要考虑到有利于销售和竞争的因素，如有的要考虑使用引人注目的色彩，有的要考虑能配合灯光效果，有的要考虑能提高企业形象等。最后，还应考虑营业厅的面积、墙壁的结构、商品本身的色彩和季节变化等因素。

3. 音响、气味与店堂环境

音响可为消费者创造轻松、愉快的购物环境，解除消费者和店员的疲劳感，使消费者在乐曲欣赏中挑选商品，产生强烈的购物欲望。音响的运用还应注意时间和音量。一般来说，音响应间断使用，并且应在营业较轻松的时间内运用音响，调节气氛。音响的音量不宜过大，应以隐约听到为宜。若在营业紧张期，音响音量太大，就会加大噪音，使消费者烦躁，也使店员工作效率低下。

商店的气味对消费者也有着相当大的影响，根据商店的环境和商品的特性，或放置散发各种香气的花草盆景，或人工制造特别的香味，无疑是对消费者嗅觉的良好刺激，使他们在购买活动中精神爽快、心情舒畅，刺激购买欲望。如同音乐使人精神放松一样，香味通常对人体生理有积极的影响，适当地散发香味，可以营造良好的购物氛围，芳香有助于净化室内空气，是购物环境中不可缺少的一味“添加剂”。

保持商店空气清新流通，是保证商店气味宜人的重要前提。保持清新宜人的空气，一般应采用中央空调系统，既可使整个商场温湿度均衡，又可降低成本，也可采用自然通风与机械通风相结合的方式，如春秋两季使用自然通风，而冬夏两季使用机械通风。总之，通风和空气调节的目的在于使商场内空气清新，温湿度适宜，给消费者以舒适宜人的感觉。

4. 内部装潢与店堂环境

商店的内部装潢主要是指对店堂内部的天花板、墙壁和地板的装潢，它们不仅构成商店内部的要素，而且也是购物环境的空间因素。它们彼此必须取得协调，追求整体的良好感觉和效果，缺一不可。

天花板不仅用于把商店内的房梁、管道和电线管遮掩起来，创造美感，还可以创造良好的购物环境。商店的天花板设计风格力求简洁明快，通常采用木天棚、石膏板天棚、金属板天棚、玻璃纤维板天棚等，木天棚加工方便，材质轻盈，适合于中小型商店的天棚装饰；石膏板天棚有平板与凹凸板之分，它可组合成各种图案，与灯光配合有较强的艺术表现力；金属板天棚是一种华丽的装饰材料，造型多样，品种繁多，但价格较贵；玻璃纤维板天棚具有耐火、防腐蚀、质轻的特点，而且吸音效果较好，适合于噪声较大的大型商店。

地板是建筑中和消费者接触最多的地方，要注意其带给消费者的良好触觉印象与商品陈列效果很好的配合，同时要求耐久、耐脏和易清洗，并保证消费者的安全。地面处理可采用不同的建筑材料，如瓷砖、石材、木板、地毯等。瓷砖地板是非常耐用的材料，色彩丰富，贴装方便，是理想的地面材料，石材地板的石材种类很多，如大理石、花岗岩、石板等。大理石是高档的装饰材料，光泽度好，色彩花纹极为丰富；花岗岩石质坚硬，光洁度好，石板风格粗犷，色调沉稳，也是很好的地面材料。木地板以木质材料为主，弹性适当，纹质优美。地毯大多为化纤地毯，它的装饰性强，保温和吸音性良好，可用于较高档的商店中。

墙壁设计装潢总体要求坚固美观，其使用材料一般是灰泥，再加上适当的墙壁装饰材料。商店的墙面材料包括木质壁材、涂料、油漆、墙纸等。木质壁材可分为合成板、纤维板、木板，其中合成板富于自然色彩，表面质感较好，是高级墙面装修材料；涂料种类繁多，色彩丰富，可自由选择；油漆是一种使用方便的墙面涂层，有较好的防水性能；墙纸是贴在墙壁上的装饰材料，色彩、图案、质地极多，可随时根据需要更换。

总而言之，商店的空间装饰是顶面、地面和墙面的组合体，它能给人以完整美的空间享受，创造出一个清新怡人的购物环境。

14.2.3 商品陈列与展示心理

商品的店堂陈列与展示是商店内部设计的核心内容，也是吸引已进入商店的消费者作出购买决策的重要促销方式。虽然商品陈列与展示方式因行业、经营品种、营业场所的不同而有所区别，但商品陈列与展示本身就是最直观的实物广告。丰富美观、琳琅满目、摆放得体的陈列商品，本身就是强化商品促销的有力手段。

1. 商品陈列与展示的心理要求

（1）商品陈列与展示要引起消费者的注意与兴趣。这就要求商品的陈列一要醒目，二要形象突出，三要有美感。

①醒目。对重点商品、特殊商品的陈列要有新意或引人注目，重点商品是指商店某一时期重点销售的商品、应节商品、时令商品等；特殊商品是指优惠供应商品、特价商品等。心理学研究证明特殊性是引人注目的前提。商店对重点商品或特殊商品应特殊摆放或用店堂广告说明、箭头指示等以引起进入商店消费者的注意。

②形象突出。第一，商品陈列高度要适宜，易于消费者观望感受。消费者走进商店后，一般都无意识地环视陈列商品，对货架上的商品获得一个初步印象。因此，商品的摆放应按照不同的视角、视线和距离，确定其合适的位置，尽量提高商品的能见度，使消费者易于感受商品形象。第二，商品陈列要尽可能做到裸露摆放，如服装类商品悬挂展开或利用固定模特成穿着状的陈列方式等，便于消费者通过观看、触摸和比较，以增强对商品的感性认识，引起消费者的购买兴趣。

③美感。商品在店内通过不同形式的陈列，可以充分展示商品的形态美、花色美、质感美和时尚美，从而引起消费者的注意和鉴赏兴趣。

（2）商品陈列与展示要给消费者以整洁、丰富的感觉。商品陈列不仅要讲究造型美感新颖，色彩搭配协调，给消费者以赏心悦目之感，还要陈列整齐，错落有致，给消费者以品种齐全、数量充足之感。当然，商品充足并不是说陈列的商品越多越好，商品陈列过于拥挤，会使消费者不容易找到自己需要的品种，也会使消费者感到杂乱无章；而商品陈列过少又会使消费者感到商场无货可售，挑选余地不大，从而影响其购买情绪。同时，要随时保持货架整洁，并且陈列的商品要干净、完整，有破损污物、外观上不合要求的要及时撤下，这也是促使消费者建立购物信心的基础。

(3) 商品陈列与展示的时间不宜过长，陈列应掌握多变少动的原则。所谓多变是指一种商品不论其销售如何，都要经常更换，以给人生意兴隆的感觉。而少动是指一种或一类商品的陈列位置要相对稳定，使消费者逐步习惯某类商品的固定销售位置，给消费者以稳定、方便的感觉。

2. 商品陈列与展示的基本方法

(1) 主题陈列法。它是结合某一特定事件、时期或节日，集中陈列展示应时适销的连带性商品；或根据商品的用途在特定环境或时期的陈列方法。例如，中秋节食品店中的月饼专柜。它能使商店营造一个独特的气氛，吸引消费者的注意力，进而销售商品。

(2) 整体陈列法。它是将整套商品完整地向消费者展示的陈列方法。例如，将全身服饰作为一个整体，用人体模型从头至脚完整地进行陈列。整体陈列形式能为消费者作整体设想，便利消费者的购买。

(3) 分类陈列法。它是根据商品的类型、质量、性能、特点、产地和使用对象等进行分类，并向消费者展示的陈列方法。分类陈列法是一种广泛使用的方法。它便于消费者集中挑选、比较，也有利于反映商店的特色。

(4) 同类商品垂直陈列法。它是将同一类型或同一种类的商品，在货架上一层层上下垂直陈列的方法。这种方法方便消费者在不同式样、不同质地、不同型号之间挑选。

(5) 关联陈列法。它是将不同种类相互补充的商品陈列在一起的方法。运用商品之间的互补性，可以使消费者在购买某种商品后，也顺便购买旁边的商品。这种方法增加了消费者购买商品的概率，有利于满足消费者的求便心理。

(6) 悬挂陈列法。它是指将商品展开悬挂或安放在一定或特制的支撑物上，使消费者能直接看到商品全貌或触摸到商品的方法。悬挂陈列时应注意：固定悬挂起装饰作用的陈列商品，应注重商品悬挂的艺术性；对于销售悬挂的商品来说，应注意悬挂空间的合理使用。悬挂陈列的商品还应按类别、型号、色泽等合理排列悬挂，以方便消费者挑选。这种方法可增强消费者对商品的感性认识，激发购买欲望的产生。

总之，科学的、独具匠心的商品陈列方法，可以使商品富有生命、发出光彩，收到极佳的效果。在实际的营销活动中，商品陈列的方法有很多种，营销者还应视具体环境、条件的不同而认真抉择。

14.3 营销服务的心理效应

营销服务是指营销人员在销售商品前后，为进一步满足消费者的各种需求所采取的多项措施和手段，是伴随着商品转移而提供的劳动服务。如果说营销环境中富丽堂皇的装修、和谐雅致的色彩、独具匠心的商品展示、舒适宜人的温度等是吸引消费者的“硬件”的话，那么营销服务则是营销环境中的“软件”。良好的服务，不仅会扩大商品销售，增加企业赢利，而且还会增加消费者的信赖，树立企业的声誉。因此，良好的营销服务及所产生的心理效应，对于消费行为的实现和企业营销活动的顺利进行无疑会产生重要的影响。

14.3.1 营销人员对消费者心理的影响

1. 营销人员的仪表影响消费者对企业的认识过程

仪表泛指一个人的外表，一般包括容貌、服饰、发型、姿态、举止等，它是个体心理状态的自然流露，与人的思想品德、文化素养、审美情趣等密切相关。它在人们的相互交往中起重要作用，通常称为第一印象或首因效应。

营销人员是商品的传播源和载体，销售活动实际上是在人际交往过程中完成商品的销售和服务，有使消费者产生心理愉悦感之功能。营销人员在企业的第一线，直接面对消费者，其形象直接体现着企业的形象。因此，营销人员良好的仪表不仅表现出个人的精神面貌，也反映了企业文明经商的风貌，并直接影响消费者在购买活动中的心理变化和对企业的整体印象。

（1）体形容貌要给消费者以健康、精神的感觉。人的容貌主要体现在面部表情以及表现出来的情感神韵，体形同容貌一样，不仅具有审美价值，而且能在一定程度上反映个体的心理特点，对他人有深刻的影响。一个人长得美与丑是无法选择的，消费者也不会责怪，但若不修边幅、蓬头垢面，则会给消费者留下不良印象，从而影响营销活动的进行。因此，营销人员的仪容要整洁、大方，修饰要得体，头发不能太长太乱，要勤剪指甲，不留污垢，男性要注意经常刮胡须，女性则要根据自己的特点适当地化妆。只有健康的体形、精神饱满的容貌才能够给消费者以信任、愉快、安全的感觉，并使消费者乐于接受其服务。

（2）服饰穿着要给消费者以舒适、端庄的感觉。服饰是服装与装饰物的统称，包括服装、鞋帽、首饰等，是附着于人体的展示物，反映了个人的性格爱好、文化修养、审美情趣。营销人员由其职业性质决定，穿着应当整洁合体、美观大方，并与特定的营业环境相协调，不能过分奇特或艳丽。企业统一发放工作服的，会给消费者以整体感觉，并有利于消费者的监督。整洁合体、美观大方的服饰能给消费者一个清新、明快、朴素、稳重的视觉印象，从而使消费者对企业和营销人员产生不同程度的信任，促进消费者的购买行为。

（3）行为风度要给消费者以稳重、亲切的感觉。人的行为风度主要指一个人在待人接物中表现出来的站立、行走、动作、姿态等。一般来说，行为风度更能反映人的文明程度和心理状态。在商品销售过程中，营销人员所表露的行为风度往往是消费者最为注意的，也是消费者用以评价营销人员的服务态度与商店面貌的一个重要依据。如果营销人员举止大方、文雅、热情、庄重，就能给消费者以良好的心理印象；相反，举止轻浮、懒散会使消费者产生不良的印象。因此，在销售服务中，营销人员的立、行、动能否保持良好的姿势和风度十分重要。要求营销人员站立的姿势要挺直、自然，行走的姿势要平衡、协调，在取递商品、展示商品、包扎商品时，要动作准确、熟练，使消费者高兴而来，满意而去。

2. 营销人员的服务态度、服务方式影响消费者的情感过程

消费者逛商店的目的，一是买到称心如意的商品，二是享受到优质的服务，在影响消费者情感的诸多因素中，营销人员的服务是一个极为重要的因素。

（1）一视同仁，公平对待。在商店里，每一位消费者都希望自己受到和别人一样的热情接待，享有和别人同样多的权益。有些营销人员对于衣着华丽、出手大方的消费者笑脸相迎、热情非凡；而对于一些衣着普通，只购买低价小商品的消费者就爱理不理，毫无热情；还有些营销人员接待老年消费者时缺乏应有的耐心，常常嫌他们唠叨、动作慢，这些都是不正确的服务态度，会对消费者的购物心理产生负面效应。

正确的服务态度应该是不论消费者年龄大小、容貌美丑、着装好坏、花钱多少，都一律热情接待，使消费者产生宾至如归的感觉。在平等待客的基础上，如果营销人员能够采用服务技巧，在不影响其他消费者的情况下，使每个消费者都觉得自己比别人得到的多一点、好一点，则会产生更好的效果。

（2）提供信息，帮助参谋。消费品范围很广，种类繁多，大多数消费者缺乏专门的商品知识，他们在购物过程中希望营销人员向他们提供更多的商品信息，介绍各种商品的性能、质量、成分、特点、产地等，同时，面对琳琅满目、五光十色的商品，消费者往往拿不定主意，不知哪一种商品更适合自己，这时，消费者就需要征询营销人员的意见，希望他帮助自己。一个合格的营销人员必须具有丰富的商品知识，对自己经营的商品了如指掌，才能赢得消费者的信任，打消其顾虑，最终促成交易。

（3）提供方便，节省时间。为消费者提供方便，减少购物等候时间也是商店争取消费者的一个重要方面。现代人适应快节奏的生活，讲究时间就是生命，就是金钱，商店要尽一切可能为购物者提供方便，包括货源充足，商品陈列要便于消费者比较，售货方式要便于消费者挑选，营销人员介绍商品要简明扼要、重点突出，收款找零要准确迅速，打包捆扎要熟练快捷。总之，既要达到消费者的满意，又最大限度地节省了消费者等候的时间。

（4）引导需求，发展消费。一般来说，消费者对新的商品、新的消费方式的需求是模糊的，营销人员要敏锐地把握消费需求发展的新动向，想方设法向消费者提供新的商品，把消费者模糊的需求变为清晰可见的实物，并通过宣传、推销这些新商品，引导消费者形成新的消费观念和消费方式，满足消费者不断变化的需求，指导消费者更加科学、合理地消费。

14.3.2 消费者购买商品过程中的心理变化

消费者到商店购买商品，从接触商品、询问、挑选到成交，不仅经过一系列有形的活动过程，也要经过一系列无形的心理过程。有形的活动过程要受到无形的心理活动过程的支配和控制。这就要求营销人员在服务过程中要仔细观察、体验消费者的心理变化，采取相应的方式、方法，有意识地启发诱导，加速其购买行为的实现。

为了全面了解消费者在购买过程中的心理变化，我们可把整个具体购买过程分为若干渐进的阶段进行分析。

1. 店貌环境感受

消费者在进入商店之前或刚进入店内，通常都会有意或无意地环视一下店堂内外的环境，如商店的招牌、门面、橱窗、货架、陈列、营业厅的装饰、环境卫生、现场的营业气氛和秩序，以及营销人员的仪表和周围消费者动向等，初步获得对店容店貌的感受。

2. 浏览知晓商品

消费者在初步感受商店内外环境后，接着就把注意力集中在观赏商品上，不论是有目的的购买还是随意浏览，消费者总是希望找到自己需要购买的商品或发现能激发自己兴趣的某种商品。

3. 观察了解商品

如果一旦发现所要寻找的目标，消费者为了进一步了解商品，就会把注意力集中在这一商品上，反复观察，力图从商品的外表上感知商品，如商品的款式、质地、功能、价格、颜色等。这一过程既可能由消费者个人完成，也可能向营销人员询问了解，从而形成自己对商品的主观感受。

4. 诱发联想效应

消费者经过对商品观察了解，目标商品的有关信息经过人的感觉器官传入人的大脑，获得对目标商品的主观感受。如果商品给消费者比较满意的印象，就会诱发联想，联想起使用这种商品的愉快心情，或是它给人们带来的种种便利以及各种观赏价值等。

5. 评价决策阶段

通过联想所产生的心理效应，使消费者增加或减弱了对商品占有或购买的欲望。比较是这一过程中最重要的心理活动，消费者对可供选择的同类商品或功能近似的替代商品进行认真细致的分析鉴别，权衡优劣，作出最终决策，并立即导致购买行为，购买过程即告完成。

6. 购买体验阶段

购买行动完成后，消费者的心理活动并没有马上结束，还会形成对购买活动不同的心理感受，既可能是对商品满意程度的感受，也可能是对营销人员服务水平的感受，并会对商品的使用效果作出预测，在确定各项因素都满意后，消费者才会离开商店。

消费者购买商品过程中心理发展的六个阶段，是就选购比较复杂的、选择性强的或高档耐用商品的购买行为而言的。对于购买小商品、经常消费的商品，其心理活动过程要相对简单。同时，由于消费者在性别、年龄、文化程度、知识经验、购买习惯、个性特征等方面的差异，其购买过程中心理发展的具体表现也会有所不同。

14.3.3 营销服务的接待步骤

按照消费者在购买活动中购买行为和心理变化的一般规律，营销人员接待消费者的工作程序也可分为相应的接待步骤。

1. 判断、了解来意，抓好接近时机

营销人员只有了解了消费者的进店意图，抓住最佳接近时机，才能收到良好的效果。一般来说，消费者进店的意图可分为三类：一是来商店随便逛逛，带有消遣的意思，并无购买意图。这类消费者进店后步态从容、左顾右盼，没有固定目标，对有兴趣的商品也会留步观看甚至询问。二是消费者有购买意图，但并无十分具体的目标，这类消费者进店后步履从容，目光不集中，神情自若，他们一般会主动寻找或向营销人员询问，以便尽快确定购买目标。三是消费者有明确的购买意图和目标，这类消费者进店后脚步轻快、目光集中，或向营销人员明确表明来意，点名要货。

一般来讲，营销人员应抓住以下有利交谈的时机进行接待：①消费者长时间地凝视某个商品的时候；②消费者从商品上把头抬起来的时候；③消费者突然停步用眼睛盯着商品的时候；④消费者用手触摸商品的时候；⑤消费者像是在寻找什么的时候；⑥消费者与营销人员眼神正好相对的时候。

2. 展示介绍商品，激发购买兴趣

通过接触，了解消费者购买意图后，根据消费者的不同要求，向其展示或介绍商品，展示商品要力求诉诸多种感官的刺激，突出商品特性并加以适当的介绍，通常在向消费者展示商品时要遵循以下四条原则：①展示商品应做成使用状态给消费者看，以使消费者能从心理上感觉到使用情况；②展示商品时一定要让消费者亲自试一试，如试穿、试吃，触摸比较、亲自操作或调试等；③多种类的出示；④从低档商品向高档商品逐级展示，先出示价格低的商品，不仅能适合想买廉价商品的消费者心理，而且可使想买高档商品的消费者感到满足或产生自豪感。

同时，营销人员在介绍商品时应注意：①谈吐要紧凑和流畅；②介绍商品时必须实事求是，不可信口开河，言过其实；③介绍商品优点时要有节制，以免在后面阶段再重复已说过的论据时显得无力。

3. **根据反应诱导，刺激购买欲望**

通过营销人员展示介绍商品之后，消费者对商品的外观、质量有了一定的认识，引起了购买兴趣，但由于商品种类繁多，往往反复权衡仍难下决心。此时，营销人员细心观察消费者的感知反应，根据这一反应进行诱导，力求满足消费者的主导动机，影响消费者对商品的倾向性，增进购买欲望。

通常，营销人员诱导工作的过程可以归纳如下：①根据消费者对展示介绍的商品不满意的地方加以委婉的诱导说服，使之对自己不满意的理由发生动摇，继续发展购买过程的后续阶段；②尽可能提供较多的同类商品让消费者进行比较选择，营销人员亦可帮助消费者分析比较不同商品的特点，权衡利弊，促使其早下购买决心；③营销人员可以根据消费者的主导动机有的放矢地揭示商品的造型、色彩、价格、商标等方面的寓意、象征以及可以给消费者带来的乐趣和好处，强调某方面特别的优点，激发消费者对商品各方面的丰富联想，从而激起购买欲望。

4. **帮助消费者确立购买信心，促进购买行动**

通过启迪与诱导，增强消费者的购买欲望。因此，营销人员工作的第四步就是帮助消费者坚持这种购买欲望，确立坚定购买的信心，从而促成购买行动。帮助消费者确立购买信心的方法有：①提供详细材料，把商品在市场上的流行趋势、畅销程度、其他消费者的评价意见以及营销人员自身试用或观察所得的资料信息尽量提供给消费者；②介绍售后服务内容，把商品售后服务的项目、时间、地点、方法及企业信誉等方面的要点反映给消费者；③广泛征询意见。营销人员可以向伴随选购者同来的客人征询意见，特别是根据商品属性及其使用对象，创造条件让有影响力的客人发表见解，促进交易成功。

5. **办好成交手续，话别送行**

当消费者决定购买后，营销人员要快速办好交易手续，做到准确、利索，减少消费者等候的时间。营销人员应向消费者表示谢意，有时可适当地赞许、夸奖消费者的决定，或关照一些注意事项，并欢迎再次惠顾等。这样能使消费者在整个购买过程中，心情始终处于愉快的状态，让消费者乘兴而来，满意而归，还将满怀希望再来。

【本章小结】

消费者的购物行为通常是在一定的购物环境中实现的，购物环境的优劣对消费者购买过程中的心理感受具有多方面的影响。本章所指的购物环境是指商店内外环境设施等硬件系统。根据影响方式不同，商店环境可分为外部环境和内部环境。

商店的外部环境包括商店的地理位置、招牌、橱窗、霓虹灯等方面。一个商店的总体外部形象能否使消费者产生一种和谐与美的心理感受，是促成消费者产生和形成购买或进店浏览欲望的前提。因此，应当根据消费者的心理特点，对商店的外部环境进行精心设计。

商店的内部环境包括营业场所的规划设计、店堂环境与营销气氛以及商品的陈列与展示。商店内部环境的好坏是直接影响消费者判断商品质量、功能、企业信誉、购买风险的一个重要因素，也是企业内部管理水平和营销活动适应程度的直接反映。因此，商店应根据现有条件和自身经营特色，最大限度地使之符合大多数消费者购物的心理，实现最终销售和企业经济效益。

营销服务是指营销人员在销售商品前后为进一步满足消费者的各种需求所采取的多项措施和手段，是伴随着商品转移而提供的劳动服务，满足消费者对购物活动的心理期望，了解和掌握消费者购物活动的心理过程，适时和有针对性地接待服务，是对营销服务人员业务素质和接待技能的要求，也是营销服务的效能和效果的重要体现。

【关键术语和概念】

招牌　橱窗　暗示　格子式布局　自由流动式布局　基本照明　附加照明　营销服务仪表　行为风度

【练习与讨论】

1. 从不同类型商店满足顾客心理需要的特点出发，请你谈一谈对所熟悉商店选址的看法。

2. 讨论各种类型的商店目前在橱窗利用方面的不足。

3. 向你周围的 20 个朋友调查，在分别购买皮鞋、电脑和日用品时，他们对销售环境有什么特别的要求或企盼?

4. 你在购物过程中是否有过对商品陈列不舒服的感觉？你认为应如何改进?

5. 营销人员应当怎样运用心理学原理接待顾客?

第15章　营销人员心理

◉本章学习要点

1. 营销沟通的主要特征
2. 营销者与消费者的相互作用分析
3. 营销者与消费者产生冲突的原因
4. 营销者与消费者冲突的排除和防止
5. 心理素质的内涵
6. 营销人员心理素质分析
7. 提高营销人员的综合素质

◉本章学习内容

1. 营销人员与消费者的心理沟通
2. 营销人员的心理素质

◉个案分析

一位顾客来到某超市生鲜水果区购物时，看到红提柜前的人特别多，走过去一看才知道原来这儿的红提比别的超市一斤便宜好几块钱，当时便想买一箱回去。顾客去取红提的时候，理货员小姐告诉他超市规定该商品每位顾客限购5斤，由于随行的朋友还有几个，顾客便说："我们一起来的有好几个人，如果每人可以买5斤，那我就帮他们多买一些。"理货员听后二话不说就给他提了一箱，让顾客去计量处称重过磅。顾客到收银台处结账时，超市的负责人看到此顾客一个人提了一箱红提，便和收银员说："如果一人买一箱，就不卖，拿回去散称。"顾客当时听后便打电话叫同行的朋友一起到收银台来，当朋友来后，负责人又口气非常生硬地说："你们不能这样买！"顾客当时便问："为什么？既然不行，为什么在计量时不提醒我？"负责人又大声说："我说不行就不行！"说完便让防损员将红提搬走，当时这几位顾客非常气愤，丢下已选购好的其他好几百块钱的商品走出了超市，边走边大声抱怨："今后我们发誓绝不到你们超市购物！"

（资料来源：百大生活超市服务案例）

问：分析超市的负责人的做法是否合理，如果你是这位超市的负责人，会怎么处理？

15.1 营销人员与消费者的心理沟通

15.1.1 营销沟通的主要特征

营销活动不仅是销售商品的，而且是一项与人打交道、与人沟通的活动过程，营销交往的特定的主客观情况及其交往方式的特殊性，决定了它具有区别于其他交往方式的主要特征。

1. 短暂性

在绝大多数情况下，营销人员与消费者之间的关系是偶然性和纯事务性的接触，双方只限于满足消费者购物活动中的服务需要，即双方都力图顺利完成购销商品的任务，因而就大大缩短了交往过程的时间。有时甚至成交了，一方尚未看清另一方长得是什么样子。因此，营销交往是一种短暂性和公务性的交往。

2. 不对等性

营销人员与消费者的接触、交往通常是一种不对等的过程。所谓不对等的接触，是指在这种接触过程中，只有消费者对营销人员提出要求，而不存在相反过程的可能。不对等性也表示营销人员必须服从和满足消费者的意愿，这也是消费者被称为“上帝”的原因之一。传统观念较深的营销人员，常常不能正确理解和处理这种不对等关系而陷于自卑或产生逆反心理，直接影响了营销人员履行自己的各项义务。

3. 不信任性

由于营销交往的双方接触往往都是短暂的，而且都是素不相识的，因此，彼此之间也就很难产生信任感。另外，在营销交往过程中，虽然也有某些共同活动可使双方的利益相一致，如买卖双方都希望店内秩序井然，都希望节省时间，都希望有利可图，但是，消费者仍以自身的利益为首位，而这些利益和代表企业的营销人员的切身利益相矛盾、相抵触，所以就使得交往双方在进入商业交往的过程时，往往会产生互不信任的心理定式。

15.1.2 营销者与消费者的相互作用

营销人员与消费者在相互交往的过程中，会各自表现出不同的态度。这种在营销交往过程中偶然的、短暂的接触所表现出来的态度状态，可以看作双方积极程度与情绪水平的结合，苏联学者把这种结合状态划分为四种，并且通过直角坐标系来说明，如图 15－1 所示：

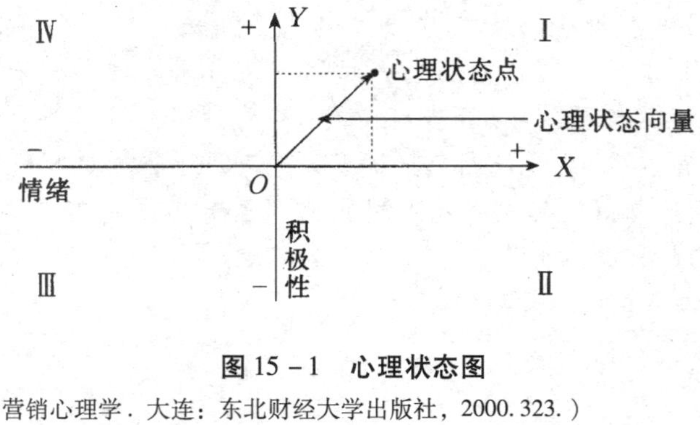

图 15－1　心理状态图

（资料来源：王金清．营销心理学．大连：东北财经大学出版社，2000. 323.）

X 轴代表情绪性，Y 轴代表积极性，O 代表平均积极性与中等情绪性。每个人情绪性和积极性的不同数值都能在图上找到，并合成一个交叉点，这个点称为“心理状态点”，从坐标原点 O 向“心理状态点”引出一条有向直线，则可以得到一个向量，称其为“心理状态向量”，这个向量越大，心理状态越明显、越典型。

从图中可以看出，坐标系列划分出的四个自然区域恰好可以把人的心理状态分为四种类型。

Ⅰ区状态：情绪好与积极性高的结合。人处在这种状态下，往往表现为轻松、愉快、活力很强、容易接纳他人、待人友善。体现在营销活动中，即消费者有兴致购买商品；营销人员有良好的服务状态。

Ⅱ区状态：情绪好与积极性低的结合。人处在这种状态下，往往表现为安闲温和、精力不足、动作迟缓、自得其乐。体现在营销活动中，即消费者表现得从容不迫、细心谨慎、耐心宽容；营销人员表现得不卑不亢、不冷不热、缺乏主动性。

Ⅲ区状态：情绪坏与积极性低的结合。人处在这种状态下，往往表现为心灰意懒、意志消沉、孤僻冷漠、漫不经心。体现在营销活动中，消费者与营销人员均无很强的交往兴趣，交往过程缺乏活力和效果。

Ⅳ区状态：情绪坏与积极性高的结合。人处在这种状态下，往往表现为动辄发怒、苛求于人、找碴挑衅。体现在营销活动中，即无论是消费者还是营销人员都容易失去理智，不情愿也不能够理解对方，交往过程存在着潜在的冲突。

一般而言，处于Ⅰ区状态的消费者最易于交往，他和同样处于Ⅱ区状态的营销人员交往的结果一定是好的；如果消费者处在Ⅲ区状态，即情绪不错，但积极性不高，此时营销人员就大有用武之地了，要想办法感染他、影响他，把其积极性调动起来，从而促进消费；如果消费者处在Ⅲ区状态，难度是最大的，这种消费者情绪和积极性都处于低潮，营销人员要想把这两方面扭转过来，通常是办不到的，这种情况下要首先设法调动客人的情绪，然后再调动其积极性；消费者心理状态处于Ⅳ区是最危险的，这类消费者情绪很坏，但积极性却很高，他们可能装了一肚子火在伺机发泄，正在寻找攻击目标和替罪羊，此时的策略是：营销人员根据经验应迅速判断出这类“危险”的客人，提供迅速而谨慎的服务，不要过分殷勤，试图引导其多消费，应以避免冲突为最佳选择。

从营销交往角度看，只有买卖双方心理状态向量的合力落在Ⅰ区才是最佳效果，也就是说，营销人员必须永远把自己的心理状态点调到Ⅰ区，然后视消费者的情况采取相应的服务行为，以期双方的交往产生好的结果。

15.1.3　营销者与消费者的冲突

所谓冲突，从心理学的角度讲，就是两种目标的互不相容和互相排斥，是矛盾激化的一种表现。在营销活动中，营销人员难免与消费者发生冲突，这种冲突对双方身心都会产生不良影响。因此，分析冲突产生的原因以及如何排除和防止冲突，也是营销沟通研究一个十分重要的方面。

1. 冲突产生的原因

（1）双方买卖关系造成的差距。在营销活动中，营销人员与消费者在提供与接受之间，存在的心理与行为上的差距，可具体划分为愿望差距、利益差距和信息差距。

①愿望差距。从营销人员一方看，在商品销售过程中，他所追求的是企业利益和自身利益，最关心的是如何把商品销售出去，为此要采用种种有利于促销的方法和策略。所以，使

商品或劳务尽可能多地顺利地转移到消费者手中是营销人员的愿望所在，而消费者购买与使用后的感受与实际效果并不是他们最关心的事。从消费者一方看，消费者所需要的是可靠或满意的商品质量和良好的服务，他们最关心的是在琳琅满目的商品面前，怎样才能选择到符合自身愿望的商品。

②利益差距。在商品交换过程中，代表销售一方的营销人员所追求的利益是价值，即销售额；而消费者所追求的利益是某种商品的使用价值，它包括物的有用性和占有欲望的实现。两者在对各自利益的追求过程中，营销人员以某种形式表现出的迫切心情与消费者表现出的某种疑虑心理形成的反差，对营销活动起着某种阻碍作用。

③信息差距。营销人员和消费者在信息的获取和把握上不能较为有效地实现沟通而形成的差距。如买卖双方在市场调查中信息来源的渠道不同，或所收取信息的不准确、不完善，以及由于地理位置的影响而出现的信息传递的不一致性等，对营销活动也起着某种阻碍作用。

（2）营销人员与消费者双方情绪的影响。情绪是人在认识客观事物时产生的态度体验。它具有起伏冲动的特点，并经常会形成对抗性的变化。如果买卖双方或一方的情绪处于不佳状态时，就很容易形成矛盾冲突，如因为误解而造成的心理上的委曲与愤怒，因偏见和缺乏容忍而造成的心理上的急欲发泄，说话的语言、语气不友好、不礼貌等都会形成矛盾冲突。

（3）销售工作中的原因。有的是由于商品质量不过硬，价高质次，引发冲突；有的是消费者要求退换商品，双方争执，导致冲突；有的是由于节假日消费者拥挤，营销人员人手不足，消费者等待时间过长而引发冲突；有的是由于营销人员违反职业道德，服务态度恶劣而引起冲突等。

2. 冲突的排除

（1）冲突的种类。交往冲突爆发的标志就是双方由心理上的对抗转化为行为上的对抗。其表现方式主要有以下三种：

①逐渐发展的冲突。这种冲突的发展好像是按照一定的次序和模式进行的。例如，消费者退换商品而发生的冲突多半沿着这样的模式发展，消费者尽量指出所购货物的毛病，而营销人员却千方百计地寻找理由不予退换，以至发生争吵，所以，双方的冲突往往是在“礼貌而得体”的形式下缓慢而持久地进行。

②急剧发展的冲突。由于冲突的一方或双方难以控制自己，火气越来越大，最后发展到难以控制的冲突方式。这种冲突很快就发展到顶峰，随后下降。这时，双方都容易忽视争执的主要原因而转入对骂或人身攻击。这种冲突往往是由双方的个性及气质特征决定的。

③爆炸性发展的冲突。通常这种冲突要经过一段潜伏期，一方的火气越来越大，最后达到了高峰，它同急剧发展式冲突的区别在于它不需要经过顶撞拌嘴阶段，与对方的反应无关。这种冲突的特点是来势凶猛。例如，消费者站在一旁等候多时，而收款员一个在进行交接班工作，另两个没完没了地闲聊而不去理会，就容易爆发这种冲突。

（2）冲突的排除。无论是何种原因引起的冲突，只要出现了冲突就会对企业造成损失，即冲突不仅影响企业的声誉，更直接地影响其经济收益。因此，营销人员应设法使冲突降到最低程度，具体有以下几种方法：

①隔离冲突双方。这是经常采用的一种方法，也是排除冲突较好和较容易的方法，如把营销人员调离，由另一位接替；或将消费者请入休息室或办公室，由负责人听取他的申诉和要求，再设法妥善地加以解决。

②第三方调停冲突。当消费者和营销人员发生冲突时，双方都不肯让步，这时，只有第三者参加进来才有可能缓解僵局，使双方妥协或消除误会。但须有一个先决条件，充当调停

人必须使冲突双方都信任他，要做到这一点，调停人必须秉公办事，不偏不倚，调停人一般都是由商场的主任或经理担任，而且调停人介入冲突越早就越主动，也越容易奏效。

③强制终止冲突。有时调停是没有结果的，特别是在发展急速和剧烈的冲突中，就要采取强制终止冲突的方法。这是一种较为强有力的措施，言行要恰如其分，如“我们有义务”、“我们的制度规定”等，要坚决、有力，要充分表现出这样做是为了维护制度、规定和秩序。

④任其发展法。当冲突十分尖锐，消费者的反应如同暴风骤雨，分离他们已无希望，或分离后仍无结果时，可采用此法。所谓“任其发展”就是任其发泄不满，其他人员保持平静心态，充当听众，当发火的消费者发现大家在安静地听他大喊大叫，既不激动又没有显得不耐烦时，他的火气就可能自然消下来，从而便于解释和解决问题。当然，任其发展也是有一定限度的，应以不干扰商店正常营业为度。

3. 冲突的防止

营销人员了解冲突的原因和方式是为了防止和避免冲突，也就是说，营销人员应设法在未发生冲突之前，尽量化解矛盾，避免冲突。要想防止冲突的发生必须做到以下几点：

（1）营销人员要掌握一些处理不同意见的技巧。当双方的实际利益发生冲突时，要想“避免争吵”，可借助于适当的妥协，妥协是放弃自己的观点或修订自己的评价，使之适应对方的观点和愿望的行为。它是一种主动的让步，而不是被迫的退缩，它有利于缓和紧张状态。例如，一位消费者三番五次地调换商品，营销人员如果满足了他的要求，看来是多费了一些事，却避免了可能导致的争吵，节省了精力，而且消费者还会非常感谢营销人员，从而赢得了他的信任。

（2）提高营销人员的修养水平，增强自我控制能力。自制力通常表现为一方面善于迫使自己采取行动去执行已作出的决定，克服困难，达到目的；另一方面善于抑制自己的感情冲动，控制自己的行动。由于每个人的生理特点和个性不同，其自制力也有强有弱，但自制力是可以培养和加强的。自制力是营销人员必备的心理品质，特别是当双方处于相互不能容忍的状态下，自制力就更为重要。如果营销人员能控制自己的情绪和言行，保持头脑冷静，准备争吵的消费者就会因失去“对话者”而逐渐平静下来，可能发生的冲突就会防止。

（3）寻找双方的共同点，以缩小彼此之间的心理差距。营销过程尽管会存在一些矛盾和冲突，但顺利完成购销任务却是双方的共同利益所在，因而，共同的利益和目的就使营销人员和消费者的心理沟通成为可能。另外，营销人员应设身处地地为消费者着想，多从消费者的角度进行换位思考，这样就能更好地理解消费者的心情，理解他们的处境，缩小彼此之间的心理距离，并根据消费者的特点和需要真心诚意地引导其进行消费活动。

当然，防止冲突的发生还有许多方法，这需要营销人员作出巨大的努力，而这一切的实现又直接依赖于营销人员心理素质的提高，只有具备良好的心理素质，才能真正实现营销过程的良好沟通。

15.2 营销人员的心理素质

15.2.1 心理素质的内涵

心理学中所说的素质，是指人生而具有的、具有遗传特性的某些解剖生理特征，尤其是神经系统、感觉器官、运动器官等的解剖生理特点。它是能力形成和发展的自然前提。人的先天素质加上专项训练，便组成了从事一项活动所必须具备的能力。

心理素质是指人们心理活动的能力。具体来说，心理素质是指人们应付、承受和调节各种心理压力与进行正常心理活动的能力。它主要体现在人们的情绪调节和心理行为活动的稳定性方面。可见，心理因素不仅决定着一个人的个性、气质等方面的特性，还会对人处理各种问题、应付各类事件，以至于事业的成功与发展都会产生重要影响。

15.2.2 营销人员心理素质分析

商品的购买是消费者实现消费的前提。在我国现阶段，消费者的购买与商品的销售是个统一的过程，这个过程主要是通过营销人员的技术性劳动和服务性劳动以及在他们与消费者的双向沟通中实现。营销人员直接为消费者服务，他们素质的高低，不仅影响到商品销售、企业的经济效益和商业信誉，而且会对消费者的心理和行为产生巨大影响。营销人员的心理素质是指营销人员在营销活动中应具备的心理品质。它是营销人员整体素质的一个重要构成部分。具体来说，营销人员的心理素质应包括以下几个方面：

1. 知识储备

知识储备是指通过专门、系统的学习之后，了解和掌握的与销售活动有关的一些前人所总结的经验和规律。营销人员所需要具备的知识有不同层次与深度。首先是与商品有关的知识。营销人员要熟知自己负责销售商品的分类、品名、产地、包装、性能、品质、用途、价格、规格等知识，准确地向消费者介绍商品，消除其疑虑心理。其次是消费者的知识，营销人员要知晓有关心理学、社会学、行为科学的知识，了解消费者的特点、购买动机、购买习惯、购买条件、购买决策等情况，能针对不同消费者的不同心理状况，采取不同的营销对策。最后是售货技术。售货技术是营销人员在售货过程中的基本操作技术，也是营销人员的基本功。熟练的售货技术不仅可以提高服务质量和劳动效率，而且可以赢得消费者的信赖。

2. 全面综合的能力

营销人员所需要的能力，是由他的本职工作所决定的，一般来说，营销人员应具备以下能力：

（1）敏锐的观察能力和准确的判断能力。营销人员的观察力和判断力是营销沟通活动中的潜在能力。营销人员不仅要了解消费者所要购买的商品，而且要了解消费者的真正购买意图是什么，这就要求营销人员在与消费者的短暂接触中，通过消费者的言行举止和表情来观察判断其来意和心理倾向。营销人员对消费者的观察可以分为衣着观察和言行观察。衣着观察是指从服饰、发型、化妆等方面对消费者的观察，不同职业、不同收入、不同个性的消费者在衣着与化妆上有着明显的差异。言行观察是营销人员通过与消费者的简短交谈，即可直接了解其来意，对消费者的购买特点、情绪特征等有所了解。因此，观察力和判断力就成了揭示消费者购买动机的重要一环。

（2）灵活准确的反应能力。反应能力是包括思维、联想能力及行为敏捷性的综合表现，营销人员的反应能力主要是以业务熟练程度为基础的行为能力。在实际的营销活动中，营销人员往往要同时接待多位消费者，而每一位消费者都有各自的不同要求，要做到使每位消费者都满意，就要求营销人员要有较为灵活和准确的反应能力，对消费者的不同要求能作出迅速准确的反应，即理解和领会消费者的购买意图，并能迅速给予答复或提供所需的服务。这种能力要求营销人员既要认真专注地接待消费者，又要合理地分配自己的注意力，还要有较扎实的专业技能、技巧。

（3）出色的语言表达能力。语言是表达思想感情、交流信息的工具。营销人员与消费者打交道，主要就是利用语言工具来沟通彼此的思想，融洽双方的感情，达成交易。因此，营销人员能否确切地运用语言，直接影响到服务质量与企业信誉。一般来讲，语言表达应掌握好以下几方面的技巧：①语言表达清晰、准确、重点突出、实事求是、逻辑性强，起到说服消费者的作用；②语言表达要生动形象、风趣幽默、语调柔和、速度适中，起到感染消费者的作用；③语言表达要文明礼貌、热情友善，起到吸引消费者的作用。

（4）较强的自我控制能力。自我控制能力是一种对个人情绪和行为的约束和调节能力。营销人员的自我控制能力，一方面表现为使自己的情绪经常处于积极乐观的状态中；另一方面表现为在营销活动中，当与消费者发生冲突时，能够控制自己冲动和消极情绪的产生和发展。同时，还表现在克服和调节自己的行动，遇到困难和繁重的任务不回避，对工作不挑剔，讲究岗位责任性。

3. **稳定的情绪**

情绪是指与生理需要是否获得满足相联系的倾向，它是由意境所引起并随意境而变化的。在商品销售过程中，各种各样的情况都可能出现，如很顺利地成交，使人感到高兴；无端受到指责，使人感到委曲等，这些情况的出现，必会引起营销人员情绪的波动，而营销人员情绪的波动会使消费者的情绪在不知不觉中受到感染。因此，营销活动要求营销人员必须保持稳定而乐观的情绪，切忌浮躁，我们知道浮躁往往会直接影响冷静思考和正确判断，会导致工作的失败。

4. **坚强的意志**

意志是确定目的并选择手段以克服困难、达到预定目的的心理过程。任何事业的成功都要付出艰辛的努力，都需要超强的意志。在营销活动中，作为营销人员，要想不断地克服来自各种主客观原因造成的各种心理障碍，要想在复杂多变的营销环境中，努力实现和消费者的沟通，完成销售商品的任务，就要具备觉悟性、果断性、坚持性和毅力等意志品质。

5. **完美的气质**

气质是一个人生来就具有的心理活动的动力特征。气质虽然不能决定营销人员的经营业绩，但能影响其情感和行动以及商业经营活动的效率，从而对商业经营活动产生影响。就营销人员而言，由于其职业的需要，有时会对自己的先天气质进行自觉的扬弃与改造，发扬其积极的一面，抛弃其消极的一面，使自己的气质带上理智的色彩，形成一种完美的气质。

6. **豁达的性格**

性格是人对现实的稳定态度和与之相适应的习惯化了的行为方式及心理特征。营销人员的性格是决定其行为倾向的最重要的心理特征之一，优秀的营销人员一方面要具有谅解、诚恳、谦虚、热情等性格特征，像尊重上帝一样尊重每一位消费者，要对消费者怀有一片真心；另一方面营销人员要具有独立性、事业心、责任心等性格特征，以符合营销人员的角色行为和心理要求。

15.2.3 提高营销人员的综合素质

1. **提高营销人员的职业道德素质**

职业道德素质是营销人员个体心理素质的核心内容，其高低程度直接决定了其他素质发挥作用的方向，决定了企业满足消费者需要的程度。良好的职业道德素质主要包括文明经商、注重信誉和优质服务等内容。营销人员职业道德素质的形成与提高，具有深厚的心理学基础。在实践过程中，通过认识活动，可以使营销人员树立正确的思想观念和敬业精神；通过情感活动，可以使营销人员对本职工作和消费者产生深厚的情感及热情；通过意志活动，可以使营销人员发扬为实现企业目标，更好地为消费者服务而坚忍不拔、持之以恒的精神和斗志。

要提高营销人员的职业道德素质水平，主要应做好以下几项工作：一是建立正确的社会评价和集体舆论体系，形成强大的社会压力和良好的社会规范，使营销人员自觉地掌握行为标准，形成一个自我控制体系，从而促进其是非观念和名誉心理的健康发展。二是发挥良好品德的榜样力量，通过宣传优秀营销人员的良好职业道德，扩大榜样的影响力和吸引力，使营销人员有一个良好的职业道德形象，促使其自觉与不自觉地产生对榜样的模仿行为，以促进其品德和觉悟程度的提高。三是利用情感对主体活动的影响力，通过传统教育，调动营销人员热爱企业、文明经商的传统情感，通过信息反馈，促进为消费者服务的情感，以此来促进营销人员品德情感的能动作用。

2. 培养和提高营销人员对企业经营活动的兴趣

要培养和提高营销人员对企业经营活动的兴趣，主要应从以下几方面入手：一是运用宣传教育和社会团体的影响力，帮助营销人员树立正确的信念，使其充分认识到企业经营活动的崇高性，摒弃“无商不奸”的错误观念。二是帮助营销人员充分认识本职工作的社会意义以及在社会再生产中的重要作用，提高营销人员从事企业经营活动的效率，以激发其从事企业经营活动的积极性。三是通过物质奖励和精神奖励的办法，帮助营销人员获得生活与工作条件一定程度的满足，提供进一步学习的机会，提高其从事企业经营活动的期望值，以此培养他们从事企业经营活动的兴趣。四是进行工作再设计，帮助营销人员激发积极的专业兴趣。通过适当调整营销人员所从事工作的难易程度，使企业经营活动对营销人员具有一定的挑战性；通过实行工作轮换制，使营销人员对所从事的工作经常保持新鲜感；通过授予一定的自主权，使营销人员能有发挥工作潜能的更大空间。

专栏　营销人员心理素质

我国学者马谋超总结出成功的营销人员应具备以下心理素质：①良好的人际关系；②悟性与良知；③体察自己的预感、直觉和潜意识提供的信息；④充分的自信；⑤富于冒险精神；⑥良好的态度倾向；⑦既是专家又是杂家；⑧诚实坦白，光明正大；⑨灵活、适应性强；⑩执着；⑪守信；⑫付诸行动。

【本章小结】

营销人员与消费者是作为买卖双方而存在的，他们之间的买卖活动是通过双向沟通实现的。主客双方的心理差距导致沟通过程中出现矛盾和冲突，这就使营销人员和消费者实现心理沟通成为必然。

营销人员在营销活动中处于特定的地位，使得营销沟通的特征表现为短暂性、不对等性和不信任性。营销人员与消费者在交易接触过程中，双方所处的情绪水平和积极程度结合状态不同，双方对情境预测结构实现程度不同，以及双方买卖关系造成的差距等，是产生冲突的根本原因。满足消费者需要，做好服务工作，既是市场营销以消费者为中心的出发点和归宿，也是消费者购物活动的期望和心理平衡的所在。

成功的营销人员必须具备一定的专业素质和良好的心理素质，才能使营销过程得以顺利进行。营销人员的心理素质是多种能力的综合体、知识储备、全面综合的能力，稳定的情绪、坚强的意志、完美的气质和豁达的性格，构成了营销人员的内在心理素质体系。

【关键术语和概念】

营销沟通　冲突　心理素质　自我控制能力

【练习与讨论】

1. 在你的购物经历中是否发生过不愉快，原因是什么？如果你是营销人员，如何避免这种不愉快？

2. 结合实际说明，在购物活动中，营销人员与消费者之间是如何相互影响的？

3. 营销人员应具备哪些心理素质？谈谈你对改善商业经营活动的想法。

参考文献

1. 莫雷．心理学．广州：广东高等教育出版社，2000.
2. 徐萍．消费心理学教程．上海：上海财经大学出版社，2001.
3. 王德胜．新编消费心理学．济南：山东人民出版社，1996.
4. 张理．消费心理学．北京：经济科学出版社，1995.
5. 高广礼．消费心理学．北京：人民日报出版社，1998.
6. 林德金，祝卫，王坚平．消费与购买行为分析．北京：机械工业出版社，1986.
7. 陶国富．消费行为心理学．上海：立信会计出版社，2003.
8. 林宁．活用顾客心理学．深圳：海天出版社，2000.
9. 单凤儒．商业心理学．北京：中国商业出版社，1996.
10. 任宗崇．商业心理学．北京：光明日报出版社，1989.
11. 陈文生．商业心理学．北京：电子工业出版社，1988.
12. 杜本然．商业心理学．北京：中国商业出版社，1985.
13. 王金清．营销心理学．大连：东北财经大学出版社，2000.
14. 石文典，陆剑清，宋继文，陈菲．市场营销心理学．大连：东北财经大学出版社，2000.
15. 董雅丽．现代营销心理学．北京：中国工人出版社，1998.
16. 李品媛．销售心理学．大连：东北财经大学出版社，1996.
17. 余小梅．广告心理学．北京：北京广播学院出版社，2003.
18. 王玉，苏世兰．TOP 心理学经典教程．北京：北京出版社，1998.
19. 张树夫．旅游心理学．北京：中国林业出版社，2000.
20. 孙喜林，荣晓华．旅游心理学．大连：东北财经大学出版社，1999.